ALLES WIRD NEU -„A SLAP OF LOVE"

MICHAEL TOMASCHAUTZKI

„Für meinen Sohn. Und wenn du der Einzige bist, der es liest" - Von Gott gesandt, zum Glücklichsein geboren, Für Samuel Nicolas Tayo.

Alles wird Neu

„A Slap of Love"

Gewidmet an meine wundervolle Frau, meine wundervolle Mama, meine ganze wundervolle Familie und alle Kinder dieser Welt.

© Copyright 2022 – Michael Tomaschautzki, Nürnberg

Alle Inhalte dieses Werkes, insbesondere Texte, Fotografien und Grafiken, sind urheberrechtlich geschützt. Begründete Rechte, insbesondere der Übersetzung, des Nachdrucks, des Vortrags, der Entnahme von Abbildungen, der Funksendung, der Mikroverfilmumg oder der Vervielfältigung auf anderen Wegen und der Speicherung in Datenverarbeitungsanlagen, bleiben, auch bei nur auszugsweiser Verwertung, vorbehalten. Vervielfältigungen des Werkes oder von Teilen des Werkes sind auch im Einzelfall nur in den Grenzen der gesetzlichen Bestimmungen des Urheberrechtsgesetzes in der jeweils geltenden Fassung zulässig. Sie sind grundsätzlich vergütungspflichtig. Das Urheberrecht liegt, soweit nicht ausdrücklich anders gekennzeichnet, bei M.Tomaschautzki. Bitte kontaktieren Sie uns, falls Sie Inhalte dieses Werkes nutzen möchten.

Umschlagsgestaltung:

Umsetzung & Fotografie: M. Mindykowski Art
Idee & Konzeption love2peace: M.Tomaschautzki

ISBN 978-300072639-2

Die Deutsche Nationalbibliothek verzeichnet diese Publikation in der Deutschen Nationalbibliografie; detaillierte bibliografische Daten sind im Internet über https://dnb.dnb.de abrufbar.

Diese Auflage verfolgt das Ziel, mit 51% der Netto-Vergütung gemeinnützliche Projekte im Rahmen der www.49care51share.org - Konzeption zu unterstützen. Nähere Informationen und eigene Möglichkeiten unsere Welt zu einem besseren Ort zu machen, finden sich auf der Webseite sowie in diesem Buch.

Inhaltsverzeichnis

VORWORT - FOR WORD! 7

EINLEITEND AN ALLE KINDER 12

I. CIRCLE OF LIFE - ZEICHEN DER ZEIT 20

    Zwischen den Sternen 25

    Liebe mit einem Star 30

    Die Bullyparade - Deine Mama, unsere Kaiserin 35

    Eine Bilderbuch-Krise 40

    State of tHeArt - Peace, Love & Harmony 49

    Superpower of Love - Die Liebe macht´s 62

II. JOURNEY OF LIFE - REISE ZU DIR SELBST 74

    Life is a Level - Das Präsent der Präsenz 80

    Wegweiser zu dir nach Hause 87

    Vom Schein zurück zum Sein 93

    Tun im Sein bringt wahres Haben 103

    Glaube nicht alles, nicht alles ist Religion 112

    Erwach(s)e in Dankbarkeit 122

    GlücklichSEIN steht dir gut 131

    Die Alleinzigartigkeit - al(l)one! 140

III. COSMOS OF LIFE – MISSION DES LEBENS 147

Mondgesellschaft – Hart(z) statt Herz 154

Evolution mit Respekt – Gerechter nicht nur der Geschlechter..........................167

Generation Zukunft – Human transformieren, nicht transhuman verformen....181

Frei und gesund statt tierisch weit (v)veg..198

WIRtschaften und KonSUMMieren – Maßlos positive Gier 219

Roots – Blühende Landschaften, Verantwortung und Räson 241

Welt in Ohnmacht – Krieg ist kein Frieden 260

MediaEval – Massenhaft psychotisch 278

AN DICH – KRÖNEND ZUM ABSCHLUSS 295

Travel-Literatur – Bücherliste 300

VORWORT - FOR WORD!

„Zwei Dinge sollten Kinder von ihren Eltern bekommen: Wurzeln und Flügel." - Johann Wolfgang von Goethe

Als Eltern hat man immer die Aufgabe, sein Kind in eine sichere Zukunft zu bringen. Keiner kennt den Weg, den du vor dir haben wirst und nie wird ihn jemand so gehen, wie du ihn gehen wirst. Einzigartig, genau wie auch dein Beitrag für diese Welt, den nur du leisten wirst und der sich durch deine Sicht, deine Erfahrungen und Erlebnisse auf diese Welt prägen wird. Du wirst auf deinem Weg viele Ratschläge bekommen, aber entscheiden musst immer du selbst, in jedem Moment. Ich habe meinen Vater, deinen Opa leider bereits in jungen Jahren verloren, er konnte mich nicht mehr auf meinem Lebensweg begleiten, mir mit Rat und Tat zur Seite stehen und ich musste mir vieles an Lebensweisheit erst eigenständig erarbeiten. Oft genug bin ich dabei gegen eine Wand gelaufen, Fehler gehören im Leben dazu, man versucht eben sein Bestes bis man es besser weiß und sollte es dann - mit etwas mehr Wissen - besser machen. Doch nur weil man schlauer wird, heißt es nicht unbedingt, dass man dann weniger dumm ist. Das Leben wird immer herausfordernd sein, nachdem es aber keinen Grund gibt, gegen jede Wand zu rennen, die deine Eltern schon aus nächster Nähe gesehen haben, findest du vielleicht beim Lesen ein paar brauchbare Dinge, die helfen, deinen Blickwinkel zu erweitern, dein Leben erfüllt und glücklich anzunehmen und zu gestalten. Definitiv sind es keine Handlungsanweisungen oder Ratschläge, denn ich möchte dich schließlich der Wortbedeutung nach nicht mit meiner Meinung, meinem Rat erschlagen, sondern dich eher dazu einladen, an unserem Erfahrungsschatz teilzuhaben. Es sind Wegweiser, die es dir leichter machen sollen, deine Perspektive bereichern und dich motivieren sollen, immer an einem besseren Leben für dich und einer besseren Welt zu arbeiten. Dein eigenes Sein wird im großen Ganzen wirken, so wie auch das deiner Eltern. Unsere unverfälschte Geschichte, ausgedrückt in den

Worten deines Vaters soll dir helfen, manches besser zu verstehen und einzuordnen. „Und wenn du der Einzige bist, der es liest", steht deshalb ganz am Anfang dieses Buches, sei es mit Kopfschütteln und Verwunderung, mit freudigem Entzücken oder einem Schmunzeln, es wird mein größter Erfolg sein, dass du es liest. Es ist aber genauso in Liebe geschrieben an deine Schwester Vanessa, für unsere ganze Familie, Freunde, Wegbegleiter und auch an unsere Weltenfamilie, also alle Kinder dieser Welt, ganz egal ob klein oder groß, um etwas Orientierung, Struktur, Frieden und Liebe in sein eigenes Weltbild zu bringen. Je mehr Söhne und Töchter dieses Buch lesen, desto mehr habe ich die Hoffnung Anstoß für Veränderung geben zu können, die eigenen Vorstellungen zu hinterfragen und sich selbst zu reflektieren, um somit Schritte in Richtung einer gesünderen Entwicklung unserer Gesellschaft in der Zukunft zu schaffen. Alles neu eben. Nachdem dieses Buch in der Ansprache an dich gerichtet ist, füge ich keine Quellenverweise an, denn meine Worte sind weder eine wissenschaftliche Abhandlung noch beanspruche ich mit der dargestellten Sichtweise allein recht zu haben oder sie als der Weisheit letzten Schluss zu sehen. Ich bin sehr dankbar für meine Schule des Lebens als Quelle, dankbar für so viele Begegnungen und kluge Menschen, die bereits viele meiner eigenen Gedanken perfekt zum Ausdruck gebracht haben, die ich bestätigend hier einfließen lassen kann. Quellen können versiegen, wohingegen andere zu einem reißenden Strom werden. Früher sagte man, das Internet als digitale Quelle des Informationszeitalters vergisst nichts, mittlerweile nimmt es menschlichere Züge an und verschluckt sich an und mit Information, oftmals unauffindbar in unendlichen Tiefen. Daher nehme das Geschriebene an sich selbst als Quelle und Anreiz für dein eigenes Denken. Natürlich könnte man sich als Elternteil auch zurücklehnen und zufrieden sein, dass man es schon irgendwie hinbekommt, seine Kinder friedlich großzuziehen. Allerdings will ich dich als dein Vater nicht allein lassen bei der Sorge, ob du das auch noch mit deinen eigenen Kindern in Zukunft hinbekommst. Man sagt, deine Mutter ist der Hafen, dein Vater das Schiff, das dir die Welt zeigt. Ich möchte dir und unseren Kindern keine Welt hinterlassen, in der Abenteuer und Reisen vielleicht nicht mehr möglich sind, die spürbar herzlos, kälter und brutaler wird, in dem Leben nichts zu zählen scheint und eigentlich nur noch eine Daseinsberechtigung besteht, sofern man es sich finanziell leisten kann.

Da ich dieses über Jahre gewachsene Buch in verrückten, sich überschlagenden Zeiten, in der ein Virus uns alle zu einem außerordentlichen „Landgang" gezwungen hat, beendige, ist das, was ich dir weitergeben möchte, umso bedeutsamer, damit wir die Segel wieder setzen können. Als Halt für ein Gefühl der Widersprüchlichkeit, der Angst und Unsicherheit über das, was kommt und was werden wird. Das, was unserer Welt am meisten schadet, ist das Virus aus Dummheit, Egoismus, Ignoranz und der Herzlosigkeit. Angst und Ungewissheit machen krank, unsere Welt braucht dringend lebendige, angstfreie Seelen und mutige Herzen. Wir alle müssen beweisen, dass wir die Krönung der Zivilisation sind und uns entwicklungsgeschichtlich nicht resignierend bildhaft zum Neandertaler umdrehen, eingestehend „versagt" zu haben. Allen, die dieses Buch nun in ihrer Hand halten und allein damit schon einen positiven Beitrag leisten, da 51 Prozent der Netto-Erlöse der 1. Auflage direkt Kindern und Menschen in bedürftigen Situationen zukommen werden, möchte ich von Herzen danken. Ich bitte jedoch zu bedenken, dass dieses Buch nicht direkt an dich geschrieben ist und du daher quasi nur zuschauender Betrachter sein kannst. Ich weiß, dass ich nicht jeden ansprechen kann und werde, lasse dich daher nicht von mir ärgern, wenn du eine abweichende Meinung hast. Jeder hat eine andere Reise, nimmt einen anderen Weg und selbst wenn es ein ähnlicher Weg sein mag, so mögen wir uns jeweils an unterschiedlichen Haltestellen des Lebens befinden. Man kann es schwer allen recht machen und Verständnis erwarten, wenn man von unterschiedlichen Punkten aus startet. Die Chinesen sagen, es gibt immer drei Sichtweisen: eine wie du es siehst, eine, wie ich es sehe und eine, wie wir beide es nicht sehen. Meine Sicht und mein perspektivisches Sehen beinhalten aber vielleicht ein paar Quintessenzen, die in einer gemeinsamen Welt einen gemeinsamen, friedlichen Nenner bieten können. Was aus der Dunkelheit ins Licht des Bewusstseins tritt, hilft andere Wege zunächst mal überhaupt zu erkennen, ganz vorurteilsfrei und ohne zu wissen, wie beschwerlich oder leicht diese sein mögen. Ob man diese Wege einschlägt und auch wirklich beschreitet, ist und bleibt jedem von uns selbst vorbehalten. Viele Wege führen nach Rom, nicht jeder will dort hin, aber vielleicht kannst du ein bisschen von dem Inhalt für dich und deinen eigenen Weg als Wegzehrung mitnehmen. Der lebenslange Weg ist ja das Ziel und egal, wo man dabei am Ende rauskommt, vielleicht erreicht man dabei etwas Gutes für sich und dazu auch noch für alle anderen Menschen. Vieles was ich schreibe, ist nicht unbedingt komplett neu, wie man auch auf dem Cover des Buches ersehen kann wird Eingerostetes aber frisch bemalt. Ich verbinde und verschönere nur ein bisschen in einem holistischen Versuch erkennen zu können, dass doch irgendwie alles miteinander zusammenhängt. Dazu tut es mir egoistisch im eigenen Interesse betrachtet, einfach gut, Geschriebenes endlich loszuwerden. Ähnlich wie es dem Trevi-Brunnen in Rom wohl guttun mag, das überlaufende Wasser endlich an das nächste Füllbecken in einer Art Kreislauf weiterzugeben und dabei eine einigermaßen gute Figur zu machen. Das Wasser läuft ungeachtet dessen, wer vor ihm steht und fragt nicht, ob du überhaupt nach Rom wolltest oder nicht. Beim Anblick des Brunnens kann man möglicherweise etwas Ruhe finden und das friedlich rauschende Wasser vielleicht unsere gesellschaftliche Überhitzung etwas kühlen. Wenn es dazu deinen Durst nach Wissen oder Neugier stillt, es dir beim Lesen für dein persönliches Leben und auch für unser kollektives Miteinander selbst manches bewusst werden lässt, ohne dabei zu ertrinken, habe ich mit diesem Buch alles erreicht, was ich wollte.

Begebe dich nun also mit uns auf eine Reise über die Zeiten und Kontinente hinweg, aus der Vergangenheit in eine mutige Zukunft, von der Kindheit zum Erwachsensein, von der Wurzel über das Erblühen hin zur eigenen Blüte, vom Ursprung deiner Seele über deinen Geist hinaus zu lebendigem Sein. Erfahre, wie deine kleine individuelle Welt in die der großen Welt hineinpasst, wie man es an manchen Stellen in bewusstem Sein vielleicht anders, besser oder neu machen kann. Es wird sich nicht vermeiden lassen, auf dem Weg dieses Buches Antworten darauf zu finden, warum dein Papa in der Familie eines ehemaligen US-Vizepräsidenten seinen besten Freund gefunden hat, Zeit mit einem Neffen

Osama Bin Ladens verbrachte, einen ehemaligen Ministerpräsidenten Italiens beinahe „überrollte" und eine große deutsche Tageszeitung verklagen musste. Erfahre, von wem NBA-Star Dennis Rodman seine coolen Frisuren verpasst bekommen hat, wie Oscar-Preisträger Forest Whitaker mich überzeugte endlich fleischlos zu leben, warum deine Mama in der „Bullyparade" Kaiserin Sissi hätte spielen sollen, wie es für uns im „Sommerhaus der Stars" war oder auch, warum wir als deine Eltern immer für Frieden aufstehen werden.

EINLEITEND AN ALLE KINDER

„Probleme kann man niemals mit derselben Denkweise lösen, durch die sie entstanden sind." - Albert Einstein

Du wurdest, wie wir alle einfach in ein bestehendes System hineingeboren. Deine Mama und ich zeigen uns als gebärender und Co-Elternteil verantwortlich für dein Dasein. Du bist uns überlassen, von Gott gesandt wie auch dein Name „Samuel" ausdrückt und darfst mal so richtig dankbar sein, dass du uns hast. Du hattest Glück mit dem Ort, vielleicht auch mit der Hautfarbe, weil Mama nicht ganz so käsig wie dein Papa ist, mit uns und einem vergleichsweise guten Leben. Denn es gibt Kinder, die diesen glücklichen Vorzug direkter Bezugspersonen für die nächsten Jahre nicht haben, in Armut leben, ausgegrenzt und verfolgt. Du wirst von uns eine Prägung mitbekommen, positiven und negativen Erfahrungen durch deine Eltern ausgesetzt sein. Du wirst dich an viele schöne Momente, an Gerüche, Geschmäcker, Geräusche und an Kleinigkeiten deiner Kindheit erinnern, genauso wie du dich an Streit, Dramen und unverarbeiteten Traumata deiner Eltern erinnern wirst. Du erhältst Hilfestellung von uns, hast das Laufen gelernt und – je nachdem wie wir als Eltern gestrickt sind, wirst du noch mehr Brauchbares fürs Leben mitnehmen können. Dabei sind wir nur ein Teil deines Mikrokosmos, der Blase, welche dich beeinflusst, denn früh kommen andere Prägungen in Form des Kindergartens und der Schule hinzu, genau wie neue Einflüsse durch Freundschaften und Erfahrungen mit anderen Kindern und ihren eigenen Prägungen sowie eben unserer zivilisierten Gesellschaft. Emotional stellen sich dir irgendwann mal Fragen, wie beispielsweise wer bin ich eigentlich, wo komme ich her, warum sind das die Menschen, die mich auf den ersten Metern meines Lebens begleiten? Wo kommen meine Gefühle her, warum bin ich manchmal traurig oder wütend, warum verhalten sich meine Eltern so, wie sie sich verhalten? Warum akzeptiere ich ihre Vorstellungen als meine Wahrheit oder lehne sie ab und weshalb trifft mich ihr Ärger in meinen Grundfesten oder fühlt sich ihr Lob so gut an? Etwas später wird sich dazu irgendwann die Frage stellen, warum unsere Zivilisation so ist, wie sie ist. Weshalb verlassen so viele Menschen diesen Planeten vorzeitig, warum verhungern in gewissen Teilen der Erde im Sekundentakt Kinder, warum und wovor flüchten jährlich Millionen Menschen, weshalb gibt es Kriege, soviel Kampf, Gewalt und Verbrechen, und nennen uns dennoch „zivilisiert"?! Es ist ein bisschen wie bei Hempels, wenn man das erste Mal als Gast in ihr aufgeräumtes Wohnzimmer kommt. Das Betrachten des Neuen, des Bunten, des Schönen löst zunächst Begeisterung und Verzücken aus, der Blick schweift durch den Raum und bleibt am Sofa hängen. Beim genaueren Hinsehen und nach unten beugen, offenbart sich darunter plötzlich ein getürmter Berg von Dreck, man erschrickt und sieht erst mal pikiert weg. Wenn man etwas später mit Mut darauf hinweist und nachfragt, erschrickt man abermals, besonders wenn man zu hören bekommt, dass der dort befindliche Schmutz als systemrelevant tragendes Teil genau dort zu sein hat, man es doch bitte akzeptieren möge, wie es eben ist und gefälligst brav auf der Couch im scheinbar ordentlichen Zimmer sitzen solle. Bei manchen steigt irgendwann das unbehagliche Gefühl auf, fehl am Platze zu sein, in etwas Komisches hineingeboren, in dem so vieles in akzeptierten Wahrheiten, Regelungen und Gesetzen als „gesetzt" gilt. Entscheidungen, die einen individuell und auch im Zusammenleben einer Gesellschaft betreffen, wirken teilweise fern und fremd. Man erkennt, dass die „Großen" anscheinend für sich und große Teile unserer Menschheit schädliche Umstände lebenslang und schon immer nahezu ohnmächtig akzeptieren. Rein und unschuldig verlassen wir uns als kleine Kinder ja darauf, dass die „Großen" schon alles richtig machen werden. Man stellt fest, dass unsere oberflächlich aufgeräumte Zivilisation schmutzige Kehrseiten hat und instabil getragen wird. Je älter man wird und je genauer man hinsieht, desto mehr Dreck wird sichtbar, und zwar nicht nur unter dem Sofa. Der Fokus wandert wie bei jemand, der sich einen neuen Mercedes kaufen will zwangsläufig auf Autos, obwohl es einen vorher überhaupt nicht unbedingt interessiert hat und plötzlich - egal wo man hin geht - sieht man überall die neuen Modelle von Mercedes. Geht´s eigentlich noch? Wacht da mal jemand auf und macht endlich sauber, fragt man sich. Oder auch neu?! Aber wenn es aber so einfach wäre, hätte es doch bestimmt schon mal längst einer gemacht, oder? Falls nicht, dann kommt doch bestimmt noch einer und macht´s einfach. Diesen Spruch als Wertschätzung, um außergewöhnliche Leistungen und unmöglich erscheinende Erfindungen zu honorieren, als persönliche Motivation, um Grenzen zu überschreiten, gibt es doch nicht umsonst?! In unserer Geschichte gab es glücklicherweise viele, viele mutige Vorkämpfer für Fortschritt in allen Bereichen unseres Lebens. Eine Ampel zum Regeln des Verkehrs z.B. ist Fortschritt und nicht schädlich, außer man fährt dagegen; insgesamt eine rundum großartige Idee und im gesetzten Rahmen gesellschaftlich akzeptiert. Veränderung braucht immer Akzeptanz, aber wie wird man diesen beharrlichen und stabilisierenden Dreck unter dem Sofa los, um nicht im Gefühl einer lebenslangen, komischen „Verarsche" leben zu müssen? Die entscheidende Frage ist, wie Gesellschaft, Wirtschaft und gemeinsames, harmonisches Zusammenleben auf diesem Planeten so gestaltet werden können, damit es für alle funktioniert. Gerechter, gleichberechtigter, den aktuellen und zukünftigen Aufgaben sich wirklich stellend.

Andere wiederum fragen sich, was will der denn, es funktioniert doch?! Stimmt, es funktioniert aber eben für den einen deutlich besser, für den anderen wesentlich schlechter. In einem Teil der Erde ist das „schlechter" rauschender Luxus, in einem anderen Teil der Welt lacht man übersättigt über das ärmliche „besser". Der mit dem alten Auto beneidet den mit seinem neuen Mercedes, der Radfahrer evtl. den mit dem alten Auto, der Fußgänger, den mit dem Fahrrad. Manch andere wären hingegen einfach nur froh, aufrecht laufen zu können. Die Gesundheit und das Leben hängen überall auf der Welt am Geld. Die eine Kultur macht Babys am Fließband zur Alterssicherung, von denen die Hälfte stirbt, weil man sie nicht ernährt bekommt, in westlichen Kulturen gehen die Geburtenraten zurück, weil man es sich trotz vergleichbarem „Reichtum" nicht leisten kann oder will. In unserer generationengerechten Gesellschaft, in der jeder zählt, wird - trotz aller Zuwanderung - dank zu vieler Sorgen, Ungerechtigkeit, Angst und Ego die Überalterung und Schieflage der Systeme beflügelt. Wenn man genug hat, möchte man sich individuell ausleben, Karriere machen, sich seinem Vergnügen widmen, keine Verantwortung übernehmen. Fast Food, fast Life. Individuelle Freiheit lässt jede Ehe unsicher erscheinen, no woman, no cry, keine Frau, kein Geschrei. Für mehr Spaß steht nicht weit immer jemand bereit, in einer Fast Food-Gesellschaft ist Wechseln schließlich hygienisch, lieber alleine reinigen im Kochwaschgang als gemeinsam Kochen. Keine Frau kann sicher sein, alleinerziehend der Armut zu entgehen, es sei denn, sie ist willensstark, schlau oder berechnend. Berechnung ist allerdings nicht der beste Charakterzug für eine lebenslang glückliche Ehe, genau wie man das Leben eben auch nicht generell einfach berechnen kann. Der Mann wird zugleich schleichend mehr und mehr entmannt, weil alleine schon im Wort „Mann" einfach zu wenig Weibliches berücksichtigt wird. Berechtigte Emanzipation - begrifflich noch unangetastet - klingt zwar nicht weiblich, ist aber allen geboten, Selbstverwirklichung und Eigenständigkeit steht - mit Respekt - jedem Geschlecht zu. Manches können Männer sehr gut und Frauen machen nicht alles, aber nachweislich vieles besser. Im Berufsleben finanziell noch zu wenig gewürdigt, doch zunehmend auf Augenhöhe. Sich etwas zu leisten, wird trotzdem immer schwieriger, sei es zeitlich oder finanziell bedingt. Die Glotze und technischen Geräte werden zwar aufgrund vorteilhafter Produktionsstandorte und resultierenden Effekten der Größendegression billiger, alles andere inklusive Lebensunterhalt jedoch steigt. Wenn sich doch jemand mutig zusammenfindet und steuerliche Vorteile nicht im Vordergrund der Bindung stehen, arbeiten - im Gegensatz zu früher - beide Elternteile daran, sich so viel leisten zu können wie damals eine Familie mit einem Alleinverdiener. Nostalgische Zeiten, in denen nicht nur die Oma oder fremde Erzieher für die Kinder da waren und ihnen Werte vermittelten. Wer tatsächlich noch mehr als zwei Kinder hat, ist entweder sozial schwach mit viel Freizeit, finanziell reich gesegnet mit wenig Zeit oder hat klischeehaft ausgedrückt womöglich interkulturelle Wurzeln. Das vor Jahren gestartete Verdummungskomplott zur Werbeeinnahmen-Maximierung mit Nachmittags-Shows im TV hat gewirkt. Wie Äffchen im Zirkus wurde uns bewusst gemacht, die

Hartz-4-Familie mit vielen Kindern, alle gesegnet mit lustigen Namen, hat inkl. der aktuell schwangeren 14-Jährigen ja außer Poppen eh nichts im Kopf und sind daher weder ein erstrebenswertes Vorbild noch eine echte Motivation dafür, selbst viele Kinder zu bekommen. Herabblickend ist man heilfroh, dass man nicht so ist wie „die". Die chronologisch nächste Stufe des Abendprogramms mit sich profilierenden Clowns ohne rote Nasen aus Politik, High Society und Unterhaltung zeigen uns wertfrei und egoman, was die richtigen Werte zu sein scheinen. Einzig Film-Schauspieler zeigen etwas Charakter, ansonsten berieseln uns Dokumentationen, die - ähnlich einer Sanduhr - auf dem einen Ohr hinein und auf der anderen Seite wieder zeitraubend hinaus im Nichts versanden. Trash-Reality als Highlight in unterschiedlichstem Gewand führt uns regelmäßig und vielfältig gesellschaftliche Abgründe vor. In „Operation Belustigung" oder belustigt operiert werden unerbittlich die Ellenbogen nach Screen Time auf dem TV-Olymp ausgefahren. Ellbogen kennt man vielleicht selbst aus dem eigenen Alltag, es bestätigt oder aber lehrt einer Gesellschaft komische Werte, fördert statt positiver Freude die Schadenfreude, zeigt ein nach unten Treten als vertretbar und setzt Streben nach Aufmerksamkeit als ungesundes Vorbild. Wer seine Familie wirklich liebt, schaut sich dazwischen die Werbeblöcke ganz genau an, von immer den gleichen Firmen, mit ähnlichen Produkten, anders verpackt oder benannt, leicht modifiziert, oberflächlich ansprechend gepimpt, damit man weiß, womit man morgen seine Liebsten „wertig" erfreuen kann. Abgesehen, dass es ohnehin immer schneller, höher und weiter gehen muss, wird alles in unserem Kosmos dazu noch krasser, schriller und dümmer. Statt sich um echte Lösungen zu kümmern, sitzen wir reich an Ablenkung, Verdummung, Konsumrausch und Ego weiter auf dem Dreck unter der Couch und kehren für ein besseres Gewissen oberflächlich von dort ein wenig drum herum. Das Ungleichgewicht droht an allen Ecken und Enden zu kippen und wir fahren bunt und laut direkt Richtung Wand. Angenommen, wir würden mit unserem Zukunfts-Ich sprechen, was sagen wir dann? Sorry, wir wussten, dass hier einiges schiefflief, aber irgendwie war das TV-Programm spannender, in der Mittagspause habe ich immer viel geschimpft, nur zum Verändern hatte ich selbst keine Zeit, aber ganz liebe Grüße von mir hier zurück in dein Chaos der Zukunft. Wenn wir es nur ein bisschen besser und ehrlicher hinbekämen, wäre es schon außergewöhnlich galaktisch. Wir schweben alle zusammen im Weltall, drehen uns völlig losgelöst um die eigene Achse in einer wahnsinnigen Geschwindigkeit und stehen doch fest auf dem Boden. Nur stehen allein reicht nicht, man muss sich schon bewegen. Bewegen für ein besseres Funktionieren. Kollektiv betrachtet, wissen wir alle, dass es besser gehen kann, allerdings hat nur eben jeder individuell seinen Status, seine eigenen Interessen. Ein bestehendes System zu bekämpfen, macht bekanntlich keinen Sinn, und nur weil die Couch höchst fragwürdig ist, muss man vielleicht auch nicht gleich ganze Wände rausreißen. Man könnte aber Altes mit Neuem ersetzen und vielleicht auf einem neuen Weg iterativ Ungesundes austauschen. Aber wie bewegt, ersetzt oder verändert man? Durch Abgabe seiner Stimme alle vier Jahre? Eine Verbesserung steuern durch gezahlte Steuern? Durch eine einzige Weltregierung, eine zentrale Währung und Macht, die rolliert systematisch bestimmt, was für alle überall gleichermaßen sinnvoll ist? Große Veränderung braucht immer Reflexion, den bewussten Willen und die Akzeptanz einer breiten Mehrheit. Ein Raucher, der einfach so und ganz ohne Grund selbst von seiner schlechten Angewohnheit lässt und aufhört, ist äußerst selten. Die Angst vor Krankheit, das eigene Spüren schwerer atmen zu können, oder die Liebe zu sich selbst motivieren persönlich mehr einen akzeptierbaren Wandel zu vollziehen.

So sehr das Klima in der Warmphase einer Eiszeit des Paleozäns auch gefährdet sein mag, die gesellschaftsklimatischen Herausforderungen bieten aktuell definitiv eine noch viel brisantere Gefahr. Wir brauchen einen neuen Weg des Denkens, der nicht nur für die Umwelt mit ihrer Natur positiv verändert, sondern auch die bestehende Natur der Umwelt mit der Gesellschaft und unseren Mitmenschen verbindet. Ein faireres Wirtschaften und einen nachhaltigen Konsum, der das Leid am für uns nicht sichtbaren Ende obsolet macht, es allen erlaubt, sich anständig ernähren zu können, glücklich, gesund und besser leben zu können. Eine Welt, die zusammenarbeitet, die den Schmerz und die Ungerechtigkeit fühlt, die Notwendigkeit von Evolution gemeinsam spürt. Eine individuelle Einheit als Kollektiv freier Menschen, geführt durch mehr Liebe, empathisches Verständnis und einem Geist, der immer bereit ist, sich zu reflektieren. Angefangen dort, wo keine breite Akzeptanz notwendig ist, dort wo der Dreck die eigene Seele beleidigt, das Natürlichste unseres Seins: Bei sich selbst. Denn wenn du dich veränderst, dann verändert sich alles, sagt man. Angefangen mit dem Hinterfragen des eigenen Tuns und Wirkens, ganz egal wo man aktuell steht, mit dem Wissen nicht perfekt zu sein und trotzdem die Bereitschaft zu haben, für sich und das Gleichgewicht unseres Planeten etwas zu verändern. Es ist nicht immer gewünscht, Dinge zu hinterfragen. Das Ego hält uns genauso davon ab wie auch manch fremdmotivierte, abwertende Begrifflichkeit. Fragen sind gerne gesehen, aber bitte nur den oberflächlich sichtbaren Teil des Sofas betreffend. Es erinnert entfernt ein bisschen an eine Geschichte des Entertainers alter Schule, Peter Alexander, der im Wiener Dialekt mal einen Spaziergang eines Vaters mit seinem Sohn durch Wien beschrieb und der Sohn bei jedem bedeutenden Denkmal auf seine Frage, was es denn sei, die Antwort „das weiß ich nicht" erhielt. Der Sohn hielt irgendwann inne und fragte, ob denn der Vater böse sei, wegen der vielen Fragerei. Der Vater antwortete daraufhin wie selbstverständlich „Nein, frag nur mein Sohn, du sollst doch schließlich was lernen." Wir möchten, dass du immer hinterfragst, kritisch, aber mit Leichtigkeit und dann deine Lehren ziehst. Mutig über jeden gesetzten Rahmen hinaus, generell und auch persönlich, jedoch immer friedlich vereinend. Wir kennen keine Probleme, nur Lösungen. Der Vorteil beim Kopfschütteln über bedauerliche Zustände ist ja, dass man dabei links und rechts auch die schönen Seiten des Lebens sieht oder wie man treffend formuliert: Ich habe zwei Augen zum Schauen und ein drittes zum Sehen, zum Erkennen. Es ist eine Verantwortung zu überlegen, wie man konsumiert, mit welcher Berufung man die Welt bereichern kann, wie man sich glücklich macht oder wie man gesund und sorgenfrei lebt, ohne dies auf Kosten anderer tun zu müssen.

"Du hast es dein ganzes Leben lang gespürt, dass mit der Welt etwas nicht stimmt. Du weißt nicht, was es ist, aber es ist da, wie ein

Splitter in deinem Kopf, der dich verrückt macht."

- Aus dem Film „Matrix"

Ich werde dir nicht alles erklären können, denn jede Generation hat ihre eigenen Wahrheiten. Aber vielleicht hilft es dir anhand unseres Weges in Frieden und Liebe sowie mit unserer Familien-Geschichte, unseren Erfahrungen und Erkenntnissen einen Leitfaden als Grundlage zur Ergänzung deines eigenen, sich stetig entwickelnden Denkens zu bekommen. Etwas, dass dich selbst dazu animiert, mit Mut immer unterstützend mitzuhelfen, unter dieser Couch sauber zu machen und dadurch die "Tragfähigkeit" etwas zu verbessern. Unvorhersehbare Ereignisse und handfeste Krisen führen zu immer mehr Spaltung und Unzufriedenheit, die gefährlich tiefe Gräben für den Zusammenhalt einer funktionierenden, gesunden und friedlichen Gesellschaft zieht. Das kindlich reine und komische Gefühl eines Heranwachsenden bestätigen dir auch 17 Nobelpreisträger mit ihrer „Doomsday Clock," die allesamt einen unwesentlich höheren IQ als jeder gehypte Star oder eigennutzorientierte Entscheider aus der Wirtschaft, Medien oder Politik aufweisen. Sie bewerten regelmäßig die jeweilige Weltlage danach, wie nahe wir als Zivilisation vor einem möglichen Weltuntergang stehen und stellen entsprechend die Uhrzeit ein. „Es ist kurz vor zwölf" besingt deine Mama in einem ihrer Lieder, es war in unserer Geschichte noch nie so hauchdünn kurz davor wie jetzt. Es ist allerhöchste Zeit.

I. Circle of Life - Zeichen der Zeit

„Dein Tribe/Vibe bestimmt den Vibe/Tribe!"

Deine Oma sagte zum Thema Buch, in dem ich mich mit durchaus kritischen Themen auseinandersetzen werde, sie möchte von all dem lieber nichts wissen, die Couch sieht doch noch schön aus. Jetzt im hohen Alter jedoch erinnert sie sich, wie sie als kleines Kind 15 Kilometer lief, um Familie zu besuchen und dabei an den Bahngleisen in Nürnberg vorbeikam wie sie dort aus den kleinen Schlitzen der Verschlag-Waggons heraus große Augen anstarrten. Menschen eingepfercht auf dem Weg ins Lager. Ins KZ-Lager wäre auch fast Omas Mama noch gekommen, weil sie während dem Krieg russischen Kriegsgefangenen, die beim Beseitigen von Bombenschutt und notdürftiger Instandsetzung unseres Generationenhauses helfen mussten, unerlaubt Essen und Mitgefühl zusteckte. Von linientreuen Nachbarn angezeigt, wäre ihr Opa auch fast dort gelandet, weil er im Nürnberger Südstadtviertel ums Eck des Stürmer-Herausgebers Julius Streicher aus dem Fenster rief, dass der Führer ihn - gelinde ausgedrückt - gefälligst am Allerwertesten lecken könne. Da ihr Papa allerdings unter Rommel an der Front kämpfte und dein Ur-Onkel Polizei-Hauptkommissar war, hatten beide Glück, nur war er dann ab da lediglich der Herr Kommissar. Alles klar, denn immerhin physisch mit Haupt. Ein wesentlicher Grund seiner Degradierung war zudem, dass seine Frau, meine Tante und Taufpatin, bei deutsch-jüdischen Anwälten arbeitete. Als diese 1938 nach einer Verordnung im Reichsbürgergesetz Berufsverbot erhielten und gejagt wurden, halfen und versteckten sie kurzzeitig gemeinsam die Familie ihres Chefs der Kanzlei Rudolf Bing & Dr. Julius Sinauer, bei der auch dein Ur-Onkel vor dem Militär- und Polizeidienst seine Ausbildung machte. Als die Tante danach bei Georg Fröschmann, dem Verteidiger des Reichsaußenministers Ribbentrop, als Protokollschreiberin in den Nürnberger Prozessen war, wussten alle deutlich mehr. Man will immer besser nichts wissen oder gewusst haben. Die Älteren damals wussten entweder von nichts oder sie schauten weg, sei es zum Schutz mit Ohnmacht oder Akzeptanz. Deine Oma als Kind von etwa 10 Jahren jedenfalls verdrängte dissoziativ und so wurden aus Augen von jüdischen KZ-Häftlingen in einem Bahnwaggon auf dem Weg ins Lager, in kindlicher Wahrnehmung des Selbstschutzes vor den Grausamkeiten der damaligen Realität, jahrelang weniger schlimme „Kuhaugen eines Viehtransportes". Bis heute gibt es viel für sie zum Aufarbeiten und man hört interessiert zu, wenn sie mit Ihrer Freundin Lotte spricht, deren verstorbener Ehemann Rudolf Merkel damals die „Gestapo" in den Prozessen verteidigen musste.

Dein Opa, vierzehn Jahre älter als seine spätere Ehefrau, hatte erfrorene Zehen, etwa zwei Jahre Stalingrad, inklusive Marsch dorthin und auch wieder zurück als Funker und Russisch-Übersetzer hatten ihre Spuren hinterlassen. Auf die Frage „Papa, bist du böse, wenn ich so viel frage?" bekam ich zwar Gleiches zu hören wie in Peter Alexanders Geschichte, aber definitiv brauchbarere Antworten. Bis der Krieg ihn als jungen Mann einholte, war er Lehrer in Königsberg, dem heutigen Kaliningrad. Ich fing leider nur sehr spät das Fragen an und die Zeit hat ihn mir sehr früh vor mittlerweile über 30 Jahren genommen. Dennoch habe in seiner kurzen Zeit, die ich ihn haben durfte,

◉ Dein Opa, mein geliebter Papa, den du nie kennengelernt hast.

viel gelernt. Trotz der auf dem Russland-Feldzug jahrelang erlebten schlimmsten Kriegsschrecken in Form von Tod, Erfrierung und sogar Kannibalismus an toten Kameraden trug er so viel Liebe in seinem Herzen. Er verlor auch früh seinen eigenen Vater, weil ihn ein Bulle erstochen hat, also gehörnt von einem männlichen Stier in der ostpreußischen Landwirtschaft. Seine Mutter weigerte sich damals - trotz herrschender Gepflogenheit - ein Bild des Führers aufzuhängen,

OPERN-STAR BIRGIT SARATA.

gegen Kriegsende floh sie mit seinen Geschwistern unter massivem Bombenbeschuss zu Fuß über das Haff, welches Ostpreußen mit dem damaligen Reichsgebiet verband. Dein Opa schlug sich mit einer seiner Schwestern, die zuvor als Krankenschwester auf dem später versenkten Kabinen- und Lazarettschiff Wilhelm Gustloff arbeitete, bis Erlangen durch. Er studierte dort mit Doktorwürde, Medizin und zusätzlich Zahnmedizin, saß jahrelang im Ausschuss für Zahnärzte-Zulassungen und begeisterte im Laufe seines Lebens Patienten aus allen Bereichen des öffentlichen Lebens, wie u.a. das erste Nürnberger Nachkriegschristkind Sofie Keeser (für zwölf Jahre von 1948-1960), bekannte Filmschauspieler der Fünfziger Jahre, wie Dieter Borsche, den jungen und späteren Hollywood- und „Das Boot"-Darsteller Jürgen Prochnow, Theaterschauspieler Tom O'Leary, Operettenstars der Wiener Staatsoper wie z.B. die österreichische Ehrenbotschafterin und Konsulin, Birgit Sarata, sowie zahlreiche andere Prominente und Persönlichkeiten, die gerne zu ihm kamen. Manche wurden enge Freunde und holten ihn privat am Wochenende zur Behandlung von weit her ab, wie z.B. auch der Generalintendant Karl Pschigode, der im Gegensatz zu Sofie Keeser nicht nur einen kleinen Weg, sondern gleich einen ganzen Platz in Nürnberg nach ihm benannt bekommen hat. Er war als Vater immer für uns da, genau wie deine Oma bis heute und dein lieber Onkel und ich wurden mit viel Liebe großgezogen. Es ist ihre Liebe die ich in meinem Herzen trage, die ich jeden Tag zu hundert Prozent an dich und unsere ganze Familie weitergebe. Eine glückliche Kindheit, in der ich etwas mehr Glück hatte als dein Onkel, der wegen einer Fehlstellung lange Zeit Metallschienen in seinen Beinen sowie Krücken tragen musste. Weil Kinder manchmal gemein sein können, haben

DAUER-CHRISTKIND NACH DEM KRIEG: SOPHIE KEESER.

diejenigen, die meinten, sich über ihn deswegen lustig machen zu müssen, meine Härte zu spüren bekommen, ganz egal wie alt und um wie viel größer als ich sie auch waren. Mein Beschützer- und Gerechtigkeitssinn wurden schon sehr früh ausgeprägt.

Ansonsten befanden wir uns noch im Kalten Krieg, der weiter weg schien als die präsenten Bilder der Terror-Gefahr durch die RAF oder später das radioaktive Tschernobyl. Die Mauer fiel und Deutschland vereinigte sich wieder, wir wurden Fußball-Weltmeister, dein Opa verstarb in kürzester Zeit an Bauchspeicheldrüsen-Krebs und ich konnte meinen Eltern dankbar sein, als gesegneter Angehöriger der gehobenen Mittelschicht aufzuwachsen. Nach einigen frühen Auslandsreisen, die Vorurteile zerstören und erkennen lassen, dass egal wo man ist, es Menschen mit Herz gibt, die auch nur wollen, dass es ihnen und ihren Kindern gut oder besser geht, studierte ich - meinem interkulturellen Interesse folgend - 1995 als Pionier des ersten internationalen Studiengang Bayerns in Hof an der Saale. Mein Weg führte mich dabei nach Belgien und in die USA. In Brüssel war ich als Stabstelle für den ehemaligen Präsidenten des Bundesverbands der deutschen Industrie tätig, vertrat dazu die Bundessteuerberaterkammer und lernte früh, wie die politischen Uhren auf dem ewigjungen europäischen Parkett funktionierten. Eine sehr lehrreiche Zeit, in der ich nicht nur regelmäßig auf Empfängen und Banketts unterschiedlicher Botschaften oder Ständiger Vertretungen der jeweiligen Länder und Bundesländer unterwegs war, sondern auch bei der größten Demo nach dem zweiten Weltkrieg mit über 300.000 Menschen mitlief, den sog. Marche Blanche bzw. Weißen Märschen. Jeder, der sich damals zum Justizpalast aufmachte, wusste, dass es sich bei den furchtbaren Verbrechen des Marc Dutroux um weitverbreitete, elitäre Netzwerke des Kinderhandels handelte. Von den „Brüsseler Spitzen" wechselte ich hin zum „American Dream" und studierte zunächst in der Nähe Salt Lake Citys, wo ich mit einem annähernd vollen GPA-Wert abschloss, lebte in Los Angeles und New York, wo ich noch mehr Eindrücke gewinnen durfte. Da ich keine Ungerechtigkeiten mochte, verteidigte ich kurz vor meinem Studienabschluss einen etwas sehr verlorenen Mitkommilitonen unseres Studiengangs, der mit schizophrenen Anfällen auffiel und aus Angst vor Potenzverlust sein notwendiges Lithium verweigerte. Er behauptete sodann, der Hofer Würstchenstand verkaufe Drogen, liierte sich mit einer Prostituierten, die Hochschule musste wegen einer ihn betreffenden „Bedrohungslage" schließen und er wurde letztendlich psychiatrisch eingewiesen. Dort übernahm er schnell das Zepter, veranstaltete zunächst Rollstuhlrennen, floh dann mit einem Insassen aus der geschlossenen Abteilung, traf stark alkoholisiert gemeinsam mit seiner neuen auffälligen Freundin den ihm eigentlich wohlgesonnenen Leiter des Studiengangs und ließ sich von ihm die Champagner-Rechnung bezahlen. Meinen Einsatz die Situation etwa zu retten, fand der Professor als ehemaliger Marketing- und Japan-Chef großer deutscher Automarken nicht so prickelnd und verweigerte mir in den letzten Zügen des Studiums nach interner Ankündigung und jede soziale Kompetenz missen lassend den Abschluss der internationalen Unternehmensführung. Nachdem das nicht vollends erfüllend war, gründete ich nach bereits erfolgter Mitbegründung des Börsenvereins der Hochschule gemeinsam mit meinem Kommilitonen und sehr engen Freund eine IT-Unternehmensberatung in Hof und studierte in Nürnberg Internationales Marketing und Außenwirtschaft fertig.

Zwischen den Sternen

„Je größer der Dachschaden, je freier ist der Blick auf die Sterne."

BR-HERZBLATT 2000.

Mit der Beendigung meiner Studienzeit in Hof und einer ungewissen Zukunft beendete ich auch die Beziehung zu meiner damaligen Verlobten, die für eine große Fluglinie in Dubai, V.A.E. arbeitete und auch dort mittlerweile lebte. Unsere Seelen tanzten leider nicht zum selben Beat, daher war mein anvisiertes Ziel stattdessen die USA, wo ich ohnehin während der letzten drei Jahre die meiste Zeit verbrachte. Spaßeshalber machte ich im Y2K zur Jahrtausendwende meine erste TV-Erfahrung, nachdem ich angesprochen wurde, nahm ich an der quotenstarken, beliebten Bachelor-Vorgänger-Show „Herzblatt" des Bayrischen Rundfunks teil. Dort belustigte u.a. ein Schwank von einem meiner ersten Aufenthalte in Las Vegas, als ich mit einer Freundin in der Wüste Nevadas von einem Hubschrauber und drei Polizeiautos eingekreist wurde, anschließend in den Hotels der „Circus, Circus" – Kette ein halbes Jahr Hausverbot erteilt bekam und in Las Vegas als vermisst gemeldet wurde. Jeder meiner vielen noch folgenden Aufenthalte in der „City that either makes you or breaks you" hätte keine perfektere Grundlage für das Film-Skript von „Hangover" liefern können. Nachdem ich in der Show das Herzblatt aus Nürnberg bereits kannte, wie auch den zu diesem Zeitpunkt in Nürnberg wohnenden Moderator, war es nicht viel mehr als ein interessantes Erlebnis, was ich im berühmt-berüchtigten Herzblatt-Hotel mit der schönsten TV-Stimme Susi zelebrieren durfte.

DEINE OMA MIT ROGER IN SEINER WOHNUNG AM GREEN PARK IN LONDON 2007.

Meine USA-Pläne verschoben sich da mein afroamerikanischer Freund Roger als liebgewonnene Bezugsperson, bei der ich gemeinsam mit seiner Familie eine längere Zeit in Los Angeles wohnte, überraschend ins Gefängnis einwanderte. Sein auffälliges Kennzeichen mit den Zahlen „187" an seinem Mustang, dem US-Funk Code für Mord und dazu 6000 Ampullen Ketamin in seinem Lexus, einem Katzenberuhigungsmittel und damals aufstrebender Trenddroge, waren beim Überqueren der mexikanischen Grenze doch zu viel. Zunächst hatten sie nur sein Auto; als er kurze Zeit später bei einer Explosion einer sogenannten „Produktionsküche" von Freunden in San Diego anwesend war, die sich in einer 10-Millionen-Dollar-Villa befand, inklusive Bild über dem Kamin, auf dem Papst Johannes Paul II. gemeinsam mit dem Hausherrn abgelichtet strahlte, hatten sie letztendlich auch ihn für zwei Jahre. Bevor L.A. so sehr an Charme und Stil verlor und auch er anfing, sich derart zu verlieren, war er in das Gebaren eines Klubs am Sunset-Boulevard involviert, er stellte mir Stars wie u.a. Chris Tucker oder Dennis Rodman vor. Seine Cousine machte dem NBA-Star der Chicago Bulls, der die meiste Zeit auch während seiner Basketball-Karriere in Newport Beach verbrachte, die Haare. Beeindruckend für das Ego eines jungen Mannes, besonders wenn man im West-Hollywood-Klub der ehemaligen Aushänge-Geschäftsführerin Carmen Electra regelmäßig de facto „unter" Shaquille O´Neal tanzte und auch noch vor Stars wie z.B. der Band „Naughty by Nature" Einlass in den VIP-Bereich bekam. Doch wir besetzten im Wochentakt nicht nur teuer den Stammtisch der Basketball-Legende „Magic Johnson", dank Roger lernte ich nicht nur Stars und Sternchen, sondern die Stadt der Engel von innen nach außen, quasi Inside-Out kennen. Das Valley, Bel Air, Beverley Hills, Hollywood, die Beach-Communities bis Malibu, Palos Verde aber auch West-LA, Inglewood oder South Central. An Weihnachten 1997 aß ich dort gemeinsam mit meinem Studienkollegen aus Utah, als einzige Weiße zwischen seiner herzlichen Familie köstliches Louisiana-Gumbo, lernte von seinem kleinen Neffen, wie man einen Football richtig wirft und dass Homies aus dem Hood mit komplett goldenen Frontzähnen unfassbar nett sein können. Auch, dass man sich mit Goldzähnen praktischerweise nur schwer Speisereste einfangen kann. Sein damaliges, massives

Abtriften erklärte er mir eines Tages später damit, dass seine ältere Schwester ihm nach langer Zeit offenbarte, dass der Selbstmord seines Vaters nicht so willkürlich geschah, wie er dachte, sondern mit einem Drogenrausch zu tun hatte. Das letzte Mal, dass ich ihn für längere Zeit sah, war, als ich im Y2K vor 3.500 Leuten als Headline-DJ auf einem Event meines US-Studienkollegen am Labor Day-Weekend in Portland auftreten sollte und ihn zuvor in L.A. besuchte.

In dieser bewegten Phase meines Lebens lernte ich kurze Zeit später deine Mama kennen, an ihrem 27. Geburtstag. Weder erkannte ich sie, noch war es mir bewusst, dass sie bekannt war. Nachdem ich nicht nur in L.A., sondern auch in New York „echte Stars" kennengelernt hatte, war es mir ziemlich egal, welches Mädel gerade ein bisschen Bekanntheit durch irgendeine hippe deutsche TV-Show erlangt hatte. Ganz davon abgesehen, dass ich ja auch schon früher mal mit Rudi Carell im Aufzug des Kölner Maritim-Hotels gefahren bin oder tatsächlich z.B. den bewundernswerten Hape Kerkeling am Münchner Flughafen anderen Autogrammjägern als Torwart der tschechischen Eishockey-Nationalmannschaft verkaufen durfte. In der Bar, in der Mama feierte, war sie gerade auf dem WC und übergab sich. Deutlich besser ging es ihrer Freundin, die währenddessen mit jeweils ihrem und Mamas Glas Wein in der Hand verloren dastand und ich gemeinsam mit unserem späteren Trauzeugen zuerst sie wahrnahm. Als sie von der Toilette zurückkam und mich sah, schaute sie mir mit stechendem Blick eindringlich und nicht unbedingt wohlwollend in die Augen, du kennst das, wenn sie ab und an in dein unaufgeräumtes Zimmer kommt. Diana hatte sich vor nicht allzu langer Zeit aus ihrer ersten Ehe gelöst, dazu Differenzen mit ihrem aktuellen Freund und fand es nach einigen Treffen später angebracht, mich mit ihrer netten Stereo-Wein-Freundin verkuppeln zu wollen. Ich dachte mir über deine Mama, eine ganz schön freche Göre, etwas verrückt, aber mit sehr viel Herz. Da ich jedoch weder Interesse hatte, mit irgendjemandem zusammen zu kommen, geschweige denn aus Anstandsgründen in die mehrjährige, zu diesem Zeitpunkt unglückliche Beziehung ihrer Freundin hineinzupfuschen, distanzierte ich mich und ging u.a. für zwei Monate in die Ukraine. Anders als vielleicht

„Stereo" mit zwei Glas Wein, mit schmutzigen Fingern eine saubere Seele zu berühren, lass besser sein.

Eine der wertvollsten Erkenntnisse, die ich dort in einer persönlich herausfordernden Zeit machen durfte, war, als ich leicht desillusioniert unglücklich durch die Hafenstadt Jalta auf der zwischenzeitlich ukrainischen Halbinsel Krim lief und mich dort ein Mann am Boden sitzend gut gelaunt und fröhlich lachend grüßte. Etwas mürrisch schaute ich ihn an und bemerkte dann, dass er beide Beine verloren hatte, nur noch mit seinem Rumpf auf einem Holzbrett saß. Dank der darunter befestigten Rollen konnte er sich mühsam mit seinen Händen fortbewegen. Ich erinnerte mich in diesem Moment blitzartig an die unfassbare Erfahrung, welche ich bereits mal allein sitzend am North Rim des Grand Canyons in der Morgensonne des Indian Summers mit den Millionen jahrealten Felsformationen machen durfte. Wie klein, nichtig und unwichtig sind wir mit unserem Ego, Problemen und unserem kurzen Dasein in dieser Welt, in der es gemessen an einem 24-Stunden-Tag die Menschheit erst seit 5 Minuten geben soll. Wie wichtig wir uns und unsere Probleme nehmen, uns leicht aus der Bahn werfen lassen. Das strahlende, ansteckende Lächeln des Mannes rief mir all das wieder ins Gedächtnis und meine Laune wandelte sich demütig in Dankbarkeit für all das Glück in meinem Leben. Nicht nur damals im Grand Canyon, als ich nachts unbeteiligt an einem abgestürzten Truck vorbeifuhr und die Insassen definitiv tödlich verunglückten, auch etwas später im Norden Utahs wäre ich fast mit 4 weiteren Menschen im Auto und weniger Glück eine circa 100 Meter tiefe Schlucht hinuntergestürzt. Der natürliche Klimawandel auf der Rückfahrt vom warmen, südlichen Teil Utahs hin zum kühlen Norden des Spätherbstes ließ mich den plötzlich auftretenden 20 Zentimeter hohen Schnee auf der Fahrbahn unterschätzen und wir drehten uns auf der sonst in Einöde versunkenen Straße zwischen zwei weiteren Fahrzeugen mehrfach hindurch in Richtung leitplankenlosen, ungesicherten Abgrund. Kein Bremsen half, erst abruptes Gas geben rettete uns alle Zentimeter vor dem Sturz in den sicheren Tod. Es wurde einer der ruhigeren Geburtstage, den wir eigenbestimmt als Geschenk nach unserer sicheren Ankunft am Zielort gemeinsam feiern durften. Wie im Leben üblich, gibt es aber immer einen Preis in Form des Karmas zu zahlen. Daher schrottete ich Monate später mit 7 weiteren Personen bei einem Unfall mitten auf dem Broadway am Times Square in New York City, für alle unverletzt, meinen Oldtimer vom Cadillac-Händler aus Beverly Hills, eine identische Kopie des Fahrzeugs des Pfarrers aus dem Gary-Gray-Film „Friday" mit besagtem Chris Tucker in der Hauptrolle.

Das nette folgende Gespräch mit dem Mann auf dem Rollbrett und den gerne geleisteten Obolus zu seiner Unterstützung half mir sehr, mich zu erden und levelte menschlich sehr ein. Als ich deine Mama später zufällig wiedersah, bin ich zunächst erschrocken. Auch wenn sie damals gerade auf dem Titel des aktuellen FHM-Magazins blendend schimmerte, ging es ihr gesundheitlich und mental nicht gut. Mittlerweile getrennt und mit einer langen Schlange an Verehrern, stand meine Sorge um sie als Mensch im Vordergrund, besonders als ich erfuhr, dass eine nicht unbedenkliche Krebs-OP für sie anstand. Ich besuchte Mama im Krankenhaus und brachte ihr ziemlich unromantisch, neutral gelbe Rosen aus der in der Nähe der Klinik befindlichen Gärtnerei des historisch-ehrwürdigen Rosenfriedhofes im Nürnberger Stadtteil Johannis vorbei. Lange und tiefsinnige Gespräche folgten, ich entführte sie dank einer sympathischen Nachtschwester aus dem Krankenhaus und wir gingen inklusive ihres Infusionsschlauchs am Arm in ein nahe gelegenes Restaurant. Ich schaute jeden Tag nach ihr, brachte selbst gemachtes Sushi ins Krankenhaus und beim Freestyle-Bemalen der Wand des Krankenhaus-Aufenthaltsraumes verliebten wir uns. Im Beisein einer alten Dame und Seele, die uns viel aus ihrem beeindruckend bewegten Leben inklusive Hollywood-Bezug erzählte, gaben wir uns den ersten Kuss. Einen Kuss, der das Herz berührte und den Mund nicht langweilte.

Liebe mit einem Star

„Schöne Gesichter gibt es überall, aber schöne Seelen sind schwer zu finden."

Auch wenn deine Mama sekundenlang in einem der erfolgreichsten deutschen Filme seiner Zeit ein Herz überreichen durfte, nach einem Gastsemester ein Stipendium der Lee-Strasberg-Akademie in New York City von John Kostopolos ausschlug und auch die begehrlichen Anfragen von Elite New York genauso dankend ablehnte wie Shootings mit Helmut Newton, bleibt unsere eigene Definition von „Starsein" sehr bescheiden. Denn jeder von uns ist ein Star, der Star seines eigenen, wertvollen, einmaligen Lebens. Jeder, der es schafft, einigermaßen ehrlich über den roten Teppich des Lebens zu kommen, ohne dabei seine Werte zu verkaufen, an sich und seinen nur natürlichen Fehlern arbeitet, einmal mehr aufsteht, als er hingefallen ist und sich standhaft gerade im Leben hält, ist ein verdammter Star. Du selbst bestimmst deine Rolle und interpretierst sie so, wie du es möchtest, wie dein Film mit allen Höhen und Tiefen aussieht. Es ist eine Kunst, seine Rolle im Leben anmutig zu „spielen", ganz unbewusst dessen, dass es ja gar keine Rolle ist. Solange bis man die richtige Rolle findet und besetzt. Nicht alle Menschen, die von innen leuchten, brauchen unbedingt ein Rampenlicht. Wenn man aber den Segen oder Fluch hat, in der Öffentlichkeit zu stehen, macht es Sinn, sich zu fragen, warum man anscheinend als Gewinn für das gesellschaftlich-öffentliche Interesse gesehen wird. Bin ich ein guter Künstler, Sportler oder sehe einfach nur gut aus, wunderbar, aber es ändert nichts an der Tatsache, dass man ein ganz normaler Mensch wie jeder andere auch ist. Auch der Arzt, Anwalt, Pfleger, Lkw-Fahrer, Dienstleister etc. erbringt wichtige Gewinne für unsere Gesellschaft. So oder so, wenn ich die Chance habe, monetäre Sicherheit für meine Familie durch mein Sein und Tun zu erwirtschaften, ist es ein würdiges Geschenk und man kann sich sehr glücklich schätzen. Es stellt sich aber irdisch jedem die Frage, wie viel und was brauche ich für mein eigenes Glücklichsein? Was benötige ich dafür, gibt es eine Grenze des sich Verlierens, bei der es mich nicht mehr glücklicher macht, vergessend, dass es einem eigentlich schon sehr gut ging? Als Star oder Spitzenverdiener ist man Vorbild, man zahlt den Preis „Produkt" zu sein, die jeweilige Gage oder Ablöse drückt aus, wie marketingfähig man seine sportlichen, künstlerischen oder Führungsfähigkeiten erfolgreich der Gunst der Zahlenden verkaufen kann, nicht aber den Wert des Menschseins. Ganz egal über wie viele rote Teppiche man gelaufen ist, es ist schwer, auf Teppichen Spuren zu hinterlassen. Es sind ganz wenige Menschen, die sich tatsächlich im gesellschaftlichen Gedächtnis verewigen, weil sie persönlich, privat und auch öffentlich eins waren, stets authentisch mit der Fähigkeit zu berühren. Wenn man hoch dotiert durch die Welt läuft, kommt einem eine entsprechende Verantwortung zu und man muss genau überlegen, für was man selbst steht, ein klares „Nein" parat haben für alles, was gegen die eigenen Werte geht, nach fundierter Reflexion weder nachhaltig ist oder keinen positiven Beitrag leistet.

Deine Mama war und ist auffallend schön. Aber nicht wie viele andere Magazin-Schönheiten, sie ist schön darin, wie sie denkt, wie sie mit einem Funkeln in den Augen sowie all ihrer Liebe und Herz über etwas spricht. Schön, weil sie jeden berühren kann, wenn man es zu lässt. Nein, die Schönheit von Mama ist nicht auf zeitweiliges Aussehen beschränkt, es ist eine Schönheit bis ins Tiefste ihrer Seele. Der weise Satz einer wundervollen Maya Angelou, wonach die Menschen vergessen werden, was du getan hast, aber nie vergessen werden, was für ein Gefühl du ihnen gegeben hast, könnte nicht treffender sein für deine Mama. Ich habe mich nicht nur in sie verliebt, ich habe in ihren wundervollen Augen auch mein eigenes Licht widergespiegelt gesehen. Sie war Heilung für mich und sie wusste, ich könnte das auch für sie sein. Trotz aller Herausforderungen und negativer Erlebnisse steht deine Mama heute gefestigt, stabil und glücklich im Leben und sie berührt mit ihrer Verrücktheit zumindest uns, also ist sie definitiv ein großer Star, nämlich unser Star. Auch sie mochte keine Ungerechtigkeiten, schließlich kam sie aus dem Unrechtsstaat der sozialistischen DDR, in dem nicht alles schlecht war, aber man doch froh ist, dass er Geschichte ist. Ich war immer von Frauen aus dem Osten grenzenlos begeistert, galten sie klischeehaft als unbekümmert hübscher Ausdruck von sehr viel Weiblichkeit. Dass es nicht östlicher als Ost-Deutschland ging und gleichzeitig ihr fränkischer Dialekt stärker ausgeprägt ist, als mein eigener ist ok, es beugt wenigstens Sprach- bzw. Verständigungsproblemen vor. Abgesehen davon, dass wir alle sechs Monate Pakete an Tante Anna in den Osten schickten und auch erhielten und, dass ich später ein Stück der trennenden Mauer aus Berlin bekam, wusste ich nicht sehr viel über die DDR. Wer noch vor der später durch Privatsender bereicherten Drei-TV-Programme-Vielfalt der damaligen Zeit zusätzlich auch DDR-Fernsehen empfing, bekam einen kleinen Einblick in die deutsch-deutsche Klassen-Gefühlswelt. Neben Sandmann und Kulturprogramm führte im schwarzen Kanal ein Karl-Ede von Schnitzler mit Jacht und Bankkonto am Genfer See vor, wie Propaganda funktioniert. Beides, Spaltung und Propaganda sind der Generation deiner Eltern keineswegs fremd, geschweige denn der deiner Großeltern. Deine Mama als echtes Flüchtlingskind floh 1981 mit ihren jungen Eltern aus dem Osten ins fränkische Exil. Nicht spektakulär, wie durch einen gegrabenen Tunnel unter Mauerschützen hindurch oder mit einem Ballon darüber hinweg. Dein Opa hat mit stetiger, beharrlicher Überzeugung für eine Ausreise gekämpft. Diese Überzeugung begründete sich nicht unbedingt in einer resoluten Ablehnung des Systems an sich, sondern vielmehr darin, schlicht und ergreifend nicht frei das tun zu können, was er sich im Leben vorstellte. Er avancierte zum Helden, als er unter Lebensgefahr eine riesige Gasexplosion in seinem Kombinatswerk in Leipzig verhinderte. Bei der darauffolgenden Ehrung verzichtete er vor versammelter Belegschaft und ranghohen Funktionären auf alle Auszeichnungen und

◉ Deine Oma mit Opa, Dianas Eltern in Florida 2015.

finanzielle Würdigungen. Stattdessen verlautete er auf offener Bühne nachdrücklich den Wunsch, aus dem Staatsgebiet der DDR ausreisen zu dürfen. Er ist für seine Überzeugung aufgestanden und hat so Freiheit für sich und seine Familie errungen. Ein gewisses Maß an Rebellion, Mut und Herzlichkeit liegen tief verankert in deiner Familie, bei deiner Mama blieb nach ihrer Ausreise aber ebenso tief der Schmerz, geliebte Menschen zurücklassen zu müssen. Als Kind drückte sie diese einschneidende Veränderung ihrer neuen Lebenssituation im goldenen Westen der frühen Achtzigerjahre ebenso rebellisch aus, wie es auch deine große Halbschwester nach der Trennung ihrer Eltern tat. In vergleichbar kindlichem Alter, wie es damals deine Mama war, lernte ich Vanessa kennen und der Schmerz in ihren unschuldigen, liebevollen Augen konnte einem das Herz zerreißen. Das Wegbrechen des Vertrauten und Geliebten was einem den notwendigen Halt in der bis dato kurzen Lebenszeit gab, einfach weg und plötzlich alles neu. Es ist eine große Verantwortung einer Kinderseele Heilung zu schenken. Weder Diana noch ich waren zentriert oder stabil genug, um im gemeinsamen Zusammenspiel alledem immer genügend gerecht werden zu können, wir selbst waren noch zu sehr auf der Suche nach uns selbst. Trotz vieler schöner Momente, in denen wir Vanessa ein Lächeln der Leichtigkeit ins Gesicht zaubern konnten, erwies sich unser heißblütiges Beziehungs-On und -Off der ersten Jahre als aufreibend. Vieles von dem, was wir bei deiner Schwester falsch gemacht haben, konnten wir bei dir später besser machen. Man lernt immer, jeden Tag, ein Leben lang und das auf unterschiedliche Weise, Kosten und auch Preise, die man dafür bezahlt, auf seiner Reise. Aus deiner Schwester ist eine starke und bewundernswerte Frau geworden, die als gesunder, erwachsener Mensch zumeist weiß, wie sie sich und ihr Leben glücklich gestaltet. Nicht zuletzt des zu seltenen, aber guten Patchworks mit dem Papa deiner Schwester und Mann aus Dianas erster Ehe inklusive seiner neuen lieben Familie, hat im Laufe der Jahre früheren Verletzungen etwas Heilung geschenkt. Der Frieden, den man sich selbst im Großen wünscht, fängt im Kleinen mit dir selbst und in der Familie an. Es wird eine Zeit ohne uns, ohne deine Eltern kommen und ihr werdet für euch wichtige Anker im Leben sein, die sich gegenseitig helfen und auffangen, immer beistehen, egal was ist. Euer zukünftiger Energieaustausch ist gleichzeitig auch Energieausgleich für viel Gutes und auch Falsches, was ihr durch uns mitbekommen habt. Jede Art der Verletzung findet über den eigentlichen

Charakter hinaus als Teil der scheinbaren Persönlichkeit ihren Ausdruck, und so habe auch ich deine Mama manchmal als anstrengend empfunden. Oberflächlich, weil keine Augen in der Lage sind, so tief zu blicken wie die Seele, um Leid oder Verletzungen zu sehen. Diejenigen, die die Schönheit und Größe der Seele deiner Mama nicht verstehen können, sind selbst noch auf der Suche nach ihrer eigenen Seele und ich war auf der Suche, getreu dem Motto: Wer mir hilft, mich selbst zu finden, dem bezahl´ ich Finderlohn.

Die Bullyparade - Deine Mama, unsere Kaiserin

„Mir bleibt doch gar nichts erspart auf dieser Welt!" - Franz Joseph I.
von Österreich

◉ RADIO REGENBOGEN AWARDS 2003.

Wenn wir uns mal gerade nicht wieder in unserer verlorenen, unverstandenen und egogetrieben Heißblütigkeit für wenige Tage getrennt hatten, begleitete ich deine Mama gelegentlich zu Drehs wie z.B. von „Traumschiff Surprise" oder wir besuchten diverse Premieren. Während der letzten Staffel der Pro7-Bullyparade lernte ich auch kurz „Bully" kennen. Er meinte, ich sähe aus, wie der Drummer der „Münchner Freiheit", was mich nicht sofort und direkt zum allergrößten Fan machte. Ein angenehm entspannter und bescheidener Oliver „Dittsche" Dittrich oder „Ranger Shatterhand" Christian Tramitz, mit dem ich in der Maske den Ski-Slalom der Damen fachsimpelnd verfolgte, waren mir vom situativen Klangbild und Beat erstmal näher. Es kann schließlich nicht jeder so gut aussehen wie der Sänger der Spider Murphy Gang und wer wahrhaftig schön ist für jemanden, entscheidet ohnehin immer die Seele. Wie auch musikalisch sind Geschmäcker eben nun mal verschieden. Mein Ego konnte es gut verkraften, dank noch nicht so weit verbreitetem Internet wurden mir in Sankt Petersburg auch schon mal Briefchen einer sibirischen Mädchenklasse mit Autogrammwünschen durch die Hoteltür geschoben, weil sie dachten, ich wäre Leonardo di Caprio. Warum, keine Ahnung, entweder lag es an der osteuropäischen Optiker-Kunst im Stile eines Pavel & Bronko oder ich habe mir damals in New York, als ich ihn mit Papagei auf der Schulter im Club „Life" flüchtig traf, zu viel Flausen abgeschaut.

Professionell, lustig und einzigartig wurde die „Bullyparade" mit ihrem Konzept und Protagonisten zurecht gefeiert, ein stets freundlicher Michael Herbig hat mit

■ Deine dem Kaiserpaar engvertraute Ur-Ur-Oma links: Aloisia Lackinger (1866-1951).

seinem eigenen Witz TV-Geschichte geschrieben. Nur die Rolle der „Sisi" in der Parodie des österreichischen Kaiserpaars als Bestandteil seiner Show hätte er eigentlich Diana überlassen können. Auch wenn keine das Eis in der „Bullyparade" erotischer gegessen, gejodelt oder getanzt hat als deine Mama, wäre es passend gewesen, denn schließlich war die Oma ihrer Schwiegermama, also deine Ur-Ur-Großmutter dem Kaiserpaar Sisi und Franz sehr eng vertraut. Unsere Familie hatte damals weitreichenden Grundbesitz neben dem Landsitz des österreichischen Kaisers Franz-Joseph I. und Kaiserin Elisabeth in Bad Ischl. Zum damaligen Ausbau des Parkareals der Kaiser-Villa, in der Franz Joseph die meisten Sommer seines Lebens residierte, überließ auch deine Familie dem Kaiserpaar Grund und Boden zum heutigen Bestand in der schönen Kurstadt. Als unmittelbare Nachbarn direkt an der Kaiservilla, die später die jüngste Tochter Valerie als die „Einzige" erben sollte, besuchte der Kaiser den elterlichen Hof deiner Ur-Ur-Oma regelmäßig. Auch Sisi kam des Öfteren samt Hofdamen mit auf das Landgut zu einem Kaffee-Plausch. Bei den zahlreichen, fast alltäglichen Begegnungen, während der Spaziergänge des Kaiserpaars, verbeugte sich „Luiserl", wie deine Ur-Ur-Oma genannt wurde, jedes Mal so vorbildlich, dass es beide königlich amüsierte. Besonders als sie einmal bei einem artigen Hofknicks nach vorne überfiel, gefiel und brachte ihr zum Trost eine kaiserliche Tüte Süßigkeiten ein. Nachdem sie im Laufe der Jahre die komplette Kaiserfamilie kennengelernt hatte, beschlossen Franz und vor allem Sisi als Mutter, die dann etwas standfestere Aloisia Lackinger, geb. Jocher, als Kammerzofe und engste Vertraute für Sisis Lieblingstochter Erzherzogin Marie Valerie Mathilde Amalie von Österreich dauerhaft mit an die Hofburg nach Wien zu nehmen. Dort blieb sie für vier Jahre und wohnte u.a. auch in Schloss Schönbrunn und Laxenburg, je nachdem, wo sich die kaiserliche Tochter eben gerade aufhielt. In der Wiener Hofburg fürchtete sie ab und an den Widerhall der hohen Gemächer und Gänge, besonders zu nächtlicher Stunde, wenn ununterbrochen die Schritte der Leibgarde zu hören waren. Der Familie sehr nahe, erlebte sie in ihrer Zeit bei Hofe auch die Tragödie von Mayerling, durch die der ihr ebenso vertraute freigeistig-labile Kronprinz Rudolf von Österreich und Ungarn ums Leben kam und so die ganze Habsburger Monarchie erschütterte. Die Oma deiner Oma erblickte, wie deren Mutter als geborene Ippisch, in Ebensee das Licht der Welt, wo bereits 1910 der umtriebige Cousin mit einem Elektro-Holzschiff „Elektra" die Traunsee-Schifffahrtsgesellschaft gründete. Er initiierte zudem den Bau der Feuerkogel-Seilbahn, auf deren Gondeldach sich später mal Richard Burton und Clint Eastwood in „Agenten sterben einsam" spektakulär verewigen sollten. Aloisia jedenfalls verliebte sich, heiratete, verließ auf eigenen Wunsch den kaiserlichen Hof und begnügte sich fortan mit niedrigeren Decken. Mit vorteilhaft geringerem Widerhall brachte sie 15 Kinder zur Welt, von denen fünf in den ersten und drei in den zweiten Weltkrieg zogen. Wie dein eigener Opa kämpfte also auch mein Opa in ein und denselben Krieg, nur dass er statt in Russland auf dem afrikanischen

Aus dem Landkreis

„Grüß Gott, Herr Kaiser!"

Hals. Am 19. August verstarb in Hals im Alter von 85 Jahren Frau Aloisia Lackinger, Mutter der Apothekerschofrau Leontine Auer. Mit ihr ging ein Stück Geschichte aus dem alten Wien und dem Kaiserhaus zu Grabe. Schon als Kind lernte sie den leutseligen Kaiser Franz Joseph kennen, denn ihre Großeltern hatten einen großen Teil ihres Grundbesitzes in Ischl an den kaiserlichen Hof abgetreten. Der Kaiser war dem Kinde, dessen Elternhaus in unmittelbarer Nachbarschaft stand, eine fast alltägliche Erscheinung und sie begrüßte ihn auf seinen Spaziergängen immer mit einem fröhlichen „Grüß Gott, Herr Kaiser", was in gleich munterer Weise mit einem „Grüß Dich Gott, Lieserl" beantwortet wurde. Auch Kaiserin Elisabeth kam des öfteren mit ihren Hofdamen auf den „Lackinger Hof", wobei Klein-Lieserl so eifrig ihren einstudierten Hofknix ausführte, daß sie einmal dabei die Treppe herunterfiel, was ihr eine große Tüte Pralinen einbrachte. Auf Grund der guten nachbarlichen Beziehungen nahm sie der Kaiser im Alter von 16 Jahren in die Wiener Hofburg auf, wo sie später als Kammerfrau und Vertraute seiner schönen Tochter, Erzherzogin Valerie, bis zu ihrer Verheiratung mit einem k. u. k. Beamten tätig war. Frau Lackinger erlebte die Geschichte des Hauses Habsburg in ihrer glanzvollsten Zeit, auch war sie Zeugin der Mayerlingschen Tragödie. Bis zu ihrem nun erfolgten Ableben blieb die Erinnerung an die Kaiserzeit bei ihr lebendig. H.J.I.

◉ ARTIKEL AUS DEM JAHR 1951.

◉ SCHWIEGERTOCHTER UND ENKEL MIT OMA, ALOISIAS ENKELIN.

Kontinent war, bevor er jahrelang auf Kreta in Kriegsgefangenschaft kam. Ob sich "Luiserl" vorstellen konnte, dass dein Papa als ihr Ur-Enkel mal mit deiner Mama als „unserer Kaiserin" verheiratet sein würde, die als Teil der Bullyparade und somit der urkomischen Comedy-Aufarbeitung ihrer Franz & Sisi-Vergangenheit zu tun haben würde, ist zu bezweifeln. Aber wie du bemerkst, sind Teile deiner Verwandtschaft zweifelsohne „Vordeutsche." Zumindest zeitgeschichtlich und aus Italien betrachtet, Österreicher eben. Tja, wir sind alle nicht perfekt. Seit meiner frühen Kindheit war ich jedes Jahr bei unseren alpinen, einst noch bedeutsameren Nachbarn. Auch wenn uns ein aufgebrachter Sepp Bradl regelmäßig vom Bobfahren an seinem Hausschanzenberg am Hochkönig abhielt und schroff verscheuchte, mag ich die sympathische österreichische Lebensart. Jemandem, der als erster Mensch mit Skiern über 100m gesprungen ist und in den Bergen lebt, muss man wohl eine gewisse Kauzigkeit zugestehen, kein Grund in Stereotype von Piefkes versus Ösi-Schluchtis zu verfallen. Humor generell hin oder her, die Zeiten von abwertendem Wording sollten vorbei sein, ganz gleich, wie gerne wir unsere Nachbarn als Käsköpfe, Froschfresser, Autodiebe oder ähnliches bezeichnen. Nachweislich gibt es überall in jedem Volk der Welt herausfordernde Menschen, die hoffentlich auf ihrem Weg zu sich selbst und Besserung sind, genauso wie eben auch ganz wundervolle Menschen. Als Nürnberger und besonders „Zaboaner" wächst man sportlich mit dem weichstrukturierten Feindbild „Fürth" als Rivale im Fußball auf und muss sich dieser wichtigen Erkenntnis, dieser feinen Unterscheidung, erst wieder bewusst werden. Rivalität und Konkurrenz, die einen ansporns, sich selbst zu verbessern, ist positiv beflügelnd, solange es nicht in ungesundem, verbohrtem Lokalpatriotismus endet. Oder gar noch schlimmer, in einer bis in den Tod vorgelebten innerstädtischen Feindschaft, wie es bedauerlicherweise z. B.

zwischen Adidas und Puma respektive den Dassler-Brüdern in Herzogenaurach praktiziert wurde. Ohne stereotypisieren zu wollen, habe ich selbst die herzlichsten und liebsten Menschen in anderen Kulturkreisen und die größten Idioten in meinem eigenen getroffen. Aber auch beim bayrisch-österreichischen Kaiserpaar Sisi und Franz war nicht alles perfekt, auch wenn dies medial dank der Marischka-Kult-Triologie „Sissi" und eben der modernen Persiflage in der „Bullyparade" angenehm übertrieben idealisiert dargestellt wurde, fast jedes Kind nur die heile Welt der „Sisi" kennt. Tragödien, Krisen, Bürde und Verpflichtung wiegen manchmal sehr schwer. Wie Sisi, als Eltern die eigenen Kinder begraben zu müssen, bringt jeden an Grenzen, die man erst dann kennenlernt, wenn es einem selbst widerfährt. Meinen aus einem anderen Kulturkreis stammenden, besten Freund musste ich leider durch eine so unfassbar schwere Zeit begleiten. Er verlor im Gegensatz zwar nur ein Kind, aber der Schmerz verfolgt ein Leben lang. Seine Verwandtschaft war auch nicht so bedeutsam wie die ihrer kaiserlichen Majestät, aber wer den Hollywood-Film „Vice – Der zweite Mann" gesehen hat und mit der geschichtspolitischen Rolle vertraut ist, weiß, dass sie nicht gerade unbekannt ist. Als entfernter Neffe x-ten Grades eines einflussreichen ehemaligen US-Vizepräsidenten der USA sitzt man definitiv nicht direkt auf dem Schoss, während im Weißen Haus gesponnen wird, aber die Familie wirft Schatten. Wenn man seine Kinder nicht gerade aus reiner Überzeugung zur Adoption freigeben soll, auch noch an den eigenen Cousin, der die Ex-Frau geheiratet hat und man im Moment des Todes nicht bei seinem Kind sein kann, tut weh. Als einer der wenigen Menschen, dem er sich damals in dieser Phase anvertraute, war dein Papa. Lange Gespräche, Verständnis und eben Liebe helfen zu heilen. Was auch die Geschichte von Sisi und Franz zeigt, in all unseren Beziehungen, die mit Liebe verbunden sind, läuft es nicht immer nur friedlich und harmonisch ab. Liebe geht dabei manchmal seltsame Wege, hält Überraschungen bereit und es kommt oft anders als man denkt.

Eine Bilderbuch-Krise

„Eines Tages wirst du deine Geschichte erzählen, wie du das, was du durchgemacht hast, überwunden hast, und sie wird jemand anderem als Überlebenshilfe dienen."

Deine Mama als schöne Frau und Person der Öffentlichkeit weckte schon immer Begehrlichkeiten. Immer noch, übrigens, heute verstehe ich das als Kompliment. Genauso verstehe ich es als Kompliment, dass sie zweimal als prominentes Gesicht das Cover der deutschen Ausgabe des Playboys schmückte. Ich bin sogar dankbar dafür, denn wenn ich mal 80 bin, kann ich deine Mama immer in kunstvoller Darstellung betrachten. Und natürlich auch die Witzseite lesen, Playboy ist schließlich mehr. Eigentlich hauptsächlich zum Vergleich des damaligen Humors mit dem dann aktuellen der zukünftigen Zeit. Es klingt, als wäre ich bereits 80, aber ich vermute, dass mein Fazit sein wird, damals war alles besser. Beim ersten Mal habe ich Diana in ihrer Entscheidung bestärkt, den Schritt zu wagen, ebenso beim zweiten Mal, als ich mich in Teamwork sogar mit „verewigen" konnte. Nur textlich, nicht bildhaft, Gott sei Dank, jeder ist heilfroh, dass es nicht umgekehrt war, nachdem deine Mama die eindeutig bessere Figur macht. Als Kind ist es ohnehin eine Bürde und nicht jeder kann mit dieser Art der gut bezahlten, kunstvollen Freizügigkeit umgehen. Frage mal deine Schwester oder auch deine Oma, die sich beim ersten Mal in Grund und Boden geschämt hat, denn „was denken nur die Nachbarn". Vollkommen egal, sei versichert, dass es dir im Laufe der Zeit wie Oma gehen wird, die beim zweiten Mal 15 Jahre später sehr stolz auf ihre Schwiegertochter war.

Damals viel härter als die erstmalige Herrenmagazin-Präsenz, hat es deine Oma wenig später getroffen als ihr Sohn, also dein Papa plötzlich mit schwarzem Balken im Gesicht großflächig auf Seite vier und erschlagenden Schlagzeilen in einer der zu dieser Zeit weltweit auflagenstärksten Tageszeitung abgedruckt wurde. Zu dieser fragwürdigen Ehre kamen wir augenscheinlich wie die Jungfrau zum Kind. Jungfräulich waren auch meine Erfahrungen als ich mich übergangsweise nebenbei um das Management für Mama kümmern sollte und sie kurz darauf für das Reality-TV-Projekt „Die Alm" gebucht wurde. Unser instabiles Beziehungs-Hin-und-Her, die Verlängerung der Show um eine Woche, eine von der Produktion arrangierte und inszenierte TV-Liebelei mit einem singenden Mitkandidaten der ersten Staffel DSDS machten mich derart sauer, dass ich deiner Mama direkt nach Ausstrahlung als Aufschrei eine Rechnung für meine anbahnenden Bemühungen in den Briefkasten warf und das Thema egoverletzt als beendet ansah. Zum damaligen Drehbeginn der Liveshow bereits übernahm ihre Betreuung jemand, der das berufliche Interesse mit anderen Begehrlichkeiten vermischte und dadurch wie eine Zündschnur an einem Pulverfass wirkte. Ohne eigenes Fehlverhalten zu beschönigen, wäre es ohne diese Person zu keinem Artikel im besagten Vier-Buchstaben-Blatt gekommen, die Situation wahrscheinlich nicht derart eskaliert. Doch die Lawine rollte, friedliche Gespräche waren nicht mehr möglich. Alles, was wir bis dato gemeinsam hatten, ging in die Brüche, keine Ahnung von dieser Art des Parketts, geschweige denn wie sich deine Mama in diesem Zirkus denn selbst dabei gefühlt haben mag, verunsichert; verzweifelt, verletzt und bedacht darauf, auf sich und den eigenen Ruf zu schauen. Es war nicht vergleichbar mit heute in der Welt der Social Media, in der jede Reaktion sofort zu einem mehr oder weniger massiven Ausschlag durch Außenstehende führt und entweder in Lobhudelei oder Hass Ausdruck findet, aber eine Art der Vorstufe dessen. Ein überraschender Anruf aus Spanien, bis wohin sich dank beträchtlicher Reichweite der Zeitung diese begehrlich lancierte Schlagzeile verbreitete, war eine der unmittelbareren Reaktionen aus der Ferne der damaligen Zeit. Ein wilder Kampf entbrannte, in dem jeder versuchte, sich selbst in seinem nahen Umfeld zu schützen und nicht dabei kaputt zu gehen. Medial angeschlagen war man verzweifelt bemüht, irgendwie den weggezogenen Boden wieder zu finden. Ich zeigte den Verfasser des Vier-Buchstaben-Artikels bei der Polizei an, verklagte die Zeitung auf Gegendarstellung und würde diese Zeit tatsächlich als die herausforderndste

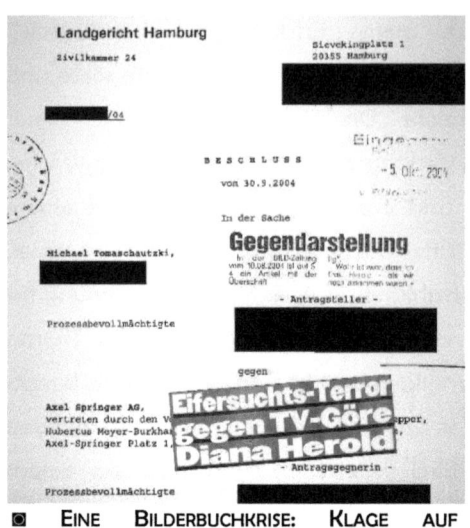

• EINE BILDERBUCHKRISE: KLAGE AUF GEGENDARSTELLUNG 2004.

Phase meines Lebens bezeichnen. Bei wildem Rundumschlagen, dem sich erwehren, zerbricht man viel Porzellan und kann eigentlich nur alles verkehrt machen. Deine Mama bemühte sich zu schweigen, meine berechtigten Bestrebungen um Rehabilitation endeten verzweifelt in Angriffen, die teils unter die Gürtellinie gingen, maßlos getreu dem Motto „zerstörst du mich, zerstöre ich dich". Planlos und schmerzerfüllt, teilweise mit dem verzweifelten Versuch, diesem Schmerz berauscht fern jeglicher Sinne beizukommen, unser ganzes Umfeld belastend. Man sieht sich als Opfer und fragt sich, wie kann ein Mensch, für den man so tief empfindet, einem so etwas antun?! Ich beschimpfte sogar auf Band den, wie ich später erfuhr, eben extra angesetzten Reporter besagter „Schnapszeitung". Stimmig, denn wer sich dort informiert, der trinkt bekanntermaßen auch Schnaps, um seinen Durst zu löschen. Aber wenigstens ist der Sportteil schön bunt und korrekt. Egal welches Medium, wenn ein Skandälchen mit einer Schlagzeile einzufahren ist und es seitens des Gatekeepers der Blattlinie vertretbar und opportun ist, wird zugeschlagen. Gatekeeper sind dabei diejenigen, die bestimmen, ob etwas zur „Schlagzeile" werden darf oder nicht. Früher hatte jedes Medium einen, heutzutage scheint es, als gäbe es insgesamt nur noch einen, in flachen Strukturen. Sich gegen eine derartige Wand zu erwehren, gleicht einem Kampf gegen Windmühlen, was mir damals auch vonseiten eines ehemaligen Spiegel-Redakteurs deutlich gemacht wurde, schließlich ging es gegen das mächtigste Blatt der Nation. Aber gut, heutzutage Journalist zu sein, ist vergleichbar mit einem Junkfood-Budenbesitzer, der versuchen muss zu erklären, dass der Müll, den er verkaufen will, geil, nahrhaft und gesund ist. Mittlerweile weiß ich mehr, wie Medien im Wandel arbeiten, damals wusste ich es definitiv nicht. Fehler bleiben somit nicht aus, ganz abgesehen von den Fehlern, die man sowieso macht, wenn man jung und dumm ist. Ich glaubte damals in vielem reif wie ein „Apfel aus Bodenhaltung" zu sein, war aber trotz einiger Erlebnisse bei manchem noch extrem apfelgrün hinter den Ohren. Deine Eltern kannten so etwas nicht, eine derartig tiefe Krise war uns als attestierte Sonnenschein-Persönlichkeiten fremd und wir konnten beide absolut nicht damit umgehen. Verzweifelt zu sehen, dass unsere Ichs, unsere Seelen sich gegenseitig zerstörten, wir die Familie und unsere Freunde über allen Maßen mit der ganzen Situation belasteten, erschütterte uns in unseren Grundfesten. Keine Worte können ausdrücken, wie leid es uns tat und wie sehr wir aus tiefsten Herzen dankbar waren, in dieser schweren Zeit durch sie etwas Halt zu erfahren, wir danken euch heute noch dafür! Deine Großmütter konnten nicht mehr ruhig schlafen, dein Onkel, Freunde, Bekannte wurden überall darauf angesprochen, deine große Schwester tief in ihrer kindlichen Seele verletzt. Allen so etwas zugemutet zu haben, war eine Bürde, die schwer wieder gutzumachen ist. Geschehen ist geschehen, man kann verantwortungsvoll versuchen, mit der Zeit Heilung bzw. Linderung durch eigenes, reflektiertes Verhalten zeigen, das jedem die Möglichkeit gibt, mit den Geschehnissen Frieden zu schließen, unsere Liebsten sehen lassen, dass wir etwas daraus gelernt haben. Damals waren wir so weit weg von uns selbst, vom Herz und Fühlen, nur in der oberflächlichen Außenwelt gelagert, in unserem Kampf auf die richtige Reaktion fokussiert, mit Adrenalin vom Schmerz gefangen und davon wie betäubt.

„Manchmal bricht Gott dein Herz, um deine Seele zu retten."

Auf den ersten Blick wirkte das ganze Drama wie aus heiterem Himmel vom Blitz getroffen zu werden, in der Situation selbst wie etwas nicht Bestelltes, was uns „abgeholt" hat. Manchmal bricht der liebe Gott nun mal dein Herz, um dich zu schützen, um deine Seele zu retten oder dich eventuell auch nur auf den Weg zu schicken, um gewisse Erkenntnisse zu sammeln, zu wachsen und um zu verstehen. Und manchmal schaffen es die gebrochenen Herzen in einem reiferen Stadium wieder zueinanderzufinden. Man fragt sich aber zurecht, kann es nicht einfach glatt und harmonisch laufen? Muss das Zusammenfinden der Herzen so ein schwieriger, reibungsvoller Kampf sein? Andererseits, wie lange hält das Glatte und Harmonische, bevor es zwischenmenschlich langweilig wird oder doch ausbricht? Fakt ist, universelle, ewige Liebe braucht die richtige Dosis „Reibung", ohne sich eben dabei nur aufzureiben und evtl. daran kaputt zu gehen. Die Gegendarstellung war gedruckt, die gegenseitigen Anzeigen geklärt und ein amtsgerichtlicher Vergleich beendete unser unschönes Drama. Genug der Wut, Fassungslosigkeit und Traurigkeit. Besinnung kehrt ein, man denkt über die Ereignisse, das Ergebnis und über sich selbst nach. Ein Versuch, sich gegenüber ehrlich zu sein, unterschiedliche Sichtweisen erst mal nur zu sehen und arbeitet sich so langsam wie am Anfang eines langen Prozesses auf festen Boden zurück. Nachdem man bis dahin die Fehler immer bei allen anderen gesucht hat, sie anprangert, damit nervt und merkt, dass das größte Geschrei nichts bringt, kehrt mit der Zeit eine innere Stille ein. Es ist der erste Schritt, sich von der Opferrolle zu befreien, die man zum damaligen Zeitpunkt gewählt hat, um sich selbst zu schützen. Man möchte endlich das „Warum" besser verstehen. Monate später haben sich Mama und ich getroffen, danach zum Abschied kurz umarmt, wissend um den Wert des anderen und mit Wehmut auch wissend, uns endgültig gehen lassen zu müssen. Man hat geredet, versucht trotz allen Unverständnisses zu verstehen und zu verzeihen, weiß, dass es Zeit für Normalität wird und nicht mehr gemeinsam geht. Wir wünschten uns alles Gute, egal wie schwer das Loslassen auch sein würde und wir vielleicht über das Kurzfristige hinaus spürten, dass der Glaube an eine glückliche Zukunft mit dem doch eigentlich wundervollen Menschen dir gegenüber in einem winzigen Fleck deines Herzens nicht ganz erloschen war. Eine verpasste Chance, denn manchen Menschen bleibt es verwehrt, das Glück universeller Liebe zwischen Partnern überhaupt je kennenzulernen, man kann sich als gesegnet sehen, wenn man in seinem Leben dieser Liebe begegnen darf, es ist ein höchst rares Gut. Das Geschehene, die gegenseitig durch uns verletzten Seelen, die eigene beschädigte Reputation, viel Geld sowie sein Auto gedankenverloren in dieser schweren Phase gecrasht und ganz besonders sich selbst und sein Licht verloren zu haben, trieb mich weit, weit fort. Ob berechtigt oder nicht, das Problem mit Schuldzuweisungen ist ja immer, dass sie letztlich nichts ändern. Natürlich wäre es einerseits wünschenswert gewesen, noch einiges auch offiziell richtiggestellt zu bekommen, andererseits ist klar, dass sobald sich die Person der Öffentlichkeit äußert, bekommt alles noch mehr Aufmerksamkeit und bietet weiterhin negatives, „gefundenes Fressen" für gierige Geier. Wandel, um seinem verirrten Ich einen Weg zu zeigen, sich selbst im Leben mit Spaß und Freude wieder erfahren zu können, geht nur ohne ständige Schuldzuweisung. Immer noch zerrissen, taucht man so gut es eben geht, ab in den Alltag, probiert sich an Ablenkungen und auch an neuen Partnern. Man ahnt bereits, dass man nur schwer jemand Neuem gerecht werden kann, aufgrund der Verletzung und des dunklen Herzensflecks die Gefahr besteht, ihnen wehzutun. Über die Monate setzt mehr und mehr ein Prozess der Selbsterkenntnis ein, ein bisschen derart, es erst nicht zu glauben, sich dagegen zu wehren, dann das eigene Dazutun zu sehen, mehr verstehen. Ein Akzeptieren nach bewusster, selbstkritischer Reflexion und wertfreies Erkennen, was man in einzelnen Situationen anders hätte machen können. Selbsterkenntnis ist eine Art Kompass im Leben und ein wichtiger Schritt weg vom Opfersein hin zu seiner eigenen Schöpferkraft. Erschöpft neuen Mut schöpfen und dem Gespür folgend, seinem eigenen, wahren Ich gerecht werden zu wollen, das Opfer in sich selbst dadurch zu heilen. Auf dem weiteren Weg könnte man den Prozess auch als „Aufwachen" bezeichnen. Wem das zu spirituell klingt, fragt sich womöglich „Haste vorher geschlafen, oder was? Machste jetzt wohl auch noch Yoga?!" Auch wenn man definitiv seinen Schlaf braucht, bei einer Lebenserwartung von 70 Jahren schlafen wir mit ca. 23 Jahren lange genug, von daher macht es Sinn, zumindest den Rest der Zeit besonders aufgewacht und bewusst durchs Leben zu gehen. Es ist dabei eher eine Art Gedanken-Yoga was man betreibt. Weniger dramatisch ausgedrückt: Die persönliche, grundlegende, bewusste Veränderung. Alles und jeder verändert sich ständig im Fluss der Zeit, Sterne erleuchten oder erlöschen und das Universum dehnt sich stetig aus. Genau wie wir Menschen im Lauf der

Jahre eben auch. Beim Gedanken-Yoga bekommt man aber statt gedehntem Kugelbauch nur einen riesigen Kopf, der einem aber Bauchschmerzen nimmt und den Horizont dehnend erweitert. Krisen als Chance bringen uns in einen Zustand, in dem wir uns tiefgreifende Gedanken machen hinsichtlich unseres eigenen Seins und unserer Existenz, mit uns als Teil der Zivilisation, unserer Gesellschaftsform in Verbindung mit der Natur und allem Leben, dem Sinn an sich und lässt uns das holistische Ganzen sehen. Schockmomente, die wachrütteln bzw. aufwecken in Form von tiefen Krisen, Unfällen und Situationen, die einen zum Nachdenken bringen, wirken oft als Schlüssel für gravierende Veränderungen und ermöglichen durch Reflexion und Erkenntnis ein höheres Bewusstsein. Krisen an sich traumatisieren aber erst mal. Deine Mama und ich waren weit über drei Jahre getrennt, es wurde ein langes Erwachen aus unserem Traum. Diese Erfahrung brach zwar unsere Herzen, aber es öffnete uns die Augen. Mit all den Dingen, die unter dem Auge der medialen Öffentlichkeit dabei schiefgelaufen sind, wurden wir zunächst durch ein tiefes Tal geschickt. Das Leben hat uns ausgeknockt, wir haben uns umgedreht, auf die Sterne geschaut und sind wieder aufgestanden, haben dieses Tal gemeinsam durchschritten, allen Widrigkeiten zum Trotz. Unsere Krise und Vier-Buchstaben-Geschichte waren für uns wie eine Zitrone, die uns das Leben gegeben hat und wir haben Limonade daraus gemacht. Entgegen einer gesellschaftlichen Manier von „Fast Food-Fast Life" haben wir nicht den leichten Weg gewählt, haben uns zusammengerauft und verändert, letztlich alles zum Guten gewandelt. Zerbrochenes ist zwar immer schwer zu reparieren, aber japanischer Tradition folgend, kann mit Gold-Kitt tatsächlich alles auch wieder gut aussehen. In der Zeit der Trennung haben wir uns nicht ganz aus den Augen verloren, aber es war deine Mama, die mit einer viel ausgeprägteren emotionalen Intelligenz, als ich sie je erlangen werde, dabei die treibende Kraft war, Impulse gesetzt hat und für uns wie eine Löwin gekämpft hat, damit wir wieder zueinanderfinden. Das Herz will nun mal, was das Herz will und man weiß nie, wie stark man ist, bis zu dem Tag, an dem man keine andere Wahl mehr hat als stark zu sein. Die Krise, der Sturm, der uns gesendet wurde, um uns zu brechen, ist derselbe Sturm, den das Universum uns geschickt hat, um uns neu zu erschaffen.

„Erhebe dich über den Sturm, und du wirst den Sonnenschein finden."

Natürlich ist jeder verschieden und braucht in seinem Leben womöglich unterschiedliche Erfahrungen für sein eigenes Wachstum, aber wenn die Menschen, die in Oberflächlichkeit gefangen sind, für ihr notwendiges Erkennen und Verstehen eine Krise als Startschuss benötigen, um aufzuwachen, dann müsste man eigentlich einen Service für sie erschaffen, bei dem sie erzwungenermaßen eine Krise durchleben müssen. Denn die, die nie in einer Krise waren und es nicht nachvollziehen können, sich ellbogengleich ihren Weg durchs Leben bahnen und dazu beitragen, dass unsere Welt nicht gerade besser wird, würden in einem herausfordernden „Krise-2-Go - Programm" oder einem „Unhappy Crisis Weekend", das sie möglichst authentisch und realistisch in Krisensituationen versetzt, vielleicht etwas für sich mitnehmen. Grenzwertig, aber bei so viel schlafendem Unbewusstsein sicherlich notwendig und mit einträglich hohem Zielgruppen-Potenzial womöglich ein florierendes Business. Bis wir selbst die Reife erlangten, unserer gemeinsamen Bestimmung gewachsen zu sein, bedurfte es noch einiger weiterer explosionsartiger Momente, in denen jeder viele seiner eigenen Defizite aufgezeigt bekommen hat. Es war deine Mama, die mir Monate später bei unseren seltenen Momenten des Kontaktes ein Buch empfahl und mich bat, dieses zu lesen. Genau wie sie auch in der Zeit des Getrenntseins um unsere Liebe gekämpft hat, bin ich ihr trotz aller unschöner Nebengeräusche dafür auf ewig dankbar. Selten hatte ich ein derart hilfreiches Buch in den Händen („Die Reise nach Hause" von Lee Carroll), ein Buch, was jeder einmal gelesen haben sollte. Nachdem der Protagonist der Geschichte Michael Thomas heißt und in L.A. lebt, hat es mich persönlich sehr angesprochen. Es fiel in die Zeit, in der wenig später mein bester Freund und besagter Studienkollege seinen Sohn Jeffrey verloren hatte, und ich schickte ihm die englischsprachige Originalausgabe des Buches. Egal wie herausfordernd die beschriebene Krise deiner Eltern damals war, es ist kein Vergleich dazu, mit seiner neuen Frau schwanger ein Kind zu erwarten und währenddessen sein Kind aus erster Ehe im Alter von 12 Jahren zu verlieren. Sie benannten deinen kleinen Freund, Mikes Sohn, mit dem du bereits ein paar gemeinsame Erlebnisse sammeln konntest, Dance Jeffrey. „Tanz, Jeffrey" als gewünscht und zumindest im Vornamen reinkarnierter Anteil seines verstorbenen erstgeborenen Sohnes. Das Buch brachte sicherlich keinen unmittelbaren Trost, aber etwas Balsam für seine Seele. Ein Buch liest man einmal, den Schmerz, ein Kind verloren zu haben, hat man jeden Tag, sobald man aufwacht, für ein Leben lang. Bereits während der Trennung lehrte uns unsere tiefgreifende Krise das, was wirklich wichtig ist, über alle oberflächlichen Werte hinaus. Ich bewundere Menschen sehr, die nach allem, was sie durchmachen mussten und hinter sich gebracht haben, sich bewusst dazu entscheiden, wieder zu strahlen. In Momenten der Selbstreflexion, des iterativen Erwachens im Laufe der Zeit ist es unvermeidlich, sich auch darüber hinaus Gedanken über sein Tun und Wirken im Leben allgemein zu machen. Das Bewältigen unserer eigenen Krise erhob bei uns den Anspruch, das, was wir im Kleinen geschafft haben, auch im Größeren schaffen zu wollen. Nicht an uns soll die Welt genesen, weil wir alles besser wissen wollen, aber wir können doch mal bei uns selbst anfangen und Einfluss nehmen, bemühen und trauen in unserem Rahmen für einen Wandel hin zum Guten bzw. Besseren zu sprechen.

State of tHeArt - Peace, Love & Harmony

"Sich um unseren Planeten zu sorgen ist kein Hippie-Ding, es ist ein Überlebens-Ding."

Nur lohnt es sich denn aber überhaupt, an sich selbst zu arbeiten, verändern zu wollen und einen Unterschied zu machen? Wir haben doch hier eine begrenzte Lebenszeit, müssen eh alle sterben und die Uhr tickt. Wieso also irgendwas verstehen wollen oder mit Sorge um andere und die Zukunft dieser Erde Zeit verschwenden? Wir verstehen ja nicht mal, wieso wir zu dieser Zeit an genau diesen Ort auf diese Welt gekommen sind, dem Wohnzimmer mit besagt schmutzigem Sofa oder wo unsere Seele mal nach unserem Tod hingehen wird. Vielleicht muss man alles nur einfach hinnehmen und akzeptieren, wie es ist, ganz natürlich mit dem Flow gehen, sich nie gegen den Wind stellen? Es sich selbst gut gehen lassen, sein Ego strahlen lassen, genießen und die Erde an die Wand fahren lassen, während man einen schönen Tag hat. Jemand, der stirbt, denkt sich schließlich auch nicht „ach Mensch, jetzt sterbe ich, hätte ich doch mal öfters beim Nachbarn aufgeräumt". Da denkt man doch höchstens an die schönen Momente zurück. Außerdem, wer weiß, was passiert, wenn man aufwacht?! Vielleicht muss man sich am Ende erschrocken und entsetzt von der harten Realität abwenden und sogar betäuben, neben all den anderen Dingen, von denen wir sowieso abhängig sind, auch noch zusätzlich das „Saufen" anfangen um sie zu ertragen?! Dann doch lieber die heile Welt, sicher in der eigenen, scheinbar glücklichen Blase, schön mit Blümchen. Jeder muss schließlich schauen, wo er bleibt. Zudem ist es doch ohnehin ein abgehobenes Privileg, sich Gedanken über andere oder den Zustand unserer Welt machen zu können. Als jemand, dem es gesundheitlich nicht gut geht, bedürftig bzw. Hartz IV - Empfänger ist, macht man sich solche Gedanken nicht, weil man verdammt noch mal mit Überleben beschäftigt ist. Erst wenn man sich gewisse Freiheiten aufgebaut oder erreicht hat, sind es berechtigte Fragen, die aufkommen und wie es denn weitergeht. Das, was man geschaffen hat, soll ja auch eine Weile Bestand haben, eben für unsere Kinder, für unsere

Familien, damit diese friedlich und gesichert aufwachsen können in einer humanen Welt. Bewusstsein und Fragen des sozialen Ausgleichs, der Gerechtigkeit, der Möglichkeit, dass es allen Menschen gut oder besser geht, ist dabei ganz besonders ein elementares Thema für die Mittelschicht und den Mittelstand. Es ist eine ur-egoistische Notwendigkeit zum Selbstschutz, sich Gedanken zu machen und eine gesunde Welt zu erhalten bzw. zu erschaffen. Das Privileg, dass es einem gut geht, verpflichtet genauso wie das Geschenk des Lebens an sich. Es verpflichtet zu schauen, dass es einem selbst und seinen Lieben gut geht, aber es bringt auch die Verantwortung mit etwas Positives zu bewegen, den Planeten zu einem besseren und friedlicheren Ort zu machen. Am Sterbebett gibt es tatsächlich Menschen, die sich fragen, was hätte man anders im Leben tun können. Damit man sich diese Frage beim Übertritt ins Ungewisse nicht an zu vielen Eckpunkten des Lebens stellen muss, lohnt es sich vielleicht sogar möglichst früh anzufangen und die Chance zu nutzen, jeden Tag die Bereitschaft zu haben, etwas zu lernen, an sich und seinem Ego zu arbeiten und dadurch sich und unsere Welt ein Stückchen besser zu machen. Diese tiefe Einsicht hierfür ist für viele ein Zwiespalt, wie als Hetero-Mann nackt zwischen einer attraktiven Frau und einem homosexuell orientierten Mann in der Mitte zu liegen und nicht zu wissen, wem man den Rücken zudrehen soll.

Für uns ist es aufgrund unseres Weges und unserer Familiengeschichte keine Frage, sich dem Frieden verpflichtet zu sehen, bei Ungerechtigkeiten nicht wegzuschauen und bei besorgniserregenden Entwicklungen mahnend den Finger zu heben. Nicht aus Populismus oder weil es gerade opportun ist und es ist auch keineswegs nur ein Hippie-Ding, sich um unseren Planeten zu sorgen, es ist eher ein Überlebensding gegen egal wie große Widerstände. Zu versuchen, das Geschenk des Lebens dazu zu nutzen, den Planeten ein bisschen besser zu machen, ist kein Trend, dem man folgt, um „hipp" zu sein, kein fundamentloses „Peace, Love & Harmony" und wir machen jetzt einen Trommelkreis. Den kann man natürlich auch gerne zur richtigen Zeit veranstalten, je mehr und im Takt, desto besser. Nur Menschen, die theoretisch auch mithelfen könnten es aber nicht tun, sollten sich fragen, warum das so ist. Im Gegenteil gibt es leider zu viele, die sogar Kraft und Schadenfreude daraus ziehen, wenn andere in irgendeiner Form leiden und sich darüber lächerlich machen, nachdem das Leid sie gerade ja nicht betrifft. Da wir auch als Fremde alle verbunden sind, den Tod als gemeinsames Schicksal haben, ist hämisch am eigenen Ast zu sägen, auf dem man ebenso mit sitzt, einfach nur unfassbar dumm, „Karma is a bitch". Auch deine Eltern waren sich vor ihrem Kennenlernen fremd. Fremde Familien mit fremden Geschichten und Erlebnissen, die eins wurden mit zukünftig gemeinsamer Geschichte. Dein Verhalten und Wirken tragen in Teilen mehr oder weniger auch dazu bei, wie sich fremde Lebensumstände gestalten bzgl. ihrer Sicherheit und Gesundheit, ihrem Glück und Wohlergehen. Ob jemand arm ist und verhungert oder in giftiger Chemie Jeans einfärben muss, eingesperrt Billigwaren für reichere Länder produziert oder bombardiert wird. Immer für Frieden zu sein ist dabei kein Glaubenskonstrukt, dem man stupide hinterherläuft, manchmal erfordert es auch, seine Krallen zu zeigen. Es drückt aber aus, dass die Bereitschaft jedem Menschen gegenüber da ist, friedlich vereinende Lösungen finden zu wollen. Es ist eine Grundhaltung wie ein Handschlag, dessen Entstehungsgeschichte darauf zurückgeht, dem anderen zu zeigen, dass man keine Waffe mit sich führt. Ein Zeigen, dass man Frieden bei allem Handeln im Herzen trägt.

„Standing up 4 peace 2gether since 2001." – *Diana u. Michi*

Uns selbst dabei kunstvoll als „State-of-tHeArt – Hippies" zu bezeichnen, als eine Art moderner Hippies mit Herz, kommt also nicht aus dem Nichts, sondern hat tiefe, reale Wurzeln. Ein mit der Zeit und unserer Liebe gewachsenes, starkes Fundament, welches sich bisher deutlich stabiler erwies als das jener Türme, die in der ersten Woche unseres offiziellen Zusammenkommens am 5. September 2001 wenig später erdbodengleich zum Ground Zero pulverisiert wurden. Vor über 20 Jahren und aller Augen stürzten zum Schock der ganzen Welt aufgrund eines Terroranschlages drei Türme und weitere Gebäude in New York ein. Dazu ein Angriff auf das Pentagon und ein Flugzeugabsturz, welcher dank mutiger

Passagiere evtl. noch Schlimmeres verhinderte. Die Welt stand still, jeder Mensch, der die Ereignisse damals verfolgte, weiß bis heute exakt, wo er war und was er gerade gemacht hat. Ein kollektiv erlebter Bewusstseinsschock, der sich für immer in die Psyche eingeprägt hat. Einerseits wie ein fürchterliches Kriegserlebnis traumatisierend, aber um Yin Yang-gleich etwas Positives zu sehen, andererseits ein Beispiel, wie sich Menschen gemeinschaftlich automatisch und wie selbstverständlich in der Not halfen, gegenseitig retteten, Mut zusprachen. Ein vereinender Geist einer verletzten kollektiven Weltenseele, der beweist, dass Menschen gemeinsam in Verbundenheit alles schaffen könnten. Unsere Beziehung startete also in eine instabile weltpolitische Zeit, die kriegerisch werden sollte und die Wichtigkeit von Frieden zur Erhaltung des Lebens und Basis von allem täglich vor Augen führte. Frieden ist keine Selbstverständlichkeit und man muss jeden Tag dafür aufstehen. Einzig damit unsere Kinder eines Tages mal eine lebenswerte Welt von uns erben werden. Dafür reicht es nicht, dass sie "nur" sauber ist und wir Co2-Steuer zahlen, sondern sie muss definitiv auch friedlicher sein als bisher. Wir brauchen friedliche, starke Kinder, die den Wert um ihr Sein kennen und Konflikte mit Bedacht ohne Ellenbogen lösen. Angefangen in unseren eigenen Beziehungen, der Familie und - letztlich über jede Familie an jedem Ort - auch auf der ganzen Welt.

„Wenn du in die Welt hinausgehst, mach sie zu einem besseren Ort."

Neben Frieden gehören für Hippies wie selbstverständlich auch Werte der Nachhaltigkeit und ein organisch gesundes Leben, Spirit und Bewusstsein, Transformation und Wachstum, Gemeinschaft und Dankbarkeit, Empathie und Mitgefühl, die stetige Bereitschaft zu Lernen, Akzeptanz und Fairness, Abenteuerlust und Freiheit, Selbsterfahrung, Musik, Kunst, Poesie und Liebe dazu. Ein moderner Hippie zu sein, bedeutet definitiv nicht 1968 ungewaschen auf Droge stehen geblieben zu sein und alles gut zu finden oder mitzumachen. Es ist eine Einstellung, diese grundlegenden Werte in seinem Herzen zu tragen und so zu leben, dass man mit seinem Wirken respektvoll diese Welt zu einem etwas gefälligeren Ort macht. Als wir vor vielen Jahren gemeinsam mit Freunden und der Familie meines US-Studienkollegen auf der hawaiianischen Insel Maui waren, stellte uns ein vertrauter Bekannter aus Kalifornien sein Haus in Haiku kostenlos und solange wir wollten, zur Verfügung. Nachdem länger niemand in dem schönen Anwesen mit angrenzender Pferdekoppel war, sah es dort sehr unordentlich aus und mag Ausdruck des damaligen Seelenzustands der Eigentümer gewesen sein.

◎ GANZ NORMAL VERRÜCKTE AUF MAUI, HAWAII.

Wir haben uns alle gemeinsam entschieden, wenn wir schon mal da sein dürfen, dann verlassen wir das Haus doch in besserem Zustand als es sich bei unserer Ankunft präsentierte. In der Tat wurde es für uns eine adaptierte Maxime für alle Lebenslagen. Wie man auf dem Bild erkennen kann, sind wir schon etwas verrückt, was auch öfters dem ersten Eindruck fremder, oberflächlicher Wahrnehmung entspricht. Zwar positiv verrückt, verhaltensoriginell, aber definitiv nicht normal. Allein schon aufgrund der Tatsache, dass deine Mama Künstlerin ist und keinen dir von Freunden bekannten 8 Uhr bis 16 Uhr – Job-Alltag hat, verfolgen wir gemeinsam mit dir ein etwas anderes Lebenskonzept als viele andere Familien. So gut es geht, entsprechend angepasst an unsere Aufgaben, die wir bewältigen dürfen. Es hat weniger mit dem romantischen Freiheitsdrang der Hippie-Kultur zu tun, sondern ist eher pragmatisch zu sehen. Damit ich für dich da sein und deiner Mama gleichzeitig den Rücken im Fall von zeitlich variierenden Aufträgen freihalten konnte, habe ich auf eine sündhaft hoch dotierte Karriere in der Industrie gerne verzichtet. Ich habe meine Arbeit flexibel angepasst, sodass du später im Alter von

18 Jahren mal nicht zu mir kommen wirst und fragst, wer denn eigentlich dieser ältere Herr ist, den du bis dahin kaum gesehen hast. Du wirst dafür wahrscheinlich eher fragen, warum ich bitte schön - im Gegensatz zu vielleicht vielen anderen Vätern deiner Klassenkameraden - in einem orangefarbenen Tutu aus Tüll in Tellerform und mit brauner Fake-Fur-Weste aus einem Laden im Haight-Ashbury-Viertel von San Francisco bekleidet, mitten in der Wüste Nevadas herumstreunte. Tja, eigentlich ganz normal, ich war eben der Trauzeuge meines besten Freundes auf Burning Man. Genau 10 Jahre davor bin ich 1997 auf dem Weg zu meinem Studium in Utah an Gerlach, NV und dem verrückt-wüsten Festival vorbeigekommen, um mir als Electro-Musik - affiner DJ interessehalber das Spektakel aus der Nähe anzuschauen. Tagestickets gab es dort nie und ich hatte nicht die Zeit, eine Woche lang zu verweilen, weshalb sich meine erste naiv vorgestellte Teilnahme verschob. Nachdem anschließend meine Begeisterung im Laufe der US-Studienzeit hinsichtlich Musik und Festival auf Mike Einfluss nahm, entwickelte er einen eigenwilligen Tanzstil, der ihm bei einem Crystal Method-Konzert in Salt Lake City den von mir auferlegten und bis heute währenden Spitznamen „Monkey" einbrachte. Bevor Monkey und ich uns kennenlernten, umfasste sein bis dato bereister Kosmos insgesamt fünf US-Bundesstaaten und Mexiko, danach organisierte er selbst Festivals weltweit. Er startete ab der Jahrtausendwende mit Freunden aus der modernen amerikanischen Hippie- und Friedensbewegung sowie vielen Electro-DJs aus Portland und der Westküste ein eigenes Camp auf Burning Man namens „Earth Tribe". Mindestens ein Dutzend Mal nahm er seitdem dort teil und zu seiner Hochzeit als Trauzeuge und bester Freund führte für mich am Tutu mit Fellweste kein Weg vorbei.

Die Betrachtungsweise auf Burning Man ist, wie in unserer „normalen" Welt eben üblich, zwiespältig. Zurecht, denn wenn dort völlig unseriös u.v.a. die Google-Gründer direkt nach ihrem Börsengang (IPO) nackt durch die Wüste hüpfen, ist das schon befremdlich. Einen Online-Besuch durch die für acht Tage geschaffenen halbkreisförmigen Sandstraßen Black Rock Citys (BRC) über 6:00Uhr am Center Camp Plaza vorbei bis hin zum brennenden Mann und dem „Playa" konnte man nicht ohne Grund frühzeitig mit „Burning Man Earth" als Abwandlung des Dienstes „Google Earth" abstatten. Dazu medial immer kolportiert ist Burning Man synonym für Drogen, Verrückte, Drogen, wilde Partys, Drogen, Musik und Drogen. Das ist definitiv auch ein Teil davon. Aber genau wie in einer bayrischen Schankwirtschaft nicht nur grenzenlose Alkoholiker sitzen, wurden auch dort

◉ Fahrrad-Kunst am Center -Camp 2007.

viele Menschen gesichtet, die der Enthaltsamkeit frönen, berauscht von friedlicher Gemeinschaft, in respektvollem Umgang miteinander, sich an atemberaubender Kunst und Attraktionen, einer nach Verlassen für erfrischende Kühle sorgenden Sauna, Kursen wie z.B. friedvolle Kommunikation, Tanz-Workshops oder unterschiedlichsten Formen des Yoga erfreuen. Des „Burners" Sein darf sein, wie es ist, als Ausdruck von Persönlichkeit und Herz. Man findet dort jede Art von Charakteren unterschiedlichster Kulturen, Ethnien, Berufsgruppen, Religionen oder Geschlechteridentitäten. Einfach bunt, fröhlich, außergewöhnlich und dies unter extremen Bedingungen, tagsüber von Hitze begleitet, frostiger Kälte in der Nacht und gelegentlichen Sandstürmen. Ein perfekter Rahmen für den „Naked Bike Ride" zu Ehren des Femininen mit sich als weiblich identifizierenden Teilnehmerinnen. Ob man illegale Substanzen zu sich nimmt, ist nicht empfehlenswert aber eine Frage, die sich - wie im echten Leben - jeder eigenverantwortlich selbst zu stellen hat, es wird ebenso

◉ Ölsüchtigkeit Götzengleich Verehrt, Burning Man 2007.

"EARTH TRIBE" 2007 MIT EIGENEM MINI-CENTER-CAMP.

auch keiner gezwungen das Swinger Sex-Camp zu besuchen oder an einem LGBTQIA+ - Beziehungsworkshop teilzunehmen, der ggf. in eine Oralsex-Orgie ausartet. Muss man mögen, muss man aber auch nicht verurteilen. Neben Toleranz, der Freundlichkeit gegenüber jedem Menschen, dem man begegnet und unabdingbaren Respekt wird auch Gleiches der Umwelt teil, geachtet und nicht geächtet. Nicht nur zum Motto des nachhaltigen „Green Man" bei meinem Erstbesuch zeichnet sich das Electro-Hippie-Festival als „Leave-no-trace"-Event aus, bei dem man die Natur respektiert, kein Müll einfach irgendwo hingeworfen wird und Verwehtes sogar noch monatelang später von Volunteers eingesammelt, die sich dadurch ihr Folgejahr-Ticket erarbeiten bzw. mittlerweile bei der Ticket-Verlosung vermutlich in Topf 1 landen. Das Festival ist neben eher oberflächlich gelagerten Party-Animals für echte Burner eine Lebenseinstellung und ein bisschen das neuzeitige Woodstock unserer Tage.

UNSER VEGANES DJ-CAMP.

Nicht nur die Organisatoren, freiwilligen Helfer und Camp Veranstalter mit ihren speziellen Art-Cars arbeiten das ganze Jahr auf diese besondere Zeit hin, auch die Künstler fangen unmittelbar nach Beendigung wieder an, ihre zukünftigen Installationen zu bearbeiten. Noch fehlt Googles kommerzielle Verlinkung zu „Geschäften", denn das Einzige, was man dort und auch nur im Center Camp käuflich erwerben kann, sind nicht viel mehr als Tee, Kaffee oder Wasser.

WERKSTATT IM KALIFORNISCHEN SFO, TEILWEISE DAS GANZE JAHR ARBEITEN DIE KÜNSTLER AN IHREN SCHÖPFUNGEN.

Alles andere bringt jedes Camp für sich selbst mit, entsprechend dem Guidebook, durch das man z.B. verpflichtet wird, dass jede Person 1,5 Gallonen Wasser pro Tag zur Verfügung hat. Generell gibt man, was man hat, und bekommt dafür, was man braucht. Ohne Abhängigkeit oder Verpflichtung. Das spürt man auch direkt bei der Ankunft in BRC, wenn man den Schilderwald mit positiven Affirmationen durchfährt und gelegentlich für Leute, die vor Ort kein Ticket und Geld haben, in der Warteschlange eben zusammengesammelt wird. Sehr hippie, Tauschen und Teilen statt Teilen und Herrschen. Passenderweise bekommt man zur immer besonderen ersten Teilnahme den Po versohlt und darf eine Glocke betätigen. Einen „naughty" Klaps der Liebe und einen Gongschlag, den man hören muss, um sich von der realen Welt zu verabschieden und in die teilweise bewusstere Anderswelt eintauchen zu können. Die Gründer des Festivals als Althippies wurden älter und im Alter wird man naturgemäß bequem und möchte sorgenfrei leben. Eine latente Kommerzialisierung schlich sich trotz Sträubens ein und nach dem Tod des Protagonisten vom Baker Beach in San Francisco bleibt statt einstiger „Awareness" hauptsächlich ein großer Rummel für Instagram-Influencer zurück.

◉ "Burn" des Green Man 2007 unter Teilnahme begeisterter Zuseher.

Bei meinem zweiten Besuch des Festivals 2009 gab es für Besucher erstmals Handy-Empfang und so schön es war, dass ich Kontakt mit Mama aufnehmen konnte, war es ein Fingerzeig auf die Amazon-Drohne, die zukünftig praktischerweise dringend Benötigtes in die Wüstenstadt bringen könnte. Die Gemeinde von Gerlach erwirtschaftet in der Zeit des Spektakels mit kurzfristig benötigtem Bedarf bis jetzt noch einen lebenswichtigen, zweistelligen Millionen-Dollar-Betrag. Der Vibe des Festivals, der sich natürlich jedes Jahr nicht zuletzt allein schon aufgrund des Mottos ändert, ist heute aus Metasicht betrachtet jedoch eher „woke" als „aware" zu sehen, mehr Schein als Sein. Um das festzustellen und die Wurzeln gesellschaftlicher „Wokeness" zu finden, muss man nicht erst eine Google-Suchmaschine bemühen. Alles eher hipp, weniger hippie. „Awareness" ist ein Prozess hin zum tatsächlichen Sein, in dem man Werte verinnerlicht, ergründet und diese ganz natürlich lebt. „Wokeness" ist eher ein auf Abruf alarmiertes Wachsein, eine hippe, aufgeregte Haltung, die ich auch spontan einnehmen kann. Es ist keineswegs verwerflich, aber nur allein „woke" zu sein, reicht nun mal nicht. Man muss ergründen und sich reflektieren, befreien von Täuschungen, denen man selbst unterliegt und versuchen es dann möglichst konsequent zu leben. Nachdem „Earth Tribe" mit Multikulti, Trommlern und DJs ein veganes Camp war, in dem in abwechselnden Teams tierproduktfrei gekocht wurde, habe ich seitdem angefangen, mich für einen Monat lang jedes Jahr vegan zu ernähren. Von „woke" bis hin zum tatsächlichen vegan werden hat es einen zehnjährigen Prozess gebraucht. Burning Man ist und wird immer verrückt sein und letztendlich kommt es darauf an, was man draus macht. Hätte ich normale Kleidung und kein Tutu getragen, hätte ich mich zu Tode geschämt, ein bisschen wie am FKK-Strand mit Badehose bzw. Bikini rumzulaufen oder umgekehrt. Genau genommen bedeutet „verrückt" wörtlich ja nur an anderer Stelle, verändert, nicht mehr dort, wo etwas mal vorher war. Positive Veränderung und Wandel haben aus den vor Generationen errungenen Fortschritten und Freiheiten heute selbstverständlich akzeptierte Werte mit Seele geschaffen, einschließlich der Hippiekultur. Ganz wertkonservativ ausgedrückt haben wir beim besser Hinterlassen des Hauses unserer Freunde auf Maui ja nur einfach

Anstand und Respekt gezeigt. Aber wenn man die genannte Hippie-Werteskala im aktuellen Exzess unserer Gesellschaft betrachtet, mag positiv „verrückt" vielleicht ein erstrebenswertes Prädikat zu sein, das Wert verdient. Eine Art gesündere Norm sogar, wenn man vergleichsweise sieht, wohin uns die ach so „Normalen" phasenweise gemäß dem Pazifisten, Nobel- und Oscar-Preisträger George Bernard Shaw hingebracht haben. Ohne Abweichungen von der Norm ist laut Musiker Frank Zappa kein Fortschritt möglich. Verrückter New Age-Müll? Vielleicht. Aber vielleicht war es auch in der Steinzeit mal New Age-Müll seinen Nachbarn nicht sofort mit der Keule zu erschlagen und seine Frau nicht am Zopf zur Feuerstelle zu ziehen? Nun gut, generell und oft missverständlich, ist der Wunsch, dass sich alle liebhaben mit Weltfrieden ja auch der stereotypische Wunsch vieler Miss-Teilnehmerin. Deine Mama als Vize-Miss einer Miss Bayern-Wahl im letzten Jahrtausend und mehrfaches Jury-Mitglied hat dies bestimmt einige Male gehört, dafür aktiv ist sie selbst bis heute. Bis ich Mama im Dschungel, dort auf Maui, den Heiratsantrag unter dem „Alelele"-Wasserfall abseits der „Road to Hana" bei Musik von „Over the Rainbow" machen und um Herz und Hand anhalten konnte, gab es noch einiges für uns zu verstehen. Frieden in Liebe, egal ob in klein oder groß, beginnt erst mal bei einem selbst. Jedes Tempo findet seine Straße, dem Gehenden schiebt sich der Weg unter die Füße, aber der Kopf muss mit. Unsere Leben sind wie Internetbrowser mit unzählig vielen offenen Tabs im Kopf, die auf Bearbeitung warten. Nach dem Filtern der Tabs dann das wirklich Wesentliche zu erkennen und das Verstandene wie einen Muskel täglich zu trainieren, zu verinnerlichen, braucht eben Zeit. Es gilt wie bei allem, den inneren Schweinehund zu überwinden, ins Tun zu kommen, um erfolgreich zu verändern und zu wachsen. Egal ob man etwas erlernen möchte oder von einer schlechten Angewohnheit lassen möchte, man muss sich die Zeit nehmen und geben. Wenn man diese wegen zu vieler Tabs nicht hat, dann sagte schon der Dalai Lama, solle man sich für mehr Klarheit sogar doppelt so viel Zeit dafür nehmen. Prophet Mohammed bezeichnet es in Weisheit als Kampf gegen die eigene Seele und Dunkelheit in sich selbst. Jage nichts, hetze nicht, giere nicht.

Atme durch, fokussiere dich und gehe dem nach, was du wirklich willst, und es wird dir entgegenkommen. Vor seiner eigenen Haustüre zu kehren, um insgesamt ein schöneres Straßenbild zu bekommen, hat groteskerweise der Sohn des Flottenkommandeurs treffend schön formuliert, der im Zwischenfall von Tonkin für den Ausbruch des unmenschlichen Vietnam-Krieges verantwortlich war. Der „The Doors"-Sänger Jim Morrison sagte zeitgemäß aus den Hollywood Hills heraus, dass „die wichtigste Art von Freiheit darin besteht, der zu sein, der man wirklich ist. Du tauschst deine Realität gegen eine Rolle ein. Du tauschst dein Gefühl gegen eine Handlung ein. Du gibst deine Fähigkeit zu fühlen her und setzt dafür eine Maske auf. Eine Revolution im großen Stil kann es erst geben, wenn es eine persönliche Revolution auf individueller Ebene gibt. Sie muss zuerst im Inneren stattfinden".

> *"Wenn man das Innere richtig hinbekommt, wird auch das Außen passend folgen."* - **Eckhart Tolle**

Als kleines Kind, deutlich jünger als du jetzt, stand ich eines Tages vor zwei gegenüber hängenden Spiegeln und habe mich gefragt, was und wer ich denn eigentlich bin? Dass ich hier an diesem Ort bin und so aussehe, wie ich aussehe in definitiver, erschreckender Vergänglichkeit. Die Antwort, die mir dort damals in den Sinn kam, war „Ich bin der, der ich bin". Ok und weiter? Damals dachte ich, dass mein Geist diese Dimension einfach nicht erfassen kann und diese komisch simple Antwort kam, um einfach mein Grübeln oder Träumen zu beenden, damit ich wieder in einen realeren, alltagstauglicheren Zustand komme. Das hebräische „Ehyeh asher ehyeh" waren nach Überlieferung die Worte, die Moses erhalten haben soll, als er nach dem Namen Gottes fragte. Übersetzt bedeuten sie „Ich bin, dass ich bin", „Ich bin der, der ich bin" oder „Ich werde das sein, was ich wähle zu sein". Im Nachhinein betrachtet war es also de facto eine brauchbare Antwort, die ich damals erhalten habe. Als Abbild Gottes mit göttlichen Anteilen, wie jeder Mensch sie in sich trägt, kann man alles sein. Genau wie sich das Universum im Atom widerspiegelt, also das göttliche, große Ganze im kleinsten Teil, sind diese

Anteile in jedem von uns, egal ob männlich, weiblich und weiter gefasst in allen anderen „woken" Geschlechtern existent. Ich sah mich seitdem trotz ferner Erbschuld und zeitnahen kindlichen Ministrantendienst in der katholischen Kirche nicht als schuldig an. Geschweige denn als jemand, der büßen soll und befreit werden müsste. Ich habe alles Göttliche mitbekommen, um in meinem inneren Selbst zu sein, wer und was ich will. Büßen werde ich direkt oder indirekt, früher oder später ohnehin für alles Unaufgelöste, meine Fehler und begangenen Untaten im Leben. „Karma is a bitch" und ich hatte eine sehr ausgeprägte lehrreiche Schule. „Be happy, be hippie" ist für uns vielleicht daher ein positiver Fokus mit seinem Sein als Abbild dieser unvergleichlichen Quelle und der idealistischen Hippie-Werteskala durchs Leben zu gehen, um selbst Heilung zu erfahren und Heilung in diese Welt zu bringen. Sich gerne auch gelegentlich zu maskieren, aber im echten Leben die Masken fallen zu lassen, ist mutig und kostbar. In einer immer „cooler" werdenden Welt tut jeder Mensch, von dem Wärme ausgeht, gut. Nicht alles, was strukturiert Hand und Fuß hat, hat automatisch auch Herz und Hirn. Kleine Handlungen der Liebe und verrückte Veränderung können, wenn sie sich durch Millionen von Menschen multiplizieren, diese Welt positiv beeinflussen.

Superpower of Love - Die Liebe macht´s

„Vergiss niemals, dass die Liebe die größte Macht auf der Erde ist."
- Nelson Rockefeller

Jemand anderes aus dieser Hippie-Zeit und Musikszene an anderem Ort, John Lennon, stellte fest, dass „Liebe die Antwort ist". „Love is the answer", immer, unabhängig von der Frage, auf alles und auch ganz egal wer fragt. Wichtig ist nur, dass man liebt, egal wo, warum, wen, was oder wie. Am besten fängt man bei sich selbst an, denn erst wenn jeder seine innere Arbeit getan hat, kann man auch die Seele des anderen erkennen. Erst wenn man auf sein eigenes Herz hört, kann der jeweils andere hören, wie seine oder ihre Seele gerufen wird. Man wird sich erst für einen Partner entscheiden, wenn auch der andere gelernt hat, auf sein Herz zu hören. Eine bewusste Frau wird sich nicht für jemand über das rein Körperliche hinaus entscheiden, der ihre Seele nicht berühren kann, wissend, dass wenn das Herz nicht dabei ist und das wahre Selbst des anderen noch Zeit braucht, alles, was ihr dargeboten wird, nur eine Illusion ist. Deine Mama hat die Seele einer Zigeunerin, das Herz eines Hippies und den Geist einer Märchenfee. Und manchmal eine sehr burschikos-schrill wirkende Stimme. Jeder Cis-Mann wird mich aufgrund der Illusion verstehen, bei einem solch unerheblichen Defizit großzügig Nachsicht zu üben, nachdem deine Mama zu ihrer Zeit und unserem Kennenlernen als eine der attraktivsten Blondinen Deutschlands galt. Ich selbst keineswegs frei von Fehlern und nicht weit vom Glashaus sitzend, bin oberflächlich betrachtet dankbar dafür, denn lieber eine laute, aber wunderschöne Frau als umgekehrt. Zur Vollendung des Glücks hat Papa aufgrund seiner 16-Stunden-Arbeitstage, kurz bevor wir wieder zusammenkamen, von höheren Mächten bis heute Tinnitus geschenkt bekommen, um diesen Umstand etwas auszugleichen. Wie wunderschön Mamas Herz ist, konnte ich spüren, das Ausmaß damals jedoch nur erahnen. Das, was sie an Liebe im Herzen trägt, währt ewig, nicht die oberflächliche Schönheit. Schönheit vergeht, daher entscheide dich nicht dazu, die schönste Person der Welt zu lieben, sondern die Person, die deine Welt zur schönsten Welt macht. Auch Albert Einstein erwähnte die Liebe als Antwort, aber wen man letztendlich im Leben liebt, kann man nicht der Erdanziehung zuschreiben. Es ist egal, ob der Mensch, den wir lieben, die unverarbeiteten Dinge aus unserer eigenen Kindheit verkörpert, die Eigenschaften hat, die wir gerne selbst hätten oder wir mit unserer Wahl eine Herausforderung zum Ebnen unseres eigenen Wachstums suchen. Als Belohnung endest du nach vielen Reisen im Leben genau dort, wo du hingehörst, gemeinsam mit dem Menschen, der für dich bestimmt ist, mit Glück bis ins hohe Alter und wirst tun, wozu du bestimmt bist.

Am Anfang einer jeden Beziehung stellt sich generell die Frage, wie weit und wie bereit jeder der Partner selbst ist. Ist man bereit, für eine Bindung oder noch bzw. per se zu sprunghaft? Sind die Partner in ihrer Vorstellung bereits zu sehr verfestigt, um sich ergänzen und Synergien nutzen zu können? Mit welchen Traumata und Themen aus der Vergangenheit ist jeder jeweils belastet, was sich zwangsläufig auf das Handeln und Verhalten in einer Beziehung auswirkt? Hat man die Bereitschaft auf Dauer zu versuchen, sich aufeinander einzulassen und sich gegenseitig auszubalancieren, sich Halt zu geben? Wer ist der Stärkere und wer ist der schwächere Partner und bekommt man regelmäßig einen respektvollen Ausgleich hin? Ist der Stärkere in der Beziehung bereit dazu, den Schwächeren zu stärken, ist der Schwächere bereit dazu, dies auch anzunehmen? Ist es einseitig oder wechselt die Stärke und Schwäche in der Beziehung? Stärke in der Hinsicht bedeutet nicht physisch oder materiell, sondern eher mental, wer einen Vorsprung in seiner persönlichen Entwicklung hat bzw. im Laufe der Zeit etwas hinzugewinnt. Neu gewonnene eigene Einsichten können Menschen verändern und wenn diese nicht mit dem Partner geteilt oder akzeptiert werden, erfolgt bei einem Partner ein Stillstand, als evtl. Beginn eines sich voneinander Entfernens. Habe ich die Bereitschaft, meinen Partner an meiner persönlichen Veränderung teilhaben zu lassen und in meiner Entwicklung mitzunehmen oder lasse ich ihn zurück? Sei es aus gleichgültiger Unachtsamkeit, Angst vor Ablehnung oder den Partner nicht belasten zu wollen bzw. dem Glauben ein Schritthalten und Mitziehen wäre zu komplex. Andererseits kann es auch passieren, dass der Partner gar nicht bereit ist, Veränderungen und Neuentwicklungen, die nicht dem partnerschaftlichen Zusammenspiel entspringen, zu akzeptieren, damit klarzukommen oder für sich anzunehmen. Sofern man sich nicht sofort trennt, rutscht bei einem solchen Dissens der eine Partner in die Rolle des Zurückgelassenen, der sich unverstanden und nicht gesehen fühlt. Wird dieses Ungleichgewicht nicht durch ein gewisses Abholen durch den Stärkeren beseitigt, wird daraus im Eifer der Gefühle ein auflehnender Kampf, ein Erwehren und auf die Barrikaden gehen, endlose Streitigkeiten werden die Folge sein. Jeder nimmt dabei eine Parallelentwicklung und die partnerschaftliche Distanz nimmt zu, die Gräben werden größer und man wünschte sich, man hätte sich besser früher als später getrennt. Sich schützend zum eigenen Wohle aus triftigen Gründen zu trennen, die man vielleicht auch schon früher hätte erkennen können, ist etwas anderes als im Zeitgeist einer oberflächlich-bequemen 24/7-Verfügbarkeit neuer Partnerschaftsmöglichkeiten einfach den leichten Weg zu wählen und hinzuschmeißen. An der nächsten Lampe steht schon ja die nächste Beziehung bereit, wie Wigald Boning es schön besang, ein „Swipe" online entfernt das nächste Date. Fast Food, fast Life, fast Love, single Love Life. Sich generell auszuprobieren ist ok, als Single Spaß zu haben, wunderbar. Ich mag „Single" als Bezeichnung nicht, ist man als Paar dann ein Double?! „Half" würde besser passen, dann wäre man als Paar "one". Je nach tolerant gewähltem Lebensmodell und Partneranzahl natürlich gerne auch bruchrechnerisch runtergebrochen, damit man „one" wird. Ich kann dich und deine Seele als Mensch auf der Suche ernstnehmen, schätzen und lieben. Aber bezüglich deines Partners, der aktuell deine Seite schmückt, nur schwer, denn es wird bald wieder jemand anderes sein. Für ein Double ist es immer simple schnell wieder zum Single zu werden. Wie alles kann auch dieses Wechselspiel zu einer Sucht werden, wenn es eine bewusst getroffene, eigene Wahl ist, macht es vielleicht sogar glücklich als Ausdruck den jetzigen Moment zu huldigen. Nichts ist für ewig und wer zweimal mit derselben pennt, gehört bekanntlich zum Establishment. Viel „Fun", aber eben nicht zum ganz ernst nehmen als Ganzes, weil halt nur die Hälfte. Wenn man jedoch den ernsthaften Wunsch nach einer glücklichen Beziehung hat und die Gefühle füreinander stimmen, erfordert es bei passenden Basics die Bereitschaft, in brenzligen Situationen an sich und gemeinsam miteinander zu arbeiten. Ganz egal ob mit Paartherapie, Hilfe von Freunden oder im eigenen Wechselspiel bewusst machend erkennen, dass man mal in einer stärkeren und in einer schwächeren Position ist, mal der eine, mal der andere mehr liebt. Ohne zu verurteilen, mit Liebe und Respekt in allem und besonders der Kommunikation, dem Willen verzeihen zu können und das eigene Ego mal in die zweite Reihe zu stellen. Fehler ansprechen, erkennen, akzeptieren, um eine beiderseitig akzeptable Lösung zu finden. Zuhören, um zu verstehen, nicht um gleich zu antworten. Mitfühlen, auch wenn man nicht übereinstimmt mit dem, was der andere tut, denkt und sagt. Das gilt für alle und jede Art unserer Beziehungen im Leben. Jemanden zu lieben bedeutet, ihre oder seine Magie sehen zu können, die einen auch ursprünglich zu dieser Person hingezogen hat und wenn nötig den Partner daran zu erinnern, sofern es in Vergessenheit geraten ist. Es ruckelt immer besonders, wenn das Leben in den nächsten Gang schaltet und aus einer Liebelei eine Liebe fürs Leben werden soll. Bei uns hat es sogar mächtig geruckelt. Die wertvollen Worte „Ich liebe dich" sind ein Geschenk und tun jedem gut, sie zu hören. Als bestätigende Rückversicherung des eigenen Tuns und Seins von dem Menschen, der einem besonders wichtig ist. Viel entscheidender als die gebetsartig wiederholte oder inflationär ausgesprochene Hülse dieses Satzes ist die Tat, das Spüren dieser Liebe. Es braucht auch keine besonderen Tage, an denen man Liebe zur Schau stellt, denn Liebe macht dann alle Tage besonders. Manchmal erfordert der unbequeme Weg den Mut, das eigene Herz zu öffnen, ohne Netz und doppelten Boden. Die fehlende Bereitschaft dazu mutig zu sein, ist für viele ein elementarer Grund, sich zu trennen oder erst gar nicht den Schritt in eine Beziehung zu wagen.

In dem Jahr, als ich das erste Mal vorhatte, mit dir und Mama das Wüstenfestival zu besuchen, gab es dort ein Kunstwerk, bestehend aus zwei Erwachsenen, die sich voneinander abgewandt den Rücken zugedreht haben, enttäuscht nicht mehr miteinander interagierten. Innerhalb der beiden sitzenden Figuren stand sichtbar durch das Metallgeflecht jeweils das innere Kind eines jeden Erwachsenen, die einander zugewandt sich die Hände reichen. Im Dunklen waren diese inneren, friedensuchenden Kinder beleuchtet. Viele leben mit viel Ego und Wut im Bauch, was uns voneinander abhält, einander zu vergeben oder sich einig zu werden. Ein Bildnis nicht nur für Partnerschaften,

◉ BRC-ART: INNERE KINDER 2015.

sondern jede Situation. Unsere Natur ist der freie Geist, den unsere Kinder und Kindlichkeit innehaben. Bei jeder Gelegenheit in unseren Interaktionen sollte immer die Reinheit und Liebe eines Kindes sprechen, die alles versucht, damit das Spiel weiter und nicht jemand traurig nach Hause geht. Wenn wir an die Magie der Liebe glauben, unsere Herzen offen haben, erkennen wir in allem, in jedem und in jeder Situation wahrhafte Bedeutung im großen Spiel des Lebens. Ein intelligenter Mensch öffnet deinen Geist, ein schöner Mensch öffnet deine Augen und ein liebenswerter Mensch, dein Herz. Auf Burning Man geht das Spielen immer weiter, im echten Leben tauschen wir lieber die Spielpartner aus oder wechseln ganz das Spielfeld. Es wird auch immer jemanden geben, der in Wut nicht nur Spiel-Steine nach dir werfen mag, wirf sie nicht zurück, sondern sammle sie und baue daraus eine deinen Wert schützende Festung oder noch besser ein Königreich der Liebe. Auch zum Heilen ist die beste Medizin die Liebe, du kennst es genauso wie die meisten aus ihrer Kindheit, wenn unsere Mamas oder Omas uns bei Krankheit liebevoll umsorgten. Wenn es nicht sofort hilft, muss man die Dosis entsprechend ein bisschen erhöhen.

"Der beste Weg, jemanden zu lieben, ist nicht, ihn zu verändern, sondern ihm zu helfen, die beste Version seiner selbst zu werden." -

Steve Maraboli

Man wird seinen Seelenverwandten nicht mit dem Hirn oder Verstand finden, man muss dazu schon sein Herz benutzen, und wenn sich die Herzen ähneln, darf dabei auch alles andere grundverschieden sein. Was man dank der Liebe in seinem Seelenverwandten finden kann, ist nicht Wildheit, die man zähmen muss, es ist Wildheit, mit der man versuchen sollte, in Gleichschritt zu kommen. Ohne Einfangen, Zurückhalten oder Zurechtstutzen. Vorurteilsfrei zulassen und akzeptieren, was auch immer dein Gegenüber tut und was ihrer bzw. seiner Meinung nach dafür notwendig ist, um zu wachsen. Dein vorwurfsfreies Sein und Lassen erfährt Gleichschritt, Wertschätzung und Bestätigung durch die für dich spürbare Liebe, die du zurück geschenkt bekommst. Mama als begehrte Frau wurde in ihrer Wildheit von vielen Seiten schon immer gejagt, was auch in unserem aufreibenden Findungsprozess öfters zum Thema wurde. Wenn Eifersucht kein reiner Besitzanspruch oder Teil eines Spiels ist, ist es in gesundem Rahmen eine Art Ausdruck von Liebe, verbunden mit der Unsicherheit des eigenen Seins innerhalb einer Beziehung. Hindert dieser Zustand auf Dauer beide Partner am eigenen und gemeinsamen Glücklichsein, wird es sehr herausfordernd. Externe Einflüsse in Form von Freundschaften, Flirts oder auch Körperlichkeit sollten alle bereichern, nicht seelisch verletzen oder sich negativ auswirken, indem sie zum Mittelpunkt stetiger Diskussion werden. Intime Liebe mit dem richtigen Seelenverwandten kann immer ein Katalysator für Erleuchtung sein. Im Zusammenspiel der Liebe sind Konventionen und Konstellationen eher zweitrangig und abhängig von den eigenen, gegenseitig respektvoll gesetzten Grenzen. Ich mag diesbezüglich vielleicht ein bisschen mehr „Hippie" sein als Mama, dennoch sind wir beide trotzdem sehr „oldschool". Egal, was ist, wenn du spürst, dass dein Partner mit dem Herzen bei dir ist, gib ihr oder ihm die Freiheit, um sich zu entwickeln wie eine Raupe, die zum wunderschönen Schmetterling wird. Wenn du jemanden liebst, versuche nicht denjenigen nach deiner Fasson und Ego ändern zu wollen, sondern habe die Bereitschaft diesem Menschen in Liebe dabei zu helfen, die beste Version ihrer bzw. seiner selbst zu werden. Dieser Spirit, der dabei individuell und in glücklichen Beziehungen entsteht, ist der, den unsere Welt gut gebrauchen kann. Selten ist ein Weg eben und geradlinig, Herausforderungen gibt es immer. Das Wissen darum lässt einen gewappnet sein auf den breiten Fächer mit Angenehmen bis auch Unangenehmen, der einen auf dem Lebensweg erwartet. Die Liebe deiner Eltern füreinander ist tief verankert und universell geworden, über alles Irdische hinaus, was immer für Bewährungsproben in unserem Leben noch kommen mögen. Nichts ist für ewig, aber vielleicht währt es über uns bekannte Dimension und Zeit hinaus. Energien gehen ja nachweislich nie verloren, also ist ein „Zusammen" im Unendlichen der Ewigkeit wünschenswert vorstellbar. Es sich beziehungstechnisch zu leicht zu machen, indem man sagt „so lange werden wir eh nicht zusammen sein, spätestens der Tod trennt uns, da kann ich ja auch gleich Schluss machen" ist daher definitiv keine annehmbare Realität.

"Nur aus dem Herzen heraus kann man den Himmel berühren."
- Rumi

Liebe ist das, was bleibt, und sie findet immer einen Weg, nicht nur in einer Partnerschaft. Liebe ist still, mächtig, hat einen Plan, doch bläht sich dabei nicht auf. Sie ist der gemeinsame Nenner aller großer Religionen und der Schlüssel zu den Geheimnissen des Universums, welche sich denen offenbaren, die den Mut haben, ihrem Herzen zu folgen. Maya Angelou meinte, dass „nichts dein Strahlen und das Leuchten deines eigenen Seins verdunkeln kann, sofern es aus deinem Herzen scheint" und der Schriftsteller Guy Finley, dass „nichts heller leuchtet als das Herz, das zum Licht der Liebe erwacht, das in ihm lebt". Je mehr du von Liebe motiviert bist, desto furchtloser und freier werden deine Handlungen sein. Dein Herz ist auch das allererste Organ, das sich beim Menschwerden bildet. Es schlägt, bevor du überhaupt denken kannst. Wie auch unser Hirn hat es ein elektromagnetisches Feld, wobei das Hirn nicht in der Lage ist, diese um ein Vielfaches stärkere Kraft des Herzens je zu erreichen. Gemeinsam können Herz und Verstand aber alles verändern, wenn man sich bewusst macht, dass der Verstand ein Blender ist, der uns allen gerne ein Ego beschert, und man immer -

am besten mit dem Herzen - hinterfragen darf. Der Verstand gaukelt sehr oft nur vor zu verstehen, damit du dich besser fühlen kannst und nicht an manchen unerklärlichen Dingen vollkommen verzweifelst. Als ich damals kindlich vor dem Spiegel stand, um mit naiven Fragen das Mysterium meiner Existenz zu erforschen, hat es den Verstand förmlich um den Verstand gebracht. Ich konnte fühlen, dass die Antwort einerseits Schutz und gleichzeitig Kapitulation war, das Denken sein zu lassen, andererseits aber auch Impuls dafür, es im Laufe des Lebens selbst herauszufinden. Einzig das Herz weiß es und wenn du die Welt aus deinem Herzen heraus wahrnimmst, wirst du die richtigen Erfahrungen machen, ganz anders als mit der Wahrnehmung über die reine Ratio. Im alten Ägypten war es das Herz als Sitz der Persönlichkeit, Gefühle und des Verstandes, was im mumifizierten Körper der Toten verblieb, nicht das Hirn. Auch auf dem Weg ins Leben, wenn unser Herz schon aktiv und kraftvoll im Mutterleib als Muskel arbeitet, ist unser Verstand noch lange ausgeblendet, von jedem bewusst erfassbaren Feld meilenweit entfernt. Allerdings wird jede externe Emotion bereits verinnerlicht, sei es Streit, Wut, Liebe, Zuneigung, Ruhe, Ausgeglichenheit, Vertrauen oder auch, ob es mal später außerhalb des Körpers der Mutter genug zu essen gibt, es warm oder kalt ist, prägt sich direkt auf uns als Mensch früh aus. Dein Herz schlägt je nach deinen eigenen Emotionen, die du empfindest, unterschiedlich. Rein physisch und gesundheitlich betrachtet eindeutig runder, wenn du glückliche Gefühle erfährst, dein Körper und Geist gemeinsam mit deiner Seele im Einklang ist. Echte Freude kommt eben nun mal tatsächlich von Herzen. Als ich dir erzählte, dass bei deiner Oma, wie bei vielen Menschen im fortgeschrittenen Alter das Gehirn vergesslich wird, hast du mich erschrocken gefragt, was denn wäre, wenn Oma dich mal vergisst? Ich antwortete dir, dass das Gehirn vergessen mag, aber das Herz niemals. Sie mag dich dann vielleicht nicht mehr erkennen und dir ungefragt detailliert Geschichten aus ihrer Kindheit erzählen, aber ihr Herz erinnert sich genau an dich. Nicht umsonst schreibe ich dir ja auch gerade gegen das Vergessen, statt dich im Winter meines Lebens mit alten Schulhof-Anekdoten zu langweilen. Ich langweile lieber direkt jetzt, weil das auch der Zeitgeist passender findet. Wenn uns ein geliebter Mensch oder Lebewesen verlässt, sagt man, dass man diesen Verlust und die Erinnerung ewiglich im Herzen trägt. Das Herz weiß auch, dass es keine wirkliche Trennung gibt, wenn die Quelle als Ursprung eines Flusses die gleiche ist. Der Verstand kennt nur Trennung, er sieht nur die einzelnen verteilten Wassertropfen, um es erfassen zu können, begreifbar zu machen. Das Herz und Liebe als Ausdruck von echter Intelligenz ist dabei die Verbindung des Erfassten mit der ursprünglichen Quelle. Seinem Herzen zu folgen bedeutet, die Liebe als Ausdruck der Seele zum Meister und den Verstand, mit allen Unzulänglichkeiten skeptisch zu seinem Diener zu machen. Die Intelligenz des Verstandes hat mit Logik zu tun, die Intelligenz des Herzens mit Bewusstsein. Das, was beide eint, ist die Erkenntnis.

> *„Wenn die Macht der Liebe die Liebe zur Macht überwindet, wird die Welt Frieden erfahren."* - **Jimi Hendrix**

Die Zukunft der Menschheit liegt im Herzen und es erfordert den Mut und evolutorischen Schritt, sich mehr der liebevollen, göttlichen Impulse zu bedienen, als wir das bisher in unserer Zivilisationsgeschichte getan haben. Viele kluge Menschen, die der Liebe diese Zukunftsfähigkeit zusprachen und deren Wichtigkeit betonten, sind bedauerlicherweise überraschend früh verstorben. In unserer heutigen Gesellschaft ist das Wirken mit Liebe selten geworden, wenn es stattfindet, gilt es als auffällig besonders. In unserem erschaffenen Lebenskonstrukt steht ein Handeln in Liebe eher abseits am Rande der Bedeutungslosigkeit, denn zu „funktionieren" reicht ja aus und scheint erstrebenswerter, nachdem es gesellschaftlich deutlich mehr Würdigung erfährt als „derartige Naivität". Dabei lernte und lehrte Aristotles als Schüler Platons schon, dass nur den Geist zu bilden ohne auch das Herz keine Bildung sei. Wenn wir das, was bedeutende Persönlichkeiten und unsere Idole vergangener Tage einmal idealisierten, bewundert haben, fragt man sich, weshalb so wenige ihren Weisheiten folgen. Schlimmer jedoch noch, warum man stattdessen sogar massenhaft denjenigen folgt, die gegenteilig ein herzloses, krankendes Ideal verherrlichen. Man muss natürlich überleben, seine Familie ernähren und will sich etwas leisten, Investitionen müssen sich ja auszahlen, da bleibt keine Zeit, träumerisch durchs Leben zu wandeln. Liebe ist jedoch im Gegensatz zu einer Investition etwas, was man gibt, ohne etwas dafür zurückzuerwarten. Es scheint leider zielführender, sich eine gewisse Abgezocktheit, Coolness und ggf. Ellenbogen anzueignen, man will ja schließlich am Wochenende im Vergleich zu seinem Nachbarn nicht das schlechtere Auto in die Waschstraße fahren müssen. Wie peinlich so ein Dilemma für die ganze Familie sein kann, erklärt einem evtl. gerne nochmals der Sohn, der deswegen von seinem Schwarm verlassen wird oder die Tochter, die lieber läuft bzw. sich jemanden sucht, der zumindest wertemäßig betrachtet einen coolen Schlitten hat. Zu versuchen, selbst Liebe zu sein und zu schenken, bei allem was man tut, schließt aber nichts aus, auch nicht den Schlitten, andere materielle Wünsche oder den Traum des erfülltesten Lebens. Wir sollten die Liebe nur viel mehr in den Mittelpunkt unseres eigenen Denkens, Handelns und Lebens bringen. Atme alles ein und atme Liebe aus. Wir sind alle aus Liebe geschaffen nur gemeinsam entsteht natürliches Leben und das, was uns alle vereint, ist die Aufopferung und Liebe unserer Mütter bis hin zum Moment unserer Geburt. Es ist egal, ob man bei der Zeugung ein Wunschkind oder Unfall ist, der Moment des intimen Schaffens spielt weniger eine Rolle als der Wille und die Bereitschaft, in Liebe Leben in unsere Welt zu bringen. Es ist auch erst mal nicht wichtig, wie gut oder schlecht deine Eltern danach zu dir waren, ob sie bei dir gegebenenfalls Traumata und Leid verursacht haben oder dir Geborgenheit, Werte und später mal einen Porsche schenken. Am richtigen Ort im richtigen Umfeld und zur richtigen Zeit im Leben anzukommen, ist bestimmtes Glück, was man einerseits wertschätzen und andererseits als Verpflichtung sehen sollte. Es ist unser Erkennen als Entscheidung über jede Prägung, alles Vorherbestimmte hinaus, wie liebevoll und gesund unser eigenes Leben und das geschaffene gesellschaftliche Umfeld als unsere gemeinsame Welt ist und sein wird. Seinen eigenen Hintergrund, kulturell bedingte Unterschiede, eigene Bedürfnisse und Vorlieben sind dabei Motoren, die mit dem Treibstoff der Liebe auf dem richtigen

Weg echte Höchstleistung erzielen können. Sogar über jedes gelegte Werbe-Feuerwerk der Liebe - markig verpackt in Botschaften - hinaus auf unserer Hatz nach Distinktionsgewinnen, die uns Vorteile gegenüber des nachbarlichen Autos bringen. In unserer Autonation Deutschland wurde damals bei einem Modellwechsel einer Marke stets darauf geachtet, nicht zu viel am Aussehen zu verändern, um frühere Käufer nicht zu brüskieren. Mittlerweile finden starke Veränderungen statt, um sichtbar zu machen, wie dringend notwendig es ist, nachlegen zu müssen. Nur nicht stehen bleiben, sonst wird man abgehängt. In unserem gesellschaftlichen Leben ist dabei „Nachlegen" unabdingbar, als Ausdruck des Fortschritts, allerdings legen wir außer in den Slogans vieler Marken leider nicht nach, in puncto Liebe unseres eigenen Seins. Die unglaublichen Fortschritte, die unsere Gesellschaft im Laufe einer Generation leistet, nimmt man erst bei einem bewussten Blick zurück richtig wahr und wir gehen davon aus, dass die Menschheit sich schon passend dazu mit entwickelt. Das Smartphone hat z.B. innerhalb eines Jahrzehnts eine Vielzahl an vorher gängigen Geräten ersetzt und wir alle erfreuen uns, weil es das Leben bequem erleichtert. Doch ein stupides, herzliebloses immer höher, schneller und weiter wirft die Frage nach der Richtung unseres Fortschritts auf, wie sinnvoll ein „fort" schreiten ist und wo es Sinn macht, zu reflektieren und innezuhalten. Die Liebe, die unser Tun bestimmt, sagt uns, dass wir unsere Kinder nicht bequemlich den ganzen Tag vor dem Smartphone sitzen lassen, die Liebe zu unserem Partner sagt uns, dass wir es respektvoll zur Seite legen, wenn wir zuhören sollen oder mit Freunden zwischenmenschlich kommunizieren. Für Eckhart Tolle bedeutet zu lieben, sich im anderen zu erkennen, über jeden Videochat hinaus und sogar auch im Nachbarn, dem mit dem ggf. dickeren Schlitten. Freue dich für ihn, gönne, wenn er ein guter Mensch ist. Falls nicht, nimm es umso mehr als Motivation, das Richtige zu tun und überlege dir dabei genau, wie wichtig es für dich dann wirklich ist, ein besseres Auto zu haben.

In Liebe durch das Leben zu gehen, bedeutet nicht, dich ausnutzen oder dir von Menschen, die noch nicht bereit sind, in Liebe zu wirken, dir wehtun zu lassen.

Wenn Hass laut ist, muss Liebe auch manchmal laut oder sogar lauter sein. Wie Menschen generell reagieren und dich behandeln, ist nur subjektiv im ersten Augenblick auf dich bezogen, vielmehr ist es aber eine Aussage darüber, wie sie sich selbst fühlen. Was auch immer sie erlebt haben mögen oder der Grund ist, nicht in Liebe zu agieren, es macht für dich keinen Sinn, ihre Reaktion auf dein Sein zu beziehen. Der Advaita-Lehrer Mooji bezeichnet Gefühle als „Besucher", die man kommen und gehen lassen sollte. Die Art, wie man geht und gehen lässt, kann einem viel beibringen. Du bist weder ein Depp noch ein Fußabtreter, sondern solltest immer um deinen z.B. von uns liebevoll geschätzten Wert kennen und selbst auch schätzen. Gib ohne jeden Groll immer Liebe mit auf den Weg, wenn du das, was dir nicht guttut, konsequent loslässt. Sei es bei einem Menschen oder einem Geschäftsdeal, wenn dir dein Herz und die Intuition dazu rät, schließe in Frieden und mit einem freundlichen Winken dankbar die Türe. In Liebe ist dies weit entfernt vom bequemen Fortschritt und der Einfachheit einer „Cancel Culture". Es ist liebevoller Ausdruck der Wertschätzung seines eigenen Selbst. Auch ich habe das damals bei unserer Trennung getan und mein Selbst geschätzt. Viele fragten sich, wie konnte dein Papa nach allem was geschehen ist, wieder mit deiner Mama zusammenkommen? Beim mich Wertschätzen habe ich angefangen, mein Selbst zu erkennen und daran zu arbeiten. Das, was nach all den Jahren und schmerzvollen Erfahrungen als Herzöffner diente, war ein simples Kinderbild deiner Mama, das ich noch nie davor gesehen hatte. Eine technisierte Kleinigkeit in Form einer MMS, die bei mir auf mittlerweile bestellten Acker und fruchtbaren Boden traf. Ähnlich dem Kunstwerk der beiden inneren Kinder Jahre später auf Burning Man, konnte ich ihr kindliches Strahlen aus reinem Herzen sehen, ihre Geschichte, ihr Leid, ihre Liebe. Ihr Selbst.

II. Journey of Life - Reise zu dir Selbst

"Gestern war ich klug und wollte die Welt verändern. Heute bin ich weiser und sehe, dass ich mich selbst ändern muss." - **Rumi**

Dein eigenes Selbst immer in höchstem Maße zu schätzen ist nur logisch, denn du hast dein Leben als Geschenk nur auf Zeit erhalten und was man geschenkt bekommt, sollte man immer ehren. In manchen asiatischen Kulturen ist es zwar üblich, Geschenke nicht nur aus Höflichkeit zunächst abzulehnen, sie werden manchmal gar nicht erst ausgepackt, sondern nach kurzer Zeit und bei Gelegenheit z.B. wieder als Gastgeschenk weitergereicht. Egal welche Strömung des in diversen Kulturen vorherrschenden Buddhismus führend sein mag und ob man sein eigenes gemachtes Geschenk vielleicht irgendwann mal in einem anderen Leben zurück geschenkt bekommt, gilt es dort besonders das Leben anzunehmen, zu achten und zu wertschätzen. Dieses einmalige Geschenk sieht anfangs aus, als würde es ewig währen, dabei ist das Leben nur ein kurzer Trip. Wie kurz erkennt man erst mit der Zeit, mit der die Zeit dann immer wichtiger wird. Womit du sie genau verschwendest oder nutzt, ist eine der wichtigsten Fragen im Leben, die nur du individuell für dich selbst beantworten kannst, am besten dann, wenn du auf dem richtigen Weg bist, mit den für dich richtigen Zielen und der richtigen Einstellung. Sich am Totenbett auch nur eine Stunde mehr Leben zu kaufen, geht nicht, egal wie reich man auch immer sein mag. Denn mit leerer Hand kommst du und mit leerer Hand gehst du. Und zwischen nichts und nichts ist das Einzige, was du besitzen kannst, nur der Moment deines jetzigen Daseins. Papa hält wegen der leeren Hand gelegentlich gediegen am Wochenende ein Glas Wein darin und wundert sich, warum er davon betrunken wird, obwohl er ihn wie gesundes, klares Wasser trinken kann. Nicht voll, aber in Fülle sind es die vielfältig glücklichen Momente, die das Leben lebenswert machen. Der lateinische Ursprung drückt es in vielen Sprachen inkl. unserem

Sprachgebrauch aus, gegenwärtig im Sinne der Gegenwart „präsent" zu sein bezeichnet dabei gleichzeitig auch das „Präsent" als Geschenk. Das Geschenk der Gegenwart, des Moments, des Hier und Jetzt. Rückblickend lohnt es sich mehr, diese Augenblicke zu zählen als Geld. Zähle und genieße die schönen Momente, wie es auch Stilikone Audrey Hepburn und Dr. Seuss als das Wichtigste überhaupt predigten, mache dich glücklich und schätze den Wert des Moments, bevor er zu einer Erinnerung wird. Respektiere alles Leben und nutze deine Zeit in Form menschlicher Energie bewusst. Nachdem du als Energie hierhergekommen bist, als solche auch wieder gehen wirst und deine Energie physikalisch nie vernichtet werden kann, solltest du schauen, deinen nutzbaren Anteil bei der Umwandlung ins Leben stets hochzuhalten.

Dieser kurze Trip, deine Lebensreise als Geschenk auf Zeit ist vergleichbar mit dem Erklimmen eines Berges. Nach einem kleinen Stück Blumenwiese startet der Aufstieg, mit dem es so viel Neues zu entdecken gibt, mit viel Freude, Vorsicht und manchmal auch Furcht. Alles erscheint einem überdimensional groß, der Berg scheint riesig, man will höher kommen, um mehr zu sehen, einen besseren Blick bekommen. Die Zeit sollte am liebsten schneller vergehen, man wünscht sich, älter zu sein, um unabhängiger zu werden, machen zu können, was die „Großen" dürfen. Es gilt viele Hindernisse zu bewältigen, sei es, einen Baumstamm oder Fluss zu überqueren. Du wirst auf schwierige und schöne Wege treffen, auch wenn ein gewisser Pfad uns allen vorgezeichnet ist, hast du immer die Wahl. Auf bereits verfestigt niedergetrampelten Pfaden kann man keine nachhaltigen Spuren hinterlassen. Sich neue Wege selbst zu schaffen, mag manchmal die bessere Wahl sein. Alles dauert relativ lange, man verirrt sich vielleicht sogar, sucht mit Zeitverlust die Spur zurück auf den richtigen Pfad. Irgendwann kommt man an die Baumgrenze und stellt fest, es wächst nichts mehr und alles wird mit der Zeit nachweislich kahler. Bei diesem Aufstieg geht es auch nicht immer nur konsequent nach oben, wellenartig herausfordernd muss man gelegentlich etwas herabsteigen, um nach einem Tief wieder Höhe zu gewinnen. Hat man eine Anhöhe erreicht, ist die Freude groß, bis man merkt, dass es nur der wiederkehrende Anfang eines weiteren Anstieges ist. Gelegentlich stürzt man und verliert seine Kraft, es ist absolut ok, einmal mehr, als man stürzt, richtet man sich wieder auf. Nach langem Auf und Ab und vielem Hin und Her erscheint endlich der Gipfel, den Sternen so nah. Am Ziel angekommen feiert man sich zu dieser „Hoch-Zeit" als Belohnung, macht vielleicht ein Feuer an, mit dem man seine entkräfteten Lebensgeister wieder entfachen kann. Manche setzen auch ein Kreuz als Zeichen ihrer Existenz, als Beweis ihrer Anwesenheit oder ihres Sieges über sich selbst. Alle deine Teilziele auf dem Weg scheinen erreicht und das wärmende Feuer lädt ein, sich über die Erfahrungen Gedanken zu machen, innezuhalten und die Stille wahrzunehmen. Mit Stolz malt sich mancher aus, wie die Reaktionen auf Erreichtes und die beeindruckenden Geschichten ausfallen mögen. Gerade in diesen schönen Momenten denkt man, man hat noch ewig Zeit. Aber es ist nur ein Moment, denn du musst weiter, der Abstieg wartet. Ein letzter Blick, schien man zunächst am Fuß des Berges selbst klein, so wirkt nun, vom Gipfel aus auf einmal alles andere in weiter Ferne klein. Beim Abstieg relativiert es sich wieder, an Größe gewonnen, dennoch ein Schrumpfen mit jedem Näherkommen, körperlich, geistig und auch größentechnisch passt sich die Perspektive an. Nur wohin geht es eigentlich und was genau nimmst du wirklich mit?! Das Ego, was darüber erzählen will? Die Erinnerungen und das, was du auf deinem Weg findest? Viele haben verloren oder vergessen, auf ihrem kurzen Trip des Lebens das Wichtigste zu finden und deshalb nutzen sie einen beliebten „Cheat" in noch kürzerer Form. Hape, der tschechische Eishockey-Torwart, hat sogar darüber ein beeindruckendes Buch verfasst. Gerade wenn man krisengeschüttelt das Sprühen seiner Funken verloren hat, tut eine Auszeit auf dem Jakobsweg der Seele gut und hilft einem eventuell als wahres Feuer wieder aufzustehen, wieder die richtige Richtung zu finden. Ein langjähriger Freund deiner Mama, der dir nicht nur deinen ersten „Sorgenfresser" geschenkt hat, sondern als gute Seele viel karikativ Wertvolles unter gelegentlicher Mitwirkung deiner Eltern initiierte, hat als „Pellegrino" mitunter auf seiner Reise nach Santiago de Compostela „Erleuchtung" gesucht und den Weg zurück ins Leben nach Hause zu sich gefunden. Auf jedem Weg finden Kämpfe statt, natürlich mit dem Gelände und den Unwägbarkeiten an sich, deinem Sein und Ego in der Schönheit der göttlichen Natur. Je früher man bewusst erkennt, dass mit der richtigen Richtung ein „Zuhause ankommen" nach deiner Reise zu dir selbst keinen bestimmten Ort bezeichnet, sondern eine Lebenseinstellung ist, desto mehr Zeit und Weg spart man sich. Es scheint fern von ebenso fern am Firmament leuchtender Erleuchtung, aber man kommt ihr vielleicht nahe, bevor man über die Bergkuppe schreitet. Beim Abstieg ist es im Allgemeinen leichter, dank gewonnener Freiheit und Erfahrungen, die einen bestätigend bestärkt haben. Die Zeit vergeht schneller, alles geht schneller, weil es bergab geht. Hindernisse überwindet man leichter, aber mit zu schnellem Tempo schädigt es die Gesundheit und geht auf die Knochen. Die Spur zu halten ist trotz erhellender Erkenntnis nicht immer einfach. Deine Mama hat in den Bergen auf La Gomera von einem herzlichen Bergführer gelernt, dass der Abstieg immer das Schwierigste ist. Die Zeit vergeht immer schneller wie im Fluge Richtung Ankunft am Fuß des Berges, unseres physischen Todes. Der rasante Fortschritt erfordert vielleicht die Liebe, die einem Flügel wachsen lässt, damit wir mit diesem Tempo ein wenig abheben können. Dadurch können wir für einige wunderschöne Momente länger in der Luft bleiben, bevor man unten landet. Wer später bremst, hat länger Spaß, ist daher also Blödsinn. Wer gar nicht bremst, hat Spaß bis ans Lebensende! Bekannterweise kommen wir alle eh nicht lebendig aus der Geschichte heraus, deshalb ist es schon des Spaßes halber ratsam, sich auf seiner Selbsterfahrungsreise möglichst früh zu finden, lange Zeit, bevor man gehen muss. Es ist wie mit schlechten Noten in der Schulklasse, wer´s nicht sofort schnallt, muss leider noch mal ran. Charles Bukowski sagte, man müsse ein paar Mal sterben, bevor man tatsächlich lebt, wie oft, darauf hat man allerdings Einfluss. Jetzt und hier haben wir alle nur dieses Leben und wir sollten wie entzündet in Richtung unseres Feuers, unserer wildesten Träume, zu unserem Selbst rennen oder auch fliegen, anstatt irgendetwas anderes zu jagen. Man spart dadurch nicht nur die Wiederholung, sondern besonders die Zeit, die man nutzen kann, lange und glücklich das Geschenk zu ehren, bevor man es in Liebe weiter schenkt. Einem afrikanischen

Sprichwort nach war der beste Zeitpunkt einen Baum zu pflanzen vor 20 Jahren. Der zweitbeste Zeitpunkt ist es, jetzt und richtig zu tun.

AM BESUNGENEN VULKAN 2014.

Wir alle existieren genau aus demselben Grund, weshalb auch dieser Berg und das ganze Universum existieren. Wir sind eine ganz kleine Biomasse auf diesem Planeten, der kleinste Teil der physischen Welt. Aber wir sind energetische Liebe und somit als reichhaltige Kraft und starke Energiequelle ein essenzieller Bestandteil des Universums. Für Thich Nhat Hanh bedeutet Erleuchtung, dass die Welle erkennt, dass sie der Ozean ist. Als Teil des Ganzen, in dem sich Gegensätzliches beinhalten oder bedingen kann, das Große und Kleine, das Ferne und Nahe, das Helle und Dunkle, das Außen und Innen, so kannst du im Universum selbst als Welle deinen eigenen Kosmos erschaffen und Einfluss nehmen. Wie du deine und unsere Welt mit deinem Tun und Wirken veränderst, ob du Gegensätze lebst oder auflöst, ist eine Entscheidung. Selbst kleine positive Taten der Liebe durch dein Sein können wie eine winzige, nervende Stechmücke in einem geschlossenen Raum große Wirkung haben. Vom Kern zur Hülle des Atoms und von der Erde bis ans Ende des Universums. Vielleicht ist der irdische Wunsch schon im Leben Gott nahe zu kommen, auch einfach nur, dass dir ein Licht aufgeht, wie bei einer Kerze, entfacht durch das Finden deiner Selbst. Wenn du dich mit deinem Sein dem wehenden Wind in der richtigen Richtung schützend entgegenstellst, wird die Kerze auch lange brennen. Egal wie es sein mag, Erleuchtung oder nicht, es reicht, dass du deinen Weg im Leben findest, auf dem du glücklich wirst und daran habe ich überhaupt keine Zweifel.

Du wirst „deinen Berg" wundervoll und glücklich wie ein Meisterwerk meistern,

AM KONZERT DER BAND, DIE DEN VULKAN BESINGT 2015.

schließlich warst du schon mit Leichtigkeit und fast vier Lebensjahren auf dem höchsten Berg der Erde, dem Himmel nahe und deutlich über der Gipfelhöhe eines Mount Everests. Wer das von sich sagen kann, kann alles schaffen. Gut, um etwas Bescheidenheit zu üben, wir sind mit dem Auto auf ca. 4.000m hochgefahren, haben währenddessen „Going to the volcano" (I mua) zu Ehren des Himmelsvaters und der Erdenmutter gesungen und etwa 6.000m des besungenen Mauna Kea auf Hawaii liegen unter Wasser. Zwei Jahre später haben wir dich zum allerersten Konzert der Band dieses Songs im herzenskühleren Deutschland nach Köln mitgenommen, wo du auf meinem Rücken in Dankbarkeit und Liebe dein Lieblingslied „Aloha Ke Akua" gefeiert hast. Das Beste an Musik ist laut Bob Marley ja, dass wenn sie bei dir einschlägt, fühlst du Freude statt Schmerz. In unserem Earth Tribe - Camp auf Burning Man habe ich den Freund und ehemaligen Mitbewohner des Sängers kennengelernt, der ihn damals dazu bewegt hat, nach Hawaii zu ziehen und professionell Musik zu machen. Alle Kreisläufe schließen sich irgendwann mal. Der Name seiner Band drückt aus, was jedem und unserer meisterhaften Welt guttut: Medicine for the people. Ob man mit seinem Sein und Tun nun Medizin für die Menschheit ist, ein Licht, was anderen hilft, im Dunklen einen gesunden Weg zu erkennen oder ein Feuer für diejenigen von uns neu entfacht, die ihren Willen verloren haben, ist dabei nicht wesentlich. Wesentlicher für jeden selbst ist es erst mal überhaupt das eigene Licht zu finden, um Strahlen zu können, um den eigenen Weg im Leben sehen und erhellen zu können.

Life is a Level - Das Präsent der Präsenz

„Du bist hier, damit sich die göttliche Absicht des Universums entfalten kann. So bedeutsam bist du." - **Eckhart Tolle**

Sei mutig und nimm dein Geschenk in Liebe und Vertrauen jetzt an. Das ganze Leben, jeder geschenkte Tag besteht aus einer Aneinanderreihung von Augenblicken. Real betrachtet ist nichts anderes und immer nur dieser eine Augenblick da, den du wirklich erleben und beeinflussen kannst. Auch die Vergangenheit und Zukunft sind nur mentale Abstraktionen, die im Hier und Jetzt stattfinden. Wenn du dich erinnerst, tust du das jetzt, wenn du von deiner Zukunft sprichst, tust du das jetzt. Woran du dich erinnerst oder worüber du sprichst, ist abhängig davon, was du in deinem vergangenen Jetzt getan oder gesprochen hast, alles Zukünftige liegt in deinem gegenwärtigen Jetzt. Die Bereitschaft, den Fokus auf das Jetzt des Augenblickes zu richten, statt auf Gedankenformen wie Vergangenheit und Zukunft, bedeutet nicht, die Notwendigkeiten des Alltags zu verdrängen, im Gegenteil, es ist ein Anfreunden mit der Präsenz deines Geschenkes. "Lebe dein Leben für den Augenblick" ist nicht einfach ein Spruch, es ist de facto essenzielle Realität, denn alles findet eben nun mal genau zu diesem einen Zeitpunkt statt: im Jetzt. Was auch immer du tust, sei es unliebsame Aufgaben lösen wie z.B. den Müll rausbringen, Zimmer aufräumen, Hausaufgaben erledigen, dich später um deinen Beruf oder unter Stress um deine Kinder kümmerst, sei dir bewusst, dass du es in diesem Augenblick mit Freude akzeptierst. Das heißt nicht, dass du debil lächeln musst während du etwas tust, worauf du ohnehin keine Lust hast, aber wenn du es nicht vermeiden bzw. ändern kannst, nicht aus der Nummer herauskommst oder es eine eigene notwendige Entscheidung ist, dann tue es bewusst zumindest mit einhundert Prozent. Selbst wenn das Ergebnis nicht sofort das Gewünschte ist, so hast du alles gegeben und kannst dir gegenüber keinen Vorwurf machen, es nicht mit aller Aufmerksamkeit und Liebe versucht zu haben. Der Weg ist das Ziel und er wird kein leichter sein, manchmal steinig und schwer, gerade am Berg. Gleiches gilt natürlich auch für alles das, was du ohnehin mit Spaß, Freude und Leidenschaft gerne im Leben anpackst. Diese positive Haltung und der Einfluss, den du durch deine Gedanken der Liebe und der Akzeptanz des „Jetzt" auf solche Momente hast, ist der Kern für Erfolg, kein blinder Zweck-Optimismus. Die Erkenntnis, zum einen immer nur diesen Moment zu haben, dazu den Willen der Wiederholung, um zu lernen und besser zu werden, ohne dabei die Kostbarkeit der Zeit aus den Augen zu verlieren, um dann mit fokussierter Einstellung an all deine Aufgaben zu gehen, erschafft allein durch die Macht deiner zentrierten Gedanken eine neue, bewusste Realität.

"Du lebst nicht auf der Erde, du reist nur hindurch." - **Rumi**

Ähnlich wie Mooji die Gedanken als Besucher bezeichnet, sind auch wir alle nur Besucher dieser Zeit und dieses Ortes. Wir sind nur auf der Durchreise. Unser Zweck hier ist es zu beobachten, zu lernen, zu wachsen, zu lieben, bevor wir irgendwann nach Hause zurückkehren. Wenn wir also durch Zeit und Raum reisen, schon mal hier sind, dann können wir zumindest das Beste daraus machen und unser Bestes geben. Man könnte diese von den Aborigines beschriebene Durchreise auch als „Level" eines Spiels betrachten. Vielleicht ist unsere ganze Suche nach dem tieferen Sinn des Lebens nur so anzusehen wie ein simpler Level als Bewährungsprobe, um das nächste Level zu erreichen. Ohne zu wissen, wohin es danach geht, sobald du alles in spielerischer Leichtigkeit bewältigt hast, gehts weiter. Wie am Fuß eines Berges steht man als „Player One Ready" präsent am Ausgangspunkt eines Computerspiels. Deine Spielfigur bzw. dein Avatar taucht beim Game-Start plötzlich aus dem Nichts am Beginn des Levels auf, so wie man eben auch als Kind in purer Reinheit, ausgestattet mit gewissen Features anfängt. Wer weiß, vielleicht hast du ähnlich wie bei der vorherigen Konfiguration deiner Figur auch vor deiner Ankunft im Leben diverse Handicaps oder Erfahrungen, die du machen möchtest, ausgewählt oder vorher „erworben". Mach´ das Richtige im Spiel, je früher, desto besser, um das Level zu schaffen und versuche gefälligst den höchsten Punktestand dabei zu erzielen. Sammelt oder jagt man den falschen Sachen hinterher, zielt daneben oder rennt gegen die Wand, so verwirkt man in Bukowskis Geiste ein Leben. Will man nicht ewig auf einem Level verweilen müssen, macht es Sinn, möglichst schnell während des Spiels zu erkennen und herauszufinden, was die wichtigen Dinge sind, die es lohnt, auf seinem Weg einzusammeln oder zu treffen. Zu häufiges Wiederholen bzw. nach Game Over neu zu starten, perfektioniert zwar die Skills, aber es dauert und nervt. Deshalb gib dein Bestes mit Herz und Leidenschaft im Jetzt und Hier fokussiert, du bist bereit, in beharrlicher Manier probierst du es motiviert weiter, weil dich das Spiel richtig bockt. Nutzt du Cheats und gibst es zu, dass du bescheißt, bist du trotzdem ehrlich. Je nach Art des Spiels definiert sich der Highscore vielleicht durch u.a. das Einsammeln von Münzen, also sprichwörtlich dem schnöden Mammon hinterherzurennen. Allerdings wirst du deine Münzen und Punkte nur im Spiel haben, außer du musst sogar wieder komplett bei null anfangen, weil du unaufmerksam warst. In einer derartigen Spielumgebung zählt man selten die freudigen Augenblicke voller Spiele-Spaß. Eventuell gibt es aber neben Münzen auch anderes, was sich zu jagen lohnt, Powersymbole oder besondere Fähigkeiten, die mehr für einen guten Highscore bringen und nützlicher sind. Ob man durch einen Booster schneller wird, eine höhere Schussanzahl zur Verfügung hat oder durch ein Kleeblatt Schutz oder eine Verdopplung erfährt, wie im echten Leben, muss Geld allein nicht glücklich machen. In einem Multiplayergame hat evtl. jeder unterschiedliche Aufgaben, die es zu erfüllen gilt, Kollaboration und Harmonie ist gefragt, um das Level für alle und auch sich erfolgreich zu gestalten. „Wir bringen uns alle gegenseitig nur nach Hause", wie Ram Dass sagt. Nach erfolgreichem Bestehen des Levels verschwindet man im Nichts, bevor es auf einem anderen Level weiter geht. Um das Bildhafte pragmatisch wörtlich zu nehmen ist es empfehlenswert, seine Fertigkeiten stets mit Spaß im Hier und Jetzt einzubringen, auf realer Ebene ist dabei neben der Richtung eben auch das richtige Maß bedeutsam. Wann immer ein Kind stundenlang vor einem Spiel oder technischen Gerät sitzt, stirbt bekanntlich irgendwo auf einem Baum ein echtes Abenteuer. Auch wenn es wirtschaftlich von Marktseite gewünscht sein mag, ins Virtuelle mit immer mehr Vernetzung abzutauchen, real in der Realität zu sein, ist fast schon revolutionär.

Als wir vor einigen Jahren auf deiner ersten echten „Männer-Tour" gemeinsam mit Monkey, seinem Sohn Dance und deinem Freund Nick durch Italien unterwegs waren, konnten wir euch nur schwer von dem schönen Ausblick auf die herrlichen Landschaften überzeugen. Zu dritt auf der Rücksitzbank, alle die Köpfe geneigt, wie in Trance fasziniert gebannt von euren Handy-Bildschirmen. Als Erwachsene haben wir immer wieder verzweifelt versucht, euch von diesen auf den nächsten Klick inklusive Sucht ausgelegten Leveln eurer Spiele wegzubekommen, allen psychologisch perfektionierten Algorithmen zum Trotz.

◉ DOLCE VITA: OFFLINE-LEBENSFREUDE.

Der leitende Professor einer renommierten kinderpsychiatrischen Abteilung aus unserer fränkischen Metropolregion, der sich auch bewundernswert und weltweit für Kinderrechte einsetzt, betont eindringlich, dass die kindliche Hirnentwicklung bis zum Alter von 14 Jahren noch nicht abgeschlossen ist. Jedes übermäßige Wischen, jede tägliche Stunde in jüngeren Jahren zu viel, macht dich kurzum zum Depp. Emotionslos und wenig Synapsen verbindend ausgedrückt, mag es aber für den zukünftigen Berufswunsch eines Raumpflegers durchaus vorteilhaft sein, zumindest so lange, bis der Wischroboter einen dann ersetzt. Wir haben uns gefragt, wenn man schon die Realität wie gefesselt verpassen will, wäre es schön, wenigstens etwas Sinniges dabei mitzunehmen. In manchen Spielen ist ja bereits Herz Trumpf, warum also nicht auch bei der geißelnden Faszination zu ballern, zu rennen, jumpen, sammeln,

◉ ROADTRIP 2018, EINE ITALIENISCHE MÄNNER-TOUR.

strategisch mit sportlichem Eifer voranzugehen und das Ganze vereint in einer Art Adventure-Simulation, die Spaß macht und zumindest etwas Werte mitgibt. „Battleground Human Worldpeace" in martialisch anmutenden, blutroten Buchstaben war unsere spontane Idee während der Reise. Ein anfangs zutiefst düster animiertes Game, das sich im Laufe mit den erzielten Punkten erhellt, alles muss mit Liebe gelöst werden, der krasse Full-Love-Mode gibt besonders viel Power. Ein Spiel, in dem man Streit schlichten muss, je größer der gelöste Konflikt, desto mehr Extrapunkte. Es gilt Nahrung für die gesamte Weltgemeinschaft anzubauen, damit keiner Hunger leidet. Allerdings nicht auf eine langweilige Art, sondern die Pflanzsamen müssen in brutalster Weise mit einem Maschinengewehr auf dem Feld verteilt werden. Gewalttätige Saaträuber werden dagegen tiergerecht mit der Netzkanone eingefangen, sonst setzt es Minuspunkte. Je ertragreicher die spätere Ernte in Bio-Qualität, desto mehr Punkte. Eventuell unausweichliche Deals mit Saatgut-Konzernen gibt entsprechende Abzüge. Ein Racing-Parcours muss erfolgreich gemeistert werden, indem du für Wasser gegen einen internationalen Konzern antrittst. Wenn du verlierst, musst du für dein Volk horrende Wasserpreise akzeptieren, die deinen Highscore schmälern. Überall laufen dunkle Gestalten umher, ähnlich Momos graue Herren, die unbewusst Unfrieden auslösen. Ob Capoeira-style, im one on one, mit explodierenden Liebespfeilen, einer geladenen AK-47 oder durch Herz-Handgranaten müssen sie actionreich gewandelt werden, erbarmungslos ihre Herzen berührt werden. Völkerverständigend begibt man sich auf gefährliche Reisen, bei denen man kulturelle und religiöse Eigenheiten kennenlernt, Freundschaften schließen und in kleinem Maße Sprachkenntnisse als Challenges erwerben muss. Am Ende aller Level ist Nachhaltigkeit und der Weltfrieden sicherzustellen, mit möglichst wenig Kollateralschäden. Für das erfolgreiche Bestehen eines Levels erhältst du als Belohnung eine 24-stündige Spiele-Auszeit, denn offline zu sein, ist das neue gesunde Bio. Nachdem es zwar Spaß macht, aber fern der Realität ist, bleibt es für jeden Gamer am schadlosesten, sich gar nicht durch zu viel unechte Virtualität ablenken zu lassen. Denn real machen ist wie virtuell wollen, nur krasser. Die Flucht aus dem realen Jetzt ist zwar verlockend und einfach, deiner Oma war es bzgl. des Viehtransporters in ihrer Kindheit sogar hilfreich, dass ihre Psyche die leidvolle Erinnerung zum Selbstschutz „abtrennte", um eine gesunde Struktur zu finden. Ein übermäßiges, freiwilliges oder suchtgeführtes „Zuviel" trennt allerdings auch und Trennung lädt eben immer dazu ein, sich in der Folge zu verlieren. Wir lieben es in unserer Gesellschaft zu trennen, vereinfacht es doch ungemein, spart Ressourcen und verschafft besagte Struktur. Während es bei Müll sehr sinnvoll ist, so erweist sich Trennung nicht überall als vorteilhaft. Statt notwendigem, bewusstem Einssein haben wir zu oft die kritische Trennung von uns selbst, von Herz und Kopf, von Arm und Reich, einem putzigen Streicheltier und essbarem Nutztier, Trennung von Völkern, Mitmenschlichkeit oder Empathie für fremde Schicksale.

Egal auf welchem Level, real oder virtuell gibt es Situationen, die man nicht steuern oder kontrollieren kann. Du kannst dich aber in jedem Moment auf das besinnen, was in deinem Einflussbereich liegt: deine Reaktion. Wenn man ständig gegen eine geschlossene Türe rennt, kommt man virtuell nicht weiter, real holt man sich vielleicht eine blutige Nase. Immer wieder gleich zu reagieren, manifestiert und macht dein wiederholendes Tun zu einer getroffenen Entscheidung. Allerdings ist deine Richtung nur virtuell in einem Spiel vorgezeichnet, nicht in der Realität. Du selbst bestimmst im Jetzt deine Richtung, triffst deine Entscheidungen und zeigst Reaktion. Wenn es Hindernisse zu überwinden gilt, die Richtung falsch scheint oder deine Reaktion, so kannst du sie in jedem „Jetzt" zu jeder Zeit verändern. Um nicht zu viel Zeit zu verlieren, sei weise und überlege genau, ob z.B. eine Reaktion emotional überhaupt wirklich notwendig ist, ob du in gleicher Weise reagieren würdest, wenn 24 Stunden vergangen wären und ob deine Reaktion die Liebe deines Seins widerspiegelt. Gleiches gilt für die Entscheidung deiner eigenen Richtung im Leben, die dich und dein Herz glücklich machen soll. Wir erleben Höhen und Tiefen wie auf einer Achterbahn und auch da ist es immer deine Entscheidung, in diesen Momenten zu schreien oder die Fahrt zu genießen. Egal ob man gerade oben oder unten ist, du bist - wie am Berg - auf dem Weg und nur kurz da. Auf dem Weg, sich selbst zu finden, gilt es erst mal sich nicht zu verlieren. Der Blick im Augenblick nach links und rechts lohnt sich immer, laut Bob Marley der Blick nach innen sogar ganz besonders: Gewinne nicht die Welt und verliere deine Seele, Weisheit ist besser als Silber und Gold. Nicht nur im Jetzt der Realität zu sein, sondern dort auch noch echt zu werden, den Mut haben, seine eigenen Seelentüren zu öffnen, um von „innen" seine eigene Richtung zu finden. Die größte Revolution für jeden von uns ist es, real zu werden in einer „Fake World". Fantastischerweise steht vielleicht nach dem Öffnen deiner Tür am Ende der Suche das Finden im Augenblick mit brauchbaren Wegweisern. Entgegen jedem Übereifer einer wie virtuell wirkenden, fremdbestimmten und Trennung bevorzugender „Shiny World".

Wegweiser zu dir nach Hause

„Unser eigenes Leben muss unsere Botschaft sein." - **Thich Nhat Hanh**

In einem Computerspiel ist es dank hell leuchtendem OLED-Bildschirm sehr einfach seinen Weg zu finden. Im realen Leben gibt es schier unendlich viele mögliche Wege, die teils mit lärmendem Neonlicht bestrahlt scheinen und es fällt deutlich schwerer, den dabei für sich richtigen zu erkennen. In Dankbarkeit das Geschenk des Lebens im Hier und Jetzt annehmen, möglichst ohne sich zu oft zu verlaufen, in Liebe erkennen und zu reflektieren, das eigene Sein und Strahlen finden und dein Glücklichsein bestärken zu können, wären für jeden noch nicht gestandenen Menschen auf der Suche nach seinem Weg definitiv hilfreiche Ansatzpunkte und Grundlagen eines sinnvollen Schulfaches. Man kann nie den Weg für jemand anderes gehen, auch wenn gerade wir als Eltern dazu manchmal neigen, dies für unsere Kinder oder Liebsten gerne tun zu wollen. Einem Kind zeigt man eine Richtung und lässt es dann selbst denken und gehen. Jeden Meter zu erfassen, alle Wegweiser zu analysieren ist weder möglich noch nötig. Das richtige Interesse zu wecken scheint der leichter abbildbare und realere Weg zu sein, denn etwas mit Begeisterung zu meistern erfordert Eigeninitiative, eigenes Tun, um gewünschtes Ergebnis final zu haben. Für seine Richtung sollte man bedenken, dass in unserer „Shiny World" ein Strahlen, ein Licht oder Feuer durchaus leicht zu verwechseln ist, denn das Höllenfeuer brennt auch strahlend hell. Wenn man manchmal über den Zustand unserer unfriedlichen Welt und der Art, wie wir auf diesem Planeten miteinander umgehen, nachdenkt, könnte man meinen, dass die Hölle voll ist und deshalb sogar in ganz besonders hellem Licht erstrahlt.

„Jeder denkt daran, die Welt zu verändern, aber niemand denkt daran, sich selbst zu verändern." – **Leo Tolstoi**

Alles ist nur wie ein Tropfen auf heißem Stein und nicht zum Löschen geeignet, wenn man nicht erkennt, dass Friede und Wandel dort beginnen, wo du selbst etwas tun kannst. Im Umgang mit deinen Mitmenschen und der Art deines

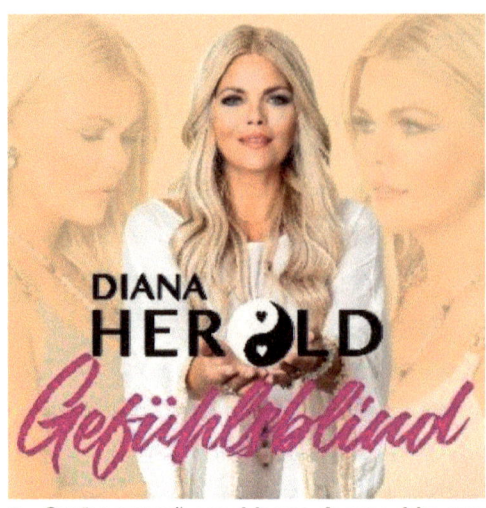

◉ „GEFÜHLSBLIND" AUS MAMAS ALBUM: MIT DEM HERZEN ERKENNEN, SEHEN UND FÜHLEN.

eigenen, von dir beeinflussbaren Wirkens, zeigt sich letztlich in den Begegnungen auf deinem Berg gegenüber Freunden, Familie oder Fremden, welchem Scheinen du tatsächlich folgst. Eine indianische Geschichte besagt, dass wir alle in uns mit zwei Wölfen kämpfen, die beide Unterschiedlichem dienen, sich aber Yin-Yang-gleich gegenseitig bedingen. Der eine Wolf nährt sich durch Wut, Eifersucht, Missgunst, Hass, Feindseligkeit, Niedertracht, Gier, Lügen und Ego. Der andere durch Freude, Liebe, Frieden, Hoffnung, Menschlichkeit, Liebenswürdigkeit, Empathie, Wahrheit. Es wird der Wolf mächtiger und an Strahlen gewinnen, der von dir stärker gefüttert wird. Die richtige Richtung findest du also, wenn du in dich hineinhörst und deinen eigenen Weg mit den richtigen Entscheidungen erhellst. Er wird noch heller scheinen, wenn du auch für den Pfad anderer Licht spendest, denn wer anderen eine Blume sät, blüht bekanntlich selbst auf. Ansteckend und entfachend wie ein Streichholz, weit um sich greifend und begeisternd für alle, die Feuer und Flamme sind, statt nur auf heißem Stein verdampfende Tropfen. Laut Carlos Santana ist „das Wichtigste, was du auf diesem Planeten tun kannst dein eigenes Bewusstsein zu erheben, zu transformieren und zu erhellen". Je mehr dazu diese Bereitschaft haben, desto heller wird es insgesamt und egal wie klein, wenn es mit einer großen Anzahl multipliziert wird, wird es bedeutsam und kann in Leichtigkeit und Liebe alles verändern und auch wenn nötig, löschen. Deine Mama hat mit der Anzahl der Sterne multipliziert, **„Sternenlichter"**, die sich mal im Dunklen verirren, aber rein im Herzen sind wie alle Kinder dieser Welt. Nicht nur unsere eigene Geschichte selbst, auch die Songs deiner Mama sind gesungene Wegweiser. Nicht umsonst bezeichne ich sie gerne familienintern als unseren John Lennon. Dass dein Vater in diesem Vergleich Yoko Ono wäre, nehme ich genderfreundlich und gedanklich im orangenen Tutu grinsend als Kompliment an. Du und ich sind unbestreitbar ihre allergrößten Fans, ich zwangsläufig schon etwas länger. Jetzt ist deine Mama einerseits dafür bekannt, dass sie die Allerbeste und Liebevollste mit dem größten Herzen für uns ist, die ganz selten und nur ab und zu vielleicht mal ein kleines bisschen familienintern nervt. Als Mutter muss man das eben manchmal, viel nerviger ist definitiv dein Papa. Selbstreflektiert betrachtet, bin ich teilweise sogar von mir am allermeisten genervt. Für außenstehende Fremde andererseits war Mama oberflächlich tanzend in einer bekannten Show aktiv, erotisch abgelichtet und hübsch anzusehen sowie dem Reality-TV nicht unbekannt, wo sie mit ihrem Herzen auf der Zunge unterhielt und mit schrillem Ton auf manchen Zuseher vielleicht auch nervig wirken mochte. Wenn dann plötzlich verkündet wird, dass sie jetzt Musik macht, denkt man sich ok, mit der Lautstärke und dem Fränkischen als den „Jazz" unter den bayrischen Dialekten, wird es weniger in Richtung Celine Dion, Mariah Carey oder Whitney Houston gehen, ihrer Vita und Oberflächlichkeit folgend erwartet man eher Musiktexte à la „Trinken, Party, Rumstata, zeige meine Brüste, wunderbar!" oder einfach „35!". Das passt, hat Struktur und man freut sich irgendwann mal auf einen promillereichen Discoabend im „Oberbayern" auf Mallorca. Aber nein, jetzt kommt da etwas Tiefsinniges, bei dem man mitdenken, fühlen und verstehen muss, und es klingt auch noch ganz anders, als man sowieso dachte. Schon wieder irgendwie nervig. Nerven zu bewahren war das Motto einer sehr langen Entwicklungsgeschichte, die Mamas eigene Songs und Texte - mit punktuell seltener Unterstützung Papas oder liebevoll von Produktionsseite - nun endlich ans Licht gebracht haben. Mittlerweile in begabt renommierten Händen, blicken wir dankbar auf eine Reise zurück, die aufregend war und vergleichsweise dem beharrlichen Feuerwehrmann-Wunsch des löschenden italienischen Feuerdrachens Grisù ähnelte. Lustigerweise haben wir vor Jahren auf dieser Reise mein altes Mercedes-Cabrio als Bezahlung der Produktion eingesetzt, leider verhinderte weniger lustig ein Glioblastom als bösartiger Gehirntumor die damalige Fertigstellung. Roberts langer Leidensweg, auf dem er die für seine Hits erhaltenden goldenen Schallplatten-Auszeichnungen nicht mal mehr abholte, endete mit Kampf und tiefer Trauer abrupt. Energie geht nicht verloren und ich weiß, dass er sehr stolz auf deine Mama wäre und ist. Wir bleiben zwar immer ihre größten irdischen Fans, aber es wäre wünschenswert zu erkennen, wie wertvoll ihre Mental Coaching Lieder eigentlich wirklich sind, Gehör finden und sicherlich auch überirdisch erfreuen. Vergönnt, gerade nachdem ja - wie besagt - die multiplizierte Anzahl entscheidend ist und unser Ego sich nicht direkt nach der nächsten „Arsch"-OP sehnt. So wie das hier Geschriebene steht auch ihr Song „Sternenlichter" unter dem dankbaren Stern des Gebens und Nehmens.

„Ich bin vielleicht nicht dort, wo ich hinwollte, aber ich glaube, ich bin dort gelandet, wo ich sein musste." - Douglas Adams

Ihre Musik ist ein Schlüssel zum Bewusstsein, ganz egal wie unterschiedlich der Startpunkt oder Weg eines jeden Einzelnen auch sein mag. Wenn man den Mut hat, sich darauf einzulassen, sich den Vergleich mit weltbekannten Sängerinnen spart, durch eben sein Ego quasi hindurch geht und mit mehr als zwei Augen sieht, dann erkennst du etwas für dich in jedem ihrer Lieder. **„Die Wahrheit"** liegt in dir, es ist dein Weg, dein Glück. Wenn wir etwas Positives dieser Welt mitgeben wollen, brauchen wir dich. Jedes Kind, ganz gleich welchen Alters. Es wird kein anderer für uns tun. **„Der Schlüssel des Friedens"**, deine aufgesperrte Herzenstür ist der Schlüssel zu dir. Durch uns kann die Liebe auf Erden endlich siegen, höre auf dein wirkliches Ich, auch du bist ein Helfer. **„Deins, Meins, Eins"** zu sein ist unsere Macht, kein weiterer Seelenverkauf, die Liebe stoppt Zerstörungskraft. Rettung liegt in uns, Einigkeit ist die Kunst. Ein Richtungswechsel als gelebte Veränderung macht dich zum Helden deines eigenen Lebens, mit dem Mut sich selbst und zu seiner Kraft im Herzen zu finden. **„Superhelden"**, die mit Bewusstsein und Liebe für Freiheit und gegen jede Ungerechtigkeit aufstehen. Die Oberflächlichkeit des Scheins, des sich nicht an den Kern seines Selbst zu wagen, ist Treibstoff für noch mehr Dunkelheit in einer immer kühler werdenden Welt.

„**Gefühlsblind**" soll dich kraftvoll daran erinnern, dass du nach deinem wahren Sein, deiner Liebe und Verbundenheit mit dem Universum zielstrebig suchen sollst, dein Ego einfängst. Umarme deine dunklen Seiten im Licht universeller Liebe und du wirst dich wieder fühlen. Hab` keine Angst nach dem Erkennen auf deinem einzigartigen Weg dieses Bewusstsein endlich anzunehmen. Das Geschenk, nach dem du dich seit Anbeginn gesehnt hast: In Selbstliebe statt Ego bei dir anzukommen. „**Happiness Now**" beschreibt dein verdientes, bewusstes Glücklichsein mit erfüllenden Werten in jedem Augenblick. Mit „**Engelsflügel**" befindest du dich dann irgendwann in der Geborgenheit, dem Frieden einer veränderten neuen Dimension. Die Leichtigkeit verleiht dir Flügel, ohne dabei ein Engel sein zu müssen. Dein erhobenes Bewusstsein erlaubt dir, alle Facetten deines Seins leben zu dürfen, alles zu sein. Es führt dich auf deinem Weg, gibt dir den Halt, die Liebe und die Weisheit exakt so zu sein, wie du bist. Deine Flügel. Als deine Belohnung für deinen Weg und erfolgreiche Reise nach Hause.

Deine Mutter ist dabei, mit ihrer Musik für sich und viele andere Menschen den Widerspruch aufzulösen, einerseits einigermaßen gesund in der Oberflächlichkeit einer Scheinwelt wandeln zu können und andererseits die Verbindung zu ihrer Quelle aufrechtzuerhalten, sie wiederzufinden oder überhaupt erst mal zu erkennen. Es ist ein mutiger Schritt dabei als unverstanden und vielleicht als jemand der „leicht einen an der Klatsche hat" angesehen zu werden. Definitiv keine Celine, Mariah oder Whitney, sondern anders, viel Spirit und mentales Coaching eben. Ist es nun Pop, Rock, Schlager? Es ist eindeutig: egal. Im Leben gilt es immer Widersprüche aufzulösen. Du tust etwas, obwohl es dir nicht guttut? Dann lass es sein und mache es anders. Veränderung ist Herausforderung und Wandel ist Wachstum auf dem Weg zu wahrer Größe. Vor vielen Jahren hat Mercedes, einstmals bekannt für große Limousinen beschlossen, auch das Kleinwagen-Segment als Markt für sich zu gewinnen. Das qualitativ hochwertige Image sollte sich in einem kleinen Auto wiederfinden und dennoch viel Größe, Beinfreiheit und Platz für die Insassen garantieren. Bevor dieser aufgelöste Widerspruch erfolgreich wurde, ist es - wie im echten Leben - erst ein paar Mal im

Elchtest umgefallen. Du musst dein Ändern leben und die ersten Schritte gehen, dann gehts irgendwann ganz automatisch, auch ohne umzufallen. Reich an Erfolg dabei zu werden hängt für Mercedes an nackten Zahlen, ohne jegliche Witzseite, für dich definierst du deinen eigenen Erfolg nach erfolgter Veränderung jedes Mal eventuell neu. In einem schönen Auto zu sitzen und das auch noch als schöne Seele, die bereits vor der Abfahrt schon angekommen ist, ist definitiv nicht nur deinem Nachbarn zu vergönnen, sondern auch dir. Eine Blume denkt ja auch nicht daran, mit der Blume nebenan zu konkurrieren, sondern sie blüht einfach.

„Geliebter Mensch", spüre deine Einmaligkeit und sei für Wunder bereit, wie es deine Mama so schön beschreibt und blühe Im deinem schönsten Sein auf.

Vom Schein zurück zum Sein

„Nimm dich an. Sei du die, die du bist. Sei du der, der du bist. Erst dann fängst du an zu sein, was du sein möchtest." - Ulrich Schaffer

Dich in Liebe und Vertrauen annehmen zu können, erfordert zu erkennen, welcher Teil deines Seins dein Ego ist und wie es auf dich und dein ganzes Leben wirkt. Wird dein aktives Tun oder deine Reaktion von einem gierigen, wie Fast Food schnell sättigendem Ego gelenkt oder von einem sich schätzenden, nachhaltig satt machenden Ego, frei von reinen Profilierungswünschen? Diese Unterscheidung deines dich selbst liebenden Ichs von einem Egoismus, der dir vorgaukelt, dein Sein zu sein, weist dir den richtigen Weg „echt" zu werden in einer unechten Welt. Genauso wie man stets aufpassen sollte, Emotionen nicht mit seiner Intuition zu verwechseln, darf man das Ego nicht mit dem eigenfürsorglichen, gesunden Ego deines wahren Seins durcheinanderbringen. Das dich schätzende und schützende Ego ist deine gesunde Selbstliebe, welche auf dich als Geschenk achtet, damit du wirklich bei dir ankommst, du glücklich und zufrieden mit dir werden kannst. Es sieht dank beschriebener Superpower mit dem Herzen mehr, erkennt und führt dich zu deinem sonnengleichen Strahlen, um dich und evtl. auch andere zu wärmen, zu deinem Feuer, welches du in deinem Leben entfachen willst. Auch wenn all die Ablenkung in jungen Jahren bequemerweise sicherlich chilliger ist, wenn du es über kurz oder lang nicht entfachst, wird es dir irgendwann langweilig. Egal ob Videogame, Sport, Hobby, Arbeit oder Beziehung, in ruhigen Momenten weißt du irgendwann nichts mehr mit dir anzufangen und wirst immer mehr Ablenkung suchen müssen, um „nachzufüllen". Ein gieriges Streben nach ungesundem Glück. Ein trügerisches Finden von unbewusster, oberflächlicher Liebe. Man verwechselt es gerne, weil Ego als Ersatz einem eben kurzfristig „etwas" gibt. Die Genugtuung recht zu haben, weil man unbedingt recht haben will, es verleiht einem das Gefühl der Stärke, das Ego will sich durchsetzen und es lässt dich sprechen, ohne wirklich je zuzuhören. Die Scheinwelt strebt danach, möglichst alle zu Egoisten dieser Art zu erziehen. Eine Lebensweise, die für gesellschaftliche Zwänge passt und Gefallen daran findet, wenn ausgefahrene Ellenbogen in ihrer Breite den eigentlich freien Weg unfrei machen. Selbstverwirklicht, aber nicht selbstbestimmt im Takt von um dich als Kunde werbender Unternehmen, die genauso verkaufen wollen wie jeder Politiker oder die Medien. Für deine im Ego selbstbestimmte Wahl gibt es einen Markt, es gibt für alles immer einen Markt. Die entscheidende Frage ist, ob du nutzt oder benutzt wirst, ähnlich wie beim TV-Konsum. Schaltest du gezielt ein, weil du etwas gezielt sehen möchtest, wunderbar. Schaltest du ein, um dich ständig berieseln zu lassen, füllt es deine Momente, ohne dich zu erfüllen. Wie bei einem Drogenabhängigen - bewusst über mögliche Schäden des Missbrauchs - ein Leben für ein entspannendes High, diese eine perfekte Welle, ohne jedoch wirklich „im Moment" zu sein und satt zu werden. Nicht im Moment, aber auf der Suche in jedem Moment, ähnlich wie der Raucher süchtig auf der Suche nach Stoff, nach dem nächsten Zigarettenautomaten ist. Die „erfolgreiche" Jagd nach diesem guten Moment gibt Kraft, schützt vor Enttäuschung, hilft dabei, nicht zu resignieren. Denn Befriedigung, Ruhm und Reichtum warten im strahlenden Neonlicht und so lange wie es Lotterien, Posten und Formate gibt, lohnt es sich weiterzukämpfen.

Dein Ego baut ein Selbstbild deines Seins auf, ein Bild, wie man am besten, am einfachsten, am bequemsten mit sich, den Widersprüchen und dem Schmutz unter dem Sofa klarkommt, es täuscht dich in Perfektion. Man weiß jedoch oberflächlich, wo die Stärken und Defizite liegen, geht sie entweder an oder redet es sich schön, um selbst Ausreden parat zu haben, damit das Bild so bleiben kann, wie es ist. Wer versucht, es zu zerstören, Makel anspricht, ist kein Freund und bietet gutes Training für praktische Ellbogenfertigkeit. Kein Mensch kann sich von Ego frei machen, auch ich glaube während des Schreibens doch keine Fehler zu machen, alles makellos, ein Lektorat wird nicht notwendig sein. Fehler passieren natürlich, aber doch nicht mir. Neue Erkenntnisse als Erweiterung seines Horizonts außerhalb des vom Ego geschaffenen Weltbilds zu akzeptieren, fällt schwer, ein Terrain fern der eigenen Matrix bedroht das ungesunde Ego, so wie auch das

Eingestehen von Fehlern. Veränderung anzugehen ist ein wenig wie auf dem Jahrmarkt in einem Glaswand-Labyrinth vor einer Glaswand zu stehen und das neue Ziel zwar schon ein bisschen zu sehen, aber man kommt einfach nicht richtig voran. Es fordert heraus, den richtigen Weg dorthin zu finden und man kann die Glaswand hin zu einem neuen Weltbild nicht auf die bisher gängige Art überwinden. Alles spiegelt sich im Glas und man sieht immer nur sich, die Enge zusätzlich lässt Angst empfinden. Empfundene Angst, berechtigt oder geschürt, lässt uns das alte Weltbild noch mehr verteidigen, verkleinert - wie ein Körper im Überlebensmodus - den Horizont, statt ihn zu erweitern. Wie bei einem Computer mit 0 oder 1 - Dimension wird schnell akzeptiert oder abgelehnt. Hält man dem Schein nicht mehr stand und ist Veränderung zu herausfordernd, wird es irgendwann mal keine guten Momente mehr geben, die Kraft schwinden und sich still eine innere Leere einstellen. Als lebender Toter ergibt man sich einem System der Illusionen, trägt entweder demnächst zur Erhöhung der Selbstmordrate bei oder kommt damit zunächst längere Zeit klar, weil man noch unbewusst genug ist, um wirklich zu verstehen und glücklich dumm bleibt. Desillusioniert von negativen Erfahrungen rückt das vom Ego geschaffene Sein ohne gesunde Psyche und präventiv schützender mentaler Balance aber immer mehr an den Rand des Zusammenbruchs. ENT-Täuschung folgt; spätestens dann, wenn monetär der nächste Schuldenkredit fällig wird. Als ich vor über 20 Jahren in der Cheney-Familie Scores der Kreditwürdigkeit zukünftiger Bauinteressenten im Nordwesten der USA bewertete, war bereits damals ersichtlich, dass jeder Dritte hoch verschuldet war. Die Jahre später folgende Immobilienkrise war bei weiterer, munterer und gewinnbringender Kredit-Bewilligung selbst für größte Laien nicht überraschend und deutlich absehbar. Bereits mehrfach refinanziert, dazu Schulden im Supermarkt für Artikel des täglichen Bedarfs alarmieren, wenn das Ego des Habenwollens mit der Notwendigkeit des Überlebens zu einem Kampf führt. Man muss sich die Bedeutung des ungesunden und gesunden Egos bewusst machen, die Unterscheidung wichtig nehmen, indem man das gierige, laute Ego eben nicht so wichtig nimmt, wie es sich das wünscht.

„Liebe ist der Kraftstoff für notwendiges Bewusstsein" –

M. Tomaschautzki

In einer technisierten Welt ist es immer die Liebe, die der notwendige Kraftstoff für ein solches notwendiges Bewusstsein ist. Wir als Menschen sollten uns nicht nur den Perleffekt von der Natur abschauen, um super-wasserdichte Klamotten zu erschaffen, wir müssen auch in unserem Leben selbst die göttlichen Gesetze der Natur mehr zu unseren eigenen machen. Einem wohl dabei lächelnden Charlie Chaplin zugeschrieben, aber von Kim McMillen in ihrem Buch verfasst, beschreibt diese den gefundenen Glauben daran, sich selbst im Vertrauen anzunehmen, sich zu akzeptieren, wie man ist, im gesunden Egoismus der Selbstliebe. Der Zeitpunkt, „als ich mich zu lieben begann", wird für jeden im Rückblick ein löschender, wasserdichter Schlüssel sein, den anderen evtl. besseren Weg zu finden. Nicht einfach, aber vielleicht ist es ja auch nur ein zuvor ausgewählter Spiele-Level, den es zu bezwingen gilt. Nachdem man sich Umstände nun mal nicht immer aussuchen kann und es - wie am Anfang des Buches erwähnt - tatsächlich Glück oder weniger Glück ist, wird z.B. laut der Autorin Shahida Arabi auch „ein Kind, das von seinen Eltern schlecht behandelt wird, nicht aufhören, seine Eltern zu lieben". Es wird aufhören, sich selbst zu lieben und diese Tatsache macht es umso bedeutsamer, die Selbstliebe zu reanimieren. Der Fokus auf das Wesentliche zum „Überleben" hilft sich von allem zu befreien, was nicht gesund für dich ist und was dich von dir selbst entfernt. Mit weniger offenen Tabs wie denen eines Internetbrowsers zu leben, lässt einfacher erkennen. Man erkennt, im Einklang mit seiner Wahrheit zu leben, authentisch zu sein. Vertraue dir, mache den Wert deiner Selbst nicht von anderen und außenstehender Meinung abhängig, sondern wisse, dass alles inkl. Ort und Zeitpunkt genau richtig ist. Setze dich nicht unnötig unter Druck, halte dein eigenes Tempo. Die Bedeutung der Zeit im Auge schließt es nicht aus, dass du manchmal nicht trödeln darfst. Kleine Dinge können große Geschenke sein. In aller Bescheidenheit, man muss nicht immer recht haben. Erkenne die Schönheit der Einfachheit. Beobachte aufmerksam die Natur, eine einfache Blume, einen Schmetterling, die Perfektion einer Schneeflocke. Einfach und doch göttlich hochkomplex wie der Perleffekt. So wie es auch eine sehr gute Freundin deiner Eltern in ihrem Buch „Das 1x1 des Seins" beschrieben hat, sei dir in Liebe deines Wertes bewusst, sei dankbar, das Leben ist ein Geschenk, sei bewusst und im Jetzt, mit Respekt, immer in Verantwortung und mutig, verbunden mit allem, in deinem göttlichen Sein.

Gelegentlich knallen Sterne aufeinander und es entstehen dabei neue Welten. Für die Erkenntnis in Liebe seines eigenen Seins helfen als Übung Alltagssituationen, die man manchmal schwer oder gar nicht verstehen will. Da gibt es eine Parklücke, die so groß ist wie ein schwarzes Loch, in dem ganze Sternensysteme versinken könnten. Das Universum beschert einen nicht selten das Glück, tatsächlich jemanden zu finden, der sich die Frage stellt „warum nur einen Parkplatz nehmen, wenn ich auch zwei haben kann?" Anfängliches Unverständnis steigert sich zu Wut, man regt sich auf und schimpft, sofern man nicht schnell genug einen Alternativparkplatz findet. Der Verzweiflung nahe versucht man sich etwas zu beruhigen. Gleiches Spiel beim Fahren, wenn einem jemand zu langsam fährt, man deswegen Zeit und seine grüne Welle verliert, auf der Autobahn jemand zu lange die schnellere linke Spur besetzt und einen zum Abbremsen nötigt. Es ist erstaunlich, wie emotional das Thema Auto sein kann, sei es beim Kauf oder in der folgenden Anwendung und es mag bei uns daran liegen, dass Deutschland eben eine Autonation ist. "Ich will mich aber aufregen, denn ich komme ja schließlich zu spät deswegen." Gut, nur wenn es so wichtig war, dann hättest du viel früher losfahren können und hättest genug Zeit gehabt, um entweder nicht rasen zu müssen oder in Ruhe einen Parkplatz finden zu können. Bei einem Notfall würde man sich nicht aufregen, da wirklich Wichtiges vordergründiger wäre. War es für einen selbst lebensgefährlich, so danke deiner fokussierten, nicht allzu sehr durch wütendes Ego abgelenkten Reaktion, dass alles glimpflich ausgegangen ist. Die eigenen Emotionen und Reaktion in derartigen Situationen zu beobachten und zu reflektieren ist eine gute Übung an seinem Sein inklusive dem Ego zu arbeiten. Zum Beruhigen hilft es erst mal nur, sich vorzustellen, dass die Person, die derart falsch geparkt hat, zu langsam oder auf der falschen Spur fährt, jemand ist, den man in seinem Leben liebgewonnen hat, wie z.B. ein guter Freund. Die begangene „Tat" wiegt schwer, keine Frage, doch wäre es dieser liebe Freund, der sie begangen hätte, wäre man schon deutlich nachsichtiger. Indem man sich aus einer Situation herausnimmt und drohnenhaft auf eine Metaebene begibt, kann man die Geschehnisse geistig mit Abstand „von weiter oben" überblicken. Was war ein möglicher Beweggrund für so viel wutbringende Unfähigkeit? Lag es wirklich an Unfähigkeit, vielleicht am betagten Alter, könnte die involvierte Person selbst schlechte Erfahrungen gemacht haben und z.B. Angst vor Lackschäden haben? Musste die Person ausweichen oder stand ein vorheriges KFZ dumm eingeparkt da als unglückliches Ende einer längeren Fehlerkette? War es jemand aus einer kulturell weniger versierten Autonation oder tatsächlich reine Böswilligkeit? Für deinen eigenen Frieden, dein Gemüt und besonders deine Gesundheit ist es letztendlich egal, was der Auslöser war, und du solltest dich deines schätzenden und schützenden Egos statt dem ungesund stolzen Ego bedienen, indem du mit einem Lächeln deine emotionale Größe äußerlich zeigst. Nachweislich Charlie Chaplin sagte, er habe viele Probleme in seinem Leben, aber seine Lippen wüssten das nicht und lächeln deswegen immer. Auch im umgekehrten Fall, in dem man als Verursacher der Tat aufgebracht selbst angepöbelt wird, hilft es zu lächeln. Nachdem du kein Müllauto bist, solltest du dich weder wegen einer nichtigen Emotion mit negativem Müll beladen noch dir die Probleme oder fremde Wut anderer auf dich laden. Signalisiere freundlich winkend Bedauern und Verständnis für Unfähigkeit, die augenscheinliche Unreife oder womöglich tief sitzendere Ursachen, die zu dieser Situation oder Reaktion geführt haben mögen. Nach Möglichkeit eben nicht mit dem Mittelfinger. Ob am Ende hinter dem Steuer eine ältere Person sitzt, die froh ist, die letzten Tage der eigenen Reise einigermaßen bewältigen zu können oder im schlimmsten Fall reine rowdyhafte Boshaftigkeit dahintersteckt, feiere deine eigene emotionale Entwicklung notfalls mit dem positiven Gedanken „der hats gut, der ist blöd". Wenn du die involvierte Person unter anderen Umständen woanders kennenlernen würdest, könnte es passieren, dass du sie vielleicht sogar nett findest. Die Bereitschaft, das Verhalten anderer dir gegenüber als Reflexion ihrer Beziehung mit sich selbst zu sehen und nicht als eine Aussage über deinen Wert als Mensch, löst dich von dem Verlangen danach darauf reagieren zu müssen und dein gieriges Ego zu bedienen.

„Wer in sich ruht, muss niemanden etwas beweisen. Wer um seinen Wert weiß, braucht keine Bestätigung. Wer seine Größe kennt, lässt den anderen die ihrige." - M.Tomaschautzki

Keine Frage, es gibt immer Graubereiche, fällt oft schwer und erfordert besagte Übung, außerdem wollen wir ja auch mal richtig schimpfen, Dampf ablassen. Du solltest es nur richtig einordnen, denn was auch immer andere Menschen zu ihren Aktionen bewegt, sie sich zu spät dran fühlen oder nur einen schlechten Tag haben, es ist eben nicht dein Problem. Wie auch du hat jeder im Leben seine eigenen Herausforderungen zu bewältigen und das sollte man respektieren. Dein Problem wäre es dir deswegen mit unnötigem, impulsivem Reagieren ein Magengeschwür vor lauter Aufregung zu holen. Du selbst bist verantwortlich, im Verkehr vorausschauend zu fahren, um deine Gesundheit zu schützen, das beinhaltet über das Physische auch dein Gemüt und dein wertvolles Sein an sich. Mit einer solchen Einstellung und Denkweise könnte man nicht nur im Straßenverkehr mehr Einsicht, Nachsicht und Rücksicht motivieren, sondern auch für sich im „Alltagsverkehr" mancher Lebenssituationen vorausschauend eine oft verkehrte Handhabung ersparen. Für alles, was geschieht, hat man schließlich selbst die Verantwortung. Du bist ja kein Schaf, du musst nichts und niemandem blind folgen, außer eben an einer roten Ampel zu halten, sofern sie keine Fehlschaltung hat und du nicht bereits wie ein tadelloses Mitglied einer Schafsherde mehrere Stunden hörig davorstehst. Traue dich mutig Wagnisse einzugehen, die abgewogen im vergleichbaren Risiko vertretbar sind. Du selbst musst dich mit niemandem vergleichen, auch wenn dies das Ego besonders liebt. Es achtet missgünstig und unzufrieden darauf, was alles an dir vergleichsweise falsch ist, was dir fehlt und andere haben, statt auf das Wertvolle hinzuweisen, was du bereits bist und hast. Sei nur mit deinem nächsten Level in Konkurrenz statt mit anderen im selbstbewussten Wissen um deine eigene Größe. Genauso wie man jemandem seine eigene Meinung lassen kann, kann man Menschen auch ihre Größe lassen, ohne unbedingt Anteile seines ungesunden Egos gegenüber einer anderen Person durchdrücken zu müssen. Freue dich mit anderen über ihren Erfolg und darüber, dass sie glücklich und zufrieden sind. Neide nicht, besonders wenn der Erfolg sogar gut für alle in einer Gemeinschaft ist, ihr Glücklichsein Platz dafür einräumt, sich mehr um den Bedarf der weniger Glücklichen kümmern zu können. Gönnen können, das Leben ist eine gemeinsame Reise und eben nicht nur Konkurrenzkampf. Verstehe, dass man manchmal nicht das bekommt, was man will, und es kann laut Dalai Lama durchaus ein Glücksfall sein, weil das Universum will, dass du etwas anderes, vielleicht Besseres bekommst. Lasse dich nicht blenden oder beeindrucken von Aussehen, Geld, sozialem Status oder Titeln. Wenn du älter wirst, verstehst du auf deiner Bergtour mehr und mehr, dass es wichtiger ist, was aus deiner Persönlichkeit geworden ist. Wenn du an den Punkt kommst, niemanden mehr beeindrucken zu müssen, wenn es dich nicht mehr kümmert, was andere denken, dann beginnt dein beneideter oder manchmal sogar als gefährlich angesehener Frieden. Lasse dich eher beeindrucken davon, wie jemand andere Menschen behandelt. Ganz gleich wie geschult, talentiert, cool oder reich du glaubst zu sein, wie du andere Menschen behandelst, sagt ultimativ alles über dich aus und bestimmt den Grad deiner „Schönheit". Bei allem Beauty-Wahn mache dein Herz zum Schönsten an dir. Du bist dabei nicht so schön wie jemand anderes, sondern du bist konkurrenzlos so schön wie nur du selbst! Sei nicht süß, sauer oder verbittert, sondern echte Seelennahrung. Verletze niemanden, aber lasse dir nichts gefallen! Denn wenn ständig der Kluge nachgibt, wird die Welt weiter oder noch mehr von Deppen beherrscht. Allerdings ist der Straßenverkehr wie auch so viele andere unwichtige Alltags-Kriegsschauplätze dafür nicht das entscheidende „Schlachtfeld". Vergebe anderen nicht nur deswegen, weil sie es verdienen, sondern einfach nur weil du selbst Frieden verdienst. Bleibe fair und fürchte dich nicht davor, das Wort zu ergreifen. Achte stets auf Höflichkeit, denn das Gefühl, was du anderen Menschen gibst, sagt als besagte Reflexion eben wiederum alles über dich selbst aus, sei das „ich" in freundl-ICH. Akzeptiere die Existenz deines Egos, aber entscheide dich bewusst für dein Sein. Schließe Deine Augen und stelle dir die bestmögliche Version deiner selbst vor. Es ist deine Macht, deine Schöpferkraft. Fühle in dich, in deine Wahrheit, vorbei am Ego. Das ist das, was du bist, lasse alles los, was nicht daran glaubt. Du bist der, dem du in Liebe vertrauen kannst, auf den du dich immer verlassen kannst. Entwickle in Liebe ein gesundes Selbstbewusstsein ohne jegliche Arroganz. Jeder Mensch hat seine Fehler, denn Fehler als getroffene Entscheidungen passieren und sind menschlich. Wisse und erkenne nur, dass du immer neu beginnen kannst, um den Verlauf und das Ende zu verändern. Umarme Veränderung und warte nicht darauf, dass sich die anderen verändern, fürchte dich nicht vor ihr, denn du kannst sie als Herausforderung auch in der Enge eines Labyrinths steuern. Sei dabei deinem Wachstum so sehr verpflichtet, dass du - ohne dich schuldig zu fühlen - klar „Ja" oder „Nein" sagen kannst. Einzigartig bzw. anders zu sein ist besser als perfekt, hab keine Angst davor, hab eher Angst, so zu sein wie alle anderen bzw. so scheinbar „individuell" wie all die anderen! Du bist nicht einzigartig, weil du der weltbeste Schaukler auf der Schaukel bist oder ganz besonders einen „an der Waffel" hast. Verrückt anders bedeutet „verändert", nach echtem Leben duftend. Du musst anfangen, an deiner Einzigartigkeit couragiert zu arbeiten, sie mit Überzeugung erfolgreich „shapen" wie auch deinen gesunden Körper. Der Wille, dein eigenes Potenzial voll auszuschöpfen, wird dir - wie Konfuzius sagt - als Schlüssel dienen, um die Tür zu deiner persönlichen Exzellenz zu öffnen. Mitgefühl, Empathie, Herz und Liebe sind die höchsten Energiefrequenzen im Universum, um zu heilen, zu wachsen und einen nächsten Level anzustreben. Nachdem das, was man von sich glaubt, bestimmt, was man sein wird, wie es Brooke Hampton formuliert, sprich nicht nur mit deinen Kindern „als wären sie die weisesten, gütigsten, schönsten und wundervollsten Menschen auf der Erde". Man kann das Kind auch für alle „schaukeln" und die von Shahida Arabi beschriebene verlorene Selbstliebe reanimieren, indem man genauso ehrenhaft von sich selbst spricht. Das, was du jeden Tag zu dir sagst und von dir in der Folge denkst, wird dich entweder aufbauen oder es wird dich runterziehen. Mit einem „Selftalk" in Liebe kommst du irgendwann an den Punkt, an dem du deine richtige Richtung für dein Sein, deinen Weg erkennst und deine innere Stimme die Richtung weist. Du wirst sie lauter hören können als die Meinung anderer und noch lauter als dein schreiendes Ego. Dein Herz weiß, wie wundervoll du sein kannst. Bringe es mit deinem Kopf in Einklang, denn dein Verstand muss ebenso am Ziel ankommen, bevor es auch insgesamt dein Leben tut. Vergiss dabei nicht, dass gemäß des Egos und der Natur des Menschen alle „haben" wollen, ohne etwas zu „sein". Wenn ich das „Sein" aber nicht habe, wird alles, was ich bekomme „Nichts" sein. Es wird höchstens kurzfristig die Leere des Moments mit einem Gefühl des Glücks füllen, dir oberflächlich Freunde und Partner bescheren aber schnell wieder weg sein. Geld, Macht und Ruhm kann helfen, diesen füllenden statt erfüllenden Zyklus zu verlängern, aber dich nicht zu tiefem Glücklichsein und Zufriedenheit führen. Es ist, wie Rumi beschreibt, „ein Suchen zwischen den Zweigen der Krone, während man das, was man will, aber nur in den Wurzeln finden kann". Mit dem richtigen Hören deines Seins wirst du Richtiges tun, was dir die Eigenschaften und Dinge bringt, die du wirklich für deine Erfüllung haben willst. Derjenige, der Bäume tiefverwurzelt pflanzt, bewusst wissend, dass er vielleicht nicht in ihrem Schatten sitzen wird, ist in seinem Sein auf einem beeindruckenden Expert-Level angekommen und hat in Weisheit viel verstanden.

Tun im Sein bringt wahres Haben

„Die Zukunft hängt davon ab, was wir in der Gegenwart tun."
- Mahatma Gandhi

Leichtigkeit setzt ein, ein befreiendes Gefühl, wenn du deinen Weg endlich deutlicher siehst, Schritt für Schritt echter wirst, man langsam hinter Fassaden blickt und eine gewisse Freiheit verspürt. Du langsam aus einer Rolle brichst, die verlangt, im Gleichmarsch zu tun, was alle tun, und du erkennst, dass dein scheinbares Fehlen in der Oberflächlichkeit nicht mal auffällt, weil dort eigentlich jeder deine Rolle übernehmen kann. Wenn du aus Metaebene betrachtet dir selbst begegnen würdest, hättest du immer mehr wahre Freude mit deiner eigenen Gesellschaft. Ehemalige Wertvorstellung bringen dich zum Schmunzeln, Dinge, die man vielleicht früher eher beiläufig bemerkt hat, siehst du plötzlich als wertvoll an und bewunderst mit neidlos gönnendem Respekt. Verdient, weil im Einklang mit dem Ganzen und dem jeweiligen Sein im Interesse aller etwas Positives entstanden ist, weit über jedes Machtinteresse oder Geldwerte hinaus. Deine neu gewonnene Freiheit ist keine Arroganz, sondern tiefer, fester Glaube an dich selbst, an den Wert deines Seins an sich und insgesamt als Beitrag für unsere Welt. Du weißt, dich als Geschenk zwar zu ehren und wichtig zu nehmen, aber eben auch nicht zu wichtig. Du dir bewusst darüber bist, ein Teil des Ganzen und der Geschichte zu sein, wie auch die erwähnt beeindruckenden Gesteinsschichten des in Millionen Jahren entstandenen Grand Canyons, der dem Ego die Wichtigkeit nimmt, ohne die Bedeutung deines Seins im Hier und Jetzt, der Gegenwärtigkeit zu unterminieren. Du fühlst, dass du nicht einfach in diesem Universum existierst, sondern eben Teil davon bist. Du bist nicht nur eine Person in Form eines physischen Körpers, sondern auch ein durch die Kraft des Lebens verbundener energetischer Lichtpunkt, in dem sich das Bewusstsein des Universums widerspiegelt. Man pflanzt deswegen noch nicht unbedingt Bäume, die neu gewonnene Energie verlockt eher dazu Bäume auszureißen, aber die reflektierenden Strahlen bahnen sich schon ein bisschen mehr sonnengleich ihren

Weg in dein Gesicht. Kein Gedanke daran, die Sonne je verdunkeln zu wollen, um das künstlich grelle Licht deiner bisherigen Scheinwelt besser sehen zu können. Auf diesem Level lachst du mit spielerischer Leichtigkeit über den ablenkenden Lärm deines Egos, im Spaß und der gefundenen Freude kann es nur schwer existieren. Du bist offen für positives Wachstum, fängst an Momente statt Dinge zu sammeln, folgst auf einem guten Weg dem Lichtpunkt, dir selbst. Du glaubst an dich, dein Glücklichsein und deine Träume, du bist im Frieden mit dir und dank eines positiven heilenden Zwiegesprächs auch mit deinem inneren Kind. Wenn sich etwas instinktiv falsch anfühlt, tust du es nicht nur um anderen zu gefallen, vertraust dir und hast keine Angst, „Nein" zu sagen. Du weißt, dass Aussehen ohne Charakter genauso wertlos ist wie Worte ohne Taten. Statt Worten zu vertrauen, spürst du den Vibe einer Person wohl wissend, dass Menschen dir interessensschwanger alles erzählen, wenn es ihnen nutzt. Schwingungen sagen alles über jemanden aus und die Welt verändert sich nicht durch Meinung oder Worte, sondern durch Taten. Du lebst dein Ändern, das Universum sagte „Schwinge mit mir" und nun „swingt" es dafür mit dir tänzerisch in Einklang und Harmonie. Jeder Tag erfüllt dich mehr und mehr mit Glück, sodass wenn andere dich sehen, auch sie selbst glücklich werden.

Nachdem die Mutter der Dummen aber stets schwanger bleibt, wird es immer Leute geben, die gefangen in ihrer Rolle verurteilen, statt zu fühlen, das Glück nicht gönnen oder den Vibe nicht spüren können. Man fragt manchmal nicht ohne Grund, bei einem etwas großkotzig wenig sympathisch wirkenden Zeitgenossen, „wer glaubt er denn, dass er ist, dass er das tun kann und immer alles haben will?" Erst wenn du bist, wer du wahrhaft SEIN sollst und das „Richtige" für dich TUST, wirst du den Erfolg in deinem Leben HABEN, den sich deine Seele wünscht. Universum, Schwingung, Energien, boah ey, alles Traumtänzerei, so anstrengend und wieder irgendwie alles nervig. Nicht nur das, vielleicht sogar auch manchmal schmerzhaft. Eine Veränderung, jeder Wandel mit neuer oder wiedergewonnener Gegenwärtigkeit als reinem Bewusstsein ist ein Energiewandel. Deine Erkenntnisentwicklung, dein Wachsen, kann auch ein schmerzfreies Loslassen und

Lösen von negativen Einflüssen oder Meinungen anderer sein. Wie beim beendeten Level, dem Sterben, bleibt der Schmerz zurück im alten Level, bei all denen, die noch dortbleiben müssen. Nach den Lehren der Physik kann Energie nicht verloren gehen, Energie und Liebe, als eine Form von Energie, bleiben ewig. Nimm die Euphorie, wie sie nach dem erfolgreichen Bewältigen eines virtuellen Levels einsetzt, mit auf den nächsten Level. Der Schmerz bei unserer energetischen Wandlung bleibt zurück und du kannst mutig deinen Weg weiter bestreiten. Vieles wird nach dem ersten Schritt leichter, irgendwann geht es wie von selbst. Auf dem Weg begegnen dir Wunder und nicht umsonst Seelenverwandte in Form der Liebe alter Energie. Auch wenn auf deinem Level ein gewisser Pfad wie uns allen vorgezeichnet sein mag und wir uns bestimmte Erfahrungen bestellt oder konfiguriert haben mögen, du hast immer die Wahl, welchen Weg du letztlich gehst oder dir schaffst und kreierst. Das, was du ansonsten suchst, wird dich finden. Du musst nur dein Bewusstsein darauf ausrichten, sichtbar sein. Widersprüche aufheben. Alles ist Energie, dein Tun genauso wie dein Nichttun, deine Gedanken setzen alles in Gang. Sie sind Impulse aus Energie und Information. Deine Emotionen verstärken es. Dein Tun erschafft es. Du bist, was du denkst. Was du denkst, strahlst du aus, was du ausstrahlst, ziehst du an und was du anziehst, bestimmt dein Leben. Wenn du daran glaubst, dass es klappen wird, wirst du Möglichkeiten sehen. Wenn du das Gefühl hast, dass es nicht klappen wird, wirst du nur Hindernisse sehen, sagte auch der Psychologe und Autor Wayne Dyer. Deine wahre Arbeit im Leben besteht darin, deine Frequenz zu erhöhen, denn alles in deinem Leben ist das Ergebnis der Schwingung, auf der du dich befindest. Als jedem Ego erhabener Krieger des wahren Lichts mit dem richtigen Bewusstsein alles zu wandeln und auf deinem Weg in tiefen Frieden durch das Universum zu wandeln. Ob das Universum über die Physik hinaus Bedeutung hat oder ob Erleuchtung existiert, ist eine Glaubensfrage, genau wie auch die Richtigkeit der Richtung einer ganzen Gesellschaft. Ich glaube, dass wer meint, Erleuchtung als finales Ziel erreicht zu haben, im Level noch mal neu starten sollte, nachdem er absehbar genauso gegen die Wand läuft wie derjenige, der den künstlichen Lichtern einer „Shiny World" als einzig erkennbarem Ziel entgegenrennt.

*„Wenn du die Geheimnisse des Universums finden willst, denke in Begriffen wie Energie, Frequenz und Vibration." - **Nikola Tesla***

Um zu verstehen, was denn immer dieses Universum ist, müssen wir auch mental im Sinne von Energie, Frequenz und Vibration denken. Deine Energie deines Seins muss fließen, ohne jeden Widerspruch und in Reinheit. Die richtige Frequenz, ob du quasi richtig stehst, eins, zwei oder drei, du erkennst es daran, ob bei dir ein Licht aufgeht, du das Richtige aussendest und mit Liebe sowie Herzensverstand weißt, was du überhaupt in dein Leben ziehen willst. Deine Vibration oder auch Vibe muss im Einklang mit all deinem Tun und Sein stehen, deiner Energie, die du bist und deiner ausgerichteten Frequenz. Du rauchst und weißt aber, dass es dir schadet, ist ein gelebter Widerspruch, den du in dir trägst. Davon abgesehen, dass dich das Rauchen definitiv irgendwann umbringen wird, musst du Einklang schaffen, indem du entweder aufhörst oder deine Gedanken positiv wandelst. Am besten natürlich gar nicht erst anfangen, aber es gibt Menschen, die es für sich wandeln können und wie z.B. Jopi Heesters mit 103 Jahren erst aufhören möchten, weil sie zukünftig gesünder leben wollen. Es gibt aber auch Menschen, die physisch aufgrund von tiefgreifenden Mängeln so viel wandeln können, wie sie nur wollen und einfach besser die Finger davon gelassen hätten. Dennoch wirkt es manchmal so, als wenn jemand - aus welchen Gründen auch immer - sich der Schädlichkeit nicht bewusst ist oder sie sich bewusst macht, es ohne nachzudenken einfach tut oder auch andererseits gerade sehr bewusst macht, aber affirmiert, dass ihm die ungesunde Zigarette „guttut" und in beiden Fällen anscheinend keinen Widerspruch für sich lebt. Wissenschaftlich bleibt es deswegen unbestritten ungesund. Ganz unwissenschaftlich und nur auf Atome, Bosonen, Schuman-Resonanz, Strings und der Entstehung von Realität belassen, scheint die Macht der Gedanken aber einen größeren Einfluss auf unsere Zellen zu nehmen, ganz egal ob gelebter Wandel oder unbewusste Unwissenheit. Das Aussenden in richtiger

Frequenz ist das, was du von dir selbst denkst, über dich selbst sagst und die Richtung, in die du damit dich und dein Leben, dein Sein, deine Realität steuern möchtest. Als Mentalcoach lernt man u.a. unterschiedliche Techniken der Visualisierung und Affirmation, man arbeitet z.B. mit einem Visionboard, auf dem man seine Ziele abbildet, sich gedanklich vor Augen führt und dadurch Klarheit in seiner Zielsetzung schafft. Das, was du versuchst zu erreichen, dein zukünftiges „Haben" erfordert unabdingbar dein stimmiges Sein. Profan ausgedrückt, wenn du Autofahren nicht magst, macht es wenig Sinn sich dann einen Bentley zu visualisieren, hinter dessen Steuer du gequält sitzt und bereits da schon den Geruch der Ledersitze nicht riechen und abhaben kannst. Solltest du wie die Jungfrau zum Kinde dennoch zu einem Bentley kommen, macht es auch im Nachgang trotzdem keinen Sinn. Prüfe, was du tatsächlich willst oder ob alles das, was du tust, wirklich Substanz für nachhaltiges, erfüllendes Glücklichsein bietet. Beobachte, was es mit dir macht, wenn du es dir wünscht und was es mit dir anstellt, wenn du es dann tatsächlich hast. Fühlst du Dankbarkeit und Demut, Stolz darüber, das Richtige getan zu haben, ohne dabei abzuheben, oder setzt du einfach nur den Haken dahinter, dass dieses Ziel erreicht wurde? Wenn es dein Sein nicht glücklich erfüllt, sondern nur füllt, lass es los, justiere und definiere dein Ziel neu. Mit Affirmationen, als immer positiv verfasste Botschaften an das Universum, die beinhalten, was du dir in deinem Leben wünschst, richtest du deine Gedanken darauf gezielt aus. Wie auch bei deinem wertschätzenden Gespräch mit dir in Selbstliebe liegt der Fokus dabei darauf, was du haben willst, nicht darauf, was du nicht haben willst. Möchtest du dich von etwas lösen, was dir nicht guttut, erfordert dies ebenso eine positive Formulierung dessen, was man nicht mehr will. Du möchtest nicht mehr rauchen, dann affirmiere, dass du zukünftig gesund und frei durchatmest. „Fühlen" nicht „faken", du spürst, wie klare Frischluft deine Lungen durchfließt, wie du bereits als Nichtraucher in deinem neuen Zustand angekommen bist. Als mächtigen Ausdruck der eigenen Schöpferkraft, erfüllt mit Freude, Dankbarkeit und Liebe. Ein „Nein, nie oder nicht" bleibt unerhört, weil damit kein positiver Vibe verknüpfbar ist, das

Universum unterscheidet nicht, kennt keine Trennung durch Sprachen, Hautfarben oder Religionen, es versteht nur klare „Vibes und Frequencies". Sich einfach positiv einen Batzen Geld zu affirmieren, funktioniert nicht, es braucht ein konkretes, reines und stimmiges Gefühl dazu. Auch wenn Geld ein positiver Energieausgleich ist, so ist es lediglich Mittel zum Zweck. Auf Materielles bezogen ist dies konkret die langersehnte Reise, die man vorhat mit einer geplanten Route als ersten Schritt auf der immer vor Augen geführten Karte, vielleicht das lang ersehnte Auto, mit dem man eine Probefahrt macht oder auch nur das Essen auf dem Tisch, was einem bereits das Wasser im Munde zusammenlaufen lässt. Ein Kind in purster Reinheit will auch nicht einfach einen Haufen Geld, sondern ist ganz unmissverständlich eindeutig bei dem, was es will, wie man es gelegentlich an der Supermarkt-Kasse mit Geschrei und verzweifelt beschwichtigenden Eltern beobachten kann. In solch höchst seltenen Fällen aus eigener Erfahrung mit dir, habe ich übrigens immer freundlich darauf verwiesen, dass du „das" von deiner Mama hast. Die aus grauen Vorzeiten stammende erzieherische Vorstellung, dass „ein paar hinter die Ohren noch keinem geschadet haben", mag kurzzeitig Linderung für solche Situationen schaffen, reiht sich aber meiner Meinung ca. bei Homophobie, Frauenfeindlichkeit und Rassismus ein. Als ich dir das erste und letzte Mal mit der flachen Hand auf den Allerwertesten geschlagen habe, weil ich aus Sorge um dich fast gestorben bin, habe ich mich schlecht gefühlt. Man muss zwar Kindern Grenzen aufzeigen, aber will man das, was einem am wichtigsten ist, dabei wirklich verletzen? Noch entscheidender, will ich tatsächlich unseren Deal gefährden, wonach du mich ab dem 18. Lebensjahr tragen musst, nachdem ich dich die ersten fünf Jahre deines Lebens auf meiner Schulter durch die Welt getragen habe?! Nein, statt Prügel und härter als jeder Schlag traf dich unsere Time-Out-Regelung. Auf die Zahl „drei" drohten wir dir an, so lange wie du in Jahren alt bist, in Minuten still auf einem Stuhl sitzen zu müssen. Es benötigte ein paar Wochen konsequente Eingewöhnungszeit und fruchtete gute vier bis fünf Jahre, wie man jedes Mal an deinem leidvollen Gesicht deutlich ablesen konnte. Bei Verstößen wurde die Zeit neu gestartet, der fairnesshalber galt diese Regelung auch für Mama und mich. Es ist so leicht zu manipulieren, andere Menschen genauso wie auch sich selbst. Seitdem das nicht mehr klappt und du uns auslachst, schlagen wir wieder kräftig zu. Nein, selbstverständlich nicht, aber wir würden es vielleicht, sobald du tatsächlich mit dem Rauchen anfangen würdest.

Keine Frage, im Beispiel des Rauchens spielt erschwerend Sucht eine Rolle, die nicht linear immer gleich ist, sondern sich bei jedem Menschen verschieden auswirkt. Nur einfach weiter zu rauchen, obwohl man aufhören will und darauf zu warten, dass es allein aufhört, geht nicht. Egal ob Bullshit-Bingo, Millionen-Lotto oder die Reise zu dir selbst, man muss mitmachen, antreten, etwas dafür tun, um überhaupt eine Chance zu haben. Du kannst eine Veränderung als nächsten Level nicht erreichen, wenn du weiterhin alte Muster verfolgst und dabei immer denselben „Scheiß" weiter machst! Fleiß und Wille sind unabdingbar, sei es in einem Computerspiel oder im Spiel des Lebens, man muss nach einer gefällten Entscheidung mit Liebe und Hartnäckigkeit die richtigen Dinge tun, auf klare Ziele hinarbeiten. Man sollte allerdings beim beharrlichen Versuch seine Ziele zu erreichen, im Sinne von Push und Pull, mehr probieren anzuziehen als nur zu drücken, denn wenn man zu stark drückt, wird´s evtl. auch „Scheiße". Für jedermann ersichtlich reicht es in unserer Leistungsgesellschaft nicht aus, auf der faulen Haut zu liegen, seine Lebenszeit in einem mental geschaffenen Gefängnis einfach nur abzusitzen. „Work hard, play hard" ist das Motto, sonst kommt man zu nichts. Unter massiver Anstrengung macht der eine mehr richtig als der andere, was in beiden Fällen trotzdem Leichtigkeit und Energie kostet. In vielen Bereichen mutieren wir zu einer Burnout-Gesellschaft, die einem immer mehr abverlangt, um Kosten decken und mithalten zu können. Diese Kosten umfassen nicht nur Miete, Essen, Vorsorge, Freizeit und Co, sondern besonders Kosten immaterieller Art, nämlich die eigene Lebenszeit. Ein kluger und bescheidener Pepe José Mujica als Präsident von Uruguay beschrieb dieses Zeit-Kosten-Verhältnis als das, was wir aufwenden, um sehr viel Überflüssiges über unseren eigentlichen Bedarf anzuhäufen und mit Leben bezahlen, unfrei verschwenden und für immer verlieren. Was man für sich affirmiert, haben möchte und dafür tut, will wie gesagt wohl überlegt sein. Wir überprüfen zwar unsere Finanzen, aber uns selbst meist erst nach einem Burnout. Für die Psyche und die Leichtigkeit des Seins auf unserer irdischen Durchreise würde es wesentlich mehr Sinn machen, die richtigen Dinge einfach in unser Leben zu ziehen, statt ihnen nachzujagen. Bestellungen ans Universum benötigen eine gewisse Reinheit und Echtheit oder wie Bärbel Mohr es ausdrückt: „Man muss einfach das Gefühl haben, dass es passt." Von Level zu Level muss man sich bewähren, was bedeutet für sich seine Ängste anzugehen, den Mut aufzubringen, seine Probleme zu bewältigen und eigene Widersprüche aufzulösen, damit die Energie des Universums fließen kann. Mit einer Art des Lean-Managements lässt man die Tabs bzw. das, was man nicht vertreten kann und nicht im Einklang mit seinem Sein oder seinem eigenen Gefühl ist, gehen und schließt aber vorhandene Lücken, die man als seine Defizite erkennt. Du kannst andere betrügen oder nach außen hin blenden, aber wenn du nach einer Entscheidung nur den Schein erweckst, z.B. etwas zu tun und es wissentlich doch nicht machst, spürt zumindest das Universum den Widerspruch. Alles das, was du als Fehler siehst, dir darüber bewusst bist und trotzdem tust, ist ein sich selbst belügen. Die Realität, die du dir erschaffst, die unterscheidende Scheidung von dem, was du möchtest oder nicht, ist nicht im Einklang für einen freien Fluss, für eine Verbindung mit besagtem Universum. Damit es passt, muss alles, was dabei im Weg steht, auch aus dem Weg geräumt sein. Wenn du weißt, dass zu viel Fleisch, zu viel Essen, zu viel Rauchen, zu viel Alkohol, zu viel Sport, zu viel Party, zu viel Arbeit, zu viel nach mehr dir und deiner Seele nicht gut tut, dann tue etwas anderes. Ist der Job, den du ausführst, nicht deine Berufung, so wird dich dieser Widerspruch laut Hildegard von Bingen über kurz oder lang krank machen. Lange bekannt und ganz natürlich, selbst nach mittlerweile fast 1.000 Jahren wirken ihre bewundernswerten Worte keineswegs mittelalterlich. Geh deinen Weg, biedere dich nicht an, weder Mitmenschen noch möglichen Krankheiten, wenn du das Gefühl hast, nicht gewünscht zu sein, gehe weg und weiter auf deinem eigenen Weg.

Bevor das de facto mittelalterliche, altdeutsche und heute zurecht negativ behaftete Wort „Weib" zur verehrten „Frau" wurde, bestimmte geschichtlich faktengecheckt immer das „Weib" den männlichen Leib wie auch sein Leben und Leid. Der „Vibe" hingegen bestimmt deinen Tribe, die Menschen, mit denen du dich gerne umgibst, deine Allerliebsten, deine Seelenverwandten. Die richtigen von deiner Seele gewünschten Menschen werden deinen Vibe erkennen und werden früher oder später angezogen, deinen Weg kreuzen. Alles, was wir sind, ist das Ergebnis dessen, was wir aussenden, ausstrahlen und gedacht haben. Daher achte wie erwähnt auf deine Gedanken, sie werden zu Worten, sie sind gefärbt von alle dem, was wir wollen, wissen, hören, lesen, sehen, lieben, tun und fühlen. Deine Worte als Ausdruck deiner mächtigen Gedanken werden zu Handlungen, die wiederum durch Repetition zu Gewohnheiten werden, deinen Charakter bilden oder verändern und somit dein Sein, dein Tun und dein Haben bestimmen. Das rundum stimmige Ganze ermöglicht den ungehinderten Fluss deiner gottgegebenen, universellen Energie und übernimmt deine Führung im richtigen Tun. Blockadefrei auf dem Weg zu deinen Wünschen wird es leichter und klarer, was du wie in dein Leben ziehen möchtest. Echt zu werden und auch zu sein bedeutet, Hindernisse auszuräumen und für das richtige Tun Werkzeuge von höherer Macht in die Hand zu bekommen, die ein zu hartes „pushen" unnötig machen. Wird ein Ei durch zu viel Druck von außen gebrochen, endet das Leben. Wenn es durch eine innere Kraft geschieht, beginnt das Leben, Großes startet ganz natürlich von innen heraus. Wenn man dies erkannt hat und Großes schaffen möchte, macht es Sinn, im eigenen Streben zunächst eine Gier nach innerem Reichtum zu entwickeln, ganz egal, was man dann noch glaubt, wirklich materialistisch im Außen unbedingt haben zu müssen.

Glaube nicht alles, nicht alles ist Religion

„Wenn die Götter uns bestrafen wollen, erhören sie unsere Gebete."

– Oscar Wilde

Sei achtsam mit deinen Gedanken und deinem Selbstgespräch, denn es ist ein Gespräch mit dem Universum. Klappt es nicht? Alles nur Humbug und Hokuspokus? Wenn es bei dir nicht funktioniert, ist nicht das Universum schuld daran, sondern - wie auch vor jedem technischen Gerät - immer du als User. Ungefähr ähnlich unbeweisbar wie auch das religiöse Versprechen des Himmelreiches nach dem Tod bzw. das Fegefeuer. Ob Paradies oder Hölle, glaube nicht ein Wort, was du denkst. Statt zu viel um die Ecke zu denken, ist es wichtiger, dass bei dir alles rund läuft. Der Kopf ist nicht umsonst rund und was nun außerhalb deines Levels und momentanen Seins ist, ist erst mal zweitrangig. Vorläufig reicht es, dass deine Richtung und deine Handlungen im Jetzt stimmen, bevor du schon zu sehr auf einen zukünftig erstrebenswerten Ort hoffst, wo du im Gegensatz zur Hölle, deinem Schöpfer begegnen magst. Das Gute ist, wenn du merkst, dass es nicht sofort klappt, kannst du im Jetzt noch nachjustieren, ohne unwiederbringlich in der Hölle schmoren zu müssen. Auch wenn die unbefleckte Empfängnis für dich - ähnlich wie die Geschichte vom Storch - noch kein Widerspruch sein mag, nutze deine Energie zu glauben, statt dich zu zweifeln. Wie Rumi sagt, schaue vertrauensvoll nach innen, das "Universum ist in dir" und du bist bereits alles das, was du sein willst. Gehe deinen Weg im Geiste und in Verbindung mit der Quelle, von der du stammst, im schlimmsten Fall bist du dabei einfach ein guter Mensch, der jeden Tag an sich arbeitet, um besser zu werden. Man schaltet Religion als „Mittelsmann" deswegen nicht aus, wenn man mit Respekt vor dem Alter, Geschlecht, Hautfarben, Konfessionen, der Natur und gegenüber generell allem Leben in seinem Level auf dem Berg wandert. Im Gegenteil, das Präsent aller zu schätzen und im Leben selbst nichts zu tun, was du auch nicht willst, dass es dir angetan wird, findet sich in allen Glaubensrichtungen. Zu allen Lebewesen freundlich und herzlich zu sein, die göttliche Absicht, diese

Welt in all ihrer Schönheit zur Entfaltung zu bringen, ist in jedem Fall eine gute Religion. Mooji empfiehlt, sein Leben so zu führen, dass es zu einer Türe wird, "durch die Gott sichtbar in diese Welt" treten kann. Wir sind zwar nur ein winziger Bestandteil im Kreislauf des Lebens und von außen betrachtet, ab etwa der Stratosphäre, schrumpft unsere Wichtigkeit enorm bis hin zur absoluten Bedeutungslosigkeit. Wie bedeutsam dich das aber trotzdem als Mensch im Hier und Jetzt macht, zeigt uns gemäß buddhistischen Mönchen die unbedeutende Mücke im Zimmer, wenn man schlafen will. Für ein bewusstes Aufwachen und fröhliches Tanzen am nächsten Morgen lohnt es sich, Rudolf Steiners Kindergebet zu Gemüte zu ziehen: „Vom Kopf bis zum Fuß bin ich Gottes Bild, vom Herzen bis in die Hände fühl´ ich Gottes Hauch, sprech´ ich mit dem Mund fühle ich Gottes Willen. Wenn ich Gott erblick´ in Mutter, Vater, in mir selbst, in allen lieben Menschen, in Tier und Blume, in Baum und Stein, gibt Furcht mir nichts. Nur Liebe zu allem, was um mich ist". Ich spürte damals Gott, als ich im ersten Sonnenlicht oberhalb der Mächtigkeit erhabener Felswände des Grand Canyons aufwachte, entstanden durch die beharrliche Sanftheit des Wassers, die nach unendlich scheinender Zeit dieses Naturwunderwerk in dieser Pracht entstehen hat lassen. Mit Ehrfurcht fühlt man sich verbunden und wünscht sich, diese wundervolle, uralte, harmonische und göttliche Pracht für alle zukünftigen Generationen bewahren zu wollen. Pantheistisch betrachtet ist das Universum „Gott mit all der geschaffenen, gottgewordenen Natur", und es umfasst vielleicht die Möglichkeit, schon jetzt auf Erden ein glückliches Paradies bzw. einen soliden Tempel für dein jetziges Sein zu schaffen.

„Die einzig richtige Religion besteht darin, ein gutes Herz zu haben."
- Dalai Lama

Für mich als ehemaligen katholischen Ministranten ist Religion ein fester Rahmen, über den man mutig hinaussehen darf. Religion beinhaltet Regeln, Vorschriften und Rituale, die von Menschen gemacht auch sinnvoll sein mögen, ähnlich wie die erwähnte hilfreiche Ampel. Weihnachten z.B. als kirchliches Fest ehrt in den

Heiligen Nächten die Geburt des heiligen Sohnes, der sagt, er ist die Liebe. Ein Tag wie ein zeitlich beschränktes Fenster, an dem die Familie und geliebte Menschen vereint zusammenkommen, sich als Geste beschenken und ehren, festlich schmücken, in nordischen Ländern die bunten Lichter in dunklen, langen Nächten der Seele guttun. Manche haben eine Weihnachtskrippe unter ihrem Baum stehen und ich frage mich jedes Mal, warum ich vor 30 Jahren - statt in Nazareth - im „Haus des Brotes" Bethlehem und einer Höhle als Geburtsort stand. Wie verdreht unausgeglichen auch heutzutage die wertmäßige Gewichtung des Verhältnisses zwischen gelebter Liebe und konsumierten Geschenken ist, mag jeder selbst beurteilen, aber sobald das Fenster zu ist, ist oftmals der Geist der Weihnacht leider ebenso wieder weit außen vor. Als dein Papa gemeinsam mit Monkey an einem 24. Dezember vor 25 Jahren etwas nächtlich angeschlagen von Las Vegas nach Los Angeles fuhren, versagte uns mitten im Nirgendwo auf dem Interstate der Cadillac. Der Motor lief zwar, aber nur im Leerlauf, kein Schalten mehr möglich und das in der spärlich befahrenen kalifornischen Wüste. Leicht abschüssig rollten wir noch, anfänglich unter Schock und wie man es sich an Weihnachten wünscht, tatsächlich auch noch für die nächsten ca. 20 Kilometer. Ungläubig schafften wir sogar den etwas hügeligen Anstieg der Ausfahrt von Barstow, bogen ab und von da gleich ein weiteres Mal direkt hinein in die äußerst klug am Highway platzierte Werkstatt. Ich musste erstaunlicherweise sogar bremsen, was wir auch mal besser in Las Vegas hätten tun sollen. Die Reparatur überstieg unser aktuelles Budget bei weitem und wir nahmen wiederum ungläubig und unter anfänglichem Erstaunen wahr, dass dies ein anderer Kunde mitbekam, der uns anbot, die Reparatur zu übernehmen und wir ihm dafür nichts schuldig wären. Akustisch zu hören und unsere ernüchterte Verzweiflung zu spüren, um dann, sofern man auch die notwendigen Mittel frei hat, derart viel Mitgefühl und Großzügigkeit zu zeigen, verpflichtete uns in großer Dankbarkeit darauf zu bestehen, ihm das Geld für die geschenkte Instandsetzung später wiederzubringen. Der Geist der Weihnacht ist als Spirit nicht nur in jeder Religion, er ist auch in jedem Menschen. Es reicht manchmal einfach aus, ein guter Mensch zu sein, ganz egal ob man - wie bei uns an diesem Tag - Mormone ist, Muslime, Jude, Christ, Hinduist oder Buddhist.

„Religion ist für Menschen, die die Hölle fürchten" würden, bekannte einst David Bowie, wohingegen seiner Definition nach „Spiritualität etwas für diejenigen wäre, die dort bereits hindurchgegangen sind". Spiritualität ist kein Ersatz für Religion, Spirit zu haben heißt nur, dass du in Kontakt bist, mit deinem göttlichen Selbst und Sein. Beim Thema Glauben bedeutet die rote Ampel nicht, dass alle anderen, die über den Rahmen der Religion hinausblicken, deswegen gefährlich kreuz und quer fahren. Wer einmal das chaotische Treiben im New Yorker Bahnhof Grand Central beobachtet hat, denkt evtl. auch, wie nur all diese kreuz und quer laufenden Menschen eigentlich jemals ans Ziel kommen. Exoterisch gesehen ein verwirrendes Durcheinander und Gewusel, doch in Wirklichkeit weiß jeder strukturiert, wo er früher oder später hinmuss. Spirit ist vielleicht ein bisschen wie bei einer fehlgeschalteten Ampel nach zwei Stunden Wartezeit doch mal loszufahren und man muss deswegen, esoterisch betrachtet, noch lange nicht gegen z.B. aufgeladene Heilsteine fahren. Den kaiserlichen Worten eines Haile Selassies nach wurde „Religion durch menschliche Fehlbarkeit korrupt, politisch, spaltend und ein Werkzeug für Machtkämpfe, während Spiritualität keine Ideologie, sondern die Einstellung ist, den Weg im Leben zu gehen, der so pur und ursprünglich ist, wie er vom Ursprung allen Lebens erschaffen wurde". Keine Wissenschaft, keine Dogmatik und wenn man Spiritualität nicht als Dekoration für sein Ego verwendet und stattdessen den Spirit mit der Gesinnung der Liebe im Herzen trägt, vielleicht sogar manchmal ergiebiger als eine Packung Räucherstäbchen. Sind die Feiertage vorbei oder wie jeden Sonntag der Kirchgang beendet, erweisen sich viele Schäfchen schnell wieder als ziemlich scheinheilig und rennen mit ausgestreckten Ellbogen durch den Alltag, um freiwillig oder zwangsläufig auf Kosten anderer selbst nicht zu kurz zu kommen. Es sind oft genau die Menschen, die denken, wenn ich alle vier Jahre mein sonntägliches Kreuz bei einer Wahl setze, verändere ich, ohne mich ändern zu müssen. Moral hin oder her, wo der eine gewinnt, verliert immer der andere. Als schwarzes Schaf probiere ich es umgekehrt und bin lieber nur eine Stunde in der Woche ein „Arschloch", am besten sonntags, und den Rest der Woche versuche ich christlich sinnvolle Werte zu leben, Nächstenliebe und Herz zu zeigen. Soweit es geht, immer im Maß der Liebe. Ab und zu jedoch muss auch Liebe z.B. gegen Hass richtig laut werden. Im Namen der Selbstliebe bemühe ich mich dabei gut über mich selbst zu sprechen, genau wie über meine Mitmenschen, zumindest nicht negativ, denn man findet in jedem etwas Gutes, selbst wenn man manchmal erst ein bisschen überlegen muss. Man erspart sich dadurch Lästerei und Energie, die man sicherlich nicht dahin lenken will, wo sie ungut verschwendet wird. Außerdem zeigst du ja durch deine Worte, wie du selbst im Herzen bist und wenn man sich zwischen Rechthaben oder Freundlichkeit entscheiden muss, macht es energetisch Sinn, den Weg zu wählen, der Frieden bringt.

Ganz egal welche, eine Religion ist wichtig, sie hat ihre Berechtigung und verdient trotz aller Stigmata und Stigmatisation tiefen Respekt. Auch unsere Kirche tut viel Gutes mit engagierten Helfern, die sich aufopfern, in schweren Stunden Trost spenden, Menschen einen Halt geben. Jedem einzelnen Gläubigen und in der Glaubensgemeinschaft kollektiv. Sie stehen für den Anfang und das Ende, begleiten das Leben bis in den unvermeidlichen Tod. Ob vermeidbar, vorzeitig, unerwartet, plötzlich, durch Hunger, Gewalt, Krankheit oder Unfall, bringt uns die Trauer alle besonders ins Hinterfragen und Reflektieren. Wie schnell alles vorbei sein kann. Das Kreuz ist Ausdruck voller leidtragender Aufopferung, ein für uns sterben. Meine Kirche im berühmten Stadtteil „Zabo", der auch den leidenschaftlichen und leidschaffenden, kirchengleich ruhmreichen Nürnberger FCN beheimatet, hat an ihrer Spitze ein Kreuz bestehend aus vier Einzelkreuzen - ähnlich der ebenso berühmten Grand Central Uhr - für alle Richtungen gut sichtbar ausgerichtet und gleicht damit eher einem Anker. Es wirkt deutlich positiver, denn ein Anker gibt Halt und Kirchen sind, so düster sie manchmal auch wirken mögen, als Ursprung unserer europäischen Stadtentwicklung wahre Kraftorte. Sie beheimaten eine Kraft, die man allerdings noch besser für Frieden, Liebe und all die heilsamen Werte, die unsere Welt dringend braucht, einsetzen könnte statt für zu viel Schein, Paläste und Skandale. Institutionelle Gewalt durch Weltreligionen ist weit verbreitet und man muss nicht auf andere deuten, wenn es um Missbrauch, Korruption oder Hexenjagden geht. Diesbezüglich in veritas etwas anderes zu glauben, wäre äquivalent zum Wesen und Wirken des Weihnachtsmannes.

„Wenn das Gebet ein „Sprechen zu Gott" ist, dann ist die Intuition das „Sprechen von Gott mit dir"." - **Dr.Wayne Dyer**

Jeder Dienst als „Lichtarbeiter" am Menschen und für Gott ist bewundernswert. Kirche an sich ist zwar geschichtlich etwas träge, bietet aber als Ort der Andacht die Möglichkeit, besagte Kraft punktuell zu schöpfen und mit dem meist angeschlossenen Friedhof Gedenken an seine Verstorbenen zu finden. Statt nur am Ort der zu Staub gewordenen Gebeine zu sein, bin ich lieber regelmäßig z.B. mit deinen Opa direkt verbunden. In Gedanken mit seiner formgewandelten Energie im Eco-Modus quasi, wann immer ich an ihn denke, geht in meiner Vorstellung bei ihm ein Lichtlein an. Licht war übrigens auch dein allererstes Wort, was du gesprochen hast. Ein lieber langjähriger Freund hat seinen Vater - wie ich - an den Krebs verloren. In vielen ihrer gemeinsamen Gespräche im Laufe seiner langen Leidenszeit haben sie vereinbart, dass sein Vater ihm ein Zeichen gibt, wenn er auf der „anderen Seite" ist. In der Nacht, als er seinen irdischen Level verlassen hat, saß Tom Ablenkung suchend vor seinem Fernseher, der sich mehrfach hintereinander aus paranormalen Gründen abschaltete. Nach dem ersten Mal als hauptberuflicher TV-Fachexperte überprüft, die Fernbedienung und Stromzufuhr stets im Auge und trotz alledem dieses vielsagende, in die Ferne sehende Zeichen. Wann immer jemand viel zu früh oder aus unerklärlichen Gründen von uns geht, denke ich oft an die kleine Seele aus dem Buch von Neal Donald Walsch, die sich opfert, um jemanden den Weg zu weisen. Transhuman ausgedrückt, dass man es sich beim Konfigurieren des Levels womöglich so ausgesucht hat, um Reflexion auszulösen. Vieles, was man auch im eigenen Leben durchmacht und durchläuft, ist vielleicht eigens bestellt, um sich darauf vorzubereiten und auflösen zu können, wonach man gefragt hat. Die, die von uns gegangen sind, werden uns im Schlaf umarmen, spüren lassen, wie sehr sie uns lieben und erklären, weshalb jetzt der richtige Zeitpunkt für sie war, zu gehen. Nichts ist für ewig. Aber eventuell währt es ja im Glauben an ein „Zusammen" für ewig. In gewandelter Form als Teil einer Quelle existiert vielleicht ein „Unendlich" in der Ewigkeit. Wenn Gott die Liebe ist, dann ist die Selbstliebe womöglich mein „ich" bzw. ist sie der Wegweiser zu meiner Wahrheit in Verbundenheit mit dieser Quelle. Über den Rahmen der eigenen Religion hinaus, kann man - im individuellen Einklang - mutig und respektvoll Intuitives neu integrieren und anpassen, um sich selbst zusätzlich mehr Halt auf seinem Weg zu geben. Ähnlich wie bei der diffusen, etwas unübersichtlichen Definition und für ältere Generationen schwer verständlichen Gendervielfalt, einfach die Kraft selektiv aus verschiedenen Religionen schöpfen und in Form seiner eigenen Realität ein eigenes, neues Glaubenskonstrukt kreieren, ohne sich dabei einen Gott nach seinem Ebenbild zu erschaffen. So wie sich die Struktur unseres göttlichen Universums im kleinsten Teil, dem Atom mit schwingenden Fäden widerspiegelt, einen Geist entstehen lassen, der dir und unserer Welt hilft, die ganze Schönheit zu offenbaren. Im „Unified Field" entsteht bekanntlich alles und alle Möglichkeiten sind dabei denkbar. Als Schöpfer mit unseren eigenen, im Bewusstsein geschaffenen Realitäten können wir gemeinsam sehr viel verändern, mehr als man glaubt und sich viele bewusst sind. Spirit ist faktisch so grenzenlos und nicht zu erfassen, wie auch alles das, was vor dem Urknall war. Meine einzige Quelle ist die göttliche Schöpfung des Lebens und damit auch die meiner Person, ich als eines von vielen Milliarden Abbildern Gottes. Wir nehmen uns so wichtig, als könnte unser wunderschönes Zuhause „Erde" nicht ohne uns und wissen dabei nur, dass wir nichts wissen. Nicht umsonst macht dein Papa ab und an im Geiste Hawaii`s ein sich diesem Umstand hingebendes „Shaka - Hang loose" - Zeichen zum Gruß. Jemandem die Hand zu geben, um der ursprünglichen Bedeutung nach zu zeigen, dass man keine Waffen mit sich führt, macht bei einem friedliebenden „State of the Art - Hippie" wenig Sinn. Egal wie es sein mag und ob das Universum über die reine Wissenschaft hinaus existiert, genau wie auch

Erleuchtung, wir alle schweben wie gesagt frei im Weltall, hängen rum im Universum und keiner weiß, was wirklich exakt abgeht. Der Gruß ist nicht nur Ausdruck eines hippieähnlichen, sorglosen Lockerbleibens, sondern eher ein „es fühlt sich gut an, in der richtigen Richtung verloren zu sein". Unbedenkliche Verlorenheit mit der Trägheit der Masse oder der Massen, die nicht zu verwechseln ist mit Faulheit oder einem nur gechillt Abhängen im Leben. Multiversen hin oder her, wenn du mal fragst, was denn jetzt exakt wissenschaftlich vor dem Urknall war, kommt viel „Geschwurbel" bezüglich des Konstrukts. Solange dir niemand fundiert erklären kann, was denn nun wirklich über lediglich an Sicherheit grenzender Wahrscheinlichkeit hinaus davor war, macht es mehr Spaß, sich auf die Leichtigkeit des Seins zu besinnen. Nimm dich nicht zu wichtig, mich natürlich auch nicht und fokussiere dich lieber auf deinem Weg, faktisch ein guter Mensch zu sein.

„Wir sind nicht das, was mit uns geschehen ist. Wir sind das, was wir nach dem, was uns passiert ist, beschließen zu werden."
- Tony Robbins

Im Laufe unserer Reise werden wir ab und an unser Licht verlieren. Motiviert sind wir per se alle, aber eben auch manchmal zwangsläufig entmutigt, was uns dann in eine ungesunde Richtung motivieren kann. Es ist ganz normal und Teil unserer bestellten Reise, wie Peter Alexander seinem Witz folgend sagen würde, du sollst ja schließlich etwas lernen. Wenn man den Drive verliert, keinen Gang mehr rein bekommt und an der Ampel stehend liegen bleibt, im Glauben finden wir wichtigen Halt und im Überwinden tiefe Dankbarkeit. Viele kennen es gar nicht anders oder verlieren plötzlich und unerwartet dauerhaft dieses Licht, das eigene Strahlen. Ob körperlich oder seelisch gehandicapt, Unfall oder eine plötzliche Krankheit. Es liegt in der Verantwortung derer, denen es gut geht, für sie umso heller mitzustrahlen und Freunde wie auch Familie tun dies ganz ungefragt. Wie Rumi sagt, „wenn die Welt dunkel ist und die Hoffnung die Türe von außen schließt, wird die Liebe einen Weg finden, ein Fenster zu öffnen." Ein Fenster, das auch wir ab und an gerne allein oder gemeinschaftlich versuchen zu öffnen, indem wir für Kinder, Senioren und allen, die Licht benötigen - so gut wie wir es können - etwas Freude durch Gespräche, Musik oder auch finanziell zu bringen. Genau dabei sieht man, wie tapfer viele Menschen sind, wie groß ihr Leid im Vergleich zu unseren oftmals nichtigen Problemen ist, die uns bereits verzweifeln lassen. Es ist nichts Besonderes, das zu tun, für uns genauso wenig wie für die vielen anderen „Lichtbringer", als Teil einer Individualität, die sich von Konformität mehr als durch die Farbe eines Marken-T-Shirts unterscheidet. Jeder definiert Erfolg anders, aber ein Differenzieren durch dein Sein, deine echte, innerste verletzbare Seele mit all ihren Stärken und Schwächen, dein Mitgefühl und Menschlichkeit, dein Tun als guter Mensch, ist vielleicht nachhaltiger und macht glücklicher als schnöder Mammon. Geld sollte kommen und gehen im Fluss als fairer Austausch. Der Dalai Lama wundert sich manchmal über das „scheinbar erfolgreiche Tun" der Mehrheit, wenn wir dabei unsere Gesundheit opfern, damit wir möglichst viel Geld verdienen, um es dann wiederum zu opfern, damit wir die eigene Gesundheit zurückerlangen. Fixiert auf die Zukunft aber nicht gegenwärtig. Ein Leben, als würde man niemals sterben und ein Sterben ohne jemals gelebt zu haben. Krise als zugespitzte Störung, als Höhepunkt schwieriger Zeiten, einer Krankheit oder auch nur einer Bilderbuch-Trennung wie bei uns, ist dem altgriechischen Wort „Krisis" nach ursprünglich die Beurteilung, Meinung und Entscheidung. Egal was, Schicksalsschläge bringen uns immer an Grenzen und sofern man es überhaupt kann, fragt man sich, wie auch wir uns damals bei unserer harschen Trennung, warum dieser Schlag mich trifft? Man geht durch die Hölle mit Qualen, verurteilt, kämpft, streitet, bemisst, denkt in alle Richtungen bis zur Erschöpfung. Bis zu dem Moment, an dem man die Entscheidung trifft, entweder weiter Opfer zu sein und darunter zu leiden oder aufzustehen und die Dinge so anzunehmen, wie sie sind. Es ist ein Startschuss, kein Abpfiff. Vergangenes und Geschehenes kann man nicht ändern, dennoch liegt dein Glücklichsein, deine Zufriedenheit und deine große Chance darin, alles zu versuchen als guter Mensch dein Bestes zu geben und nicht aufzugeben. Der Schauspieler Bill Murray empfiehlt, seine Entscheidungen nicht nach dem Rat anderer Menschen zu richten, die nicht mit den Konsequenzen umgehen müssen. Sofern es keinen ärztlichen Rat bei schwerer Krankheit bedarf, nutze im Glauben an dich jeden Tiefschlag als Teil des sich selbst näher Kommens, als ein Werkzeug, welches das eigene Selbst auf unserer Lebensreise schnitzt, formt und perfektioniert. Es mag zwar weit hergeholt sein, aber das englische Wort für aufstehen, sich erheben bzw. wachsen, steckt im deutschen Wort K-„rise" mit drin. Sich als Schöpfer statt Opfer wieder erfolgreich auf die Beine zu stellen und dadurch ein einzigartiges Kunstwerk gezeichnet vom Leben zu werden, ist dein persönlicher Erfolg, der unermesslich funkelt wie ein Stern, der anfangs besagte Star. Keiner, der nicht in „deinen Schuhen" gelaufen ist, möge es sich erlauben, zu beurteilen, was du geleistet hast. Nur weil etwas nicht monetär oder in Ruhm bemessen abbildbar ist und gesellschaftlich keine Würdigung erfährt, muss man sich nicht mental einen Schuh anziehen und sich als wertlos sozial nach unten treten lassen. Werde nicht zornig, verbittert oder beleidigt. Erhebe dich über all das, finde mit allem Willen dein Licht, dein Strahlen und lasse es heller leuchten als je zuvor. Verliebe dich so sehr in dein Leben, dass alles was versucht, dir deinen Glauben zu nehmen, zu einer fernen Erinnerung wird. Lichtjahre ferner als jede fremde Galaxie im Universum. Ob in schweren Zeiten oder allgemein im Leben, glaube an dich, vertraue deinem Herzen, deiner Intuition und arbeite an deiner göttlichen, wunderbaren Seele, um immer der beste Berater für dich selbst zu sein.

Erwach(s)e in Dankbarkeit

"Nur wer erwachsen wird und ein Kind bleibt ist ein Mensch."

- Erich Kästner

Als dein Vater kann ich dir aus tiefstem Herzen sagen, dass ich unendlich dankbar dafür bin, dich als meinen Sohn haben zu dürfen. „Wenn aus Liebe Leben wird", haben wir auf deine „bEarthDay"-Karte geschrieben, zur Geburt als Willkommensgruß deiner Ankunft auf dieser Erde. Von Gott gesandt hast du dir zuvor schon während unserer durchaus herausfordernden Zeit der Schwangerschaft deinen zweiten Namen „Nicolas" selbst ausgesucht, nachdem dieser dreimal innerhalb weniger Stunden unabhängig voneinander auftauchte. Beim ersten Mal hat mich deine Mama darauf aufmerksam gemacht, weil der Name rot umrandet auf der Rückseite eines Lkws stand, hinter dem wir auf der Autobahn herfuhren. Mama in Umständen zu vermitteln, dass wir dich demnach auch „80" nennen könnten, weil wir zuvor an einem rot umrandeten, tempobegrenzenden Schild vorbeifuhren, war zunächst erheiternd schwierig. Meine verzweifelte Fürbitte, deinem Erstnamen "Samuel" nach von höherer Stelle dringend noch anderes wie z.B. Ratio zugesendet zu bekommen, wurde jedoch unterbrochen. Tatsächlich tauchte "Nicolas" auf unserem Weg weitere Male auf, bei einem griechischen Restaurant als Neueröffnung, was kurze Zeit später wieder zumachte und am Ultraschallgerät bei deiner Untersuchung, zu der wir damals gerade fuhren. Dass dein Papa noch viel zu lernen hat und dies ganz natürlich auch auf seiner weiteren Reise tun wird, ist selbstverständlich, wohl aber ohne jegliche Hoffnung auf Erleuchtung. Deine Mama wusste, dass sie mit einem Menschen tanzt, der dunkle Flecken als Herausforderung in seiner Personalität hat. Sie sah und sieht mit kindlichen Herzen das Gute in jedem und allem. Es ist eine Eigenschaft, die auch du in dir trägst und ich bin sehr dafür, dass du - genau wie sie - dir diese erhältst, denn die Herzensenergie deiner Mama würde selbst aus dem Schlimmsten das Strahlen erleuchten lassen können. Ich durfte dich nach deiner ebenso herausfordernden Geburt als Erstes für eine ganze Stunde im Arm halten und es gibt wohl kaum einen glücklicheren Moment im Leben. Ich habe mit dir gesprochen, Mantras gesungen, dich willkommen geheißen, während du deine ersten Atemzüge auf Erden genommen hast. Atmen zu können ist unbewusste Dankbarkeit gegenüber der bewusst gewordenen Gegenwart des Lebens. Als Dankeschön und Zeichen der Wertschätzung gegenüber unserer Existenz lässt uns das bewusste Atmen Gott in uns spüren, die Natur, das Leben in genau diesem Augenblick, die Allmächtigkeit, etwas, das von deinem Verstand allein niemals erfasst werden kann. Über einen längeren Zeitraum tief ein- und auszuatmen, zeigt dir, wie schwer es einem fallen kann. Das für uns selbstverständlichste und natürlichste der Welt ist glücklicherweise als Präsent so konzipiert, dass es ganz automatisch geht, unterbewusst mit Leichtigkeit. Sich auf den Atem zu konzentrieren und die eigentlich anstrengende Schwere bei gleichzeitig gefühlter Entspannung zu spüren, macht einem bewusst immer dankbar zu sein für dieses göttliche Geschenk des Lebens, es immer als Belohnung zu ehren. Ganz besonders und gerade in krisenhaften Situationen der Wut oder Not, bei Angst, Panik oder Nervosität hilft es sich auf seine Atmung zu fokussieren. Was du in diesem Zustand des Geistes manifestierst, ist mächtig und formt deine Zukunft. Atme also weise ein und aus, lasse alte Muster, Traumata, Dramen und Vergangenes los. Erneuere alles in Dankbarkeit gegenüber Gott, Allah, Jahwe oder dem Universum genauso wie gegenüber denen, die dich geboren und großgezogen haben. Dankbar für gute Erlebnisse, überwundene Krisen und auch dafür auf seiner Lebensreise an seinen Unzulänglichkeiten arbeiten zu dürfen, sie bestenfalls aufzulösen. Geben zu können und nehmen zu dürfen. Es gibt fünf Fragen vor Gott, die danach fragen, wie du deine Jugend verbracht, dein Leben gelebt, dein Geld erwirtschaftet, wie du es ausgegeben hast und was du anderen gegeben hast. Nachdem deine Berg-Reise am Beginn des Levels anfangs gemächlich und easy scheint, fange früh an, ein guter Mensch zu werden, bewusst und ganz entschieden. Unsere Erde dreht sich wohl mit bis zu 1600 Stundenkilometern, auch wenn es sich sehr ruhig und ebenso easy anfühlt. Die Zeit rast unter Sonne und Mond in einem unaufhaltsamen Tempo, gerade erst vom Kind zum Teenager geworden und es kommt dir jetzt noch vor wie eine Ewigkeit, bis du deinen nächsten Geburtstag, Ferien oder Weihnachten feiern kannst. Für dich gefühlt langsam, für uns dagegen verfliegt sie schnell, nachdem wir uns hier auf unterschiedlichen Zeitschleifen befinden. Um das beste Verständnis zueinander zwischen diesen Zeitebenen von Jung und Alt zu erreichen, ist es sich gegenseitig durch jeweilige Ent- bzw. Beschleunigung auf einem gemeinsamen Level anzunähern. Finde wie beim Gegensatz der Schwere des Atmens und gleichzeitiger Entspannung das richtige Maß zwischen Chillen und richtigem Tun, um Chancen zu nutzen. Nimm dir zwar die Zeit, besonders im Jetzt für die Dinge, die dich glücklich machen, aber stelle eben besonders am Anfang auch früh die Weichen, dich zu organisieren, Ordnung zu halten in deiner Umgebung, deinem Haushalt, deiner Art dich auszuprobieren und zu lieben, sowie allgemein in dir selbst. Ab einem gewissen Punkt hast du dadurch sogar mehr Zeit für das, was dir wichtig ist, denn je schneller du dich entscheidest Ordnung, Struktur und Routine in dein Leben zu bringen, desto weniger steht dir mal später etwas im Weg. Je älter du wirst, desto weniger Zeit wirst du gefühlt haben, um dich damit aufzuhalten oder Dinge neu, anders oder entschleunigt machen zu können. Dadurch, dass du eine gewisse Ordnung in deinem Leben organisiert hast, hat auch das Universum die Möglichkeit, dir blockadefrei Energie zufließen zu lassen. Als eine ungehinderte Hilfe für dich und dein Tun, um das, was du anstrebst, in deinem Leben zu erreichen.

> ***„Der lachende, liebende, kreative, erwachte Erwachsene ist das Kind was überlebt hat."***

Unaufhaltsam schreitest du mit großen Schritten in Richtung Erwachsensein und reifst zum Mann. Aber was bedeutet das eigentlich für dich, abgesehen von körperlicher Veränderung und de facto weniger Zeit zur Verfügung zu haben? Ist ein echter Mann das, was uns in der Werbung suggeriert wird? Sicherlich auch, denn jeder Mensch ist facettenreich. Bier und Fußball, Autos und Stärke, Kraft und Fitness, glattrasiert oder mit Bart, Frauenheld oder Superheld, Macho und

Gentleman, Beschützer ohne Furcht, mitfühlend und verlässlich, zielstrebig, erfolgreich, entspannt, egal, jeder darf sein, wie er will und soll es sich aussuchen, wie er sich definiert bzw. ob er sich überhaupt definiert. Unabhängig von werbegetriebenen Käufersegmenten, dem Intellekt, Orientierung, Geldbeutel oder Aussehen braucht unsere Welt auf jeden Fall gesunde, erwachsene Männer mit Herz. Jemanden, der ehrlich Verletzbarkeit und Mitgefühl zeigt, seine Stärken mental oder körperlich für Gutes einsetzt, zumindest aber niemand anderen schadet. Egal ob als Held, der ein Kind vor Feuer rettet, die Katze vom Baum holt oder älteren Menschen gegenüber Respekt erweist und ihnen, wenn nötig über die Straße hilft. Kein Mensch braucht jemanden, der andere fertigmacht, erniedrigt, schlägt, betrügt und lügt. Andere zu zerstören und physisch oder psychisch Leid zu bringen, mag einem einen gefürchteten Ruf verschaffen, eine schräge Art des Respektes, ein krankes Gefühl von Macht. So zu handeln zerstört sicherlich erst deine Gegner, aber das Abstumpfen und Erkalten des Herzens zerstört im nächsten Schritt dich selbst. Ein Eigentor, was du dann beim Bier feierst, mit unechten Freunden, dank deines wenig vorbildhaften Fensters, durch das du andere, ebenso kaputte Seelen und wiederkehrend ungesunde Muster anziehst. Es macht dich innerlich einsam und zu einem unerotischen Sadomasochisten, „geil" darauf Macht orgasmusgleich gegenüber Schwächeren auszuüben, um rauschhaft eigene Defizite aufzufüllen und kurzfristig egoistisch befriedigt zu sein. In ihrer schlimmsten Ausprägung sind solche Patienten, die sich für „Männer" halten, reich, mächtig und bestimmen, wie die Dinge bei uns auf dieser Welt zu laufen haben. Es sind nicht unbedingt die Kleinkriminellen, die Rocker oder Mafiosi als Übel, vom Schadensumfang sind es meistens eher Verbrecher im Anzug mit Schlips, die perfekt getarnt unter uns leben, geschätzt und bewundert werden. Nicht nur die von Heiner Geißler erwähnte Berühmtheit, auch deren Bewunderung hängt oft von der Blödheit der Bewunderer ab. Echte Männer, ganz egal welcher Ausprägung oder mit welchen Facetten müssen sich fragen lassen, wie man so dumm sein kann, sich von dieser Sorte „Sexsymbol" repräsentieren zu lassen, die nachhaltig nur immer mehr zu einem „Feindbild

Mann" beitragen und es verfestigen. Emanzipatorisch viel wesentlicher, ob wir wirklich den Lauf unserer Welt und den unserer Kinder tatsächlich weiter von solchen krankhaften Männern bestimmen lassen wollen oder nicht. Bekanntlich muss man ja erst aufstehen, um sich „widersetzen" zu können, allerdings nicht nur auf der Straße, sondern besonders während man die Sitzplätze ihrer Macht mit Liebe einnimmt und ihnen die Auszeit gibt, um in Frieden heilen zu können. Es ist für jeden ungesund, die ganze Zeit angestrengt mit einer lieblosen Maske rumzulaufen, einen kranken Schein zu wahren und bewusste oder unterbewusste Traumata zu kaschieren. Man(n) sollte den Mut finden, die Stärke, von der man glaubt, sie zu haben, für seine eigene Psychohygiene einzusetzen. Sicherzustellen, dass man heilt, alte Traumata in Griff bekommt, die einen so werden haben lassen und sein Bild vom Mannsein neu definiert. Tut man es nicht oder fällt es aufgrund vieler Defizite zu schwer, steht man sich und seinem eigenen Fluss im Weg, früher oder später wird man zusammenbrechen. Bevor du dich in einem Burn-Out wiederfindest, werde dir gegenüber ehrlich. Veränderung bedeutet immer Wachstum, nicht nur beim Muskelaufbau, stelle dich verantwortungsvoll und mit Respekt, bleibe dabei fern von Drama und Negativität. Wenn etwas falsch ist, es sich für dich falsch anfühlt, dann lasse es sein, vollkommen egal was andere sagen oder ob es andere machen. Manches wird tatsächlich erst gut, wenn wir es gut sein lassen. Was auch immer du entscheidest, bedenke die Konsequenzen für dich und deine Mitmenschen, mit denen einzig du leben musst. Zeige wahre Größe, gestehe Fehler ein, sei lieber gerecht als darauf zu bestehen, recht zu haben. Am Ende des Tages möchte „Mann" sich im Spiegel ansehen können, seinem Zukunfts-Ich in die Augen blicken können. Zur guten Pflege gehört nicht nur die Rasur oder Frisur, sondern auch eine gesunde Psyche. In einer Gesellschaft, die alles zählt, Geld, Kalorien, Schritte oder den Puls, sei ein Mann und zähle gute Taten und die freudigen Momente darüber, in deinem Tun ohne Widerspruch zu sein, als Teil unserer Menschheitsfamilie. Als Kind kommt man und kindlich geht man, wie im fiktiven Fall des „Benjamin Button" witzig rückwärts dargestellt, dazwischen ist es eine gute Idee zu versuchen, Kind zu bleiben und sich selbst nicht zu ernst zu nehmen. Als Erwachsener lacht man im Durchschnitt nur 15-mal pro Tag und hat tatsächlich im Vergleich zum Kinderlachen ca. 385-mal sein Lachen irgendwo verloren. Nachdem Lachen eine Sprache ist, die jeder weltweit versteht, mache es dir statt „stumm" zu sein, zur Routine, dein Geschenk des Lebens zu ehren, indem du dir dein Lachen bewahrst bzw. es immer wieder und mehr reanimierst. Gerade weil du dich im Spiegel anschauen kannst, lächle dich für eine Minute jeden Morgen an, du wirst ein Lächeln zurückbekommen. Charlie Chaplins Lippen wissen es trotz aller Probleme nicht besser, vor dem Spiegel stehend kannst wenigstens du dich sichtbar vom dir wohlgesonnenen Lächeln überzeugen. Nach einer Weile, wenn du es draufhast, kannst du in schweren Phasen sogar manchmal beidseitig lächeln, um auch in verrückten Zeiten, in denen alles auf dem Kopf steht, sicherzugehen. Ernsthaft gesehen ist es deswegen natürlich nicht so, dass damit all deine Probleme gelöst sind. Aber es ist ein präsenter Anfang in Form eines Rituals, mit dem du dich für jeden Tag deines Geschenkes mit Optimismus bedankst, jemand Wichtigem deine volle Aufmerksamkeit schenkst, nämlich dir selbst. Du versinkst jeden Abend mit loslassender Vergebung beim Einschlafen im Nichts und wachst jeden Morgen mit der Chance wieder auf, bei null beginnen zu können. Wenn du etwas besser machen willst, kann eine wertschätzende, positive Stimmung nicht schaden, selbst wenn sie anfänglich unnatürlich zwangsoptimistisch antrainiert ist, zunächst mechanisch sein mag und noch nicht direkt aus dem Herzen kommt. Einem Lächeln kann man sich schwer entziehen und du musst auch keine Angst davor haben, dich vor dem Spiegel dabei selbst zu erschrecken. Egal wie mehr oder weniger hübsch du aussehen magst, der liebe Gott zaubert und hat es so genial eingerichtet, dass es dir im schlimmsten Fall nicht übel wird. Ebenso zwangsoptimistisch musst du so oder so damit leben, es sei denn, du hilfst nach. Sofern den Äußerlichkeiten natürliche Grenzen gesetzt sind, bleibt immer die wundervolle Möglichkeit, stattdessen dem kostengünstigeren Schönheitswahn bezogen auf deine innere Schönheit zu verfallen. Dein Aussehen mag zwar eine Eintrittskarte sein und den Unterschied zwischen Belästigung und einem Flirt ausmachen, aber es kann letztlich nicht verhindern, dass du in einer Freakshow landest. Jeder kann und wird Schönes an und in sich erkennen können, dein Charisma sowie dein Herz strahlen als „Programm" bis zu drei Meter weit und wird wie ein Magnet Richtiges anziehen. Daran zu arbeiten und dich selbst zu heilen ist jedenfalls der mindeste Beitrag, den du für eine bessere Welt leisten kannst! Es ehrt nicht nur in Dankbarkeit dein Geschenk, mit gelungener Heilung und Adaption steckt deine Positivität und Freude an und strahlt aus auf andere Menschen. Wann immer du die Möglichkeit hast, dich selbst oder jemand zum Lächeln zu bringen, tue es, unsere Welt kann es gut gebrauchen, besonders nachdem mit jedem Lachen ein Problem stirbt.

> *„Wahre Freunde sind wie Sterne, die man nur erkennt, wenn es dunkel um einen herum ist."* - **Bob Marley**

Im Fluss des Gebens und Nehmens, des energetischen Austausches wissen es die richtigen Menschen zu schätzen. Besonders die, die immer versuchen, dir ein Lachen in dein Leben zu bringen, in der Not für dich da sind, die deine Vergangenheit verstehen und an deine Zukunft glauben. Ein guter Freund zu sein für dich selbst und andere bringt im Gegensatz zum Spiegelritual Menschen in natürlichster Form zum Strahlen. Als Halt gebende, strahlende Lichter sind deine Mama und ich nicht nur romantisch liebende Ehepartner, wir stolpern ebenso dankbar als beste Freunde gemeinsam durchs Leben. Familie gibt Liebe, Rückhalt und Kraft, strengt manchmal auch sehr an, aber man lernt durch Menschen, die einem wichtig sind, konträre Meinungen zu sehen und zu akzeptieren. Gesunde Familie, die dich wertschätzt, würde immer versuchen, es zu vermeiden, je in die Lage zu kommen, dich zu verlieren. In der Familie Frieden zu bewahren oder zu schaffen und so gut es geht, besagtes Fenster offen zu halten, ist der zweite Schritt, nachdem du deinen eigenen Frieden gefunden hast. Freunde sind ebenso Teil deiner Familie, die du zu der Zeit gefunden und gewählt hast, zu der sie bedeutsam für deine Seele waren. Manche Freunde begleiten dich dabei auf deinem Berg nur ein Stück und andere ein Leben lang. Das ist auch ok und soll so sein. Freunde, die man mal kürzer oder länger hatte und wieder weg sind, haben ebenso ihre Bedeutung und ihren Wert. Ihren Verlust kann man bedauern, sollte man aber nie mit Groll sehen. Man sagt ja, der Hund ist der beste Freund des Menschen, ihm aufgrund seiner bedauerlich kurz beschränkten Lebensdauer nach seinem Dahinscheiden deswegen böse oder nachtragend zu sein, macht wenig Sinn. Man ist dankbar, dass man Teil der jeweils anderen Reise sein durfte und auf den gegenseitigen Bergen füreinander da war. Menschen, die du noch gar nicht so lange kennst, können oft bessere Absichten haben als Menschen, die dich schon ganz lange begleiten. Freundschaft ist keine Frage der Zeit, sondern des Charakters. Abenteuerlich wie eine kurze Affäre während langer Partnerschaft mit dir selbst, gehen sie nur ein Stück deines Weges mit dir. Manche Freunde sprechen mit dir dabei in ihrer freien Zeit, andere nehmen sich extra Zeit, um mit dir zu sprechen. Entweder werden die Begleiter deiner Reise das, was sie tun, aus und mit Liebe tun oder sie tun es, weil sie selbst Liebe benötigen, regelrecht danach schreien. Gib, aber erlaube es nicht, dass man dich benutzt. Liebe, aber erlaube es nicht, dass man dein Herz missbraucht. Vertraue, aber sei nicht naiv. Höre zu, aber verliere nicht deine eigene Stimme. Es wird im Laufe deines Lebens immer Menschen geben, die es nicht gut mit dir meinen, dich respektlos behandeln, dich belügen, hintergehen und dir nicht guttun werden. Lerne dies zu erkennen und trenne dich davon, ohne Groll oder eine zweite Chance zu verwehren. Begebe dich nicht auf die Ebene, die Energie „frisst", sondern lasse diese Menschen aus deinem Leben gehen, überlasse sie vertrauensvoll Gott und ihrem Karma. Manchmal gehört es auch dazu, zu schweigen, gerade weil es nicht dein Problem, sondern ihres ist. Nimm nicht eine derartige Energie an, sondern erinnere dich an die schönen Momente. Die eigene Veränderung bringt immer Wandel, bei dir und auch im Kreise deiner Liebsten. Die Zeit und der richtige Fokus limitieren, ohne etwas daran zu ändern, dass die, mit denen du auf unterschiedlichen, abenteuerlichen Reisen warst, immer Platz in deinem Herzen haben. Nicht umsonst haben unsere Freunde in all ihrer Unterschiedlichkeit, die in der Krise deiner Eltern da waren, einen festen Platz der tiefsten Dankbarkeit in unserem Herzen gefunden. Die Energie einer Person generell, wie die auch von Freunden kann dir mehr über sie erzählen als ihre eigenen Worte. Die einen brauchen einen Tritt in die richtige Richtung, andere muss man da abholen, wo sie sind, und wenn´s unter einem Stein ist. Der WM-Fußball, mit dem du nicht spielen darfst, zu keinem Zeitpunkt ever, weil es dein Vater verboten hat, ist von meinem Freund und Arbeitskollegen unserer Beratungsfirma. Mein Traum war es, als Kind, diesen wunderschönen Weltmeisterschaftsball des Jahres 1982 zu haben, nachdem ich gemeinsam mit meinem Onkel zur damaligen Zeit damit enthusiastisch spielte. Er versprach mir, dass ich - sobald ich mein Abitur machen würde, diesen Ball bekommen würde. Es endete in einem überschaubaren Trauma, als ich den Ball nach meinem ebenso überschaubaren Abi letztlich nicht bekam. Mein Onkel hatte sicherlich seine eigenen Probleme im Leben und Gründe, weshalb es in Vergessenheit geriet. Genau wie auch der Experte mit viel paranormaler TV-Erfahrung nach dem Tod seines Vaters, war er in meiner tiefen Krise für mich da, so wie auch ich jeweils in den ihrigen Krisen. Nachdem er beiläufig diese Geschichte mitbekam, überraschte er mich eines Tages mit diesem Ball, mit dem du wie gesagt, never ever spielen darfst. Er fragte seinen Vater, der unter dem aktuellen Präsidenten eines bekannten deutschen Fußballvereins dem Aufsichtsrat eines Sportartikel-Herstellers vorsaß und ich bekam von ihm aus einem offenen Set des Sportmuseums original und unbespielt den Tango „España" der WM 1982, der sogar damals im wunderschönen Spanien dabei war. Der ideelle Wert seines Tuns für mich und meinen dadurch geschlossenen Kreislauf ist nicht mit Worten beschreibbar. Schließe besondere Freundschaften, die darüber hinaus gehen sich nur selbst in ein gutes Licht zu stellen, zu zeigen, wie toll du bist. Solche, die dir die Welt des anderen erklären, du lernen kannst und man gegenseitig füreinander da ist, mit denen du weinen und lachen kannst, Dinge erlebst die verbinden, ganz egal wie unterschiedlich ihr sein mögt, respektvoll und ehrenhaft miteinander umgeht, eure Lebensziele gegenseitig unterstützt und durch den Glauben daran bestärkt. Es gibt Freunde, die sind käuflich und welche, die unbezahlbar sind. Verbringe dein Leben mit Menschen, die dich glücklich machen und dein Leben bereichern, nicht mit denen, die du beeindrucken musst.

GlücklichSEIN steht dir gut

„Sei glücklich, nicht weil alles gut ist, sondern weil du das Gute in allem siehst."

Beeindrucken musst du dich schließlich immer nur selbst. Deinem dritten Vornamen „Tayo" nach bist du zum Glücklichsein geboren und wie Abraham Hicks es ausdrückte, bist du jedes Mal, wenn du glücklich bist, definitiv auf dem richtigen Weg. Nachdem dein zukünftiges Glücklichsein davon abhängt, was du in der Gegenwart tust, achte immer solide darauf, dass dein Verstand tanzt, dein Herz atmet und deine Augen lieben. Je schneller man sich mit dem Bewusstsein anfreundet, dass die eigene Lebensreise so kurz ist, dass jeder andere Zustand als glücklich zu sein, geradezu wahnsinnig ist, desto besser. Als Wimpernschlag der Zeit ist dein Leben nichts anderes als ein einziger besonderer, geschenkter Moment. Wenn du also etwas Besonderes bekommen hast oder etwas für besondere Momente aufheben möchtest, dieser Moment wäre bereits jetzt schon da. Die ganze Zeit bereits, besonders ab dem besonderen Moment, wo du es erhalten hast und auch unerbittlich, währenddessen du dich entschieden hast, etwas aufzuheben. Vergleichbar mit dem Reifungsprozess einer Avocado hebt man manches so lange auf bis zu einem ganz bestimmten Moment und verpasst dabei die perfekte Zeit. Besser zu planen, das Richtige zu tun oder mehr Glück zu haben, beseitigt nicht immer das beiderseitig als ungerecht empfundene materialistische Dilemma, jung zu sein und wenig zu haben, während man später vielleicht sorgenfreier mehr hat, aber dann eben alt ist. Papas und auch dein Cousin hat ab einem gewissen Punkt sein ganzes Leben und Glück auf die Zeit des Rentenalters fokussiert. Jahrelang wurde die geerbte Wohnung seiner Mama in Perfektion umgebaut und eingerichtet, der Einzug wurde verzögert, es sollte ja erst für die glückliche Zeit der Rente sein, wenn er seine Tätigkeit als Anwalt im Bundesministerium für Migration und Flüchtlinge beendet hat. Er bekam ein Glioblastom, verstarb in seiner alten, leb- und lieblosen Zwei-Zimmer-Wohnung und zog leider nie ein. Verschiebe dein Glücklichsein nicht auf morgen, auf irgendwann oder den richtigen Moment, mache es von nichts und niemandem abhängig außer dir selbst. Als bewusste Entscheidung, wie der französische Philosoph Voltaire, der sagte, dass er für sich „beschlossen habe, glücklich zu sein", nachdem es sehr förderlich für die Gesundheit ist. Ähnlich gesund wie eine vitaminreiche Avocado. Glück kommt nicht zu einem besonderen Zeitpunkt, du findest es auch nicht, wenn du danach suchst, sondern nur dann, wenn du zulässt, dass es dich findet. Egal ob bewusst oder unterbewusst, jeder Mensch strebt danach und will glücklich sein, am besten dauerhaft. Immer, denn es ist ja schon allein der Kürze unserer Lebenszeit geschuldet. John Lennon hatte - wie auch du - eine schlaue Mutter und er beantwortete in der Schule die Frage, was er denn gerne mal werden wolle, simple mit „glücklich", nachdem sie meinte, dass dies der Schlüssel zum Leben wäre. Ihm wurde gesagt, er habe die Frage nicht verstanden, worauf er wusste, dass sie dort das Leben nicht verstanden hatten. Glücklichsein, alles andere ist egal und wird sich finden. Die passende Berufung oder aber der Maslowsche Grundbedürfnisse befriedigende, übergangsweise „Job" wird sich genauso finden wie alles andere, auch wenn eine Hildegard von Bingen bei einer derartigen Meinung womöglich am liebsten mit besonders spitzen Heilsteinen geworfen hätte. Glücklich zu sein, ist als grundmotiviertes Bedürfnis ein Zustand, der eher ein Erkennen als ein Auffüllen bedarf, aber sehr wohl die Beseitigung von grundlegenden Defiziten erfordert, um „satt" werden zu können. Das Narrativ unserer Gesellschaft verbindet Glück und dessen Steigerung gleichbedeutend mit Ruhm, Reichtum, Macht und Vergnügen. Am besten alles zusammen fürs perfekte Glück und wahre Zufriedenheit. Nachdem unser Zeitgeist eine derartige, gepushte Attitude belohnt, träumen Jugendliche davon, ein berühmter Star zu werden, Erwachsene von der goldenen Nase in der Businesswelt, die Älteren manchmal vom Gewinn des Lotto-Jackpots. Man bewundert diejenigen, die es geschafft haben, und es suggeriert uns während des Waschens von Tellern die Möglichkeit, dieses wertige Glück jederzeit erlangen oder erwerben zu können. Es wird uns nicht umsonst an jeder Ecke des Lebenskreislaufes angeboten und „verkauft". Man holt es sich einfach nach Hause, guten Tag, liebes Glück, schön dich zu sehen. Immer willkommen definiert jeder sein Glück natürlich unterschiedlich. Genau wie auch Erleuchtung als menschengemachte Vorstellung einer subjektiven Definition bedarf, ist auch der Zustand höchsten Glücks für jeden individuell etwas anderes. Spätestens dann, wenn man erkannt hat, dass diese euphorische Art des Glückes lediglich ein kurzer Rausch ist und die Berühmten und Reichen keineswegs immer glücklich sind, „ihr beschissen" quasi genauso beschissen ist nur vielleicht auf einem anderen Niveau, werden eigene Ziele bescheidener. Ein Dach über dem Kopf zu haben ist besser als gar kein Dach, mal ein Urlaub ist besser als überhaupt keinen zu haben und unbezahlbares Glück ist es doch auch schon einfach nur mal seine Seele baumeln zu lassen, sich von Stress, Trauer und Leid erholen zu können. Jeder muss wissen, was er braucht und möchte in seinem Leben, welchen Preis er bereit ist, dafür zu zahlen und das Glück ist dabei vielfältig und eben unterschiedlich dauerhaft. Man sagt auch, dass, wenn jeder auf sich schaut, für alle gesorgt wäre. Auf die Liebe und das Glück bezogen trifft dies definitiv zu. Entgegen dem Verständnis der meisten, die eher die ego-materialistische Komponente dabei sehen, bekommt man bei Glück und Liebe keine Probleme beim Teilen. Wenn man Glück und Liebe teilt, wird es sogar mehr, und zwar für alle. Glück an sich kann gar nicht materiell sein, denn Glück siehst du nicht, man spürt es nur. Das Teilen von Materie als Geschenk beschert gewiss Freude, besonders an Feiertagen und Weihnachten, keiner möchte - trotz aller Rückgaben und Gutscheine - glückliche Kinderaugen missen. Es sind allerdings wenige Präsente, an die man sich Jahre später wirklich noch erinnert. Abgesehen von dem Haus, Auto oder der Insel, die man geschenkt bekommen haben mag. Bei der zweiten Insel wird es schon anders, es ist erwiesen, dass das Erreichen der zweiten Million im Vergleich zur Ersten viel weniger glücklich macht. Nach abgeklungener Euphorie und dem Anpassen an diesen neuen Umstand im Alltag ist auch ein Lotto-Gewinner nicht wirklich glücklicher als jemand anderes. Ein segensreich voller Geldspeicher mag eine gewisse Grundsicherung und das eine oder andere Extra bieten, viele Sorgen mögen evtl. wegfallen, dafür kommen aber neue hinzu. Es versetzt einen jedoch in eine deutlich glücklichere Lage als jemand, der sich verschulden muss, sei es, um nur zu überleben, andere beschenken zu können oder für die fragwürdige Jagd nach Distinktionsgewinnen, die einem das materielle Mithalten mit Freunden oder dem Nachbarn garantieren. Egal welche Erfolgs- und Gewinnerstrategien man für sein Leben annehmen will, utopisch oder nicht, man muss sich als Basis immer bewusst machen, dass man sein Hab und Gut zwar nicht mit ins Grab nehmen kann, aber währenddessen deutlich an Lebenszeit einspart. Wie es besagter Präsident Mujica damals aus seinem VW Käfer als Staatskarosse schilderte und deine Mama in ihrem Lied als natürlichen Seelenverbrauch besingt, das, was jeder energetisch und zeitlich aufwenden muss, um sich Absicherung leisten zu können. Seit weit über einer Dekade beschäftigt sich dein Papa mit dem Thema des Glücklichseins, gerade weil man tiefe Krisen überstanden hat, sie meisterte, ohne jeglichen Anspruch deswegen „erleuchteter Meister" zu sein oder überhaupt auch nur je sein zu wollen. Der sich wertschätzende und selbstliebende Teil in mir trieb mich dazu an, allein schon um Krisen zukünftig zu vermeiden oder zumindest leichter mit ihnen umgehen zu können. Mein Studienkollege, mit dem ich damals auch unsere Firma gründeten, hat mir mit auf den Weg gegeben, einerseits nur Lösungen statt Probleme zu sehen und immer mutig zu fragen. Lieber ein Depp für einen kurzen Moment als ein Leben lang. Nachdem geteiltes Glück dazu auch doppeltes Glück ist und mich „Glück" über jede kurzfristige Euphorie hinaus interessierte, gründete ich früh eine kleine Social Media-Gruppe zu diesem Thema. Während des Teilens des Lebens und des Glücks on- oder offline im Laufe der Jahre habe ich in der Vielfältigkeit des Glücks verdeutlicht bekommen und erfahren dürfen, dass es sicherlich nicht das Ziel ist, reich zu werden, sondern reich zu leben. Nicht einfach „neureich", sondern Glücklichsein als das neue „reich sein". Dass ein gewisser erreichter Level an dauerhaftem glücklich und zufrieden sein in Dankbarkeit tatsächlich auch die „Down´s" durch Krisen abdämpft und einen die „Up´s" besser einschätzen lässt, die Ausschläge nach oben oder unten einfach gesünder einlevelt. Mit deiner mutigen bewussten Reise zu dir selbst bist du der absolut Würdigste, der dann gerne auch materiell reich sein darf. Genau wie jeder andere gute Mensch und Mitreisende, der sich ebenso an sein eigenes Sein wagt, auf der Suche nach sich und dem erstrebenswerten Dauer-On-Knopf für sein

Glücklichsein. Unermesslich reich sogar, denn je mehr schöne Schmetterlinge, desto weniger hässliche Raupen. Das Glück ist ja bekanntlich wie ein Schmetterling, und wenn wir es jagen, vermögen wir es nie zu fangen. Erst wenn wir ganz ruhig innehalten, uns wirklich auf uns und unser Sein besinnen, dann lässt er sich vielleicht bei uns nieder.

> *„Glück ist erreicht, wenn das, was du denkst, was du sagst und was du tust in Harmonie sind."* - **Mahatma Gandhi**

Das Glück ist immer an deiner Seite, sobald du es zulässt, und es ist das Ergebnis eines bewussten Seins. Glücklichsein ist kein finales Ziel, an dem man ankommt, sondern es gesellt sich zu dir, zu deinem Sein, je nach deiner gewählten Art zu Reisen, wie, mit wem und wohin. Für das Glück ist es egal, wie groß dein Haus oder Kontostand ist, wie viele Luxus-Artikel du besitzt, ob du tüchtig Deals abschließt oder dir ein relaxtes Nichtstun leistest. Glück hängt nicht von Materiellem ab, denn dein Sein bestimmt, was für dich Wert hat. Alles, was dich dabei deinen eigenen inneren Frieden als Preis kostet, ist zu teuer. Sobald deine Energie, deine Frequenz und deine Vibration, also dein ganzes purstes DaSein, im Einklang ist und somit ein freier Energiefluss in Verbindung mit dem Universum, Gott, Allah, der Natur oder allgemein unserer Quelle stattfinden kann, wird das, was du denkst, was du sagst und was du tust in Harmonie sein. Bei im Flow des Lebens befindlichen, glücklichen Menschen findet man immer spontane Freude an kleinen Dingen und eine große Einfachheit, eine tiefe Geborgenheit und Humor, Demut und Dankbarkeit. Glückliche Menschen haben nicht unbedingt das Beste von allem, sie machen aber stets dankbar das Beste aus dem, was sie haben. Es fehlt die verrückte Gier, der Hang zur Selbstherrlichkeit und die gehetzt wirkende Ruhelosigkeit. Sie konzentrieren sich auf Basics, wollen gar nicht jedem gefallen und es jedem recht machen. Glückliche Menschen heilen und vergeben sich und auch anderen, ohne jedoch naiv zu vergessen und begangene Fehler zu wiederholen, die etwas als Entscheidung fix manifestieren würden. Dazu findet man - vielfältig wie das Glück selbst - ausgesprochene Höflichkeit, Liebe, Respekt,

Moral, Manieren, Geduld, Integrität, Vertrauen und inneren Frieden. Sie lassen das, was sie nicht glücklich macht und nicht für sie bestimmt war, los. Hinterfrage genau, was du wirklich brauchst, um glücklich zu sein; wenn du es nicht weißt, hilf dir gefälligst und finde es heraus. Wenn dich etwas besonders glücklich gemacht hat, dann schreibe es auf einen kleinen Zettel und stecke diesen in dein spezielles „Happiness-Glas". Sammle es für eine Zeit lang und wann immer dir danach ist oder du einen Durchhänger hast, nimm dir einen Zettel heraus und schaue ihn dir an. Wie beim Muskeltraining wirst du mit der Beharrlichkeit Antworten darauf finden, was dich erfüllt. Deine Mama und ich sind glücklich und zufrieden, dankbar dafür, wie es in unserem Jetzt ist, offen für jedes weitere bisschen Glück. Wir wissen, dass es immer deutlich schlechter sein könnte, gerade wenn man nur an den Mann auf dem Rollbrett in Jalta denkt. Egal wie rosarot verrückt wir manchmal erscheinen mögen, wir laufen nicht nur realitätsfremd mit der rosaroten Brille und Tutu durch die Welt. Wir haben unsere Up's & Down's, aber auch einen levelnden, erfüllten Zustand, in dem Schwankungen einfach nicht mehr so bedeutsam sind. Sofern Luxus kein Statussymbol zur Definition deines Seins mit dem Ego als Schein ist, sondern die Belohnung ist, die du dir einmalig für deinen Erfolg gönnst, als Ausdruck mit Bewusstsein für Qualität, Nachhaltigkeit und Wert, sei es von Herzen vergönnt. Eine billige Uhr zeigt dir zwar genauso die Zeit an wie eine höherpreisige, aber wer wenig nachhaltig billig kauft, kauft eben leider auch oft zweimal. Sich nur darauf zu verlassen, dass einem Glück per Zufall zufällt, wird dich ohnehin schwer in die Position bringen, zwischen einer billigen Alternative und im besten Fall einer Rolex entscheiden zu können. Mit dem richtigen Sein erhöhst du zwar deine Chancen, aber zwischen glücklich sein und Glück haben ist dafür dein besagtes richtiges Tun notwendig. Wie der Psychoanalytiker Erich Fromm bereits entscheidend feststellte, neigt der Mensch allgemein in einer fehlgeleiteten Selbstentfaltung dazu, nie genug zu bekommen. Egal ob aus Mangel, Sucht oder Enttäuschung, die Gier ist dabei als Ausdruck der Leere immer ein Problem. Dass ich im „günstigen" Fall überhaupt zweimal kaufen muss, liegt u.a. auch am eigenen Geiz, dem beschränkten Finanzstatus und der Obsoleszenz des Billigproduktes. Es ist eine erzwungene, unbewusste Gier, denn es wird zweimal Energie verschwendet und ist daher ebenso ungesund gierig wie sich bewusst die fünfte Insel einzuverleiben. So wie du deine eigene Energie schätzt, wertschätze auch, wohin du diese Energie geben möchtest, prüfe, ob etwas bedacht, nicht tatsächlich warten kann. Unabhängig wie dick dein Geldbeutel ist, der nicht-tierisch und gut verarbeitet genauso viel Geld verstauen kann wie ein Luxus-Leder-Geldbeutel, es muss vielleicht gar nicht der Bentley als Ziel sein, wenn du eine wertige, bewusst-vernünftige Alternative findest. Sammle generell Momente und nicht Dinge, nur in wenigen Ausnahmefällen beides. Du fragst dich ja bestimmt „genau Papa, warum darf ich eigentlich widersprüchlicherweise nicht mit diesem WM-Ball im Jetzt spielen, warum aufheben?!", und ich finde es im Geiste eines Peter Alexanders gut, weil hinterfrage nur, du sollst ja schließlich was lernen. Wenn du aber nicht vorzeitig freiwillig deine Reise hier und jetzt beenden möchtest, verstehe, dass es für das Spielen mit diesem Ball keinen richtigen Moment geben wird, never! Es war nicht der Ball an sich, der mich damals glücklich gemacht hat, es war die liebe Geste, die einen glücklichen, wertvollen Moment brachte. Du hast deshalb alternativ einen synthetischen Ball aus mehr oder weniger fairer Produktion bekommen, mit dem du stattdessen spielen kannst. Nochmals, never ever. Es ist wie mit dem afrikanischen Baum, in dessen Schatten wir nicht sitzen werden, aber wenn du es sein lässt, mit dem Ball zu spielen und mir diesen Gefallen tust, dann wirst du irgendwann etwas haben, das vielleicht Früchte trägt. Gut, das mag sich auch derjenige denken, der jedem seiner Kinder eben gerne eine Insel schenken möchte. Nachdem es Menschen gibt, die alleine nur zur Deckung ihrer jährlichen Fixkosten eine Milliarde Euro ausgeben, durchaus nicht abwegig. Allerdings ist es ein bisschen wie im Supermarkt das gesamte Klopapier aufzukaufen und alle anderen, nicht vom Herzen kommend, ihrer vom Herzen kommenden Hand zum Abwischen zu überlassen. Als deine Mama übrigens damals in ihrem ersten Reality-Format auf der „Alm" war, gab es nur Tannennadeln zum Abwischen. Um es daher trashig auszudrücken, es ist ein Unterschied, ob ich ein paar „Bälle" habe oder den „Stab" in der Hand halte, um den Lauf der Welt mit Geld zu bestimmen. Egal ob ehrlich verdient, mit harter Handarbeit oder ob man sich hochschläft, betrügt und lügt, um an so viel Macht und in diese Position zu kommen. Manche imperial anmutenden Konglomerate erweisen sich nur bedingt besser als dubios zwielichtige Organisationen. Es hat nichts mit Sozialismus zu tun, diese Menschen mehr in die Verantwortung zu bewegen, statt stets bescheidenere Einkommen in Geiselhaft zu nehmen. Auch wenn der verbundene Stress die richtige Inselwahl zu treffen und das volkswirtschaftlich relevante Millionenvolumen wesentlich wichtiger scheinen, das gesicherte Überleben eines Normalbürgers ist keineswegs weniger bedeutsam. Statt der x-ten Insel ist eine Patenschaft für ein Kind, das mit seiner Familie am Rande des Verhungerns ist, ebenso belohnend für Erfolg und ein berührendes Geschenk, das von den richtigen Menschen im Wert geschätzt wird. Aber man kann bekanntlich niemanden zwingen, auch nicht zu seinem eigenen Glück, trotz Nürnberger Wurzeln hilft dabei leider auch kein „Eintrichtern" mit legendärem Trichter und noch so überzeugenden Worten. Glück kann man jedoch fühlen, es ist ansteckend und es strahlt durch das eigene Sein. Ähnlich wie man hinterfragt, wie jemand so unfassbar erfolgreich und reich geworden ist, kann man eruieren, weshalb manch einer so glücklich ist. Das Hinterfragen ist der erste Schritt, man steigt als Passagier quasi ins Auto des Glücklichseins und beobachtet den Fahrer. So lange, bis man irgendwann sein eigenes Glücksauto fahren kann. Der Leiter der Akademie, an der deine Mama und ich vor langer Zeit „mitgefahren" sind, um zu lernen und unseren Mentalcoach zu absolvieren, regt schon lange dazu an, das Schulfach „Glück" einzuführen. Als Botschafterin unterstützt deine Mama seinen Verein

⊙ AUFFÜHRUNG DES „KLEINEN OPTIMISTEN" BEI EINEM DEUTSCH-TÜRKISCHEN KINDERFEST.

„Optimisten für Deutschland e.V." gemeinsam mit anderen Personen des öffentlichen Lebens wie u.a. Rainer Calmund, Joey Kelly und Thomas Helmer um diese Vision, positive Werte und Tugenden wie Hilfsbereitschaft und Nächstenliebe voranzubringen. Jede Veränderung braucht Menschen, die sie vorleben. Nicht nur, dass das Glück schon immer da ist, wie Peter Breitenbach sagt, werden „wir alle auch als Optimisten geboren". Abseits des Bildungsmainstreams wird „Glück" bereits in einem der glücklichsten Länder Europas unterrichtet, auch Empathie förderliche Fächer und ein Schulfach, um das eigene „Sein" zu erkennen, wäre sicherlich ebenso kein Schaden für unser alt-elitär aufgesetztes Schulsystem. Für den bedeutenden Wissenschaftler Stephen Hawking ist Empathie die menschliche Eigenschaft, die er am liebsten verstärken würde, weil sie „uns in einem friedlichen und liebenden Zustand vereint." Um den Optimisten in sich zu erwecken, hat Peter auch ein wertvolles Kinderbuch verfasst, das jeden Leser wie in einem Glücksauto mitfahren lässt und dein Papa durfte gelegentlich den besten Freund des kleinen optimistischen Protagonisten spielen und u.a. im schönsten fränkischen Freizeitpark „Schloss Thurn" mit aufführen. Dort, wo deine Mama auch das Video für ihr Lied, den „Schlüssel des Friedens" gedreht hat. Du hast das Buch geliebt, wenn Oma es dir vorgelesen hat und je mehr Menschen optimistisch in ihr Sein und Glück kommen, desto besser. Glücklichsein als Ergebnis deines Seins mit Empathie löst entgegen der Vorstellung der „Shiny World" die Trennung von uns selbst auf, von Herz und Kopf, von Jung und Alt, von reich und arm, von putzigem Streicheltier und essbarem Nutztier sowie die manchmal erwünschte Trennung von Menschlichkeit und Völkern.

Die Alleinzigartigkeit - al(l)one!

„Wir sind hier, um aus unserer Illusion des Getrenntseins zu erwachen." - **Thich Nhat Than**

Als ich dich eines Abends zu Bett gebracht habe, hast du mir eine sehr interessante Frage gestellt, mit der ich so nicht gerechnet hatte: „Wird es die Erde immer geben oder wird sie untergehen?" Ich antwortete dir, dass es darauf ankäme. In gewandelter Energieform mag es die Erde für immer geben, als Planet aber wird sie wohl spätestens in ein paar Milliarden Jahren zwangsläufig im Kreislauf des Lebens, der Entstehung und des Sterbens am Ende des Levels mit der Sonne kollidieren und verglühen. Du fragtest mich weiter, ob denn die Menschheit als Krönung der Schöpfung nicht irgendwann mal so intelligent werden könnte, um eine solche Kollision in ferner Zukunft zu verhindern? Wieder sagte ich dir, es käme darauf an. Vielleicht gibt es eines fernen Tages eine Exkursion, die z.B. mit einem speziellen Antrieb die Erde in ein anderes Sonnensystem befördern und die Menschheit vor einer solchen Kollision retten kann. Ich habe dir allerdings erklärt, dass auch Dinosaurier eine gewisse Zeit lang unsere Erde besiedelt haben, sie waren plötzlich da und dann wieder weg. Ob wir also überhaupt so lange existieren und nicht einfach wie die Dinosaurier nur Besucher sein werden, hängt davon ab, wie wir als diesmal intelligenteste Spezies aller Lebensformen mit uns und unserem Planeten bis dahin umgehen werden. Alles kommt und geht im stetigen Wandel, es gab bereits viele untergegangene Hochkulturen und es liegt an uns, wie die Epoche Menschheit insgesamt ausgeht. Die Wahrscheinlichkeit, dass wir uns selbst für den vorzeitigen Untergang verantwortlich zeigen, ist leider - gelinde ausgedrückt - hoch. Wie anfangs erwähnt, der intelligenten Meinung von nobelpreistragenden Uhrenstellern einer Doomsday Clock nach, sind wir der Zerstörung unserer Existenz sogar noch nie so nahe gewesen wie heute. Es sollte zumindest ein klitzekleines Alarmsignal sein für uns, die wir zumeist nur aktiv zuschauen, statt wirklich aktiv zu werden.

Ganz egal was man für ein Weltbild hat, welche Religion, Alter, Hautfarbe oder welchen sozialen Hintergrund, wir werden es lediglich gemeinsam im friedlicheren Miteinander schaffen, die Zeiger der Uhr wieder zurückzudrehen. Dieses Miteinander gilt für dich und deine Liebsten, dich und dein Viertel, für dich und deine Stadt genauso wie für den gemeinsamen Umgang im ganzen eigenen Land und mit fremden Ländern. Es klingt romantisch, ist aber existenziell. Wer das nicht realisiert, diese Vorstellung zweifelnd als unrealistisch erachtet und nicht daran glaubt, dass wir die Welt gemeinsam verändern können, gehört laut Sozial-Architekt Jacque Fresco schlichtweg nicht zu denen, die es auch tun werden. Wer sogar am angesägten Ast sitzend diese Vorstellung verhöhnt, ist Teil des Problems, nicht der Lösung. Die bequeme Position nahe an der labenden Frucht und weit weg vom Herzen hat nicht umsonst die Uhr auf wenige Sekunden vor 12 gebracht. Wir müssen lernen, dass Frieden im Kleinsten beginnt und sich im Großen widerspiegelt. Um so einen Antrieb zu bauen, der die Erde irgendwann hypothetisch verschieben könnte, erfordert es neben der Intelligenz besonders das Bewusstsein und den Willen zur Kollaboration als planetarische Menschheitsfamilie. Wenn wir an den Punkt kommen, uns als solche zu sehen, die es schafft, gemeinsam friedlich, sozial verträglich und fair die unbewusste Trennung voneinander zu überwinden, könnten wir uns eines Tages auf den langen Weg wagen und Generationen später eine derart verrückte und verrückende Mission zur Rettung unserer Erde starten. Unsere Welt steht gefühlt manchmal auf dem Kopf und vielleicht liegt es daran, dass sich unser Erdmagnetfeld ca. alle 700.000 Jahre dreht, aus dem Nordpol dann den Südpol macht. Viele wunderbare Menschen haben das erkannt und arbeiten bereits auf ebenso vielen Ebenen an unterschiedlichster Stelle daran, dass ein Grundstein dafür gelegt wird, es über das Technische hinaus hypothetisch möglich wäre. Im kleinsten Teil auch deine Mama, dein Papa und indirekt sogar du. Wie es die „Alleinzigartigkeit" in einem Wort beschreibt, sind wir alle gemeinsam im All, allein in unserer Einzigartigkeit, in zigfacher Vielfalt, alle einig im Herzen statt getrennt. Im englischen Sprachgebrauch beinhaltet das „all one" als „alle eins" auch „alone", also „alleine". Wir sind einzeln alle einmalig, aber doch verbunden im Innen wie im Außen, im Großen wie im Kleinen mit sich ähnelnden Herzen. Dabei sind und ticken wir nicht alle gleich, beileibe nicht und auch Gott sei Dank. Wir kommen allerdings alle von derselben Quelle im Universum und teilen das gleiche Schicksal genauso wie auch die vielen Freuden hier auf Erden. Wir bedingen uns gegenseitig, ganz egal wie alleine man sich fühlt oder auch Einzelgänger sein mag. Albert Einstein hat diese Verbindung mit den Worten beschrieben, dass auch wenn er allein war, sich „immer mit denen verbunden gefühlt hat, die nach Wahrheit, Schönheit und Gerechtigkeit suchen".

„Gonna get myself connected." – Stereo Mc´s

In jedem Atom schwingen - wie Flügelschläge von Schmetterlingen, Bosonen und Fermionen, Schwingung ist für alles entscheidend, auch für unserer „Verbunden sein" auf Erden. Wir sagen, die Chemie stimmt, man muss sich „riechen" können, aber auch der physikalische Flow muss passen, ein auf Anhieb blind verstehen, alles resultiert aus gemeinsamer Schwingung. Wir spüren diese Verbundenheit mit allem was ist auch in unserem eigenen Körper, quasi am eigenen Leib. Ein Schmerz im Zeh als Auslöser wird vom ganzen Körper, von allen Zellen wahrgenommen, genau wie auch Freude, Lust oder Liebe. Wir sind dabei kein vollkommen geschlossenes System. Egal ob es etwas Gutes oder Schlechtes ist, das, was du anderen tust, tust du dir selbst und das, was du umgekehrt dir selbst tust, auch anderen. Nicht im Sinne des Egoismus oder rein religiös, aber sofern es dir demnach schon mal selbst gut geht, stehst du zumindest nicht als zu bekümmernder Problemfall im Weg herum, wie es Jacque Fresno wohl ausdrücken würde. Wenn man dazu keine Problemfälle für andere schafft, landet man zwangsläufig bei der kollektiven Einsicht, selbst nichts zu tun, was man nicht will, dass einem von anderen angetan wird. Der Hollywood-Produzent und Regisseur Tom Shadyac stellt in seinem beeindruckenden Film „I am" die These auf, dass wir sogar über alles Leben und alle Zeiten hinweg durch minimale Argon-Atome verbunden seien. Wohl fundierter konstatierte Harvard nach einer über Jahrzehnte durchgeführten Studie, dass echte Verbundenheit glücklich macht. Wenn wir alle verbunden sind, ist es umso wichtiger, dass es dir mit deinem Sein für erleuchtende Glückseligkeit gut geht und es wird dadurch der ganzen Menschheit zugutekommen, denn die Absicht des Einzelnen hat immer Auswirkung auf alle anderen. Kollektiv spürbare Verbundenheit zeigt sich oft in großen Ereignissen, rauschartig und wie selbstverständlich feiern, helfen oder halten alle gemeinsam ungefragt zusammen. Keiner steht im Weg oder wird im Straßenverkehr negativ genötigt, wenn z.B. bei einem wichtigen Sportereignis der Titel gewonnen wird, alle aus dem Häuschen enthusiastisch in Freundlichkeit und mit wohlwollendem Zuvorkommen agieren. Ebenso nach traurigen Anlässen wie nach dem Krieg mit dem Wiederaufbau und dem folgenden Wirtschaftswunder in Deutschland, als – über das volkswirtschaftlich natürliche Steady State – Wachstum nach Solow, ein Ruck durch das Land zog. Genauso wie auch beim Chaos der Anschläge von 9/11, als in der Not alle wie automatisch zusammenhielten, sich gegenseitig halfen und alle an einem Strang zogen. Mit einem Zusammengehörigkeitsgefühl direkt am Ort des Geschehens, begleitet von einem weltweiten Mitgefühl, als wäre dieser kollektive Zustand das Natürlichste der Welt. Eins sein, das ist die Macht, singt deine Mama und es ist der kollektive Zustand, den wir erreichen müssen, um an der Sonnenseite anzukommen und nicht in der Sonne zu verglühen. Um dort anzukommen, muss allerdings erst auch jeder als Teil der Menschheitsfamilie bei sich und seinem Sein ankommen. Den Spruch „global denken, lokal handeln" müsste man um „individuell bewusst" erweitern. Wenn jeder wie einzelne Grashalme einer großen Wiese als Mensch fühlt, als Individuum wirkt und in Verbundenheit denkt, kann man menschlich mit eigener Persönlichkeit in unterschiedlichen Nationen seinen eigenen Weg friedlich überall gemeinsam gehen.

Seit Tausenden von Jahren wird uns allerdings Trennung suggeriert, Spaltung statt Einigkeit. Meistens zum Erhalt von eigenem Ego, Macht, Positionen und Privilegien. Dabei ist ja bekanntlich derjenige wirklich reich, der mehr Träume hat, als die Realität zerstören kann. Nur leider ist in einem Kopf voller Ängste kein Platz mehr für Träume. Trennung wird gezielt genutzt, denn es erfordert stetige und vielschichtige Polarisierung, um jederzeit ein Tanzen auf vielen Hochzeiten für sich nutzen zu können, das Gleichgewicht und den Status quo zu bewahren. Die Konzepte, mit denen dieser Erhalt jedes Mal wieder in eine neue Zeit transformiert wird, sind eigentlich einfach durchschaubar, denn ganz egal wie erschreckend böse oder wohlklingend gut es auf uns einströmt und verkauft wird, es muss letztlich dem Prinzip „cui bono" zwingend immer jemandem nutzen. Über naturgegebene Mechanismen hinaus ist die Anzahl derer, die für etwas sind oder etwas mögen, und denen, die gegen etwas sind und etwas nicht mögen, durchaus steuerbar. Das Schüren von Ängsten zeigt sich dabei besonders wirksam. Verängstigt mit sich selbst beschäftigt im uneinigen Kampf gegeneinander, folgt man unbewusst, entfernt von seinem Sein und teilweise blind, dem uralten Spiel des „divide et impera", in jeder Epoche bis heute. Heute ist es nicht mehr nur imperial-strategische Grenzziehung alleine, die geschickt auf eine leichtere Beherrschbarkeit einer Region zielte und bei den ansässigen Volksgruppen zu Konflikten führte. Mit strategischen Grenzen im Kopf sich gegenseitig verängstigt an den Hals zu gehen ist deutlich sichtbar aktueller denn je. Wie man beabsichtigte Ablenkung und gezielte Lenkung hin zum gewünschten Fokus zugunsten des eigenen Vorteils streamt, lehren Bücher eines Gustav Le Bon von 1895, eines Walter Lippmann von 1922 oder Sigmund Freuds Neffen Edward Bernays aus dem Jahr 1920. Sie zeigen, dass man jede zeitgeistige Eigenart und Meinung beeinflussen kann, simple wie auch das Kaufverhalten von Konsumenten. Lasse ich jeden Tag 24 Stunden lang in stetiger Wiederholung immer das gleiche Programm laufen, in dem man ein bestimmtes Produkt ansprechend bewirbt, dann wird die Wahrscheinlichkeit sehr hoch sein, dass sich die Abverkäufe dadurch steigern und das Produkt Ausdruck eines Zeitgeists wird. Kindersoldaten weisen nicht umsonst Gewaltpotenzial auf, nachdem ihr „stetiges Programm" Gewalt und Krieg waren. Von frühester Kindheit nach Gusto umerzogene Volksstämme verlieren ihre Identität, sobald man sie in stetiger Wiederholung weg von dieser Identität hin zu etwas anderem lenkt. In vielen Ländern geschieht das heute noch, auch wenn es ein uraltes Prinzip ist, funktioniert es. Im Westen gepriesene Individualität getreu dem Motto „Ich bin der Beste" schafft ähnlich Trennung, sofern es über Differenzierung hinaus geht und vergessen lässt, dass wir eben alle verbunden sind. Einigkeit und echte Verbundenheit soll man groteskerweise lieber in der Galaxie des Konsumegoismus suchen, dort kann man gerne verbunden sein, am besten immer und überall. Es erfordert Bewusstsein, wie beim angesprochenen Gebrauch oder Missbrauch des Fernsehers, um zu erkennen, ob man blind berieselt wird. Hat man dieses Sein nicht, zeigt sich unsere Trennung klar in Feindbildern, der asoziale Hartz4ler ist schuld, der faule Grieche ist schuld, der schmarotzende Flüchtling ist schuld und gibt dem unglücklichen Tag des vollkommenen Unbewusstseins Struktur. Wenn Deutschland frühzeitig aus der WM ausscheidet, ist eben schnell wieder alles beim Alten und man muss dazu nicht mal die Langzeitstudie der Uni Bielefeld zum Thema Feindbilder heranziehen. Aber wer weiß, ob es Bielefeld überhaupt gibt. Spaltung gelingt immer, egal ob in arm und reich, in links und rechts, in Jung und Alt. Schau nur dass dir „die" nebendran nichts wegnehmen, aber nicht nach oben. Dabei gibt es Arme, die reich im Herzen sind und umgekehrt, du bist jung, wirst aber auch mal alt sein, dreimal links ist auch rechts und dreimal rechts ist auch links. Ein ablenkender Kreislauf, wie in einem Hamsterrad gefangen, hängt in einem alleinzigartigen System eben alles mit allem zusammen. Zu beschäftigt bleibt ungewollt keine Zeit oder fehlt gewollt die Lust, dies zu erkennen, obwohl es dringend tiefgreifendes Reflektieren bedürfte. Ein Hinterfragen von allem in unserem Leben, allem Guten und auch allem Negativen.

„Deins, meins, eins. Einigkeit ist Kunst." - **Diana Herold**

Es ist Kunst, Einigkeit zu finden und Spaltung zu überwinden. Um eine ehrlichere, gerechtere und nachhaltigere Welt haben zu dürfen, müssen wir uns schon alle eigenständig auf Kurs bringen. Selbst geheilt, um Konsens finden zu können, ohne sich sofort heillos angegriffen zu fühlen. Dogmen vergangener Zeiten und alte Energie loslassen, um Neues willkommen heißen zu können. Als Star auf der Bühne der eigenen Existenz etwas weniger an konsumstimulierenden Kunstbildern orientieren. Sich nicht mit allen nur möglichen Mitteln durchsetzen wollen, um dem Ego Erfolge kurzen Glücks zu bescheren. Lieblosen Zwist in Beziehungen und Familien auflösen, offene Debatten nicht nur führen, sofern es einzig dem eignen Vorteil dienen soll. Stattdessen mit Herz und echtem Sein reich und einflussreich werden du und alle, die meine Zeilen lesen, weil sie vielleicht ebenso eine bessere Welt hinterlassen wollen, besser als wie wir sie unter dem Sofa mal vorgefunden haben. „Gewusst wie bewusst" im Sein und Herzen ankommen, beim eigenen Glücklichsein und die Notwendigkeit sehen, dass wir alle etwas tun müssen für ein Zusammenrücken der Völker mit weltweiten Lösungen. Für mindestens das Ziel einer jeden Schönheitskönigin bei einer Miss-Wahl: Frieden. Umprogrammiert oder besser unprogrammiert. Ein paar Werte mit Bewusstsein verschieben, um eines Tages vielleicht mal die Erde aus der Gefahrenzone verschieben zu können. Sich etwas mehr die Freiheit nehmen, frei zu denken und verantwortlich zu handeln. Als Gesellschaft sind wir unsichtbar, untrennbar und spürbar verbunden, die Bühne ist unsere gemeinsame Welt. Es ist an uns, diese wunderschöne Erde in einem gesunden Gleichgewicht zu halten, genau wie unsere Erde im Universum in einem fragilen Gleichgewicht existiert. Kippt dieses Gleichgewicht, ist es gleichbedeutend mit dem Ende unserer Existenz. Dave Chappelle meinte, es wäre nicht cool, erwacht zu sein, weil man in Gesprächen immer alles stark vereinfachen müsse, um nicht wie ein Durchgeknallter zu klingen. Daher geben die einfachen Worte von Captain Picard des Raumschiffes Enterprise Hoffnung: "Wir arbeiten daran, uns selbst zu besseren Menschen zu machen." Es bleibt der feste, nicht fundamentalistische Glaube, dass wir eines fernen Tages eine Lösung haben, die uns rechtzeitig vor einer Kollision mit jedweder möglichen Gefahr nicht nur mit der Sonne rettet.

☙♥♥❧

III. Cosmos of Life - Mission des Lebens

„Wir können unsere Probleme nicht mit demselben Denken lösen, mit dem wir sie geschaffen haben." - **Albert Einstein**

Gemeinsam mit Monkey gebürtig aus Utah, dem US-Bundesstaat, in dem dein Vater studiert hat und man als Anhänger der mormonischen Glaubensgemeinschaft Latter-Day Saints in jungen Jahren auf Mission geht, um die Welt kennenzulernen und zu missionieren, kam ich nach 15 Jahren endlich wieder nach Mexiko zurück. Egal wo man im Dezember 2012 hingeschaut hat, es war nichts von Weltuntergangsstimmung aufgrund des Endes des Maya-Kalenders zu spüren. Wir waren dort nicht als Jünger irgendwelcher Prophezeiungen, sondern haben uns lange nicht gesehen und Monkey organisierte an den Maya-Ruinen mit seinem Sternenturm im Dschungel von Palenque ein Electro-Festival. Ich habe dir damals für die Zeit meiner Abwesenheit einen Adventskalender besprochen, täglich mit einem Lied, einer Geschichte oder Botschaft. Die Botschaft, die das Volk der Mayas für 2012 spüren ließ und auch überall sichtbar machte, besagte, dass „ein neuer Mensch von den Göttern erschaffen wurde, ein Besserer als der vorherige, ein Mensch, der die Verantwortung für die Aufrechterhaltung der Harmonie im Universum trägt." Der 21. Dezember 2012 wäre „das Ende und der Beginn einer neuen Ära, mit der auch ein erneuerter

◉ PALENQUE, CHIAPAS IM DEZEMBER 2012: KLEINER „KICK" ALS ERINNERUNG FÜR DIE NOTWENDIGKEIT EINES BEWUSSTEREN ZEITALTERS.

Mensch entstehen wird". Captain Picard von der Enterprise würde wohl vermuten, dass sie sich um mindestens zehn Jahre im Datum getäuscht haben, aber beipflichten, dass wir als Menschheit zu wahrhafteren Wurzeln zurückkehren sollten. Erkennen, dass unser Wohlergehen eng mit dem Wohlergehen allen Lebens auf unserem Planeten verbunden ist. Wir leben in einem interdependenten Kreislauf, der eben gegenseitig bedingend Einfluss auf alles hat, der sprichwörtlich umfallende Reis-Sack in China sollte also durchaus interessieren. Als Teil des Ganzen, freischwebend in besagtem All, nicht wissend, wo wir herkommen oder was vor dem Urknall exakt war, gemeinsam in einem Kosmos und mit allem verbunden, schwimmen die meisten Menschen - im Glauben alles zu wissen, unbewusst alledem stromförmig einfach nur mit. Anstatt darauf bedacht zu sein, friedlich im Miteinander und mehr im Einklang mit der Natur zu leben, zu versuchen, die Chance zu nutzen, den Ort unseres Seins besser zu verlassen, uns zu beweisen, unsere dunkle Seite zu heilen, hat es eher den Anschein, dass wir mit Scheuklappen stupide einer angebundenen Möhre hinterherrennen. Es erscheint zwar belustigend, aber du merkst selbst, welches passende Tier gerade beim Lesen vor deinem geistigen Auge erscheint. Getrieben von Mechanismen, die man weder erkennt noch versteht, bringen wir mit unserer bisherigen Art zu leben, wie wir uns verhalten und miteinander umgehen, unser aller gemeinsame Überlebensfähigkeit unbewusst an den Rand des Untergangs. Wenn man allgemein bedenkt, dass wir zum Ende des 18. Jahrhunderts gerade mal eine Milliarde Menschen waren, alleine von 1999 bis zum Jahr 2012 bereits die siebte Milliarde erreicht haben und die achte Milliarde in noch mal kürzerer Zeit anklopft, wird klar, wie dringend es notwendig ist, sich um unseren Lebenskosmos Gedanken zu machen. Je ungesünder und unausgeglichener dieser kosmische Kreislauf wird, desto mehr entwickelt sich dieser zwangsläufig zu einem dem Untergang geweihten „Teufelskreislauf". Bei der aktuellen Verteilung des Wohlstandes und dem exponentiellen Bevölkerungswachstum werden wir alle nicht herumkommen, trotz aller belustigenden Ablenkung oder Lenkung in die von Mayas beschriebene Verantwortung zu kommen und um friedlich miteinander leben zu können. In jeder Generation haben viele mutige Menschen bereits für Frieden gerungen, genauso wie uns als Menschheit mitmenschlich, sozial und herzlich in allen Bereichen weiterzubringen. Wir sollen das aktuelle Ergebnis von Milliarden Jahren Evolution sein und sollten uns daher auch alle so verhalten, statt abgelenkt jegliche Intelligenz vermissen zu lassen. Man hofft nicht der Einzige zu sein, dem diese dringliche Notwendigkeit auffällt und sicher im tiefen Glauben kann man sich darauf verlassen, dass es auch in dieser Generation viele bewusste und aktive Menschen gibt.

Wenn man sich jahrelang darüber Gedanken macht und seit über 20 Jahren bewusster hinter den Vorhang des Scheins blickt, erkennt man, wie unfassbar wichtig das Sein ist. Für das Sein wird dann vieles nicht mehr vereinbar, da es beschämt. In Selbstliebe merkt man, dass es den eigenen Fluss von Energie, Frequenz und Vibration stört, im Weg steht für Glück und Frieden. Hildegard von Bingen könnte es wohl nachvollziehen. Heutzutage reden Menschen zu leise über Wichtiges, zu laut über Banales, zu viel über andere, zu selten miteinander und leider viel zu oft ohne nachzudenken. Nach dem Finden des eigenen Seins hört man erschrocken, wie beleidigend laut der Schein gesellschaftsklimatisch tönt. Spaltung lauter als Einigkeit. Gewalt lauter als gegenseitiger Respekt. Kontrolle lauter als Freiheit. Ausgrenzung lauter als Inklusion. Gehorsam lauter als Debatte. Angst lauter als Mut. Ignoranz lauter als Wissen. Bürokratie lauter als eigene Verantwortung. Populismus lauter als Bildung. Hörensagen lauter als das eigene Sehen. Lüge lauter als Ehre. Polarisierung lauter als eine gesunde Mitte. Mittelmaß lauter als Augenmaß. Maßlosigkeit lauter als Würde. Stigmata lauter als Toleranz. Wirtschaftlichkeit lauter als Menschlichkeit. Kühle Distanz lauter als Herzlichkeit. Konsum lauter als Geist. Profit lauter als Vernunft. Künstliches lauter als Natur. Exzess lauter als Gesundheit. Egoismus lauter als Nachhaltigkeit. Werbung lauter als das Werben um Ausgleich. Fakes lauter als echte Werte. Armut lauter als Luxus. Streit lauter als Konsens. Hass lauter als Mitgefühl. Leid lauter als gemeinsames Wohl. Es schmerzt das Sein, auch wenn Scherz und Schmerz zwar in ihrer Schreibweise nah beieinanderliegen, aber man könnte unabhängig vom Glauben oder Herkunft manchmal meinen, sich tatsächlich im falschen Film zu befinden. Wir benehmen uns mit unserem Lebensstil wie ein Elefant im Porzellanladen, jagen egozentriert unseren eigenen Erfolg auf dem Weg nach oben, ohne darauf zu achten, was eigentlich alles in unserem Laden beim Durchrennen so kaputt geht. Hat man es - bewundert als Macher - geschafft, sich etwas aufzubauen, grenzt man es ein, nicht nur mit einem Zaun, man versucht aus Angst vor Verlust alles abzusichern, zu versichern. Wenn es sein muss, notfalls in einer „Gated Community" die üppige Auslage einer globalen 24/7 Verfügbarkeit und Vielfalt genießen, aus Gängen unseres gemeinsamen Ladens, in denen der Elefant bedenklich anstößt. Unsere Umwelt, unser Kosmos als Stakeholder bedarf Optimierung, denn ein stetiges Verbreitern der Gänge ist nicht möglich. Auch der Elefant sollte mit einer neuen Bescheidenheit schlanker werden, um nicht alles niederzureißen. Natürlich gibt es gewisse Realitäten, denen man sich letztlich stellen muss, es gibt nun mal unterschiedliche Interessen, immer Gewinner und Verlierer. Man braucht nicht unbedingt erwacht zu sein, als neuer Mensch im Sinne der Maya, man kann sich stattdessen auch einfach nur schocken lassen. Krisen sind, wie ja beschrieben immer der beste Zeitpunkt für Veränderung, ganz egal wie hart. Gerade unser Mittelstand in Deutschland, der nachweislich zurecht als das Rückgrat unseres wirtschaftlichen Daseins gesehen wird, muss ein starkes Interesse daran haben, Klassenkampf, Kriege und Aufstände zu verhindern. Man kann sich selbst nur bis zu einem gewissen Grad schützen, bevor neue und unschöne Realitäten einen einholen. Entweder verlässt man sich weiter blind auf die Richtung derjenigen, mit denen man gemeinsam am Abgrund angekommen ist und die einen neuen, besser funktionierenden Menschen nach ihrer Vorstellung erschaffen wollen oder man erschafft sich selbst neu als neuer Mensch. Zu hoffen, dass wohlklingende Pläne eines Zurücksetzens und dem gleichzeitigen Konflikt wieder mal eigene Interessen transferieren zu wollen, kein fragwürdiges Anlauf nehmen ist, um unsere Welt noch krachender gegen die Wand zu fahren, ist nicht vorausschauend genug. Frage dich einfach selbst, setze dich hin und überlege, was du tun würdest, wenn du die Möglichkeit als alleiniger Weltherrscher hättest, für alle acht Mrd. Menschen verantwortlich zu sein. Wie würdest du diese Welt, unser Zusammenleben organisieren? Wie würdest du es machen? Deine gefundenen Schlüsse und friedlichen Vorstellungen, nimm sie für dich selbst und fange im Kleinen damit an, etwas zu verändern. Allen, die glauben und sich sagen „Mensch, der Mensch ist halt so, man kann die Natur nicht ändern", dem muss man entgegenhalten, dass es gerade in der Natur selbst liegt, dass alles Veränderung ist. Der Schmetterling lässt grüßen. Wie im zuvorkommenden Straßenverkehr während einer gewonnenen Weltmeisterschaft besteht die Chance, es besser hinzubekommen und dass wir trotz aller regulatorischen Ampeln selbst Möglichkeiten finden, unsere eigenen Interessen für den Vorteil aller öfters mal hintenanzustellen oder anzupassen. Regelungen sind wichtig, aber nicht alles, wie G. H. Hofstede mit seinen Kulturdimensionen aufzeigt, es geht auch mit mehr Freiheit und Freiwilligkeit. Wir selbst erschaffen uns unsere Realität und mit dem Wissen um die Notwendigkeit sowie unserer Verbundenheit kann man vielleicht auch Vortritt gewähren, ohne unmittelbar dem Schrei des Egos zu folgen. Alte Realität und alte Systeme ersetzt man durch einen neuen Geist, der dazu bereit ist, positive Kompromisse und Lösungen zu finden. Es ist das Sein, was einen während Krisen ins Erkennen und die Liebe zwingt, vor dem Zerbrechen bewahrt und das zukünftige Tun bestimmt. Wenn jeder nur ein bisschen versucht, sich selbst zu reflektieren und Achtsamkeit walten zu lassen, ist ein erster Schritt getan, der allen hilft.

> *„Die Welt wird durch dein Beispiel verändert, nicht durch deine Meinung."* - **Paulo Coelho**

Noch mehr hilft es, wenn wir mit weniger „Ich" und mehr „Wir" als Kollektiv freier Individuen, als Einheit mit der Macht der Liebe, als glückliche, unabhängige Menschen zusammenarbeiten. Mehr im Jetzt als schon bei der Rente zu sein, endlich in unser Herz kommen, in echte statt nur propagierte Mitmenschlichkeit, mit mehr Verständnis und mütterlichem Mitgefühl. Es besteht die Möglichkeit, dem nicht nur wissenschaftlich nahem oder prophezeiten Untergang zu entgehen, sondern sogar die Chance, den Samen eines Baumes zu pflanzen, in dessen Schatten wir zwar bekanntlich vielleicht nicht sitzen werden, aber das dann dank

Sonnenschein mit einem beruhigten und besseren Gefühl als bisher. Wir sind jeder einzeln die Grashalme, die den Schmerz des nötigen Evolutionsbedarfs gemeinsam spüren sollten und mit dem Wunsch nach Verbesserung im Geiste eines Jacque Frescos für nächste Generationen eine „Wiese" schaffen können, eine wie im Frühling erwachende Natur, eine blühende Welt. Je mehr daran arbeiten, diesen Wunsch hegen und bereit dazu sind, desto schneller geht es. Die Frage ist, ob du dazu gehörst, das Leben bewusster feiern zu wollen. Sammy Deluxe hat schon vor Jahrzehnten besungen, dass er der Typ wäre, der kurz nach Beginn der Party schon geht, weil er nicht feiern kann, solange er in Babylon lebt. Im Licht der Erkenntnis und des Bewusstseins gibt es keine Dunkelheit, ein paar Schatten vielleicht, an denen man sich üben darf, sein Mindset so hinzubekommen, dass die Party mehr Spaß macht. Gott will zwar gemäß Paulus´ Brief an Timotheus, dass alle Menschen gerettet werden und die Wahrheit erkennen, aber wenn der Funke nicht überspringt, dann wisse, niemand kann unbewusste Mitmenschen zu etwas zwingen, wenn sie nicht dafür bereit sind. Man tritt normalerweise höflich zur Seite und lässt das Leben ihren Lehrer sein, nachdem es aber unser aller Kosmos betrifft, muss Liebe und Bewusstsein wirklich laut sein. Vor Kurzem wurden uralte Schriftrollen aus dem Zwölfprophetenbuch gefunden, die folgenden Text des Buches Sacharja beinhalteten: „Sagt untereinander die Wahrheit! Fällt an euren Stadttoren Urteile, die der Wahrheit entsprechen und dem Frieden dienen. Plant in eurem Herzen nichts Böses gegen euren Nächsten und liebt keine verlogenen Schwüre!" Die Wahrheit wird aber nur dann geschätzt, sofern man nicht selbst davon betroffen ist. Ist man selbst betroffen, gilt derjenige, der es gemäß dem Komiker George Carlin wagt, sie auszusprechen, als „Arschloch". Wenn man es allerdings nicht tut, wird die Welt wie besagt weiterhin von Deppen beherrscht. Es ist leicht, allen anderen und dem Außen die Schuld zu geben, wie es geworden ist. Man kann sich aber nicht davon freisprechen, es wieder mal nicht gewusst zu haben oder zumindest der Depp gewesen zu sein, der es mit zugelassen hat. Ha, was hätte man denn machen sollen? Eben das, was schon lange - aber zumindest jetzt - definitiv erforderlich ist, dich selbst zu wandeln und die Beleidigungen deines Seins zu erkennen! Je mehr und je größer die Wiese, desto besser. Ich als

Grashalm habe auch nicht freiwillig mein Tutu auf Burning Man angezogen. Erst als ich mir blöd vorkam, weil ich der Einzige mit normalen Klamotten war, habe ich mich verrückt individuell angepasst. Nur wenige Menschen machten sich vor dem Ergreifen unserer Welt durch ein Virus überhaupt je Gedanken. Man kommt vom Job heim, ist froh, dass keine Mahnung im Briefkasten liegt und noch etwas Zeit mit Familie, Fußball oder für bunte Unterhaltungsformate bleibt. Zeit ist Geld und es bleibt eben kaum Zeit, sich um den eigenen Fußabdruck zu kümmern und sein eigenes Handeln in langen Ketten zu betrachten, geschweige denn die Bedeutung zu erkennen, was dies für unsere Gemeinschaft auf diesem Planeten bedeutet. Unser verbundener Lebenskosmos ist an einem Punkt angelangt, an dem man erkennt, dass viele der bisherigen einflussnehmenden Kräfte auf unseren gemeinsamen Kreislauf wenig altruistisch und eher zerstörerisch wirkten. Im bewussten Sein eigenverantwortlich gemeinsam einen alleinzigartigen, neuen Weg zu gehen oder auch von manchem wegzugehen, um beleidigende Widersprüche aufzuheben, mag vielleicht ein ganz brauchbarer Samen sein, der sich lohnt, gepflanzt zu werden.

Mondgesellschaft - Hart(z) statt Herz

"Seid vor allem immer fähig, jede Ungerechtigkeit gegen jeden Menschen an jedem Ort der Welt im Innersten zu fühlen."

- Che Guevara

Es ist eine lange, alte Freundschaft, die deine Eltern immer in Demut, Dankbarkeit lehrt. Wir haben Mariusz in unserem Herzen adoptiert, dem das Leben gezeigt hat, wie wir in unserer Gesellschaft mit Menschen umgehen, die abgesehen von der Stimme am Farben-Wahlspieltag ansonsten keine Stimme haben. Er ist der „Bruder" meines „DJ-Buddys" aus gemeinsamen Hofer Studienzeiten und der hiesigen Hip-Hop-Szene, die auch regelmäßig auf unseren legendären Studentenfeiern zu Gast waren, wie z.B. der Sänger der Band „Down Low", die u.a. mit „Johnny B." eine Zeit lang in den deutschen Charts durchgestartet sind. Miko und Mariusz sind beide als polnische Einwanderer Brüder aus der Not heraus geworden. Auch wenn unser komplexer ostpreußischer Nachname auf polnisches Adelsgeschlecht hindeuten mag, sind die zwei lieben Menschen tatsächlich unser polnischster Bezug, den wir haben. Ich habe sie als belebend frisch in ihrer kunstvollen Art kennen und schätzen lernen dürfen, eine Mentalität, die in ihrer neuen Heimat herzlich erfreut oder stereotyp erregt. Als Auswanderer sind sie in Polen selbst nicht unbedingt nur positiv gesehen, was - schwebend zwischen zwei Kulturen - herausfordernd sein kann. Sein damaliger Zuzug ins deutsche Glück war wohl mehr als nur das. Es war brechend, die Seele zerstörend und verstörend. Über all die Jahre kommt er uns nun bereits in regelmäßigen Abständen besuchen und es ist uns jedes Mal eine Freude, ihn bei uns zu haben. Mal mehr, mal weniger für deine Mama, für mich immer. Ob es manchmal daran liegt, dass deine Mama in einer ähnlichen Gefühlswelt steckte, als sie nach ihrer Flucht 1981 geliebte Menschen hinter sich lassen musste und nie mehr sah, weiß ich nicht. Im Alter von 12 Jahren wurde die Seele deiner Mama jedenfalls tief verletzt, als deine Ur-Oma und Mamas liebste Bezugsperson im Osten unerreichbar verstarb, sie nicht zu ihrer Beerdigung reisen konnte und

BERLIN 2016: MENSCHLICH VEREINT IM FRIEDEN AM ORT DER ERINNERUNG AN GRÖSSTEN UNFRIEDEN UND UNMENSCHLICHKEIT.

tagelang mit ihrer Trauer, ihrem Schmerz alleine ausharren musste. Mariusz half damals deinem Papa in der Zeit nach meiner Rückkehr aus den USA dabei, meinen erlittenen „Culture Back Shock" zu überwinden. Man kennt den Begriff, dass man bei einem Wechsel von seiner eigenen Kultur hin zu einer fremden Kultur einen Kulturschock erleiden kann. Dieses erklärbare Phänomen gibt es auch, wenn man aus einer anderen Kultur zurück in seine eigene Ursprüngliche wechselt. Es fiel mir eine geraume Zeit schwer, mein Heimatland wieder zu verstehen. Der Winter in „bayrisch Klein-Sibirien" plagte mich zusätzlich mit Erkältungen und Mariusz lief mehrere Kilometer zu Fuß zu meinem Wohnheim, um mir mit einem heißen Suppentopf physisch und auch psychisch Kraft zu spenden. Wie echt wäre man, würde man jemandem mit so viel Herz nicht immer eine Türe offenhalten. Besonders, wenn sein inneres Kind und er als Kind von ebenso 12 Jahren in der neuen Welt plötzlich erfahren musste, dass sein studierter Vater aus dem Nichts heraus und in Eifersucht seine Mutter mit fünf Kugeln in den Kopf und dann sich selbst hingerichtet hat. Was in aller Welt treibt jemanden dazu, so etwas zu tun? Sein Vater fand damals keine Arbeit, seine Frau schon. Sie ernährte die Familie, weil sie eine Stelle in einer Textilmanufaktur bekam, während er kulturell bedingt an der Bürde verzweifelte, als Familienoberhaupt keine Arbeit zu haben und daheimzusitzen. Er wurde in krankhafter Liebe unbegründet eifersüchtig, schlug seine Mutter zunächst ins Gesicht was polizeilich unerhört blieb, kurze Zeit später betrank er sich und ging eines Tages einfach in die Porzellan-Fabrik, stellte sich vor seine Frau und vollzog die Tat. Wenn aufgrund von Strukturschwäche Integration schwer gelingt, kann Arbeitslosigkeit ggf. tödlich sein. Glücklicherweise waren seine zwei Kinder damals nicht physisch in der Nähe, sodass „nur" das psychische Leid bleibt, was sich für immer in ihre Seelen gebrannt hat. Mariusz war auch derjenige, der Monkey, dem verwandten Neffen aus der Familie des US-Vizepräsidenten, während seiner Zeit in Hof - ohne ihn zu kennen - wie selbstverständlich aufnahm und mit ihm das teilte, was er eben hatte. Jedenfalls heilt eine so tiefe Wunde, besonders die geliebte Mutter auf diese Weise zu verlieren, nur sehr schwer. Wir wissen alle nicht und sollten es uns zu keinem Zeitpunkt anmaßen, darüber zu urteilen, manchmal in Gehässigkeit, warum jemand so ist, wie er ist, arbeitslos geworden ist, Hartz IV empfängt oder evtl. gar nichts tut. Stattdessen sollten wir jeden Tag dafür kämpfen, dass es ein würdigeres Auskommen für jeden Menschen in unserer Gesellschaft gibt und ein freies, unabhängiges Leben ermöglicht. Es steht unserem Leistungsprinzip entgegen, aber der tatsächliche Erfolg einer Gesellschaft spiegelt sich in einer „Overall-Performance" wider, die auch softe Faktoren wie mentale Gesundheit, das Glücklichsein, die Zufriedenheit und Existenzfähigkeit aller Teilnehmer berücksichtigt.

„Man erkennt den Wert einer Gesellschaft daran, wie sie mit den Schwächsten ihrer Glieder verfährt." - Gustav Heinemann

Nachdem Mariusz und seine Schwester zunächst gemeinsam in eine Pflegefamilie kamen, wurde ihnen schnell klar, dass die Behausung, die sie in einem kargen, feuchten Keller erhielten, leider rein finanziell und nicht menschlich motiviert war. Miko als Rapper mit Leib und Seele nahm mit Joe von Down Low nicht nur ein witziges Oldschool-Remake von „Suzy Q" auf, sondern gemeinsam mit seiner Familie irgendwann auch Mariusz. Sie wurden Brüder aus der Not, während Mariusz Schwester länger verharren musste, bis sie den surrealen Keller verlassen konnte und von Mariusz Deutschlehrer aufgenommen wurde. Bis heute hat sie trotz Beistand ihres Bruders mittlerweile die x-te Entzugstherapie hinter sich. Er selbst betet jeden Abend, dass er am nächsten Morgen nicht mehr lebendig aufwacht. Es lässt nicht los und holt einen im Leben immer wieder ein, wenn man es nicht auflöst. Um das zu erkennen, muss man kein diplomierter Mentalcoach sein, es reicht als empathischer Mensch zu verstehen, dass es viel Heilung bedarf. Wenn du siehst, dass jemand zurückfällt, gehe neben ihm her. Wenn du siehst, dass jemand ignoriert wird, finde Wege, um ihn mit einzubeziehen. Erinnere Menschen immer an ihren Wert und ihre Wichtigkeit, es kann für sie die Welt bedeuten. Schon vor Jahren mahnte die Autorin Christa Schyboll an, uns anstecken zu lassen „von Mitmenschlichkeit und unsere Umgebung gründlich damit zu infizieren, auf dass ein Virus der Nächstenliebe die Welt erobert, bevor es ein anderer Virus schafft". In opportun markigen Worten betonen unsere weltweit in Verantwortung Handelnden immer die Wichtigkeit eines jeden Einzelnen als Teil unserer Gesellschaft, in der jeder zählt und Mitmenschlichkeit gefragt ist. Viele Binsenweisheiten helfen vielleicht beim Auffüllen der leeren Worthülsen in unserer Mondgesellschaft. Im reichsten Land Europas lebt bereits jeder fünfte altbetagte Mensch in Altersarmut und dieser Zustand verschärft sich jeden Tag. Ob jemand allein dahinsiecht oder ein Obdachloser erfriert, bekommen wir schon gar nicht mehr mit. Weltweit verhungern mittlerweile seuchengleich jedes Jahr über zehn Millionen Menschen, eine knappe Milliarde lebt am Rande des Hungertodes. Emotionslos verschwenden wir aktuell zehn Mal mehr Geld für Verteidigung und Militär, anstatt es sinnvoll in Perspektiven für unsere jungen Menschen und alle Gesellschaftsteilnehmer zu investieren, wir tendieren unverblümt dazu, dieses Ungleichgewicht noch größer werden zu lassen. Obwohl wir mehr Geld für Kriege und Waffen als für Frieden, Bildung und unsere Gesellschaft ausgeben, nennen wir uns tatsächlich zivilisiert. Statt für das Wohl und respektvolle Würde von Menschen einzutreten, halten wir von Anfang bis hin zum gemeisterten Erreichen eines hohen Alters als Belohnung Armut und Almosen bereit, darauf hoffend, dass noch nicht alle ihr Herz verloren haben und karitative Güte zeigen. Hohl-Laberer aus allen relevanten Bereichen erklären uns vollmundig in leeren Hülsen mit heißer Luft von oben herab die Notwendigkeit und weshalb im gelenkten Fokus nur das „Eine" möglich ist und lobbyloses

Anderes leider nicht. Weshalb nun mal der systemrelevante Schein wichtiger ist als das individuell existenzielle Sein. Mit finanziellen Reizen und Fehlanreizen steuert man, man kann Geld für Fake einsetzen oder für Real. Als Waffe ähnlich wie ein Schwert, mit dem man entweder töten oder das Brot dieser Welt teilen kann. Wir können zwar für Hunderte Millionen Steuergeld diesen oder jenen Bau realisieren, aber nicht den Schwächsten in unserer Gesellschaft nachhaltig helfen. Wir müssen zwar Hunderte von Milliarden an Steuergeld für dieses oder jenes Projekt ausgeben, aber nicht zur nachhaltigen Beseitigung des Welthungers. Es ist für alles Geld da, immer. Die absurde Frage nach der Finanzierbarkeit ist eine bodenlose Frechheit, ein Schlag ins Gesicht eines jeden, der bis drei zählen kann. Berauscht und zutiefst verschuldet wie alle Länder dieser Erde kennt jeder mindestens drei Fälle, in denen bei uns trotzdem anstandslos aufs „Knöpfchen" gedrückt wurde und „alternativlos" Geld generationenbelastend kreiert werden musste. Die bisherige Allokation kann jedenfalls nicht so märchenhaft erfolgreich gewesen sein, wenn man kurz davor ist, über den Abgrund zu stürzen. Aber Kleider machen eben Leute, nicht umsonst werfen wir allein in Deutschland jährlich über eine Million Tonnen Textilien weg, um dabei scheinbar gut auszusehen. Als Zugehörigkeitsmerkmal — wie beim Punk der Iro — streunen blitzsauber von Kopf bis Fuß geleckt, gehüllt im feinen Zwirn mit Krawatte, augenscheinliche Leistungsträger als „Schlipspunker" durch unsere Gesellschaft. Weder faul, bettelnd oder gesellschaftliche Zwänge ablehnend verschandeln sie zwar nicht das Stadtbild, aber immer seltener ist dahinter ein gepflegtes Sein, was moralisch vorbildhaft ist. Die Wichtigkeit und gesamtwirtschaftliche Bedeutung hochhaltend, nimmt man mit offener Hand gerne fragwürdig viel Geld für wenig Hinterfragtes an. Ob es die Gemeinschaft schädigt, welche ggf. tödlichen Konsequenzen das eigene Tun beim Zuschlag auf eine Nahrungsmittelspekulation oder das Halten bestimmter Aktien hat, scheint egal, denn entweder schlägt Abhängigkeit die Moral, mangelndes Gewissen und Wissen, die Erkenntnis oder Profitgier die Balance des gesellschaftlichen Gleichgewichts. „Nach mir die Sintflut" als die Krönung des Erfolges verkauft, stellt man lieber medial gefeiert Statussymbole zur Schau, strahlende Trugbilder als

Vorbilder. Es gibt keine anderen Wahrheiten als die eigenen, man akzeptiert nur deren Bestätigung. Man schafft Grenzen, die klar trennen mit Wording. Jedes Widerwort gegen das eigene, als grenzenlos erachtete Notwendigkeit wird umgehend als unterstellte Feindseligkeit der Lächerlichkeit preisgegeben und in eine Ecke gestellt. Diskussionskultur und Inklusion ist ernsthaft nur innerhalb dieser Grenzen gewünscht, anderslautende Meinungen werden schlichtweg erschlagen, dank gezielt exklusiver Totschlagskultur. Mit verdrehtem Wortschatz und Bedeutungen verstehst auch du irgendwann das A als O zu sehen.

Gar keine Buchstaben mehr zu verstehen, brachte Mariusz letztlich zu seinem weit über die Grenzen hinaus bekannten Spitznamen. Als er in Studienzeiten zu später Stunde partygebeutelt in der Ecke meines Zimmers sitzend zu Armand van Heldens Hit „The Funk Phenomenona" mitwippend, leise und abkürzend „Pampanada" sang, fragten sein Bruder und ich amüsiert, was er denn da singen würde und vor allem, was das Mitgesungene denn bedeuten solle. Mariusz bezeichnete es überzeugend eindeutig als „Musikinstrument" und deutete auf einen von oben abgebildeten Plattenspieler des CD-Covers der gerade abgespielten Musik, welcher sehr entfernt und nur mit phänomenaler Fantasie einem Banjo glich. Monate später, während meiner Zeit in New York, in der ich nicht nur lernen konnte, dass Puff Daddy zwar klein, aber als Gentleman mit einem Teil seiner Crew artig hinter uns in der VIP-Schlange wartete, besuchte ich auch Armand van Helden in seiner Wohnung mit Blick auf den Times Square und erzählte ihm zwischen endlos Schallplatten und überdimensionalen Mischpult bei einer Partie des Videospiels „Tekken 3" wie sein Lied zur Kreation dieses Spitznamens beigetragen hat. Manchmal schließt sich der Kreis schnell. Manchmal dauert es ein Leben lang. Nachdem Mariusz über Jahre mehrere Arbeitsstellen erfolgreich ausgefüllt hat, stürzte er mit der Zeit und seiner schwer verdaulichen Vergangenheit trotz Tausender Bewerbungen tief in das System Hartz IV. Von da an und mit jedem Tag mehr, galt er nun als Feind unseres „Out-of-date" - Gesellschaftsmodells. Seine teils kafkaesken Wege durch die Ämter und Maßnahmen zur Wiedereingliederung hatten nicht nur wenig mit Kompetenz oder Menschenwürde zu tun, sie hinterließen auch generell die Frage, wie erstrebenswert es ist, überhaupt wieder in ein solch mental suboptimales Modell hineinzuwollen. Ob im obligatorischen Förderunterricht ein kaum Deutsch sprechender, ägyptischer Englischlehrer kaum Englisch konnte und trotzdem weiterbildet, mag noch lustig scheinen. Immer erreichbar unter stetiger Kontrolle, mit offenem Kontostand, Anmeldung von begrenztem Urlaub, sofortige Kürzung der Bezüge bei Zuspätkommen oder Erhalt von freundschaftlichen oder familiären Zuwendungen macht laut manch einer Krankenkassenstudie jeden zweiten Hartzler krank. Beleidigend für jedes Sein akzeptiert man gesellschaftlich Sanktionierung und Erziehung, auch wenn augenscheinlich konsequent eindeutig zu wenig für Jugend, Bildung, Familien und Integration getan wurde, während auf die lästigen Schmarotzer gedeutet wird.

„Arm ist man nicht ohne Geld, arm ist man ohne Herz."

Mit einer zukünftig allumfassenden Technisierung unserer Welt und daraus resultierend deutlich geringeren Manpower-Bedarf in unserer Arbeitswelt klingt der ernsthaft gemeinte altertümliche Satz „wer nicht arbeitet, soll auch nicht essen" wie Hohn. Grenzt euch ab von denen, die entweder Pech hatten oder bewusst entschieden haben, auf Kosten der Gesellschaft ein Leben in Saus und Braus führen, es sich mit einem Tagessatz von 15€ bequem machen und ihr selbstbestimmtes „Recht auf Faulheit" feiern. Spaltung, die mit ihrer unterschwelligen Verbreitung von Angst gefügig machen soll. Noch kannst du mit einem guten Gefühl verächtlich von oben nach unten auf Schwächere sehen oder treten. Wenn man allerdings nicht gerade auf einer seiner fünf Inseln sitzt, ist auch für dich die Frage, wie lange noch? Schneller als man denkt, ist man als Bezugsempfänger „Kunde" einer Agentur, was vom Wording deutlich besser und respektvoller klingt als Schmarotzer. Die Schwächsten unserer Gesellschaft, diejenigen, die dringend geschützt werden müssten und nach deren Umgang gemäß des ehemaligen Bundespräsidenten Gustav Heinemanns sich der Wert einer Gesellschaft bemisst, werden frei zur Anfeindung als unfrei abhängige „Gewinner" gebrandmarkt. Physisch und finanziell schutzbedürftig sind aber nicht nur Arbeitslose und Arbeitssuchende, Gleiches gilt für unsere alten Menschen und Rentner, Gehandicapte, unsere Kinder und somit auch deren Familien, Hausfrauen und auch Alleinerziehende. In einer Gesellschaft, in der jeder zählt, jedes Mitglied so wichtig ist, passt es aber nicht, wenn aus gleichem verantwortlichen Munde als verdrehter Buchstabensalat dem „Wohlfahrtsstaat" die Schuld an unserer Staatsverschuldung angelastet wird. Max Uthoff hat es in seiner Sendung „Die Anstalt" korrekt als Ausbeutungsumkehrung bezeichnet, die Armen nehmen die Reichen aus, unser ganzes Land. Da passen die Worte eines ehemaligen Staatsoberhauptes, als Pfarrer christliche Werte verdrehend statt vertretend, die Oberen wären nicht zu Unrecht sehr unzufrieden mit ihrem Volk. Sollen sie doch Kuchen essen. Dass die Online-Präsenz der Agentur, das neue Wording inklusive Consulting und Corporate Identity durch Marketing-Gurus von all den ohnehin notwendigen „Agenten" mal abgesehen, ein Vielfaches des Marktüblichen verschlungen haben, vergisst man gerne. Als ich während meiner Zeit in Brüssel im Büro der Ständigen Vertretung eines dt. Bundeslandes im prunkvollen Palais saß und mich mit dem hauptverantwortlichen Leiter nett unterhielt, standen verhüllt und verpackt Bilder in der Ecke. Auf die Frage, was mit ihnen geschähe, bekam ich die Antwort, dass sie unbesehen im Keller verschwinden würden. Steuergelder für Ausstattung werden als Titel jährlich zugewiesen, werden sie nicht genutzt, verfallen sie. Dann kauft man lieber irgendetwas, zahlt für teure „Keller-Kunst" und darf nächstes Jahr wieder ausgeben, es ist ja genug da. Wohlfahrt und lästiges Klientel verantwortlich zu machen, statt sich an die eigene Nase zu fassen, kennt man als Kunde gleich wo aus allen bekannten Servicewüsten. Solange es verantwortliche Experten und Handelnde gibt, die in versorgenden „Tafeln" tatsächlich eine adäquate Antwort auf die Armut in einem der reichsten Länder Europas sehen, bekommen wir vor Augen geführt, wie groß das Versagen ist. Schon die Notwendigkeit ihrer Existenz ist beschämend. Der Einsatz von vielen Menschen aus der Mittelschicht ist bewundernswert und - ohne es verdrehen zu können - mit Worten nicht beschreibbar. Ebenso wie bei allen Mitmenschen, die ihr Herz, ihre Zeit und

Engagement im Ehrenamt zeigen. Aber Wohltätigkeit mit freiwilligem Charakter hat Grenzen, wenn jemand nicht mehr bereit ist oder kann, dann haben diejenigen, die davon abhängig sind, leider Pech gehabt. In einem gesunden Land sollte man es ermöglichen, jedem willigen Leistungsträger die besten Voraussetzungen zu schaffen, erfolgreich zu sein und gleichzeitig ausgewogen Sorge dafür tragen, dass eine Gesellschaft friedlich zusammenleben kann und sich glücklich entwickelt. Die Frage, ob es immer so glücklich ist, unbedacht weiter nach Wachstum zu streben, beantwortet nicht nur die bedenkliche Uhrzeit der Doomsday Clock sondern auch die Natur. Schnell und unkontrolliert wachsend hat sich mit der Zeit auch bei Mariusz ein Desmoid-Tumor in seinem Körper faustdick breitgemacht und um lebenswichtige Organe geschlungen. Wenn die Seele verletzt ist, die Psyche angeknackst und das Strahlen verloren gegangen ist, muss man Menschen helfen zu heilen und ihnen die Zeit geben, ihr Strahlen wieder zu finden. Egal ob sozial schwach, Heilung suchend oder freiwillig versuchend, heil bleiben zu wollen, auch im Alter verliert man sein Strahlen, als Kind ist man noch auf der Suche danach, viele Teile unserer Gesellschaft können vor lauter Schein ihr „Sein" überhaupt nicht finden. Menschenwürdig, nicht unmenschlich. Nicht krebsgleich, immer höher, schneller und weiter, sondern bewusster, langsamer und menschlicher. Für eine krankende Gesellschaft tut es allen gut, inklusive den Leistungsträgern ein paar Schritte zurückzutreten, es lässt Zeit für Bewusstsein und hat wie erwähnt nichts mit Hippie-Dasein zu tun, bei dem man sein Leben „chillt". In einer Zeit, in der sich nicht nur die Weltbevölkerung, sondern alles exponentiell beschleunigt, kann sich Entschleunigung mit manchem Schritt zurück, im Nachhinein sogar als erwähnter Fortschritt erweisen. Ein Innehalten muss nicht unbedingt bedeuten, dass man deswegen evolutorisch stillsteht. Mit dem Schritt zurück nimmt man nicht nur zu hohes Tempo raus, man erhält auch einen besseren Blick im Weitwinkelformat, kann reflektieren und sehen, ob man noch auf dem richtigen Weg ist. Oder ob man besser einen Schritt weg von einer ungesunden Richtung gehen sollte, den Kurs korrigieren, um sich nicht noch mehr zu verlieren. Es verhindert vielleicht, dass sich aus einem lustigen Purzelbaum bergab nicht ein unkontrolliertes Überschlagen entwickelt. In zu hohem Tempo unter Zeitdruck leidet zwangsläufig die Qualität, egal ob auf der Werkbank oder im Leben. Viel umweltbelastender Ausschuss und Müll, den man ggf. wieder rückgängig machen muss, sofern es eine profitierende Lobby dann überhaupt noch zulässt. Schlimmer ist jedoch, dass neben physischer und psychischer Gesundheit eben die Mitmenschlichkeit mit all ihren Facetten auf der Strecke bleibt, Werte wie Höflichkeit, Rücksicht und Respekt verloren gehen. Wir die Türe, durch die Gott sichtbar in diese Welt treten möchte, achtlos zuschlagen. Man kann sich ja abgrenzen und wegdrehen, alles neu kaufen, neue Freunde suchen, sich auch alles passend im eigenen Kosmos mit Worten zurecht drehen und evtl. sogar mal für eine Stunde am Sonntag in die Kirche gehen. Der Respekt für alles Leben ist unabdingbar für Menschlichkeit. Wertschätzung und Respekt drücken sich monetär dahingehend aus, dass jeder Mensch zumindest respektvoll überleben kann, ohne in seinem Kampf darum „gefühlsblind" zu werden. Wir sollten gemeinsam nach sinnvollen Rückschritten und Ankern, die Halt bieten, suchen. Auf dem Weg direkt auf eine Wand zu, erscheint es wenig sinnvoll, sich darüber zu freuen, der Erste zu sein, der gewinnmaximiert mit Wahnsinnstempo dort aufprallt. In einem Spiele-Level startet man neu und versucht es anders und besser zu machen. Angenommen, es gäbe die Möglichkeit eines weltweiten Neustarts, man könnte gesellschaftlich „resetten" und anders anfangen, dann könnte man doch jedem Sieger eines ihm gar nicht bewussten Levels davor eine bedingungslose Grundversorgung zugestehen. Jedem Teilnehmer an unserer Gesellschaft seinen Siegespreis gönnen, weil man als Spermium das Rennen gegen Millionen anderer gewonnen hat. Eine wertschätzende Prämie zum Start des neuen Levels, als Verdienst der Existenz durch Geburt bewiesen, um mit unserem erworbenen Lebensrecht auf diesem Planeten zu sein, das purste Überleben sichern kann, ohne gleich von Beginn an eine Ellenbogenkämpfe auslösende Bürde auf sich nehmen zu müssen. Absolut utopisch, aber für das Wohl des bis dahin stets beleidigten Seins wäre es vielleicht eine Überlegung wert. Jede Feasibility-Studie würde diese wohlgemeinte Wohlfahrt natürlich als nicht machbares Luftschloss in den Wind schießen. Es ist ein bisschen wie mit dem EU-

Beitritt Griechenlands damals: Nicht nur ich mit einem herzlichen Chef in Brüssel, der davor in hoher Position beim griechischen Finanzministerium und dem IFO-Institut unter dem Ökonom H. W. Sinn tätig war, jeder wusste, dass dies nur durch schön gemalte Luftschlösser möglich sein würde. Es diente einem höheren Ziel und es ist ein bisschen wie seinen Schlafmangel dadurch beseitigen zu wollen, indem man noch weniger schläft, Benzin zum Feuerlöschen nutzt oder wie manch scheinbar progressiver Staatenlenker eine Inflation mit höheren Ausgaben bekämpfen zu wollen. Nicht jeder erkennt darin sofort umsichtig die Bedeutung des Lean-Managements: Zur Steigerung der wirtschaftlichen Effizienz einer Unternehmung muss hier und dort gekürzt werden, aber bei manchen Aspekten, an denen es definitiv fehlt, gilt es dringend aufzustocken, aufzuholen oder nachzurüsten. Etwas langsamer, etwas durchdachter und fundierter für das Allgemeinwohl wäre für uns als Menschheit durchaus sinnvoll. Umsonst ist aber doch nur der Tod, das war schon immer so in unserer Gesellschaft, das geht nicht. Gut, aber es fing mal damit an, dass man sich gegenseitig erschlagen hat, um das zu bekommen, was der andere hatte, und wir sind auf einem guten Weg, auch wieder dahin zurückzukommen. Es wird vielleicht nicht vollends verhindern, dass solche Taten wie die von Mariusz Vater passieren, aber womöglich reduzieren und dadurch zum „Mehrwert" einer Gesellschaft beitragen. In nicht derart gut situierten Ländern wie dem unserem noch wirksamer und vielleicht leichter realisierbar, wäre es in Deutschland unvorstellbar, ganz egal, wie sehr es evtl. auch an mein Erlebnis im Grand Canyon erinnern mag, als mich das Gas geben statt dem Bremsen gerettet hat. Ein Belohnen ohne jegliche Bedingungen, ohne jeglichen Abzug zur Bestrafung, einzig gebunden an seine ohnehin bereits vergebene Identifikationsnummer. Keine Sanktionierungen, kein Knüppel im Rücken, keine Angst, wenn man nach zwei Stunden bei Rot über die Ampel geht. Belohnen statt erziehen, kontrollieren und sanktionieren, weil man sich mit seinem bisherigen Umgang in gesellschaftlichen Resorts nicht unbedingt einen insgesamt berauschend guten Namen gemacht hat. Für alle ein angemessener Grundbetrag in der Höhe angepasst an das Kostenniveau des Geburtslandes, der allen gleichermaßen unabhängig der sozialen Schicht zusteht, dem Millionär wie auch dem Ärmsten, was jeder daraus macht, allein jedem seine eigene Entscheidung, die keinen etwas angeht. Arbeite ich, habe ich dankbarerweise etwas on top, arbeite ich aufgrund fachkundlich negativer Zukunftsaussichten und Meinung eines bedeutsamen Richard David Precht eher nicht, kann ich zumindest überleben. Ganz egal, ob jemand fleißig arbeitet und sich etwas aufbaut, spart, investiert oder in Würde bescheiden sein Recht nutzt, nichts zu tun. Ein Leben, in dem jeder, der es für sein Menschsein oder Menschwerden nötig hat, würdevoll seine Traumata, Schmerz oder das Finden seines Seins in Frieden sorglos auflösen kann oder eben richtig durchstartet. Startet man ohne stabilen finanziellen oder familiären Background, kann sich trotzdem jeder, sofern gesundheitlich möglich, etwas aufbauen, sich freiwillig beschränken, um dann vielleicht etwas später eine gewinnbringende Investition zu tätigen oder unternehmerisch tätig zu werden. Befreiter von Zwängen und Abhängigkeiten einer organisierten, rein gewinnmaximierenden Struktur, als Form eines modernen, menschlicheren Kapitalismus. Alleinerziehende könnten ruhiger schlafen, eine Hausfrau würde einen respektvollen Lohn für ihr Dasein bekommen, würdig entlohnt für ihren wertvollen Beitrag an Erziehung, all die Liebe und dem positiven Mitwirken an einer gesunden Jugend. Man würde altgedienten Menschen die Ehre erweisen, ihre Geschichten unbeschwerter erzählen zu können. Geschichten von ihrem Gestern, die für uns antik klingen und dennoch viel Wahrheit und Weisheit in sich tragen. Unser Verwaltungsapparat würde sich gesund verkleinern, ohne ihn deswegen obsolet zu machen oder den Leistungsgedanken zu bremsen. Kein Wohngeld, Elterngeld, Kindergeld, Rentenkasse, weniger Bezuschussung. Krankenkassen würden sich evtl. in diesem Rahmen indirekt entlastet wirklich zu Gesundheitskassen wandeln. Unternehmen könnten dafür umso mehr zusätzlich mit attraktiven Add-Ons um das beste Personal werben. Besondere Taten für das Gemeinwohl-Engagement könnte man einmalig oder über einen Zeitraum würdigen. Kein aufgeblasenes, sich selbst versorgendes Kontrollsystem mit ebenso aufgeblasenen Egos, sondern schlanker, gesünder, weniger verführbar, ein kleiner, bunter Rat mit Menschen unterschiedlichster Art, sozialer Strömung und Altersklassen, die in direkter Wahl eine Richtung vorgeben und steuern, Staffelungen beschließen, an Teuerungsraten anpassen, Betrug und ungesunde Geschäftsmodelle sanktionieren. Ganz egal, wie man es im Detail realisiert, entscheidend ist, dass die Hand eines gepflegten Seins die Feder führt und Beleidigungen des Scheins keinen Raum bietet. Bei allen nicht finanzierbaren Luftschlössern und den trotzdem bisher getätigten Ausgaben mit gefühlter Verschuldung beim Weihnachtsmann direkt in seiner Weihnachtswerkstatt am Nordpol kommt es vielleicht nicht von Ungefähr, dass gerade ein ehemaliger Finanzminister Griechenlands schon lange ein bedingungsloses Grundeinkommen ins Gespräch gebracht hat. Sofern ein Lebenseinkommen ohne jegliche Sanktionierung und absolut bedingungslos ist, wird es jeder Gesellschaft dieser Welt guttun, Mechanismen zur Sanktionierung und Maßregelung behandelt bereits das Strafgesetzbuch und das ist auch gut so. Viele binsenweise Worte für etwas, was ohnehin kommen wird, aber es soll die Dringlichkeit um den notwendigen Respekt unterstreichen, die es für einen gesellschaftlichen Richtungswechsel erfordert. Weg von der Wand, dem Lean-Charakter nach, nicht nur mit finanziellem Reorganisieren, sondern eben auch durch ein mentales Aufstocken mit inneren Ampeln, die bemessen an Kulturdimensionen mancherorts ganz selbstverständlich sind. In weltweit multikulturellen Gesellschaften macht es Sinn, mit Respekt kulturell zwar fremde, aber konstruktive Wertvorstellungen und lange Ketten zu berücksichtigen, um in der Begegnung Alleinzigartigkeit zu finden. Es spart ökonomisch ein paar physische Ampeln ein und macht - wie ein lieb gemeinter Klaps - manchen äußerlichen Peitschenhieb obsolet. Nicht nur der Kaugummi gehört wie in Singapur unter unfriedlicher Androhung zwingend in den Mülleimer, auch die ein oder andere bisherige Einstellung und respektlose Beleidigung des Seins.

Evolution mit Respekt - Gerechter nicht nur der Geschlechter

"Wir neigen dazu, Erfolg eher nach der Höhe unserer Gehälter oder nach der Größe unserer Autos zu bestimmen als nach dem Grad unserer Hilfsbereitschaft und dem Maß unserer Menschlichkeit."
- Martin Luther King Jr.

Der erwähnte Komiker George Carlin hat anlässlich des Todes seiner geliebten Ehefrau das Paradoxon unserer Zeit verfasst, Worte, die es lohnt, sich näher anzusehen. Demnach haben wir u.a. „hohe Gebäude, aber eine niedrige Toleranz, breite Autobahnen, aber enge Ansichten". Konzepte, die sich über Jahre und Jahrhunderte entwickelt und sich in unseren Köpfen als Normen verfestigt haben, gehören regelmäßig hinterfragt. Wir verbrennen auch keine Hexen mehr, wischen uns nicht mehr an der Tischdecke den Mund ab und schlagen unsere Kinder nicht mehr in der Schule. George Bernard Shaw glaubte seinem Werk „Mrs. Warren's Profession" nach nicht an die Verhältnisse, denen man immer die Schuld geben kann. „Diejenigen, die in der Welt vorankommen, gehen hin und suchen sich die Verhältnisse, die sie wollen, und wenn sie sie nicht finden können, schaffen sie sie selbst." Der junge zypriotische Poet Anthony Anaxagorou definierte für sich Rebellion damit, dass man „unserer Gesellschaft ins Angesicht blicken und sagen kann, ich weiß, wie du mich gerne hättest, aber ich werde dir zeigen, wer ich wirklich bin". Wenn sich jeder diese weisen Worte ein Stückchen weit verinnerlichen würde, könnte sich die gesamte Gesellschaft selbst rebellieren. Mit einem alleinzigartigen Geist des Zusammenhalts in einem widerspruchslösenden Kapitalismus der Menschlichkeit und der Energie einer friedlichen Rebellion des Seins. Als ungeteilte menschliche Weltgemeinschaft mit ihren jeweiligen unterschiedlich bunten Gesellschaften ein soziales, gerechteres und gesünderes Miteinander schaffen. Unsere Zukunft ist gestaltbar, offen und wird von uns allen bestimmt. Unsere Herausforderung ist es, diese Zukunft in Verpflichtung gegenüber allen nachfolgenden Generationen verantwortungsvoll und de facto ehrlich anzugehen. Ein gemeinsamer Nenner für eine nachhaltigere und friedliche Welt mit elterlicher Liebe und in Bewusstsein, Harmonie und Kooperation. So unterschiedlich, wie wir alle auch sein mögen, aus unterschiedlichen Milieus kommend mit unterschiedlichen familiären Bedingungen, Interessen, Einstellungen oder Vorlieben. Bunt einfach. Wir sind nicht alle gleich, du magst Ninjago, ein anderer vielleicht mehr Star Wars, die Freude am Spiel bleibt deswegen euer gemeinsamer Nenner. Wir sollten es vielleicht nur nicht mehr kunterbunt zugehen lassen, weder bei uns noch woanders in anderen Ländern. Statt physischer Ampeln mehr mentale STOP-Zeichen, ein bisschen wie in den USA, wer zuerst an der Kreuzung ist und anhält, darf auch als erstes wieder fahren. Wir sind nicht alle gleich, aber gleichwertig. Die Wertigkeit eines Menschen hängt dabei weder von seiner Herkunft, der Hautfarbe, seiner Religion oder Geschlecht noch von seinem Beruf ab. Manchmal schauen wir auf Menschen herab, manchmal schauen wir zu jemandem auf und fällen unser Urteil nach unseren gefilterten Vorstellungen und Kriterien. Wenn man den Wert nach Leistungskriterien anlegt, dann ist nach der Größe des Hauses, des Autos und der Farbe der Kreditkarte eher derjenige wertvoll, der sich „verdient" wie crazy und easy alles leisten kann. Definitiv sind unsere Leistungen und Beiträge für unsere Gesellschaft oder auch hin zu einer fortschrittlichen, gesunden Evolution für die gesamte Menschheit sehr unterschiedlich. Der eine leistet mehr, der andere nicht ganz so viel, zumindest von dem, was wir eben durch unsere Filter sehen. Zu oft noch mit einem verallgemeinerten Individualblick, der uns kollektiv für unser Individualbild auf die eine oder andere Weise anerzogen wurde. Strukturiert gespalten, einer als Leistungserbringer, der andere als schmarotzender Leistungsbezieher. Derjenige, der für sein Unternehmen mit der Ausbeutung einer Wasserquelle Millionen erwirtschaftet, leistet zwar in Zahlen faktisch mehr, erzeugt aber ein hohes Defizit für uns alle als Gemeinschaft. Die Leistung derjenigen, die helfend an anderen Menschen arbeiten und für ein großes gesellschaftliches Plus sorgen, belohnen wir unverständlich zögerlich, wenn man es überhaupt so nennen kann. Es wird Zeit, unsere Filter auf einem Nenner anzupassen, Leistung neu zu bewerten oder reflektierend richtig geradezurücken. Auch wenn man sagt, dass, wenn du jemandem hilfst und etwas im Gegenzug erwartest es keine herzliche Freundlichkeit, sondern eher ein Geschäft ist, muss derjenige, der etwas Gutes im Gesamtkontext für die Allgemeinheit unserer Gesellschaft tut, immer belohnt werden. Anstand und Menschlichkeit braucht materielle Würdigung, als Beruf in Form von Gehalt sowieso, aber auch an sich, sei es durch Zugestehen von Privilegien, mehr Urlaubstagen oder -geld, durch VIP-Tickets und Extras. Je mehr Menschen gierig danach werden, Gutes zu tun, desto besser. Schaffst du es, jemand von der Straße zu bringen oder dass jemand durch dich wieder zu seiner Stärke findet, trägst du dazu bei, dass es Kindern besser geht, hilfst du Kranken oder Alten, gibst du Gefundenes zurück, ohne es vorher geklaut zu haben, prahle damit, trage innerlich einen Gürtel wie das tapfere Schneiderlein, statt wie im Schein herkömmlich mit einem dicken Auto, Haus oder einer Uhr.

Auch gesellschaftliche Heilung bedeutet nicht, dass Verletzungen und Schäden nie existiert hätten, aber vielleicht, dass man ihnen nicht mehr erlaubt, weiter die Kontrolle haben zu dürfen. Eine Geisteshaltung, die nicht lückenhaft und alarmiert versucht, alles, was an Herausforderung auf einen zukommt, notdürftig reparieren zu wollen, sondern stattdessen das gesellschaftliche Leben, das eigene Sein und herrschende Wertvorstellungen so grundlegend aufsetzt, dass egal was auch immer kommen möge, man damit gesund umgehen kann. „Pampanada" hat jahrelang ganz selbstverständlich seine alte Nachbarin mit weit entfernter Familie unterstützt, die Zeit dazu hatte er ja. Wie viele an anderer Stelle war er jemand, der dieser alten Dame ohne kriminelle Absicht oder auf Erbschaft hoffend zuhörte, mitfühlte, zur richtigen Zeit am richtigen Ort war, um zu helfen. Ohne viel zu leisten, hat er seinen Wert durch Stärkung unseres gesellschaftlichen Glaubens an Menschlichkeit gezeigt. Herzlichkeit kommt zumeist - eben wenig verdienstvoll respektiert - von den Menschen, die am wenigsten haben. Gute Menschen erkennt man generell an der Atmosphäre, die durch ihre Präsenz erzeugt wird. Denn niemand ist fähig, eine umfassende Atmosphäre zu erschaffen oder zu faken, die seinem Geist und Herz nicht entspricht, mit einer entsprechenden Energie, der Frequenz und dem richtigen Vibe. Ganz egal wie gut auch der Schauspielunterricht eines Lee Strasbergs oder John Costopoulos gewesen sein mag. Die besorgniserregende Untergangsuhrzeit kommt nicht zuletzt durch unsere eigene Fehleinschätzung, unseren Attributionsirrtum zustande, dass wir Leuten mehr Wert beimessen und es ermöglichen, qualifiziert aber ohne Charisma, Herz oder Verstand in hohe, entscheidende Ämter zu kommen. Dem von Filtern bereinigendem Sein fällt Rücksichts- und Gewissenlosigkeit leicht auf, man sieht regelrecht die Distanz, wie weit jemand von sich selbst entfernt ist. Man erkennt sie daran, dass sie einfach zu benutzen sind und man weiß, dass sie langfristig nicht loyal sein werden. Nicht jeder ist dabei unweigerlich abgrundtief böse, die meisten versuchen aus Existenzgründen in tiefer Abhängigkeit steckend, schlicht Sicherheit zu haben und ihr Gesicht einigermaßen wahren zu können. So unangenehm wie sich dabei das eigene Tun anfühlen mag, so negativ ist leider auch ihr Beitrag, der es insgesamt stückchenweise mehr in die verkehrte Richtung laufen lässt. Wie erwähnt ist die Rechnung einfach, an den entscheidenden Positionen werden die Weichen gestellt, wer Gewinner und wer Verlierer ist. Entweder ist man außergewöhnlich gut in dem, was man tut oder man muss skrupellos die Ellbogen ausfahren, im schlechtesten Fall beides, was eben nicht für alle funktionieren kann. Der Idiot bleibt auf der Strecke, zumeist auf Kosten der Schwächeren, damit die „richtigen" Leistungsträger anständig überleben können. Wir unterscheiden uns zwar im Menschsein, der Wert eines Menschen sollte aber idealerweise gleich sein, was in der Realität nicht der Fall sein darf. Aufgrund von Geburt unterscheiden wir uns sogar vielfältig und es bringt die Verantwortung mit sich als Stärkerer den Schwachen, den Ausgegrenzten, Minderheiten, den Gehandicapten bzw. Benachteiligten, den Ärmeren, den zu jungen oder zu alten Menschen zu helfen, zusammenzustehen und sich nicht an diesen Linien spalten zu lassen. Stark zu sein verpflichtet. Entgegen jeder Opferhaltung erfordert es ein kooperatives Einstehen mit Herz und Verstand, durch Schöpferkraft im richtigen Sein und über unterschiedliche Interessen hinaus für ein faires Miteinander und ein gesundes

Vorankommen aller zu sorgen. Egal ob man auf schwache oder eben die Vielzahl fehlgeleiteter Individuen „draufhaut", versucht, sie kontrollieren oder lenken zu wollen, es wird das Problem definitiv zu einem Konflikt erwachsen lassen, aber nicht lösen. Es macht mehr Sinn, auf Heilung zu hoffen und sich auf das jeweils individuell Positive zu fokussieren, denn jeder Mensch hat etwas Positives. Als Mitmenschen haben wir die Verantwortung - ähnlich wie in einer Beziehung - zu versuchen, dieses rare Gut hervorzuheben und zu stärken. Ein Bemühen in der Hoffnung, dass der kleine Geist in seiner Flasche reift. Lean-charakteristisch, statt nur auf das Ungesunde hinzuweisen, sich als Versuch erst mal gemeinsam mit auf die beste Seite des jeweiligen Seins zu stellen, soweit es möglich ist. Stärken „stärken" und Schwächen, „schwächen". Das „Für" und das „Wider" lösen immer spaltend eine Art des Kampfes aus, egal ob man nun für das Richtige oder gegen das Falsche ist. Jeder Mensch hat Dunkelheit und Helles in sich. Sinngemäß ist Erleuchtung nichts anderes, als dieses Helle in einem hervorzubringen. Daran arbeiten, dass das Helle, die Erleuchtung gewinnt. Das Böse an sich existiert nicht, denn das Böse und die Dunkelheit sind das Ergebnis dessen, was wir noch nicht berührt oder erleuchtet haben. Du musst die Dunkelheit in dir selbst kennen, dir bewusst machen und annehmen, damit du sie stufenweise mit Licht füllen kannst, wie bei einem Gang vom Ende eines Tunnels hin zum zuvor fehlenden Licht, von einer Kälte des Herzens hin zur fehlenden, notwendigen Wärme. Statt Haue benötigen Verursacher massenhafte Empörung, man muss lautstark darauf aufmerksam machen, ehrlich sagen können, wenn etwas falsch läuft und versuchen, das Böse im Herzen zu berühren und zu wandeln. Wie in allen Religionen gelehrt, Vergebung schenken, verzeihen für Fehler, ohne jedoch zu vergessen. Jeder muss sich bewähren, auch wie in der Liebe zeigen, dass er Liebe verdient. Für alles andere klare Überschreitungen und gravierende Taten gibt es Gesetze, Instanzen und Strafen. Man wird Mord und Totschlag nicht von heute auf morgen aus der Welt schaffen können, ein Baum wird auch immer seinen Schatten werfen. Das Böse komplett zum Verschwinden zu bringen, wird nicht gelingen, nicht zuletzt, weil alles dynamisch ist. Sobald man mit dem Aufhellen des Bösen, des Dunklen fertig ist, geht es in einer Endlosschleife weiter. Das Yin und Yang ist nicht umsonst kreislaufrund. Bipolarität ist hermetisch notwendig, zum eigenen Erkennen, zum sichtbar werden lassen. Wenn man die Unterscheidung nicht kennt, was würde es für einen Sinn ergeben, als guter Mensch am Ende des besagten Tunnels ins Licht kommen zu wollen? Als gemeinsamen Nenner für unsere Gesellschaft brauchen wir aber dringender denn je, dass das Gute deutlicher überwiegt, alle mitarbeiten Dunkles so klein wie möglich und Helles so groß wie möglich zu gestalten. Ein Wechselspiel, das ein bisschen an Darth Vadder oder das „Ultraböse" von Ninjago erinnert, dem dunklen Overlord, den du dir damals als Erstausgabe im Legoland zu deinem Geburtstag gewünscht hast. In stetiger Bewegung und doch unbewegt schauen wir zu, wenn Dinge geschehen, die nicht sein dürften. Ebenso auf individueller Ebene bei unserem Streben nach Glück, wenn Frustrationsschwellen uns hemmen und uns aufgrund zweifelhafter Definition und Widersprüchlichkeit unglücklich machen. Auch wenn es guttut, auf der Suche nach manchem Warum ein egal zu finden, müssen wir trotzdem mit allem Unbewussten und Bewussten in unserer Gesellschaft gemeinsam klarkommen. Ob man dabei sauer auf das Außen reagiert oder sich zusätzlich noch einen Umhang um die Schulter zieht, um dann sogar supersauer sein zu können, ist wenig zielführend. Unsere individuellen Grenzen brauchen nicht aus einem wütenden elektrischen Zaun bestehen, der jedem, der ihn berührt, einen Schlag versetzt. Es darf auch das hell erleuchtete Bewusstsein sein, was ausstrahlt, dass unser gemeinsamer Nenner gegenseitigen Respekt ausdrückt. Allerdings nur die richtigen Worte zu verwenden ohne Fundament, in einer „Political Correctness" getrennt vom Herzen und von Menschlichkeit innerhalb eines vorgegebenen Rahmens, verhindert diesen Respekt, zerstört Freundlichkeit und Menschlichkeit. Ein vereinender Richtungswechsel sollte jedenfalls vom gesellschaftlichen Klima in eine Richtung zeigen, die statt Orwell mehr „well for all" verfolgt und dem Nenner auch guttut. Den erstaunlich zeitgemäßen Worten aus ferner Zeit nach wird ansonsten eine Gesellschaft, die je weiter sie sich von der Wahrheit entfernt, desto mehr jene hassen, die die Wahrheit aussprechen. Diesen Eindruck kann man zumindest gewinnen, wenn man sich unsere heutige Diskrepanz zwischen dem, was wir als Menschheitsfamilie eigentlich tun sollten und dem, was getan wird, vor Augen führt. So außerirdisch wie der ein oder andere manchmal handelt, könnte man tatsächlich meinen, dass dieses Verhalten nicht von dieser Welt ist. Wie in einem Movie-Plot, in dem zwei Menschen miteinander kämpfen, der Gute gegen den Bösen. Eine dunkle Macht sorgt dafür, dass Gut und Böse den Körper während des Kampfes tauschen. Gewinnt der Körper des Guten, hat eigentlich in Wahrheit das Böse gesiegt. Die ganzen Guten, vertauscht in den Körpern der Bösen, werden alle eingesperrt, der Freiheit beraubt, gehängt, schlichtweg ausgemerzt und aus dem Weg geschafft, während sich das Böse unaufhaltsam weiterverbreitet. Die noch freien Guten vertrauen blind den mittlerweile von Bösen geenterten Guten, folgen ihnen und wir alle geraten immer mehr in Gefahr, der Vernichtung unseres Planeten entgegenzulaufen. Ist aufgeregte Wokeness statt Bewusstsein spaltend wie eine Axt im Wald unterwegs, so benötigt es besondere Wege, ein besonders raffiniertes Schauspiel, um Dinge wieder zum Guten zu kehren, schräge Werte und Worte zu begradigen und um ausgeprägtes Verblenden zu wenden. Es erscheint zuweilen wie der Versuch, jemandem unter Wasser erklären zu wollen, was der Himmel ist, wenn es lautstark monoton - in nur einem einzig erwünschtem Ton hörbar - schallt und hallt anstatt in berechtigter Vielfalt. Dieselbe Energie, die erschafft, kann immer auch zerstören. Ob sie Traurigkeit und Krankheit bringt oder Freude und Gesundung, bestimmt die Intention ihres Einsatzes und welcher Wolf - wie in der indianischen Geschichte - gefüttert wird. Unsere Zukunft hängt davon ab, was wir jetzt tun. Wenn es dem Sein an allen Ecken und Enden fehlt, ist es jedenfalls fatal, sich einer Art „Mentizid" gemäß dem Psychoanalytiker Joost Merloo hinzugeben und sich kollektiv mit verdrehten Worten durch Angst missbrauchen und den eigenen Verstand „killen" zu lassen. Als stilistisches Mittel, mit dem man auf Ungerechtigkeit zwangsbewusst hinweist, mag eine Überbetonung vertretbar sein, sofern man die entstandene Unwucht wieder vernünftig austariert, das Pendel erneut ins Gleichgewicht bringt. Sich nach berechtigtem, lauten Rufen nicht am Ende verirrt. Das Gute ist, dass jeder jeden Tag die Wahl hat, ob er ein „Arschloch" sein will oder nicht. Es erfordert einen gesunden, bedachten Umgang mit unserer gesellschaftlichen Energie, damit das Sein weniger beleidigt wird. Jeden Schein entlarvend offenbart, den Schmutz unter der Couch hervorholt und somit für eine gepflegtere Party mit mehr Spaß für alle sorgt.

„Das Feminine muss sich gut fühlen, um Gutes zu tun, das Maskuline muss Gutes tun um sich gut zu fühlen." - **Dr. Pat Allen**

◉ "ARTIVISTIN" UND INSPIRIERENDE FREUNDIN MIT DEM HERAUSGEBER DES MAGAZINS HUSTLER, LARRY FLYNT UND IHREM BUCH „JILL LOVE REVOLUTION: WE ARE THE VOICES OF THE UNHEARD".

Es war ihr Bild in Engelsflügeln mitten in der Wüste als Vorlage, das gemeinsam mit dem eigenen, gleichlautenden Song die Szenerie deiner Mama bei ihrem zweiten Playboy-Shooting bestimmte. In sinnlicher Ästhetik aus dem Meer steigend, hätte dieses Bild gerne das Cover schmücken dürfen. Das, worauf die ganze Familie stolz ist und dein Papa - zur Freude aller - nur wörtlich beigetragen hat, basiert auf der Inspiration eines Mannes, der sich zunächst im falschen Körper wiedergefunden hat. Eine spanische Transgender-Frau, die wir von Herzen für ihre beeindruckende, aktivistische Erotikkunst mit viel Wert für unsere Gesellschaft schätzen. Als Jill Love und wunderschöne Frau steht sie mit Weiblichkeit gegen jede Ungerechtigkeit in unserer Welt auf und gibt den Ungehörten sexy und kunstvoll eine Stimme. Es kann nur selbstverständlich sein, einen derart beeindruckenden Menschen mit so viel Mut und Leidensdruck in seinem bzw. ihrem Sein nicht nur zu akzeptieren, sondern auch zu würdigen, wie dies der amerikanische "Hustler" mehrseitig in Text und Bild getan hat. So wie es eine persönliche Wahl ist, wie man sein Leben verbringt, so ist es auch eine persönliche Wahl, wen ich liebe oder welchem Geschlecht ich mich zugehörig fühle. Jeder ist Teil der gesellschaftlich zu schützenden Vielfalt, allerdings sollte man sich bei alledem nicht in den eigenen Schwanz beißen, ein Eigentor schießen im Sensibilisieren um definitiv notwendigen Respekt und Normalität. Eine überbetonte Verdrehung und Verwirrung der deutlichen Mehrheit ist nicht heilend, sondern eher spaltend und ungesund. Wie auch beim männlichen Pendant sollte sich eine in der Mehrzahl befindliche, gebürtige Frau nicht das Frausein nehmen lassen. Ebenso wenig wie sich auch nicht das gute Gefühl nehmen lassen, um Gutes so viel tun zu können, nur weil sich manch männlicher Zeitgenosse gut dabei fühlt, für eigene Zwecke instrumentalisiert etwas weniger Gutes zu fabrizieren. Stereotypisierung hilft dem Gehirn Situationen, Menschen, Dinge und Einstellungen schneller und einfacher einzuordnen, aber Chancengleichheit und Respekt verlangen, sich über amüsante Grobeinschätzungen wie denen von z.B. Barbara und Allen Pease hinwegzusetzen. Ich kenne viele, tolle Frauen, die definitiv besser einparken als manche Männer und eine besondere Frau wie deine Mama bekommt das sogar blind gut hin. Während wir mahnend auf arabische Kulturen zeigen und uns bezüglich 100 Jahre Frauenwahlrecht brüsten, bezahlen wir unverständlicherweise dem Existenz bringenden, gebärenden Elternteil - trotz iterativer Verbesserung - in vergleichbar beruflicher Anstellung immer noch weniger für ihre Leistung als dem männlichen Co-Elternteil. Andererseits wirkt sich in unserem aktuell gegebenem Rahmen auf allen Ebenen z.B. eine Frauenquote jedoch leider dahingehend aus, zu erkennen, dass Frauen in Führungspositionen genauso gesellschaftlich ungesund agieren können wie Männer. Man sollte immer in Gleichwertigkeit den Mensch an sich sehen, das Sein und das Herz, ganz unabhängig von allem anderen. „Wir brauchen Menschen, die vorangehen und dabei nicht in Geld verliebt sind, sondern in Gerechtigkeit. Menschen, die nicht in Ruhm verliebt sind, sondern in Menschlichkeit." Martin Luther King Jr. nachfühlend, wäre es ihm dabei sicherlich ziemlich egal, welches Geschlecht, welche Hautfarbe oder Religion dabei jemand hat. Wenn man an die göttliche Schöpfung aller Menschen in Gleichheit, Brüderlichkeit und Liebe glaubt, widerspricht es per se jeder Form von Intoleranz, sei es Sexismus, Rassismus oder anderen trennenden stereotypen Einordnungsmerkmalen. Ohne den Kern des Menschseins zu respektieren, spaltet unsere Leistungsgesellschaft mit noch so gut gemeinten Quoten und scheinbarer Fairness eher als einen guten Fortschritt zu schaffen. Schon immer und auch überall wandelten sich Gesellschaften und Kulturen, aber ganz egal, wie stark die Verdrehung auch sein mag und am liebsten auch Uigurische Verhältnisse annehmen möchte, sie sollten nie ihren nativen Kern und ihre Werte verlieren. Auch wir als schillernde Menschen aus Schillers Heimat nicht. Wie Milan Kundera es beschrieb, muss man aufpassen, dass sich eine Nation nie ihr Gedächtnis auslöschen lässt und vergisst, was sie ist und was sie war. Völkerwanderungen aber sind kein Phänomen der Neuzeit und es verpflichtet respektvoll dafür Sorge zu tragen, dass jedem Menschen, den wir dauerhaft zum Teil unserer Gesellschaft machen ab diesem Zeitpunkt ein gleichwertiges humanes Überlebensrecht zugesichert ist. Mit Hinblick auf eine solch vielschichtige, weitreichende Verantwortung sollte man manches in der gesellschaftlichen Gestaltung durchaus bedachter und sanfter angehen statt auf Kommando oder Knopfdruck. Ob letztlich an der Kasse ein Mann vor einer Frau steht, weil er zuerst da war, eine Muslima vor einem Christen oder ein Eingeborener der jeweiligen Gesellschaft zuerst auf Posten stand, vor einem Gesellschaftsteilnehmer aus einem anderen Kulturkreis, darf wie auch umgekehrt kein quotenwürdiges Problem darstellen. Wie jeder am Anfang unseres Lebenslevels wurden nun mal auch du und ich unbewusst konfiguriert, so wie wir sind. Wir sind Teil einer weißen Minderheit auf unserem Planeten, die in wirtschaftlicher sowie politischer Hinsicht „diktiert" und den Lauf aller zu beherrschen scheint. Genau genommen ist es aber korrekter ausgedrückt, dass wenige elitäre Weiße ausnahmslos über die ganze Menschheit bestimmen. Ähnlich der Annahme, wir wären alle Sünder, kann ich mich als anständiger Mensch davon frei machen und muss die Verbrechen unbewusster Verbrecher gegen andere Ethnien, Geschlechter oder Religionen nicht auf mich laden. Das bewusste

Sein sieht jedoch das Leid jeder Seele, der Unrecht widerfährt und die Heilung bedarf. Es verpflichtet, gegen Ungerechtigkeit aufzustehen und immer dafür einzutreten, dass die selbstverständliche Gleichwertigkeit als Mensch jedem verlässlich mit Respekt zugesichert bleibt. Ohne Täter zu sein, darf ich mitfühlen, wenn Mitmenschen einer jeden gesellschaftlichen Minderheit oder auch der weltweiten Mehrheit machtlos und ungehört in ihrer Entwicklung eingeschränkt, benachteiligt und ausgegrenzt werden. Der in meinen Augen beste Bundespräsident unserer Geschichte, Richard von Weizsäcker, äußerte absolut nachvollziehbar die Bitte an alle jungen Menschen, sich „nicht hineintreiben zu lassen in Feindschaft und Hass gegen andere Menschen, gegen Russen oder Amerikaner, gegen Juden oder gegen Türken, gegen schwarz oder gegen weiß. Zu lernen, miteinander zu leben, nicht gegeneinander". Egal ob aus Furcht oder im Namen des Glaubens, im Namen der Gerechtigkeit oder anderer wohlklingender Namen, lasse dich nicht hineintreiben und instrumentalisieren, denn dadurch fütterst du falsche, opportunistische Wölfe. Oftmals werden Dinge stillschweigend angestoßen, die nicht unbedingt zu unser aller Besten sind. Wenn nicht besagte Empörung eintritt, dann wird einfach so weitergemacht, wie auch hochrangige Politgrößen attestieren. Man muss aufstehen, um sich widersetzen zu können und sollte eben nicht neben sich stehen. Es ist überhaupt keine Frage, immer und jedem in Not mit Respekt zu helfen. Ob dabei die Not durch das Leid von Krieg und Vertreibung bestimmt wird oder wirtschaftliche Gründe hat, ist zweitrangig. Als einflussreiche Gesellschaft eines einflussreichen Landes kann man wirtschaftspolitisch Weichen stellen und immer konsequent Krieg ablehnen. Sich missbrauchen zu lassen, wenn Flucht nach kriegerischen Konflikten oder Umsiedlung zur Aufstockung alternder Bevölkerungen nach Plan erfolgt, macht betroffene Menschen nochmals zu Opfern und hilft keiner Gesellschaft. Zu Opfern, auf die man leicht in Spaltung nach unten treten kann und endlich auch der Hartz4ler und alle am unteren Rand befindlichen Lohngruppen mal nach unten treten können. Gerade wenn die Türe auffallend lange unkontrolliert aufgemacht wird, darf man sich nicht über ansteigende Gewalt wundern, sofern man nicht entsprechende Voraussetzungen schafft. Diejenigen, die wir integrieren, dürfen nicht gettoisiert in Parallelgesellschaften abgleiten, ansonsten bringt man im Glauben, das Kind schon irgendwie zu schaukeln, jedes Gesellschaftsgefüge unbedacht schlampig aus dem Gleichgewicht und säht Unfrieden, der aus dem Schaukeln ein Überschlagen macht. Es gehört zu unserer Verantwortung sicherzustellen, dass allen Menschen, denen wir - über selbstverständliche Hilfe in Not hinaus - dauerhaft Zugang zu unserer Gesellschaft gewähren, zu keinem Feindbild machen, wir Migration nicht zur Waffe werden lassen. Die Entscheidung wer und in welchen Dimensionen, will gut überlegt sein. Unsere Hilfe muss verhältnismäßig sein und vermeiden, Konkurrenz und Angst zu schüren, die Hausaufgabe bereits abgehängten Bürgern unserer aktuellen Gesellschaft ein würdevolles Dasein zu ermöglichen, muss erledigt sein. Auch wenn ein Land wie z.B. der Libanon gemessen an der Gesamtbevölkerung bewundernswert viele Flüchtlinge aufnimmt, vegetieren dabei so gut wie alle in tiefster Armut und ist für ein Gesellschaftsgefüge eher kritisch zu sehen. Bereits heute sind jedes Jahr fast so viele Menschen wie insgesamt in Deutschland leben weltweit auf der Flucht und es werden sicherlich nicht weniger werden. Sinnvoller erscheint es ehrlicher übereinzukommen, entsprechend begrenzt Menschen aus einheitlichen Ländern aufzunehmen, die weniger Konfliktpotenzial bieten und einen Schmelztiegel in der neuen Heimatkultur vermeiden. Zu den Hausaufgaben gehört aber besonders, den Menschen zunächst in ihren eigenen Ländern Unterstützung zukommen zu lassen, statt sie unter dem Deckmantel der Hilfe eigentlich nur zu eigenen Zwecken auszubeuten, die Gesellschaft zu instrumentalisieren und ggf. noch das Land als Müllhalde zu benutzen. Entgegen dem Irrglauben, mit immer mehr und teureren Waffen Frieden schaffen zu können, muss der Fokus darauf liegen, zukünftige Flüchtlingswellen zu vermeiden und Abwanderungsländer in friedlicher Kooperation um jeden Preis wieder so attraktiv zu machen, dass man dort sicher, respektvoll und würdig leben kann. Es erscheint zumindest ehrlicher und humaner, als sich mit Zäunen, Mauern und Wasserwegen wie in mediävalen Zeiten burgfestungsgleich abzugrenzen. Ob und was generell finanzierbar ist, kann man entweder in der Weihnachtswerkstatt erfragen, die Gelder schlichtweg sinnvoller nutzen oder auch darauf achten, sie in die richtigen Hände zu geben. Ein bedingungsloses Grundeinkommen wäre dort deutlich effizienter als in wohlhabenderen Kulturen. Gerade in ärmeren Ländern hat es sich als förderlich erwiesen, verantwortungsvoll Frauen Mikrokredite zu gewähren. Es mag nicht nur sinnvoller als Quoten sein, sondern könnte über die Grundsicherung hinaus evtl. für gesunden Fortschritt und Wohlstand sorgen, die jeweilige Gesellschaft wirtschaftlich und sozial stärken. Zumindest aber verhindern, dass eben Kinder im Sekundentakt verhungern und Flucht weniger notwendig macht. Es ist alles immer mit Kosten verbunden, wie man es auch aus der Berufswelt kennt, drückt sich Respekt monetär aus. Wenn man das Glück hat, seiner Berufung nachgehen zu können, die einen dem Klingen von Frau Bingen nach nicht krank macht, schätzen die meisten Teilnehmer einer Arbeitswelt das Geld, die Perspektive und besonders das Betriebsklima. In der Gesellschaft als Unternehmung unseres Landes ist klimatisch wichtig, wie man miteinander umgeht und was man für Zukunftsaussichten hat. Egal ob wir uns in schlechter Gesellschaft befinden oder nicht, drückt sich zwar nicht durch Aktienkurse aus, aber durch den Grad an Sicherheit, Freiheit, Respekt und Wohlstand, wir sind alle daran beteiligt. Belohnende Elemente sind wichtig und können zweifellos steuern. Egal ob Geburten zu fördern oder einzudämmen, wenn man ab dem dritten Kind z.B. bis zum Erwachsenenalter mehr oder weniger Geld gewährt. Nachdem Familie immer untrennbar sein sollte, ist ein einzukalkulierender Kernfamilien-Zuzug nur menschlich. Wie in manchen Kulturen viele Kinder hauptsächlich deswegen zu gebären, um das eigene Auskommen zu sichern, sollte dadurch ebenso steuerbar sein und eigentlich obsolet machen können. Es wird dennoch immer eine Minderheit geben, die ohne Bewusstsein gemeinschaftliche Werte versucht auszunutzen. Aber auch hier sollte man sie nicht durch Verdrehung zur Mehrheit machen, weder die Tat des kleinen Mannes bzw. der ebengleichen Frau. Statt gesellschaftlich in Richtung eines Punktesystems mit Maßregelungen und Abstrafung für die Bevölkerung zu schreiten, sollte nur die Belohnung im Vordergrund stehen. Überwacht und stetig kontrolliert mit vorgesetztem

Wertmaßstab als produktive Null oder Eins durch die Welt zu wandeln, die sich nach Gusto ihre Existenzberechtigung verdienen muss, ist kein human freudig erstrebenswerter Gedanke. Wir als Menschenfamilie wachsen zwar seit Jahren exponentiell, dennoch könnte man - vorausgesetzt, der US-Bundesstaat Texas wäre z.B. aufgebaut wie New York - die komplette Weltbevölkerung alleine dort unterbringen. Wie es weitergeht, gerade unter dem Aspekt, dass letztlich alle so leben wollen wie eben durchschnittliche Bewohner der Nordhalbkugel, ist entscheidend. Der Umgang mit Kriegen, Flutkatastrophen, Pandemien, ungesunder Ernährung, Verdursten und Hungertod wird man nicht dadurch lösen, dass man am besten noch die Todesstrafe fürs Falschparken ausruft. Wenn ein Sozialkreditsystem dann tatsächlich und ausschließlich für die Menschen in höchsten Positionen, denn sie bestimmen mit ihrer hohen finanziell gewürdigten Verantwortung den Takt vieler anderer Menschen. Dort wird oft verblendet von manchem Blender gelenkt und auch am meisten ungesund fehlgeleitet, was nicht nur den kleinen Wirkungskreis betrifft, sondern alle. Menschen, die an den Schalthebeln sitzen, müssen sich selbst auferlegen, gläsern zu werden und sich transparenter Kontrolle hingeben. Bei Verfehlungen wie im echten Leben ist man nach Abmahnung raus oder eben eingesperrt, ohne noch mal bei „Los" etwas zu kassieren. Die, die nicht im Rampenlicht stehen und deren evtl. individuelle Fehlentscheidungen nicht derart gewichtig sind, brauchen keine Durchleuchtung, etwas Erleuchtung würde schon ausreichen.

Generation Zukunft - Human transformieren, nicht transhuman verformen

„Wie wir das Kind behandeln, wird das Kind die Welt behandeln."

- P. Leo

Ein armer Mensch ist nur jemand, der ohne weltlichen Besitz geboren wurde. Ein ausländischer Mensch ist nur jemand, der woanders geboren wurde. Ein alter bzw. junger Mensch ist nur jemand, der früher oder später geboren wurde. Vulnerable Gruppen, die unseren gesellschaftlichen Schutz zwingend erfordern, sind dabei nicht allein Minderheiten und Benachteiligte. Es sind auch Menschen zwischen den Generationen, die - im Wandel - genau dann Respekt und Rücksicht brauchen, wenn ihre Verletzbarkeit am größten ist: egal ob als abhängiges, schutzbedürftiges Kind oder als ebenso schutzbedürftiger älterer Mitmensch. In einigen Gesellschaften gibt es den Zusammenhalt fördernde Generationenmodelle, in denen man in jungen Jahren mit sozialen Diensten Punkte sammeln kann, die einem fürs spätere Alter angerechnet werden. In Form von Services erbracht durch die nächste Generation stehen diese einem dann selbst wieder zur Verfügung. Ab einem gewissen Alter fängt man an, eine Art „Mantel" um die menschliche Hülle zu tragen, der sich von Tag zu Tag dicker anfühlt und unter dem sich das Lebenslicht im Laufe der Jahre stetig weiter reduziert, wie bei einem Papierblock jedes einzelne Blatt sanft vom Wind davongetragen wird. Mache dir diesen imaginären Mantel immer bewusst, wenn du Alten gegenübertrittst. Für jeden Menschen jüngeren Alters wäre es zum besseren Verständnis lehrreich, einmal einen Alterssimulator in Form eines Anzuges zu tragen, wie er auch für Produkttests des „Silver Marktes" verwendet wird, um z.B. beim Öffnen von Verpackungen Erleichterungen zu entwickeln. Wenn die Last schwerer wird, ist selbst das Öffnen einer Dose eine Herausforderung. Verständnis schafft Respekt, ein demütiges Lernen für das Stadium unseres Lebens, in dem es wieder „mütterliche Liebe" braucht. Genauso wie wir eben mal alle Kinder waren, werden wir auch alle mal alt, sofern nichts dazwischenkommt. Man darf genervt sein, aber Kinder zu hassen ist daher genauso dumm, wie auf ältere Menschen zu schimpfen! Beim alt werden hat man eben keine Wahl und egal was die jeweilige Lebensleistung sein mag, die Person hat es immerhin geschafft, bis dahin zu kommen und so betagt zu werden. Zeige helfende, respektvolle Achtsamkeit gegenüber älteren Mitmenschen und nicht fehlende Achtung. Es mag zwar manchmal nerven, einen regelrechten „Rentner-Slalom" machen zu müssen, um all den älteren Menschen, die einem im Weg sind, auszuweichen und man fragt sich, warum ausgerechnet genau zu den Stoßzeiten der aktiven und angehenden Leistungsträger das öffentliche Verkehrsmittel überfüllt sein muss. Rücksicht zu nehmen ist nicht unbedingt ein Wert, der in einer fortschrittlich hinfort schreitenden Gesellschaft besonders hochgehalten wird und ist leider nicht jedem seine Stärke. Als Wechselspiel beruht Respekt immer auf Geben und Nehmen und dass auch Ältere kauzig jegliche Manieren und Anstand missen lassen können, ist keine Seltenheit. Was immer ihre Beweggründe sein mögen, muss man es nicht an sein eigenes Strahlen heranlassen und kann - ohne das besagte Müllauto zu sein - höflich zur Seite treten, um dieser negativen Energie auszuweichen. Wenn Jugendliche unverständlicherweise auf alte Menschen losgehen, die eigene Wut so groß ist und in Gewalt umschlägt, dann liegt es nicht selten darin begründet, dass sie selbst Gewalt von Erwachsenen erfahren haben und diese Erlebnisse tief traumatisch verwurzelt sind. Im ungesunden Kreislauf werden somit zukünftig kauzig-respektlose Senioren nicht gänzlich verschwinden. Gerade die Levelübergänge, die der Transformation am Anfang und am Ende des Lebens, sind bedeutsam und bestimmen unser eigenes Karma. Nicht nur im besagt seltsamen Fall des Benjamin Button sieht man verdreht, wie nahe sich Alt- und Kindsein sind, wir alle kommen als Kinder auf diese Welt und wir gehen tatsächlich auch wieder sehr kindlich von dieser Welt. So wie es in gesunden Familien selbstverständlich sein sollte und man für Diejenigen sorgt, die auch einen selbst umsorgt haben, müssen wir uns wieder deutlicher bewusst machen, dass Jung und Alt untrennbar vereint zusammengehören. Es ist unsere gesellschaftliche Verantwortung, überall gesunde

Kinder zu schaffen, es überall zu ermöglichen, in lebenswürdigen Umständen aufwachsen zu können um damit eine ungesunde Spirale zu durchbrechen. Es ist unser gesellschaftliches Karma, das einem Gutes wie Schlechtes im Leben zurückzahlt. Es schlägt nicht immer linear zurück, genau wie auch nicht jedes Kind oder jeder Jugendlicher. Die Art, wie wir mit der Welt und miteinander umgehen, wie wir sie in Worten darstellen, ob mit Liebe und Respekt oder mit Trennung und Hass, begründet das Handeln und das Tun unserer Kinder. Ohne jeden soliden Background und einordnende Zuwendung fällt es schwer, manches zu verstehen oder auch überhaupt verstehen zu wollen und strebt stattdessen orientierungslos prügelnd nach ungesunden Werten, sowie verlorenen „erwachsenen" Vorbildern und Idolen. Es ist wie gesagt einfacher, starke Kinder aufzubauen, als kaputte Erwachsene zu reparieren. Der angesprochene Chefarzt der Kinderpsychiatrie verweist nicht ohne Grund auf die Wichtigkeit von Kinderrechten, die in der UN-Kinderrechtskonvention verankert sind. Auch das Recht auf Liebe und Glück sollen Teil eines gesunden und sicheren Aufwachsens sein, über alle sozialen, kulturellen, ethnischen oder religiösen Unterschiede hinweg. Man muss nicht erst auf den afrikanischen Kontinent schauen, um zu sehen, wie meilenweit wir selbst davon weg sind. Von Kriegen und Hungersnot abgesehen, ist auch in westlichen Gesellschaften physischer und psychischer Missbrauch, Frühsexualisierung, Gewalt und Kinderarmut präsent und somit ein ausgeprägtes Schutzbedürfnis um jeden Preis von Nöten. Genau wie unsere Kleinen lassen wir auch Eltern einfach loslaufen. Die Mehrheit bekommt es wunderbar hin, sie wachsen hinein, dank des Lebens und auch der älteren Generation, viele aber eben nicht, schon gar nicht so umfänglich, wie es dringend geboten wäre. Oftmals hat man den Eindruck, dass manche Eltern aus unterschiedlichen Gründen nur schwer in der Lage sind, diese Herausforderung ohne ungesunde Überforderung und ohne Hilfe zu meistern. Der Kinderpsychiater Michael Winterhoff vertritt die Ansicht, dass Kinder sich im Idealfall an Erwachsenen orientieren können, die in sich ruhen, aber „jetzt schauen sie sich mal den heutigen Erwachsenen an, wie dramatisch er sich verändert hat. Gehen Sie mal in die Stadt und schauen sie in die Gesichter: gehetzt, genervt, gereizt und depressiv". Die wenigen Ausnahmen, die entspannt Ruhe ausstrahlen, werden schon fast als verrückt unnormal angesehen.

„Wenn dein Kind ein Vorbild braucht und du es nicht bist, seid ihr beide am Arsch." - **George Carlin**

Nicht jeder möchte bzw. ist überhaupt in der Lage, Kinder zu haben. Manche Erwachsene wollen den Spagat zwischen Job und Familie nicht wagen, bevor alles gesetzt ist. Andere können es unverhofft nicht vermeiden, werden unweigerlich damit konfrontiert. Mit über 50 ein gebärender Elternteil zu werden, geht auch, und man kann niemandem das Recht absprechen, Nachwuchs zu wollen. Kinder sind jedoch keine Accessoires, kein Luxusgut, kein Must-have, nichts, was halt „sein" muss, weil es „üblich" ist, sie sind ebenso wenig volkswirtschaftliche Wachstumsfaktoren oder eine Altersversorgung, die entweder in ihrer Vielzahl oder lottogleich „einer" aus „vielen" irgendwann mal die Eltern tragen sollen oder müssen. Sie bestimmen unser aller Zukunft, ob wir in der nächsten Generation eben glückliche, gesunde Erwachsene haben oder schlichtweg kostspielige „Patienten". Es ist eine bedeutungsvolle kollektive Herausforderung und individuelle Bewährungsprobe. Eltern zu werden und Leben in unsere Welt zu bringen, ist etwas Heiliges und Heilendes. Im Straßenverkehr haben wir verstanden, dass sich zum Schutz des gemeinschaftlichen Lebens eine grundlegende Eignungsprüfung bewährt. Man kann zwar darüber diskutieren, ob und wie viele Ampeln man braucht, aber es entbindet nicht von der Notwendigkeit, das Fahren zu erlernen. Man lernt, wie man mit einem Auto, LKW, Boot etc. umgeht und ist verpflichtet, zum Nachweis einen Führerschein dafür zu machen, da es eben Leben gefährden kann, gewisse Befähigungen erfordert und unser kollektives Miteinander sicherstellt. Beim Elternwerden geht es genauso um schützenswertes Leben und notwendige Befähigungen. Früherkennend in die richtige Richtung weisend und über die rein „technische Handhabung" hinaus, könnte man neben wertvoller Hebammen- bzw. Entbindungspflege eine Teilnahme an einem sinnvollen Kurs für alle neuelterliche

Verkehrsteilnehmer verpflichtend machen. Zur Unterstützung, sobald eine Geburt angezeigt wurde, ein Elternführerschein für eine sichere Fahrt durchs Leben. Es braucht dabei keine reglementierende Prüfung wie für das Führen eines Kfz sein, mit den sich ausschließenden Optionen „durchgefallen" oder „bestanden", eher ähnlich einem Erste-Hilfe-Kurs. Zehn Termine mit verpflichtender Teilnahme, in denen die Eignung zum Aufziehen eines Kindes beflügelt wird. Ein Kurs der Verantwortung lehrt, die psychologischen Herausforderungen und kritischen Zukunftssituationen besser lösen lässt, die notwendige Wichtigkeit eines gesunden Umfeldes darlegt sowie über die Rechte von Kindern aufklärt und einfach insgesamt etwas Bewusstsein für das eigene und das Sein unserer Neuankömmlinge auf diesem Planeten schafft. Statt zu sanktionieren besser belohnen wie mittlerweile verbreitet in Form einer Bonus-Stempelkarte, mit der man nach dem ordnungsgemäßen Absolvieren ein „Freebie" für einen familiären Mehrwert erhält, unabhängig ob in einem System mit Elterngeld oder Grundeinkommen. Bei zu häufigem Fehlen oder Auffälligkeiten wäre eine Nachschulung denkbar, die man sich - ähnlich einer MPU im Verkehr - lieber gerne erspart. Man könnte eine Umsetzung im Rahmen von Hebammenleistungen mit Psychologen, Mental-Coaches oder betagt-erfahrenen, erfolgreichen Eltern realisieren, es würde unserer Gesellschaft sicherlich nicht schaden. Ein Eltern-Führerschein könnte helfen, Familiendramen und Verwahrlosung zu reduzieren, regelmäßige Sozialamt-Checks weniger notwendig machen und manchen Elternteil sensibilisieren und evtl. bewusster werden lassen. Arbeit, Familie und Soziales nehmen in unserem heutigen Bundeshaushalt zurecht den Löwenanteil ein. Will man aber wirklich große, starke Löwen, sollte dieser Anteil effizienter und noch deutlich weitreichender in den Fokus gestellt werden, statt andere Ausgaben zu pushen, die uns eher zu kriegerischen Hyänen werden lassen. Für Gesellschaften auf einem vergessenen Kontinent wie Afrika ist das richtige „Führen" natürlich zweitrangig solange sich nicht generell nachhaltige Verbesserungen einstellen, jedes nackte Überleben sowie grundlegende Kinderrechte wesentlich bedeutsamer sind. Wissend um die herrschende Normalität, dass es manche Kinder eben leider nicht „schaffen" und die Häufigkeit des Kinderkriegens für Ausgleich sorgen muss, stumpft man ab, ein Kinderleben ist gefühlt nicht so viel wert wie bei uns. Wenn man jedoch sieht, wie viele Kinder bei uns in Armut leben, oft alleingelassen vom TV oder der Spiele-Konsole erzogen und dem Spar-Menü einer Fast-Food-Kette ernährt, braucht man bzgl. Wertigkeit gar nicht mit dem Finger woanders hinzuzeigen. Es beschämt, wenn z.B. ein befreundeter Sozialarbeiter eines Jugendzentrums, der sich auch künstlerisch auf deinem Cover verewigt hat und wir die Einrichtung geringfügig unterstützen konnten, mit schmalem Gehalt den Kids an manchen Tagen eigenes Geld geben muss, damit sie sich etwas zum Essen kaufen können. Egal wo und in welcher Form kann ein Bewusstsein schaffender Kinder-Führerschein sich überall als segensreich erweisen.

„Ein Kind kann dir drei Dinge beibringen: ohne Grund glücklich zu sein, immer neugierig zu sein, unermüdlich für etwas zu kämpfen."
- Paulo Coelho

Gute Eltern zu sein bedeutet nicht, dir oder deinen Kindern ein perfektes Leben zu schenken oder zu bereiten. Es bedeutet nur, ihnen Wege zu zeigen und beizubringen, wie man auch in einer nicht perfekten Welt ein gutes und glückliches Leben führen kann. Ohne eine gesunde Führung zu haben, einen starken Guide fürs Leben, entsteht bei Kindern Unsicherheit, Furcht und Raum für ungesunde Einflüsse. Genau wie bei vielen Erwachsenen auch, die sich verlieren, wenn sie auf völlig Ungewisses treffen. Erwachsene sind aber nicht mehr unbeschrieben wie Neuankömmlinge und haben für sich - leider mehr schlecht als recht - Mechanismen erlernt und Wege gefunden, wie sie damit umgehen können. Ein Kind kann das noch nicht. Deshalb gibt es wesentliche Werte des Seins, die wir als Life-Guides und Eltern weitergeben können, um Kinder gesund zu stärken. Man kann Kinder mit Geschenken überhäufen, aus schlechtem Gewissen als Ersatz für Liebe und fehlendes Dasein. Weil man selbst seine eigenen Mängel aus der Kindheit kompensieren will und sie es „besser" haben sollen. Oder weil man eh nicht weiß, wohin mit dem Geld und der Wert weniger bedeutsam ist. Egal was der Grund ist, bei Materiellem gibt es ein gesundes, individuelles Maß wie bei allem im Leben. Bruce Lee sagte „anstatt deinen Kindern all die Dinge zu kaufen, die du nie hattest, solltest du ihnen all die Dinge beibringen, die dir keiner beigebracht hat. Denn Materielles vergeht, Wissen bleibt". Im Gegensatz dazu gibt es beim Geben von Liebe kein Maß, nur maßlose, unendliche Liebe, die unangreifbar und unteilbar in ihrer Existenz, in ihrem präsenten Dasein einfach „ist". Entgegen einem Überhäufen schenke gezielt und begründet, entgegen dem beschriebenen überschwänglichen Loben, sage deinen Kindern, dass du stolz auf sie bist, schenke ihnen im richtigen Moment besser Vertrauen in sich selbst. Jeder macht Fehler und lernt sein ganzes Leben lang, jeden Tag. Gestehe ein, wenn du mit deinem Tun oder deiner Meinung falschgelegen hast, zeige menschliche Größe und Einsicht, dass auch du nicht unfehlbar bist. Sei echt, nicht perfekt. Beweise, dass auch du aus Fehlern lernst, sie durch Wiederholung nicht zu einer ungesunden Entscheidung reifen lässt. Schenke Vergebung und zeige, dass es keine Schwäche ist. Genau wie es in einer kühlen Welt ein warmes Herz zu haben, eine Stärke ist. Die Vergebung schenkt dir selbst wie auch deinem Kind die Freiheit loslassen zu können, ohne dass sich Negatives aufstaut und das eigene Sein im Fluss blockiert. Auch wenn es Dinge sein mögen, die unverzeihlich sind, musst du zumindest dir selbst aus Eigenliebe vergeben. Bringe deinen Kindern bei, Entscheidungen zu treffen, Stärken zu finden und Träume mutig anzugehen. Der Sinn des Lebens ist es, dem Leben einen Sinn zu geben. Lehre sie dazu, nur mit ihrem nächsten Level in Konkurrenz zu sein und nicht mit anderen, stets wissend um die eigene Größe. Beschäftige dich nicht allein damit, die Karriere bzw. akademische Laufbahn vorzubereiten, bringe ihnen stattdessen auch bei, bei denen zu sitzen, die alleine sind und Alleingelassenen ein Freund zu sein. Bringe ihnen bei, über andere nachzudenken, freundlich zu sein, Hilfe anzubieten und zu teilen. Bringe ihnen bei, das Gute zu finden und andere zu ermutigen. Als Erwachsener ist man gefangen in seiner Welt, in seinem mehr oder weniger bewussten Jetzt. Höre zu und fokussiere deine Gedanken auf die Gedanken deines Kindes mit aller Präsenz, ganz egal wie unwichtig man es manchmal empfinden mag. Schenke das Gefühl, dass ihre Welt wichtig ist, du sie verstehen möchtest und du dich selbst kindlich erinnern kannst. Wenn diese Gedankenwelten aufeinandertreffen, können beide Seiten die wunderschönsten Dinge voneinander lernen. Auch ich habe dich an die Hand genommen und mich von dir führen lassen. Zur Belohnung zeigt dir dein Kind eine Welt, die du längst vergessen hast. Kinder verfügen über zwei Superkräfte, welche die meisten als Erwachsene verloren haben. Die bedingungslose Liebe und das völlige Fehlen von Vorurteilen. Man kann Kindern und auch generell dieser Welt nicht genug Liebe schenken. Wenn sich dein Kind wünscht, geknuddelt zu werden, lass es nicht warten, es wird sich für immer einprägen, dass jemand bewusst für sie da war. Höre erst auf, wenn du spürst, dass das Kind aufhören will, es an Liebe, Trost und Geborgenheit satt geworden ist. Nicht ohne Grund zeigen Studien, dass Neugeborene regelrecht „verhungern" sogar sterben können, wenn man ihnen die Zuneigung, Berührungen und Liebe entzieht. Seitdem du auf der Welt bist, sage ich dir jeden Tag „Ich liebe dich". So wie wir mit unseren Kindern sprechen, wird zukünftig ihre innere Stimme mit ihnen sprechen. Es ist eine Art erstaunliches „Level-Upgrade", das man als frischgebackene Eltern mit dem Gefühl erhält, wahre und tiefste Liebe erst wirklich durch sein Kind kennenzulernen. Sage deinen Kindern so oft es geht aus tiefsten Herzen, wenn es geht, und ansonsten aus Routine, wenn es nicht anders geht, immer dass du sie liebst.

Es ist nicht verwunderlich, dass fortgeschrittene Level-Starter viel mehr und ganz andere Tabs offen haben als Erwachsene. Bei älteren Menschen im besagten Anzug sind sie nochmals ganz unterschiedlich, man ist überhaupt dankbar, dass der PC noch an ist. Im Bildungsbereich können obligatorische Altersprojekte, die durch Begegnung in gesundem Rahmen einen sinnvollen Abgleich schaffen, helfen, um die wirklich wichtigen Tabs zu wertvollen Lesezeichen zu machen. Neben oder während Wandertagen und dem Schullandheim könnte man öfters in Form eines „Happy Days" - verpflichtend und belohnend im Bonuskarten-Modus - eine Zusammenarbeit zwischen Schulen und Heimstätten für alte oder

Menschen mit Einschränkungen pflegen. In der gemeinsamen unterrichtenden Zeit kann Vorbereitetes aufgeführt werden, das Wertschätzung ausdrückt, Freude bereitet, Vorurteile abbaut und gegenseitiges Verständnis schafft. „Ich habe überhaupt keine Hoffnung mehr in die Zukunft unseres Landes, wenn mal unsere heutige Jugend die Männer von morgen stellt. Unsere Jugend ist unerträglich, unverantwortlich und entsetzlich anzusehen." Diese über 2.000 Jahre alten Worte stammen von Aristoteles, die ich mir heutzutage als Jugendlicher so nicht bieten lassen würde. Er sagte allerdings auch, wir können den Wind nicht ändern, aber die Segel anders setzen. Ich würde die „verstaubten Worte" als Ansporn sehen und die Segel setzen hin zu einer besseren Welt.

„Manchmal fällt es einer Generation zu, großartig zu sein. Ihr könnt diese Generation sein." - **Nelson Mandela.**

Wenn man loslegt und neue Realitäten schaffen möchte, einen neuen Kurs setzt, ist es für alles auf der Lebensreise hilfreich, selbst „real" zu werden und Realität unverblümt zu erkennen. Das Beste, was du deinem Kind beibringen kannst, ist, eigenständig zu recherchieren, hinter den Vorhang zu blicken und kritisch zu hinterfragen. Aktuell sollen Kinder zwar unabhängige, innovative und kritische Denker werden, aber genau das tun, was man ihnen sagt. Im vorgeben Rahmen wird nach zugeschnittener Meinung und vorgegebenen Plänen, die von Uigurischen Verhältnissen weit entfernt sind, Wichtiges und fürs Leben Brauchbares nürnbergisch „eingetrichtert". Erst durch Interesse und Eigeninitiative kann man selbstbestimmt mehr erkennen, an eigenen Schwächen arbeiten und seine Stärken fördern. Statt alles pauschal im Galopp gleichartig zu machen, ist es bei individuell und vielfältig unterschiedlichen Lernfortschritten gesünder über die Basics hinaus gezielt und maßvoll aufzufüllen. Ein kreativer, unruhiger Schüler braucht gegebenenfalls mehr Aufmerksamkeit und Zeit, durch andere Methoden gefördert zu werden, wird aber oft aus verständlicher Rücksicht auf die Klassengemeinschaft massengerecht „zugestutzt". Albert Einstein hat es schön formuliert, wenn man einen Fisch danach beurteilt, wie er einen Baum hochklettert, wird man das Kind eindeutig als Depp einstufen. Man hat manchmal das Gefühl, dass das Schulsystem nicht für, sondern gegen unsere Kinder ist, eher ein grobes System der schönverpackten, aber gnadenlosen Selektion. Zweifelsfrei mag es an manchen Stellen in der Spitze „spitze" sein, in der Breite ist es aber oft eher bedauernswert. Die, die mit dem überladenen Stoff und Druck zurechtkommen, schaffen es, die anderen bleiben eben auf der Strecke. Hilfe durch die eigenen Eltern ist Glückssache, neben allen Alltagsbelastungen muss schließlich auch die Befähigung stimmen, um helfen zu können. Sofern kein Rückhalt von zu Hause möglich ist, man sich eine private Förderung des „Rohstoffs Kind" nicht leisten kann, bleibt man auf sich allein gestellt. Besonders wenn der ernährende Elternteil um 7 Uhr früh entweder sein erstes oder letztes Bier austrinkt, bevor er im besten Fall zur Arbeit muss. Die Existenzangst, Selbstverwirklichung oder das Streben nach mehr lässt immer weniger Raum für ein gesundes Maß zu. Kinder haben - wie jeder - zu funktionieren in unserer Gesellschaft. Drei Sprachen sprechen sich aber nicht von alleine, manchmal ist neben allen anderen Fächern bereits Deutsch eine Herausforderung. Wie dies gerade eine alleinstehende ausländische Mutter oder auch eine neuangekommene Familie erfolgreich bewältigen soll, erscheint schwierig. Die Entwicklung unserer Sprösslinge steht und fällt mit der Kontaktperson, egal ob in der Schule, dem Kindergarten oder Hort. Es bräuchte auf breiter Basis mehr Modelle, die eine individuelle Förderung ermöglichen. Meist unterbesetzt versuchen Lehrkräfte ihr Bestes, aber man kann eine bewusste Erziehung mit grundlegenden Werten nicht ihnen alleine aufbürden. Natürlich werden Kinder wie erwähnt auch ganz automatisch irgendwie groß, dieses oder jenes schadet dem einem Kind mehr oder weniger, genauso wie der eine oder andere Freundeskreis als Ersatzfamilie dem Kind mehr oder weniger guttut. Es scheint nicht allen klar zu sein, aber viele, tolle Eltern haben verstanden, dass Kinder als am Anfang stehender Teil im Kreislauf des Lebens bedeutsam sind und keine belastenden Anhängsel, die als noch unfertige Erwachsene gefälligst gehorchen sollen. Aufmerksame Eltern erkennen, was ihren Kindern fehlt, auch bezüglich der Bildung. Homeschooling ist nicht nur zwangsläufig im Trend, sondern nachweislich progressiv, was flexiblere Modelle und Leistungsnachweise deutlicher belegen könnten. Allerdings erfordert es konsequent die elterliche Mitarbeit, die man sich leisten können muss. Ein bedingungsloses Grundeinkommen würde allen mehr den Rücken freihalten, auch für Bildung. Der Faktor Beziehungen als „Vitamin B" wird zwar immer eine Rolle spielen, dennoch könnte es für mehr Chancengleichheit sorgen. Dazu ein Mehr an Flexibilität auf allen Ebenen, wie zum Beispiel einen veränderten Unterrichtsbeginn, weil man weiß, dass junge Menschen zu einem etwas späteren Zeitpunkt leistungsfähiger und bereiter sind. Strukturen schaffen, die diese Flexibilität leistungserbringenden Elternteilen gleitzeitig ermöglicht. Vom Lehrplan her Unnützes streichen, lieber wichtige Themen mit Tiefe und mit mehr Unterrichtszeit bedenken. Unseren kleinen „Human-Robotern" wird guttun, nach bzw. neben dem richtig Lesen, Schreiben, Rechnen und die Heimat kennenzulernen, sich ein paar Softskills anzueignen, statt endloser Kurvendiskussionen. Ein entzerrendes soziales Verständnis im Umgang miteinander und für Konfliktsituationen, „Empathie" sollte nicht nur in Dänemark unterrichtet werden. Ein Fach „Liebe" weit über Philosophie und Deutsch hinaus, genau wie man sein Glücklichsein finden kann, wären Skills, die im Anfangsstadium gesund, individuell und gesellschaftlich sehr helfen würden. Flexibel nach der Reife des Kindes, weniger Hausaufgaben, dazu die Möglichkeit einer qualifizierten Betreuung. Freiwillige Workshops, die dem jeweiligen Interesse entgegenkommen. Schulen gehören in Breite besser ausgestattet, aber nicht mit erdrückenden Lehrplänen oder Vernetzung, sondern grundlegend und hinsichtlich menschlicher Kompetenz. Gerade die bedeutendsten Tech-Gründer schicken nicht umsonst ihre Kinder auf Waldorfschulen mit begrenztem Technikfokus. Neben sozialen, der Gesellschaft dienlichen Kooperationen in generationenfördernder Form könnte man lernen, wie man Essen anbaut, Heilkräuter und heimische Pflanzen nutzt, kompostiert, das ursprüngliche Landleben, gesunde Ernährung allgemein näherbringt. Das Fach „Sein" mit seinem Bewusstsein. Man kann noch so viel gewaltfreie Kommunikation lehren, versuchen Mobbing, Gewalt und Ausgrenzung durch Kursangebote oder

Schlichter zu vermeiden, Nachhaltigkeit schulen und sich für Frieden einsetzen, es wird nichts nutzen, wenn das Sein mit der Fähigkeit zur Selbstreflexion und Erkenntnis als Unterbau fehlt. Zu leicht lässt man sich ansonsten durch aufgeregte Worte unbewusst instrumentalisieren oder lernt, im besagt ungünstigen Kreislauf selbst für sich günstig andere auszunutzen.

Unser währendes Bildungssystem wurde ursprünglich aufgesetzt, entwickelt und gefördert von Interessen des Zeitalters der Industrialisierung und ist dem damaligen technischen Stand geschuldet. Bildungseinrichtungen für qualifizierteres Zukunftspersonal waren angepasst darauf ausgelegt, fleißige Arbeiter zu erschaffen, die sich wie ein Butler im Hause einer aristokratischen Familie untrennbar mit ebensolcher identifizieren sollten, die Mitgliedschaft im Werksklub der Fabrik als emotionaler Höhepunkt. Verwaltet auf Kosten der Allgemeinheit von korruptionsanfälliger Bürokratie, die für ihre Fehler nicht zur Rechenschaft gezogen werden kann. Man fragt sich bis heute ohnehin, wie es viele Schul- und Studienabbrecher in höchste Ränge der Politik und Wirtschaft schaffen, obwohl man sich im wissenschaftlichen Bereich durch kluge Anbindung an Studieneinrichtungen doch eigentlich die hellsten Köpfe vom Fach sichert. In der Breite wollte man nie „eine Nation von Denkern", entgegen der technischen Entwicklung hat sich in Bezug auf bewusste Bildung noch viel zu wenig gewandelt. Der technische Fortschritt schafft zwar jeden Tag neue Arbeitsplätze, aber er macht andere Arbeitsplätze automatisiert und wie von eben Richard David Precht betont exponentiell obsolet. Es könnte sich als sinnvoll erweisen, Menschen, die zukünftig nicht mehr in ihrer Mehrzahl täglich in Fabriken pilgern, bezüglich ihrer Ausbildung und generell mehr Flexibilität und im Grundrecht verankerte Freiheit zu schenken. Vergleicht man die technische Entwicklung und gemächliche Verbreitungsgeschwindigkeit von Autos oder TVs, zeigt einem das Handy, wie rasant die Entwicklung und Beschleunigung unserer Zeit geworden ist. Das Mobiltelefon als unablässiger Allzweck-Begleiter in jedermanns Tasche beweist täglich, dass wir uns - wie gefangen - ohnehin wieder gerne unserer Freiheit berauben lassen.

„Immer wenn ein Kind vor einem Smartphone sitzt, stirbt auf einem Baum ein Abenteuer."

Mit langer Vorstufe eines reinen, mobilen Telefons in schnurloser Form hat es nur wenige Jahre gedauert, bis sich das Handy weltweit verbreitet und prädominant quasi alles ersetzt hat. Als Mini-Computer mit mehr Rechenleistung als bei der Reise zum Mond zur Verfügung stand, deckt es neben originärer Telefonie dir teils viel zu bekannte Funktionen wie Videokonferenz, Fotokamera, TV, Film, Radio, Spielekonsole, Navigation, Stadtpläne, Wetteruhr, Reise, Zeitung, Banking, Shopping, Handel, Börse, Dating, soziale Vernetzung, Lernen, Kalender, Fax, Mail, u.v.m. ab. In unfassbarer Manier bietet es vielfältig in einer 24/7-Verfügbarkeit, fast alles. Nicht mehr wegzudenken für Erwachsene, unkontrollierbar Abhängigkeit schaffend für junge Heranwachsende, unverständlich komplex für die meisten älteren Menschen. Flexible Freiheit und Convenience schenkend und doch stetig getrackt, kann es Leben retten oder bei Anwendung im falschen Moment jedoch auch Leben nehmen. Unser gesamtes Leben inklusive unserer Gewohnheiten und Verhaltensmuster ist jedenfalls vollumfänglich denen bekannt, die ein Interesse daran haben. Wenn man zu sehr in den technischen Fortschritt verliebt ist, das 1000-Euro-Handy alles ersetzend und ohne reflektierendes Sein den Takt deines Lebens bestimmt, besteht die Gefahr, dass man durch das Gerät selbst leicht steuerbar wird. Albert Einstein äußerte seine Furcht vor dem Tag „an dem die Technik unsere Menschlichkeit übertrifft. Auf der Welt wird es nur noch eine Generation aus Idioten geben". Die ältere Generation hat es hervorgebracht und vorgemacht, wir brauchen uns also nicht wundern, dass wir mittlerweile bereits dort angekommen sind. Es ist belegbar, dass der IQ nach den Geburtsjahrgängen der Siebzigerjahre bei nachfolgenden Generationen deutlich nach unten tendiert. Das fehlende Wissen um die Konsequenzen ist keine Entschuldigung, wenn wir zusehen, wie unsere Kids technikverliebt diese Errungenschaften viel zu exzessiv feiern. Technik soll begeistern und uns befreien, nicht fesseln. „Wer sich nicht bewegt, spürt seine Fesseln nicht", sagte Rosa Luxemburg, und wenn man oftmals Kinder selbst im

Freien bewegungslos gebannt vor den technischen Geräten sitzen sieht, statt wild und frei in der Natur herumzutollen, erkennt man die weitreichende Bedeutung ihrer Worte. Zu selten sieht man auf einer Wiese gezückte Handys, um die entdeckte Blumenart zu bestimmen. Bei aller Technisierung mit wissenschaftlicher Brillanz darf man das Herz und die Menschlichkeit nicht vergessen. Wir sind es, die aktiv verantwortlich dafür sind, ob Technik zum Fluch oder Segen wird. Ob wir Tweety zeigen, wie man fliegt, um erst mal überhaupt den Käfig spüren zu können. Solange die Fesseln nicht physisch sind, kann bewusstes Sein es ermöglichen, zunächst die offene Käfig-Tür zu finden, zu erkennen, ob wir es zu unserer Erleichterung richtig gebrauchen oder ob wir uns eben missbräuchlich steuern lassen. Nach dem Öffnen der Tür in die richtige Richtung zu „fliegen" ist viel zu bedeutsam, um nicht sehr genau zu überlegen, welche Entwicklung und technischen Fortschritte tatsächlich gesund und sinnvoll sind. Abwägen, wo es Bedarf gibt für verträgliche, notwendige Mechanismen, um Einhalt zu gebieten und um Konsequenzen weniger schwer wiegen zu lassen, die einem ggf. später auf die Füße fallen. Man wird das Rad nicht zurückdrehen können, allerdings wird es andernfalls fraglich sein, ob wir es dann noch schaffen, den Karren je wieder aus dem Dreck zu ziehen.

Große Tech-Firmen arbeiten im Zuge der nächsten industriellen Revolution an der Möglichkeit, Bewusstsein zu transferieren jenseits jedes echten Bewusstseins. Daran, Gedanken zu lesen, mit reinen Hirnströmen kann man bereits heute schon rudimentär Dinge ohne tatsächliche Bewegung ausführen. Handschuhe übersetzen ausgeführte Handzeichen in gesprochene Sprache, aus eigener DNA gefertigte Mini-Antennen empfangen und senden hoffentlich nur Gutes. Dass wir kommunikativ mit „reiner" Sprache und waldorfgleich bei singendem und tanzendem Ausdruck stehen bleiben würden, ist spätestens nach 4G die implantierte Chip-Version eher wahrscheinlich. Bevor es telepathisch wird, können sich womöglich Menschen aus sprachlich und kulturell grundverschiedenen Regionen erst mal überall perfekt anpassen. Man sollte sich also nicht wundern, dass der gerade angereiste Aborigine in Franken schlagartig perfekt „fränkeln" kann bzw. noch utopischer, der Franke auf einmal weltweit verstanden wird. Mit Genplay ist lebensrettend jedes Organ herstellbar, jedes benötigte Herz kann gezüchtet werden. Nicht nur als mancherorts staatlich geförderte Non-Profit-Organisation mit enormen Einfluss kann eine geplante Elternschaft dank Gen-Spielerei jeden Kinderwunsch gezielt gesteuert erfüllen. Reproduktion wird ergebnisorientiert komponiert, das Kind baukastenartig zusammengestellt. Das Geschlecht, ohnehin schon ein flexibles Konstrukt statt natürlich gegeben, wählt man frei aus, wie auch die gewünschte Zielgröße. Ob über oder unter zwei Metern, athletisch, blaue, braune oder grüne Augen, ist alles nur eine Frage des Preises für den entsprechenden Genpool. In Kommerzallmächtigkeit wird das Kind dank Prime Hospital Services mit kostenloser Rücksendeoption fristgerecht per Drohne geliefert. Bei allem noch so heilsamen Fortschritt stellt sich die Frage, ob man wirklich technische Möglichkeiten um jeden Preis über den Menschen stellt und billigend in Kauf nimmt, nicht nur die für unsere Welt dringend benötigte Herzensenergie und Menschlichkeit dabei auf der Strecke zu opfern. Sich auf die Moral und von Konzernen garantierte Sicherheit zu verlassen, während in breiter Lobby „schützende Gesetze" in wenig demokratischer Manier von quasi angestellten, funktionselitären Beamten realisiert werden, ist weit weg von jeder breit akzeptierten Ampelregelung. Besorgniserregend, wenn man sieht, wie heute manche „Rücksendung" gehandhabt wird. Es wird bei allem immer Menschen geben, die blind und risikobereit alles mitmachen und bevorzugen, lieber satte zwei Jahre zu haben als noch 20 langweilige Jahre, aber wir können deswegen ja auch nicht rücksichtslos alle zum Rauchen zwingen.

„Freiheit bedeutet, dass man nicht unbedingt alles so machen muss wie andere Menschen." - Astrid Lindgren

Jeder kann in seiner Freiheit individuell tun, was er mag, sofern andere Menschen in Sicherheit ebenso ihre Freiheit sichergestellt wissen und nicht dadurch eingeschränkt werden. Wir haben eine Verantwortung, nicht nur gegenüber unseren Kindern, wir sollten gegenüber allen Teilnehmern unserer Gesellschaft mehr Rücksicht walten lassen. Ähnlich wie bei Pandemien gilt, dass nur weil man nicht betroffen ist, darf einem die betroffene Minderheit nicht gleichgültig sein. Zu schnell und aus dem Nichts ist man bekanntlich selbst betroffen. Schnellere digitale Infrastruktur soll die Wettbewerbsfähigkeit Deutschlands erhöhen und nicht mehr unsere bisher bedeutsamste Ressource, der Geist. Notgedrungen, könnte man meinen, gerade wenn man ja nachweislich immer blöder wird. Manche Menschen haben bereits auf die Mobilfunk-Revolution sensibel reagiert und vertragen die bis ins Gehirn durchdringende Strahlung der ersten vier Generationen schon kaum. Mit den folgenden Generationen von Mobilstandards erleben wir zukünftig Dauerbestrahlung, die zwar „nur" bis unter die Haut geht, aber mit fünfmal so vielen Sendemasten wie bisher ein allumfassendes Netz schafft, dem sich ähnlich wie dem Rauchen in einer Kneipe niemand mehr entziehen kann. „Sicher" ist dabei nur, dass finanziell Profitierende jedes Bedenken, jedes Risiko unaufgeregt beruhigend „rücksenden" werden und sich unser Gesundheitswesen belastend verändern wird. Während die Intelligenz seit besagtem Wendepunkt immer mehr schwindet, verzeichnet man - bereinigt um die Bevölkerungszunahme - ab diesem Zeitraum einen massiven Anstieg der Krebsraten. Egal ob fortschrittliche Ersatzstoffe, Genmanipulation, Strahlensensibilität, Elektrosmog und technischer Missbrauch vor Abschluss der Hirnentwicklung oder zukünftig auch Chipimplantate, unsere gleichgültige Prämisse ist, je schneller wir wachsen, desto besser wird alles. Statt en vogue laut auf- und es totzuschreien, wird totschweigend mitgezogen, wie Heinrich Heine sagte, gehorcht der Deutsche sklavengleich seinem Herrn „ohne Fessel, ohne Peitsche, durch das bloße Wort, ja durch einen Blick." Schließlich wartet jedes Jahr ein noch geileres, besseres und noch teureres Gerät auf uns. „Höher, schneller und weiter, Alter", nichts wie hinterher, sonst droht das Mittelalter. Man muss bei Weitem kein Amisch werden, aber man sollte sehr genau prüfen, sich ausreichend Zeit nehmen und jedem angstmachenden „Anschluss verlieren" die Stirn bieten, damit der Fortschritt, den wir anstreben, auch für alle rücksichtsvoll gesund ist. Entgegen dem Willen mancher Lenker, die bereits der abwärtsgerichteten

Bergseite näher sind, mag es in einem sich weniger überschlagenden Tempo zwar vielleicht „gemächlicher" zugehen, aber es gibt ja auch keinen Grund, sich jagen oder - wie im Paradies - riskant verführen zu lassen. Das Sein als Führerschein lässt uns ggf. zwar unorthodox, aber vernünftiger und evolutorisch sinnvoller lenken statt in gewinnorientierter Hast und ist sicherlich ein gesünderer Ratgeber für gesundheitliche Sicherheit. Diejenigen, die vom Fortschritt angetrieben Fortschritt wollen, sollten ihre ganze Energie zunächst in die Sicherstellung des Lebens, der Gesundheit und das Wohl aller legen und nicht auf Kosten von Leben einfach losrennen, immer dem „Schein" hinterher. Das notwendige Lahmlegen einer ganzen Gesellschaft jedenfalls, wie in einer Pandemie aus Rücksicht gegenüber möglichen Opfern oder vielleicht auch mal ein zukünftig berechtigter Lockdown wegen viermal so vielen Opfern weltweit im gleichen Zeitraum durch Hunger konterkariert nachweislich - trotz vernetzten Homeoffice – die angestrebte Wettbewerbsfähigkeit und jedes wirtschaftliche Wachstum.

Frei und gesund statt tierisch weit (v)veg

„Freiheit ist immer die Freiheit der Andersdenkenden."
- Rosa Luxemburg

In meine Netzhaut lasse ich mir direkt mein Navi einblenden, aktiviert über meine Gedanken, verarbeitet mit dem Chip unter meiner Haut, der mit seinem Acht-Kern-Dualprozessor und 64GB Arbeitsspeicher sogar erweiterbar ist. Nicht mehr weit, mein Robotics-Arm hebt das alte Elektroauto mit virtuellem Oldtimer-Kennzeichen mühelos hoch und ich kann den eigentlich pannensicheren Run-Flat-Reifen wechseln. Das neue antike Spezial-Rad kam - wie das Kind - per Drohne, die mich über meinen GPS-Chip gefunden hat. Dank meines binären Status auf „1" statt „0" war weder das Bezahlen noch der Grenzübertritt in diesen Sektor ein Problem. Während meiner Fahrt zum Flughafen habe ich bis dahin geschlafen, gleichzeitig virtuell meditiert und meine Büroangelegenheiten erledigt. Ich habe mich zuvor von meinem noch nicht optimal modifizierten Partner mit einem erotischen Rendezvous verabschiedet, hässlich ist mittlerweile relativ, weil ich mir während des Aktes tête-à-tête den Pornostar bzw. die Person, die ich eben gerade wollte, auf meine Netzhaut projizieren konnte. Potenzmittel sind längst Geschichte, alles steht bei Mann, Frau und allen anderen Geschlechtern, alles perfekt modelliert, wie man es sich wünscht. Ich fliege alleine ohne Familie, denn Flugreisen sind nur einer bestimmten Schicht gestattet. Familie ist neo-amisch ohnehin ein cringes Relikt aus selbigen antiken Zeiten wie das Auto. Selbst wenn sie dürften, würde sie zu viel gemeinsame Zeit und Bindung definitiv irritieren. Sie bleiben daher auf dem Balkon und aktivieren ihre Netzhaut, um virtuell ebenso ein Urlaubsgefühl vermittelt zu bekommen. Ein Ganzkörper-Anzug mit Heiz- und Bräunungselement, der ihnen Sand, den Wind und Wasser simuliert, macht das Erlebnis perfekt. Der genmanipulierte, vitaminangereicherte Cocktail schmeckt nicht zuletzt dank der Erinnerung an den Geschmack von damals ganz passabel. Real wäre es für sie zwar schöner, aber allemal besser als die Gefängnis-Simulation mit Gittertür die ganze Zeit vor

Augen zu haben. Ich muss nur selbst aufpassen, dass ich nicht zu viele Minuspunkte sammle, auf „0" falle und meine Privilegien verliere. Für neu gewonnene Bequemlichkeit gibt man eben gerne freiwillig manche Freiheit auf, kein Fortschritt ohne Risiko denke ich mir, bevor ich endlich ins Flugobjekt steige und der verdunkelten Sonne entgegenfliege.

Dieses Szenario erscheint keineswegs unwahrscheinlich oder fern, die Frage ist eher, ob es tatsächlich wünschenswert ist. Freiheit und Sicherheit sind nun mal natürliche Gegenspieler. Es ist eine bedeutsame Gratwanderung, worauf es ankommt, ist ein ausgewogenes, gesundes Maß, wie mit allem im Leben. Letztendlich immer und nicht nur im Alter, will man abgesichert sein, um seine Freiheit zu haben. Die Freiheit, so leben zu können, wie man es möchte. Erstaunlich ist jedoch, dass je mehr man für seine Freiheit erreicht und besitzt, desto mehr neigt man dazu, sich wiederum absichern zu wollen. Abhängigkeiten verpflichten und die Angst vor Verlust ruht in jedem. Wenn man nur in Abhängigkeiten steht und nicht auch in seinem unabhängigen Sein, ist es aufgrund von teils berechtigten, geschürten oder unverarbeiteten Ängsten klar, dass man immer eher zu Sicherheit als zu Freiheit tendieren wird. „Freiheit stirbt immer zentimeterweise," zitierte Guido Westerwelle den Journalisten Karl-Hermann Flach, der ebenso wie dein Opa väterlicherseits aus Preußen kam und wie dein Opa mütterlicherseits aus der DDR floh. Gemäß der fränkischen Kunstfigur Erwin Pelzig wusste der verstorbene ehemalige Außenminister mit zumeist Belanglosem zu glänzen, wie z.B., dass im Klo Licht brennen würde. Westerwelles Rede umfasste neben genanntem Zitat aber auch die bedeutsame Aussage, dass es „gefährlich wird für die Freiheit, wenn wir unser eigenes Immunsystem vergessen, welches uns wappnen muss gegen jede Freiheitsbedrohung". Was sich voyeuristisch durch illegales Überwachen an Bildschirmen im Film „Sliver" aus den Neunzigern ankündigte, ist im Namen der Convenience mittlerweile Normalität und wir haben keine Ahnung, wer eigentlich genau bei uns „slivert", ganz egal ob der Staat, Konzerne oder Kriminelle. Längst stellen wir uns bereitwillig Sprachassistenten zu Hause auf, der

TV ist vernetzt mit Kamera und wir nehmen dankbar kontaktlos virtuelles Banking an. Wie im Film entsteht dadurch eine selbstverständliche Nähe zu völlig Unbekannten, die man erst mal mögen muss. Es ist ein bisschen so, wie wenn feuchte Träume nicht deine eigenen sind, dann ist es eher unangenehm. Bleibt das angesprochene Immunsystem beim Verzicht auf Privatsphäre ohne Aufschrei still, weil man ja nichts zu verbergen hat, so wird es auf den folgenden Zentimetern - beim Verzicht auf die Freiheit seiner Meinung auch nichts mehr sagen. Nicht nur ein Erich Honecker dreht sich beim Gedanken daran, was heutzutage technisch alles möglich ist, mit Bedauern im Grabe. Datenanalyse, die uns anhand von Gesichtsmerkmalen verfügbarer Bilder erfasst, Beziehungen aufzeigt und Prognosen über Reaktionen, Gefühle, Handlungen dank Psychogram erstellt, macht jeden Menschen unfrei gläsern, lesbar und berechenbar. „Sliver" bedeutet übersetzt passenderweise „dünne Scheibe" und genau auf einer solchen befindet sich unsere Freiheit. Sie läuft Gefahr, dass sie der aktiven Bedeutung des Wortes nach „zersplittert". Verkürzt und ohne korrekten Kontext mahnte Benjamin Franklin, dass „diejenigen, die bereit sind, grundlegende Freiheiten aufzugeben, um kurzfristige Sicherheit zu erlangen, weder Freiheit noch Sicherheit verdienen". Man läuft zumindest Gefahr, beides zu verlieren, wenn es einen nicht interessiert, man es für belanglos hält oder naiv blind Worten vertraut. „Freiheit stirbt nicht dadurch, dass man Bürgerrechte und Freiheitsrechte von Politik wegen einschränken will", leitete Westerwelle die Wichtigkeit des Immunsystems ein. Wie erwähnt kann man zu schnell selbst betroffen sein, spätestens wenn diese Tools wiedererwartend mit dem falschen Geist und fehlendem Bewusstsein doch in falsche Hände geraten. Im schlimmsten Fall sieht man - wie deine Oma - wieder Waggons mit Kuhaugen. „Mit totalitären Tools spielt man nicht" wäre als anmahnender Slogan treffend, nicht nur bezogen auf die künftige Wandlung unseres Geldsystems weg von anonymen, schmutzigem Bargeld hin zu sauberen Nullen und Einsen. Trotz allen Schmutzes, der nicht nur unter Hempels Sofa lauert, sollte man sich, solange es geht, die Freiheit nehmen, bar zu bezahlen und bevorzugt dort einkaufen, wo dies auch möglich ist. Für viele scheint die Existenz eines eignen Immunsystems ohnmächtig in weite Ferne gerückt, obwohl - den Worten des verstorbenen Außenministers nach gerade das ja entscheidend ist: Achtsam und mit ausgewogenem Maß das eigene Immunsystem immer stärken, um keiner frühzeitigen Immunseneszenz zu unterliegen. Achtsamkeit lohnt sich auch gerade bei Filmen, wenn visionäre, kreative Köpfe aus Kalifornien uns regelmäßig prophetisch einen bunten Strauß an Zukunftsoptionen zeigen. Man könnte meinen, Hollywood weiß immer ein bisschen mehr, dank schillernd bunter Seiten, die kaum einer kennt. Das Skript eines Hollywoodstreifens, in dem bestimmte Orte gewünscht oder Ausrüstung benötigt werden, darf nicht nur dem Produzenten gefallen, es muss sich mit mehreren Interessen decken, damit es tatsächlich auf die Leinwand kommt.

Wie in einem Film kam ich mir jedenfalls vor, als ich im Y2K nach der Jahrtausendwende wieder nach Hollywood zurückkehrte. Weniger Fiction, mehr Reality war der Anlass, meine Sorge um Roger, bei dessen Familie ich damals in Los Angeles lebte und auch vorhatte, zeitnah hinzuziehen. Da ich ohnehin für das Electro Musik-Event eingeplant war, flog ich ein paar Wochen früher, um gemeinsam mit Monkey nach ihm zu sehen. Wir kamen am späten Nachmittag aus Portland bei ihm an, er öffnete die Türe und ich sah, dass überall verteilt in seinem Haus mehrere Leute aus der Partyszene herumlagen. Das erste, was er mir nach unserer Begrüßung entgegen streckte, war ein kleines Schäufelchen mit weißem Pulver. Er, der nie etwas mit Drogen zu tun hatte, bot mir Ketamin an. Am ersten Abend gingen wir gemeinsam zu einer Motto-Party, die zu dieser Zeit sehr angesagt waren, und er wurde auf unserer Heimfahrt im Stadtteil Compton bei einer Kontrolle wegen seines Katzenberuhigungsmittels festgenommen. Mike fuhr zurück, um sein Festival in Oregon final vorzubereiten, während ich ein paar Tage wohl umsorgt wartete, bis ich Roger aus dem Gewahrsam der Beverley-Hills-Police wieder abholen konnte. Wir fuhren am gleichen Abend seiner Entlassung zur nächsten Party im angesagtesten Hip-Hop-Klub der Stadt, in dem nicht nur Hollywoodstars ein und aus gingen, sondern auch regelmäßig einer der Türsteher es ins „Glitzbiz" schaffte. Kaum dort angekommen, bekam er einen Anruf und erfuhr, dass sein Buddy bei einem Drogen-Deal eine Kugel in den Kopf

◉ Die „LA-Gang" am LAX 1997.

geschossen bekommen hat. Wir machten uns umgehend auf den Weg nach North Hollywood, direkt in die Notaufnahme. Er hatte unfassbares Glück, das Dumdum-Geschoss hat ihn am Kopf nur massiv gestreift, keine Lebensgefahr mehr für den Kollegen. Aber weiterhin für Roger selbst, nachdem er vollgepumpt mit diversen chemischen Drogen sein Leben zerstörte. Keine Chance, ihn zu erreichen, besonders wenn man nicht mitzieht und die wenigen nüchternen Momente zu selten wirksam nutzen kann. Wir fuhren nach San Diego, in besagte Villa mit Papstbild und Labor. Die Sprösslinge boten uns dosiertes, körpereigenes Wachstumshormon an. Im richtigen Maße löst es einen Verlust des Gleichgewichtssinns aus, ein Rauschzustand wie betrunken und doch nicht, lebensgefährlich bei Überdosierung. GHB ist auch als „Vergewaltigungsdroge" bekannt, da es wie Wasser flüssig ist und in jedem Sinne geschmacklos beigemischt werden kann. Aus der Villa ging es in eine eher unterprivilegierte Blechhütte, wo sie dann alle Speed auf Folie rauchten. Eine attraktive Frau, die als „Quitter" mit mir abseits und abstinent des Geschehens saß, erklärte mir, dass man dieses Konsumenten-Klientel „Tweeker" nennt, weil sie von dieser permanent psychisch abhängig machenden Droge irgendwann unkontrolliert das Zucken anfangen. Ich verstand mittlerweile, weshalb bei unserer Ankunft in Rogers Haus nachmittags Leute ausgiebig ihre Zeit bei ihm verbrachten. Nach einer folgenden, drei Tage andauernden After-Party in einer Malibu-Villa, direkt am Strand mit eigenem Pförtnerhaus, von der ich nicht mal die Hälfte schaffte, musste ich mich dringend erholen. Bis dahin kannte ich zumindest immer mindestens den Namen meiner Partner, aber gut, keine Ahnung, wie das damals so in Sodom und Gomorra üblich war. Sein besorgniserregender Zustand war letztendlich der Grund, weshalb ich deine

Mama überhaupt kennenlernen konnte, nachdem diese Ereignisse meine klare Entscheidung nicht zu ihm nach L.A. zu ziehen, bestärkten. Sein schönes L.A., auf das er immer so stolz war, hatte sich genau wie auch er selbst drastisch verändert. Ich traf und beriet mich mit Marwan, seinem besten Freund und dem wahren „Prince von Bel Air" zu dieser Zeit, der einerseits jeden Mittwoch den Tisch von Basketballer "Magic Johnson" für durchschnittlich 3.000 Dollar buchte, pro Jahr einen siebenstelligen US-Dollar-Betrag an Fixkosten hatte und andererseits mit mir beim fair-preisigen Falafel Essen Kulturaustausch betrieb. Bis zum heutigen Tag sind wir tief verbunden in respektvoller, selbstverständlicher Menschlichkeit. In langen Gesprächen habe ich Roger versucht, von seinem Drogenmissbrauch loszubekommen. Als ich nach Portland flog, überließ ich ihm mein Mietauto und zahlte im Nachhinein noch seine verursachten Schäden. Dem Karma geschuldet, denn in meiner Zeit in Utah machte ich jemand anderen indirekt schuldig, um meinen eigenen Arsch zu retten. Es kommt im Leben immer alles auf einen zurück, sei versichert. Egal wie reizvoll es sein mag, Drogen zerstören dich, mein Sohn. Falscher Umgang, Traumata und Chemie sind gemeinsam ein weitverbreitetes Gift und alles kann zur Droge werden, wenn die Psyche nicht stimmt. Gerade Kokain als unberechenbarste aller Drogen, die auch Roger gefangen hielt, durchsetzt unsere Gesellschaft bis in allerhöchste Positionen. Der Fisch stinkt vom Kopf, an der Macht ist unsere Welt - entfernt von jedem Sein - hochgradig verschnupft. Je weiter man weg ist von seinem Sein, desto verlorener, leichter beeinflussbar und verführbar wird man als Mensch. Mit Kokain tauscht man es gegen ein schnell konsumierbares und ungesundes „Scheinsein" ein. Man glaubt alles schaffen zu können, von sich selbst überzeugt, mit einem Gefühl der Unbezwingbarkeit, leistungsfähig, ideenreich, dazu fokussiert, egal ob beim Sex oder der Arbeit. Gefährlich, unkontrollierbar und vollkommen unterschätzt, zerstört es Leben und Gesellschaften, wie es z.B. auch auf genial übertriebene Weise in der bayrischen TV-Serie „Hindafing" dargestellt wird. Man muss nicht erst den Spuren vieler geheimdienstlicher Operationen folgen, die mit lustigen Namen in „Anführungszeichen" als einzelne Puzzle-Teilchen über Jahrzehnte ans Licht gekommen sind. Bekannte Machenschaften und Filme wie z.B. „Barry Seal" mit schmuggelnden Contras und dem Bundesstaat Arkansas unter seinem damaligen, sehr prominenten Gouverneur bis hin zu den wieder äußerst ertragreichen Mohnfeldern Afghanistans, zeichnen ein Gesamtbild, was berechtigt die Frage aufkommen lässt, wie mancher mit den Fäden in der Hand eigentlich so gestrickt ist, ob es denn wirklich alle faire Puzzler sind. Spuren lassen sich jedenfalls nicht nur auf schmutzigen Geldscheinen finden, sondern auch auf den Toiletten unserer regierenden Verantwortlichen. Sei es wie vor kurzer Zeit im Oberhaus des britischen Parlaments oder damals im Deutschen Bundestag, wie - im selben Jahr meiner Erfahrungen mit Roger - ein Magazin des Bällchen-Senders feststellte. Eine Bargeldabschaffung wäre gerade dort für einige unhygienisch schmerzlich. Ob es wie beschrieben „nur" einen normalen Querschnitt unserer Gesellschaft widerspiegelt oder das Ergebnis einer allgemein kopflosen Drogenpolitik ist, die Graubereiche gerne toleriert und dank derer mancher unliebsam davon profitiert, sei dahingestellt. In Cola oder Schmerztabletten deutscher Pharma-Riesen war Kokain jedenfalls schon damals ein erwünschtes Problem, Morphium half beim Schlafen und Heroin löste hartnäckigen Husten. Wenn man jung-naive und auffallend kompetenzfreie Interviews mit den Drogenbeauftragten der Bundesregierung hört, fragt man sich, warum eigentlich nicht jemand direkt vom Koks-Klo als „Experte" diese Position innehat. Strafrechtlich ohne jede Konsequenz wurde es ja - für diesen Stoff nicht atypisch - haarprobelos in den Reichstag der Fabeln verbannt. Egal wie behütet, auch du wirst in deinem Leben früher oder später in irgendeiner Form in Kontakt mit Drogen kommen, es lässt sich schlicht und ergreifend nicht vermeiden, sich thematisch damit auseinanderzusetzen. Man braucht dazu weder nach Hollywood oder ins Getto schauen, vor nicht allzu langer Zeit war erst wieder bedauerlicherweise das große Herz einer deutschen Promi-Größe nicht stark genug dafür. Laut dem Weltdrogenbericht der UN steigt seit Jahren - bereinigt um den Bevölkerungsanstieg, die Anzahl der Konsumenten, der Abhängigen und der Drogentoten stetig an. Dabei sind Alkohol, Tabak und vor allem Medikamenten-Missbrauch noch nicht einmal eingerechnet. Verführerisch wirkend, schleichen sich Drogen ins Leben, egal ob spielerisch in Versuchung geführt von „schlechten" Freunden auf Partys, heimlich oder offiziell, als ersetzender Trost gegen Frust und Verzweiflung oder aus lebensfroher, geselliger Überzeugung wirklich nichts verpassen zu wollen, im Irrglauben stets Kontrolle zu haben. Viele werden mahnen, andere es als „normal" ansehen und akzeptieren, manche einen darin sogar bestärken. Jede präventive Aufklärung und drohende Strafe gehen ins Leere, ohne das nötige Bewusstsein. Ins eine Ohr hinein und direkt wieder raus, nicht umsonst wäre in der Schule ein angesprochenes, früh beginnendes und begleitendes Fach so wünschenswert. Du musst bei dir selbst, deinem Sein ankommen, wissen, wer du substanziell bist und das erst mal ohne jegliche Substanzen dafür zu bemühen. Statt sich an angesprochenen Blendern zu orientieren, ist es wesentlich klüger, sich selbst und seinen Charakter so zu stärken, dass man auf sich vertraut und die eigene innere Stimme laut und deutlich wahrnehmen kann. Deine Stimme, die mit Überzeugung mutig vor ungesunder Verführung mahnt. So schnell wie möglich ankommen in einem starken Herzen, gesunden Körper und klugen Kopf, mit Lesezeichen und einer insgesamt gestärkten "Personality" als Immunsystem, die im Moment der Versuchung kein „ist mir egal, ich mach einfach" zulässt. Jedes innerlich gestärkte Nein ist besser als ein schwaches Ja. Um es gar nicht passiv passieren zu lassen und einfach mitzumachen, sondern aktiv mit seiner inneren Überzeugung zu entscheiden, erinnere dich daran, wie ich dich immer frage, was denn dein erwachsenes Pendant zu mir sagen würde, wenn ich dir es jetzt als Kind nur einmal durchgehen ließe, deine Zähne ausnahmsweise abends nicht putzen zu müssen. Es würde mir einen Arschtritt verpassen und mir vorwerfen, wie ich es je zulassen konnte, schlechte Zähne zu haben. Wende es auf dich selbst an, versetze dich in die Lage und überlege, was du dir als Papa raten würdest bzw. deinen Kindern, die was auch immer für eine Droge griffbereit vor sich hätten? Du würdest als dein Zukunfts-Ich deinen Kids bzw. dir selbst ebenso einen mächtigen Arschtritt verpassen. Ich wünsche mir, dass du frei bleibst von Erfahrungen wie als Bundestagsabgeordneter auf der Toilette Kokain zu schnupfen, als Rockstar auf

Heroin die Welt nicht mehr ertragend oder mit Crystal Meth bzw. Speed durch die Gegend zu „tweeken". Betäube dich nicht, wenn etwas nicht funktioniert, so wie du es willst oder etwas ungerecht erscheint. Ändere, übe, lerne und verbessere dich. Setze und akzeptiere Grenzen, überwinde sie nur, wenn deine innere, bewusste Stimme dich darin bestärkt. Finde Alternativen, berausche dich mit Leben, bewusster Gesundheit und dem gesunden Dopamin sauberer, sportlicher Aktivität. Das Leben ist zu kurz, um sich zu vielen unbewussten und unkontrollierten Momenten hinzugeben, sich zu ergeben, dein Leben als Geschenk zu „missbrauchen". Felix, als angeheirateter Cousin, bei dessen Hochzeit ich als kleiner fränkischer Junge frühzeitig zum Blumenkind werden durfte, hat irgendwann mal sein Geschenk einfach selbst ausgeknipst. Der dem Namen nach Glückliche konnte sich nicht glücklich machen. Als jemand, der hingegen zum Glücklichsein geboren ist, sollte es im Wissen um das richtige Sein, dem genau dafür notwendigen Tun und sinnvollen Wegweisern bei jeder Herausforderung im Leben ein Leichtes sein, mit deinem Geschenk hier auf Erden achtsam und respektvoll umzugehen. Die Einstufung und Bewertung von Drogen ist jedenfalls schwammiger als jeder „Magic Mushroom", auch wenn man - wie im Kern des Erotikfilm-Bereichs - in „hart" und „weich" unterscheidet. Dort sind die Grenzen des Illegalen indiskutabel eindeutig. Egal wie liberal alles, was dich von deinem bewussten Sein zu sehr abbringt, ist Gift. Überlege gut, was du zulässt und deinem Körper zumutest, in Maßen „gebrauchst". Damit ist wohlbemerkt nicht der bayrische Bierkrug gemeint, es ist die Häufigkeit und Dosis, die das Gift macht. Auch Cola und Schokolade können zur Droge werden, wenn ich es übertreibe und missbrauche, dabei fettleibig und krank werde. Beobachte und wisse, dass alles, was man aus Gewohnheit unbewusst oder aus Abhängigkeit mit „Scheinsein" vermeintlich bewusst konsumiert, ungesund ist. Natürlich ist es individuell abhängig von der Reife, ob man labil ist, ein ausgeprägtes Suchtpotenzial aufweist oder nicht geheilte Traumata aufzuarbeiten hat. Bei den Drogen, die Roger in sein Leben gelassen hat oder beim Missbrauch sämtlicher verschreibungspflichtiger Medikamente gibt es absolut kein richtiges Maß, sondern nur die Devise Finger weit, weit weg! Im schönen Bayern und speziell in deiner Heimat Franken haben wir die höchste Dealer-Dichte in ganz Europa: Brauereien, soweit das Auge reicht, mit ausgezeichnetem und 24/7 erhältlichen Stoff. Das gelebte Brauchtum mit traditionellen Kirchweih-, Feuerwehr- und Schützenfesten führt bereits sehr früh an eine der ältesten und auch schlimmsten Einstiegsdrogen überhaupt heran, den Alkohol. Gesellschaftlich akzeptiert und von Menschen, die als Vorbilder in der Öffentlichkeit stehen, vorgeführt und zelebriert, verpflanzt es bei Heranwachsenden frühzeitig ein Gefühl der gesetigen Normalität und Zusammengehörigkeit. Deine Eltern können sich davon leider keineswegs umfänglich freisprechen, auch wenn es nur kurzzeitig und gemäßigt das Abendprogramm betraf. Das Leben feiern, Freunde finden, mal den Frust vom Alltag wegspülen oder den tristen Feierabend erhellen. Es findet sich immer ein Grund und jedes Urvolk hat sein Rauschmittel. Es muss daher nicht das immunsystemstärkende und herzinfarktrisikosenkende Bier sein oder Rotwein mit seinen gesunden Tanninen, die bakterienabtötend zur Schmerzlinderung beitragen und bei Magen-Darm-Entzündungen helfen. Es kann auch der cholesterinspiegelsenkende und schlaganfallvorbeugende, härtere Wodka unserer nord- und osteuropäischen Nachbarn sein, auch Whiskey, Grappa, Raki oder Ouzo. Es sei schließlich jedem sein gesundheitsförderlicher Rausch vergönnt.

In Nordkalifornien wächst neben der Autobahn nicht der blumige Hopfen, sondern weitverbreitet und ganz legal Cannabis. Zwar etwas mehr versteckt, dem Hopfen vom Geruch her sehr ähnlich, fühlte es sich verboten an, als ich vor ca. 15 Jahren das erste Mal vor besagtem Wüstenfestival eine derartige landwirtschaftliche Nutzfläche betrat. Der „Bauer" der Farm sah markant anders aus als unsere bayrischen Exemplare, sprach aber überraschenderweise verständlicheres Deutsch, nachdem er als junger Soldat in Deutschland stationiert war. Verwundert fragte ich ihn, ob er denn nicht rechtliche Probleme mit einer so großflächigen Anlage mitten in den USA hätte, einem Land, das ja Milliarden für die Drogenbekämpfung ausgab. Er erzählte mir, dass er vor Kurzem die Bundespolizei FBI auf seinem Grundstück stehen hatte und subsidiarisch die lokale Polizei rief, um diese von seinem Grund verweisen zu lassen. Schon damals, während meines Studiums im mormonisch konservativen Bundesstaat Utah war Cannabis hinter vorgehaltener Hand ähnlich weit verbreitet wie Alkohol, wobei es die hochprozentige Form des Rauschgiftes wie Spirituosen nur in streng regulierten „Liquor Stores" zum Erwerb gab. Geschichtlich betrachtet, wurde in den USA nach der Prohibition der Alkohol wieder legal, während Hanf als einst medial gefeierte „Milliarden-Dollar-Pflanze" mächtigen Industrieinteressen zum Opfer fiel. Die Hanfpflanze wächst bis zu viermal pro Jahr nach und war wohl einem damaligen Papierindustrie-Magnaten und seinen Buddys aus der Chemie- und Bank-Branche, die bis heute den Lauf unserer Welt mitbestimmen, als gefährliche Alternative ein Dorn im Auge. Es ist oft der nichtsnutzige Schwiegersohn, der herhalten muss, in diesem Fall dafür zu sorgen, dass weiterhin deutlich langsamer nachwachsende Bäume als Heimstätte vieler Tierarten für Papier starben und die Hanf-Pflanze weltweit verteufelt wurde. In diskriminierender und verängstigender Manier vorwiegend auf Kosten der Black Community hat das Ergebnis und auch die Auswirkungen bis heute erfolgreich Bestand. Börsennotierte Gefängnis-Einrichtungen mit zumeist inhaftierten „People of Color", die hauptsächlich wegen Marihuana-Delikten einsitzen, machen ihre Aktionäre immer noch sehr glücklich. Die schwarze Jazz-Perle und Legende Louis „Satchmo" Armstrong sah zur damalig wilden Zeit darin „einen besseren Assistenten und Freund als im Whiskey" und der schwarze Schauspieler Morgan Freeman erachtet in heutigen, ebenso wilden Zeiten „das Gesetzesverbot als das Dümmste überhaupt". Er plädiert absolut korrekterweise und anti-rassistisch dafür, es zu „legalisieren und zu besteuern, wie man es mit Alkohol macht." Es mag eine steile These sein, früh untermauert von dem ur-bayrischen Liedermacher Hans Söllner, aber hätte manch einer öfters „einen geraucht", statt sich zu sehr am Nockherberg zu besaufen, sähe die Welt ganz anders aus. Mit Marihuana statt Koks auf den Klos mancher Leader jedenfalls würde es zwar vielleicht entschleunigt gemächlicher zugehen, aber wir hätten schneller bei allem Frieden. Ob dieser unangenehm friedlich-freie Aspekt entgegen jeder Konformität damaliger Zeit ein weiterer Grund für ein Verbot war, ist spekulativ. Die Frage ist, ob es nicht für unsere jetzige Zeit gesünder wäre, weniger gestresst,

◉ Auf der legalen Plantage in Mendocino, CA.

weniger situativ überhektisch und alarmiert und als Elefant weniger machtbesoffen durch unseren Laden zu rennen. „Gebt das Hanf frei!" forderte vor ca. 20 Jahren der besonnene Grüne Hans-Christian Ströbele. Im Gegensatz zu Hopfen bietet die Hanfpflanze jedenfalls deutlich mehr ökonomische Möglichkeiten, die endlich wieder breit industriell genutzt werden, gesund für jeden Ackerboden und unabhängig von jeglichen klimatischen Bedingungen. So findet Hanf progressive Verwendung als leichtes, umweltfreundliches Baumaterial, als Kleidung wie schon vor fast 10.000 Jahren, als Nahrung, leistungsstarke Batterien, Bio-Treibstoff, biologisch abbaubares Plastik oder wird in einer anderen der ca. 25.000 weiteren Verwendungsmöglichkeiten genutzt. Erfreulicherweise hat sich im Laufe der Jahre des Schreibens dieses Buches auch das Bild von Cannabis positiver gewandelt und als ich Monkey 2016 auf seiner Plantage besuchte, die mit eigenem Bagger ungefähr dreimal so groß war wie die Farm meiner Besuchspremiere die Jahre davor, fühlte es sich nicht mehr komisch an. Kiloweise Ernteertrag zu den legal ausgebenden „Dispensaries" zu transportieren hat etwas von einer Mischung aus bayrischen Brauerei-Ausfahrer und Apotheken-Lieferant. Es fühlt sich eher komisch falsch an eine Heilpflanze, die bei über 100 Krankheitsbildern dem

◉ Der Farmer, sein Hund und der Übertritt in eine „Drogenfreie" Welt, San Francisco, CA.

Menschen helfen kann, egal wo auf der Welt noch kriminalisiert wird. Der selbst ernannte Kräutersammler Dr. Sebi verallgemeinerte, dass „eine Gesellschaft die Heilmittel geheim hält, damit weiter Medikamente mit gigantischen Gewinnen verkauft werden können, keine echte Gesellschaft wäre, sondern eine riesige Irrenanstalt". Eine frühzeitigere medizinische Renaissance des Marihuanas und ein ehrlicherer Umgang mit weniger verdrehten Worten, hätte mit besserem Standing vielleicht auch zwei uns lieb gewonnen Menschen helfen können. Mamas ehemaliger Produzent und Papas Cousin, beide mit attestiertem Glioblastom, sahen es aber leider als etwas verwerflich Illegales an. Trotz vieler Studien, wie auch die der Universität Madrid, die langzeitlich belegt, dass Cannabis mit dem berauschenden THC-Anteil und damit exponentieller Wirkung de facto gezielt bösartige Hirntumorzellen abtöten kann und sogar bei der Bildung neuer Zellen hilft, war es schwer, ihre Kosmen überzeugend zu erreichen. Wir erreichten nur die bis zu diesem Zeitpunkt unwissende, aber aufgeschlossene, behandelnde Chefärztin der Uniklinik, die nach Durchsicht der beigebrachten Studien, Rücksprache und Recherche grünes Licht dafür gab. Im Kopf meines Cousins blieb es bedauerlicherweise bis zuallerletzt aber eine illegale Droge, keine Heilpflanze. Es lohnt sich genau hinzusehen, was der Doktor früher in seiner Tasche hatte, neben Cannabis und Kokain als Gut und Böse gibt es vielleicht mit MDMA, Ayahuasca, LSD, Methadon und anderen Stoffen mehr sinnvolle therapeutische Einsatzmöglichkeiten, um Menschen zu helfen, ohne es pervitin-gleich sofort zu pervertieren. Auch wenn der eigene Körper im Nervensystem sogar Cannabinoid-Rezeptoren hat, an denen die Wirkstoffe aus der Cannabispflanze andocken können, sollte man sein Hirn besser nutzen. Helge Schneider rät laut seinem Liedgut im deutlichen Gegensatz zu Ströbele trotzdem dazu, lieber „die Möhrchen zu tun" und damit hat er recht. Dein Sein findest du wie beschrieben anders und es wird dir sagen, ob du es sein lässt und Helges gutem Ratschlag folgst oder es gebrauchst, ohne dich missbrauchen zu lassen. Die Welt sieht drogenfrei ganz anders aus, dein Sein wird nur sichtbar, wenn du deine Persönlichkeit gefunden hast, und diese Entwicklung ist im Gegensatz zur Hirnentwicklung erst deutlich später, nach dem Ende deiner Teenie-Zeit, abgeschlossen.

> *„Dieser Körper ist dein Haus und darin kennst du dich aus, du lebst und das wird dir bewusst, nur aufgrund der eignen Lebenslust."*
> **- Die Fantastischen Vier**

Lerne und wisse, wie du mit deinem Körper, dem Haus deines Seins umgehst. Investiere in dich selbst, meditiere, esse gesundes Essen, trinke viel Wasser, halte dich basisch, pflege deinen Körper, bewege dich, bilde dich, ruhe dich aus, verbringe Zeit in der Natur und in der Sonne, atme ein und atme aus, spüre, dass du lebst. Du bist es wert. Dem Lean Management-Charakter folgend liegt einem tibetischen Sprichwort nach, das Geheimnis für ein gutes, langes und gesundes Leben darin, halb so viel zu essen, doppelt so viel zu laufen, dreimal so viel zu lachen und maßlos oft zu lieben. Ein ganzheitlich denkender Sebastian Kneipp wusste früh, dass „der Weg zur Gesundheit durch die Küche führt, nicht durch die Apotheke". Mit der Gesundheit aus der Küche ist es aber wie mit Heilkräutern, man muss sich damit befassen, wenn man sich nichts Ungesundes aus der „Apotheke" auf den Tisch seines Hauses holen will. Früher ist man bei diversen Erkrankungen in seinen Garten oder in die Natur gegangen, dem Beispiel eines Alexander von Humboldt folgend, hat man Kräuter gesucht, die eine heilende Wirkung hatten: Melisse gegen Erkältung, Kamille, Gelbwurz, Ingwer etc. Hausmittelchen waren Standard, die Alten und Weisen wurden zurate gezogen, manchmal auch die Kräuterhexe, heilerfahrene Mönche oder fahrende Wundermittelverkäufer. Heutzutage steht einem aufgrund der vielen wunderlichen und unterschiedlichen Wirkstoffe ein studierter, gut ausgebildeter Apotheker zur Seite. Sich gesund zu ernähren, klingt simpel, gestaltet sich aber - ohne selbst einen Überblick zu haben - als schwierig, denn derjenige, der sich nicht eigenständig aus der Natur versorgen oder im Bioladen einkaufen kann, ist woanders ziemlich verloren. Im Supermarkt sieht man sich einer Auslage gegenüber, die drogengleich verführerisch, süchtig machend und omnipräsent eine verwirrende Herausforderung darstellt. Wir konterkarieren jeden Sinn und Rat eines Arztes, dem die Gesundheit des Patienten am meisten am Herzen liegt und lassen uns bereitwillig von manchen Unternehmen im „Gönn dir"-Modus teils regelrecht vergiften. Körperlich durch das Produkt bzw. mental durch manch unethisches Handeln des Herstellers. Mit unserem Geld generell haben aber wir die mächtige Wahl, „es" jemandem einfach unbewusst abzukaufen oder uns in einer kleinen, aber lästigen Form eines eigenverantwortlichen „Apothekenstudiums" zu informieren, wem wir unser Geld für eine allgemein gesündere Richtung geben wollen. Zu wissen, von wem, mit was und woher etwas kommt, macht einen deswegen nicht zum Experten, aber vielleicht zu einem vorausschauenden Fahrer, der weiß, wann er zu bremsen hat und wann er Gas gibt. Um Krankheit kümmert sich die Medizin, weil sie davon lebt. Um die Gesundheit musst du dich selbst kümmern, denn davon lebst du. Überlege daher genau, wie du mit ihr umgehst, ob du sie „opferst" und von wem du sie notfalls zurückkaufen musst. Wir haben zwar immer bessere Medizin, aber weniger Gesundheit. Ein gesundes Dasein, gesunde Kinder und eine gesunde Gesellschaft scheinen beim Wettlauf zu neuen Höhen oder auch harten Wänden, trotz aller schöner Worte, bisher zweitrangig. Nicht nur bei der Glioblastom-Rate, wie in unserem Umfeld erlebt, ist ein exponentieller Anstieg zu verzeichnen, auch die bereinigte allgemeine Krebsrate nimmt wie erwähnt deutlich zu. In welchem Maße es stressbedingter Tribut unserer beschleunigten Leistungsgesellschaft ist, elektromagnetische Einflüsse oder dubios ungesunde Zusatzstoffe dafür verantwortlich sind, ist unklar. Fakt ist jedoch, dass im Kreislauf unseres Kosmos alles zusammenhängt, genau wie eben in unserem Körper selbst. Dein Vagusnerv, der als Vagabund und regulierende Schaltstelle zwischen dem Gehirn und deinen Organen wandert, nimmt Einfluss auf alle Körperfunktionen und auch dein Wohlbefinden. Besonders dein Darm mit eigenem Nervensystem steuert dagegen nicht nur die Verdauung, sondern befehligt wiederum dein Hirn. In Bezug auf die Gesundheit als höchstes Gut ist eigenverantwortliches Handeln und Verstehen vom Zusammenspiel aus Ernährung, Konsum, Wirtschaft und Gesundheitsindustrie sehr wertvoll. Es bewahrt davor, als gesunder Mensch zu schnell „Kunde" eines Kreislaufes zu werden, der nur zu gerne und zu einfach lieber mit Medikamenten Symptome behandelt, statt im Verständnis um einzelne Prozesse schädigende Ursachen zu wandeln und zu verändern. Zu leichtfertig vertraut man generell der Industrie und ihren nachvollziehbaren Absatzinteressen, denn schließlich belegen ihre Studien, die direkt oder indirekt eigenfinanziert sind, entgegen tatsächlich unabhängigen Studien klar und ganz eindeutig immer die Unbedenklichkeit. Wechselseitige Verquickungen entlang der Herstellungskette bis hin zur medial eingekauften Kommunikation an den Endkunden wie aus einem Guss, sind dabei genauso wenig ein echtes Qualitätsmerkmal. Besonders dann nicht, wenn auch noch dafürsprechende Lobbyisten zur Fehlervermeidung helfen, Gesetze mitzuschreiben, sich aber trotz aller Synergie und Erfahrungsaustausch gerade selbst als Systemfehler erweisen. In der Zeit während des IQ-Schwunds und Krebsanstieges kam u.a. synthetischer Süßstoff auf, der nach anfänglich vergeblichen Ringen um die US-Zulassung erst grünes Licht erhielt, als der Chef des Produzenten zum Chef der Zulassungsbehörde wurde. In manchen Industriezweigen werden die Kosten für Rückrufaktionen zu potenziellen Opferentschädigungen gegengerechnet. Je nachdem, was ökonomisch lukrativer ist, wird dann gerne auch Perfides präferiert. Darauf zu vertrauen, dass die Gesundheit und das Wohlbefinden des Verbrauchers immer zentral im Mittelpunkt stehen, ist naiv, denn zu selten gehen sie nun mal im ungesunden Widerspruch mit Gewinnmaximierung einher. Individuell macht es sehr viel Sinn mehr mit „Nature´s Flow", den Gesetzmäßigkeiten der Natur zu gehen, statt eigene Widersprüche unwirtschaftlich aufrechtzuerhalten. In erster Linie bedeutet das, mit sich selbst maßvoll umzugehen, achtsam beim eigenen Konsum zu sein, besonders im Hinblick auf das nur zu menschliche Sündigen, dem Frönen des Ungesunden. Schaffe dir Ausgleich durch gesundes Fasten, hebe unvertretbare Widersprüche komplett auf und versuche dich selbst wirklich zu spüren. Den Einklang mit der Natur stetig und wieder mehr zu suchen, nicht zuletzt als bereitwilliges Opfer an die Gemeinschaft, um unseren aufgetürmten Gesundheitsapparat solidarisch zu entlasten. Trotz hinnehmbarer Umsatzeinbußen würde es dem Gesundheitswesen vielleicht selbst guttun, eher mehr die Heiler zu fördern, die nicht nur heilen, sondern dir auch zeigen, wie du dich selbst heilen kannst, indem sie dir den Heiler in dir selbst zeigen. Gut, passend dazu ist der Verwirrte eigentlich ja nicht derjenige, der in der Natur im Wald lebt. Der Verwirrte ist eher der, der ihn zerstört und die Natur nicht schätzt. In der Natur mit all ihrer Energie und Perfektion lernt man einerseits, wie klein und nichtig man selbst ist, andererseits spürt man aber Teil dieser Energie zu sein. Als Baustein des Ganzen und des Lebens. Auch hohe Berge waren mal klein und alles ist möglich. Wir haben nur viel weniger Zeit, was uns zur Eile mahnt, es ist keine Zeit für Dinge, die ungesund keine Seele haben. Zellen haben ein Gedächtnis, in dem Altes gespeichert ist und der Atom- und Astrophysiker Hubert Reeves erinnert uns verwirrenderweise daran, dass „der Mensch die dümmste Spezies ist. Er verehrt einen unsichtbaren Gott und tötet eine sichtbare Natur, ohne zu wissen, dass diese Natur, die er vernichtet, dieser unsichtbare Gott ist, den er verehrt". Abseits fragwürdigen Intellekts resultieren sicherlich viele unserer heutigen Krankheiten aus einer ungesunden Trennung des Menschen von der Natur.

„Solange es Schlachthäuser gibt, wird es auch Schlachtfelder geben."

- L.N.Tolstoi

Als ich damals den Beschluss für mich fasste, fortan vegan leben zu wollen, kam deine Mama in dieser Zeit wenig später vom Einkaufen nach Hause und brachte eingefrorene Hühnerherzen mit. Eine ganze Packung mit 100 Stück. Es verschlug mir ein klein wenig die Sprache war mein Entschluss, keine Tiere mehr „konsumieren" zu wollen tiefsinnig begründet, ihr nicht vollends unbekannt und sie bringt eben mal einen komplett ausgemerzten Hühnerstall mit nach Hause, weil sie „halt gerade Lust darauf hatte". Ich bin dankbar, dass sie mich mittlerweile besser versteht, bei so viel Weisheit und Größe, die Mama in sich trägt, ist das nicht überraschend. In Bezug auf Menschlichkeit ist ein Tier als Lebewesen ja nur eine göttliche Kreatur, die in anderer Form geboren wurde. Die Seele ist aber in allen Lebewesen gleich, auch wenn der Körper anders sein mag. Es ist wie mit dem braunen und dem weißen Ei bezogen auf Hautfarbe, im Kern und den sich ähnelnden Herzen sind wir alle seelenhaft gleich. Für mich wurde es zu sehr zu einem Widerspruch, Fleisch zu essen und unseren altgedienten Kater, der noch zu den Anfängen dieses Buches schnurrend, vorzugsweise auf meiner PC-Tastatur lag, hingegen liebevoll zu knutschen, was Lui auch den auf seinem Grabstein verewigten Kosenamen „Knutschi" einbrachte. Wenn man mich zur Schulzeit - in Erinnerung alter Zellen - gefragt hätte, ob ich eher in einem lebendigen und vom IQ sowie wie auch Schmerzempfinden an manche Urvölker heranreichenden Schwein etwas „Essbares" sähe oder in einem wohlriechenden Apfel, wäre meine Wahl eindeutig gewesen. Wie bei mir, bei deiner Mama kurz nach mir, bei eigentlich jedem und vielleicht auch eines Tages bei dir, ist es ein Prozess des Seins und eine Frage, wie lange man gewisse Dinge vertreten kann. Du isst im Vergleich zu uns alles in Maßen und das ist auch gut so. Mama und Papas toller Trauzeuge, einmalig in seiner Echtheit, war bereits vor 25 Jahren schon „Lifestyle-Vegetarier". Dirk aß kein Fleisch außer fränkische Bratwürste und bezeichnete sich aber ansonsten als Vegetarier. Ähnlich wie offiziell dem Alkohol abschwören, weil man den Alkohol ab sofort durch Cola-Weizen ersetzt. Lange fand ich es belustigend, bevor ich erkannte, dass er schon damals recht hatte, genau wie der Kabarettist Hagen Rether. „Man muss nicht über Nacht zum Veganer werden. Fallen Sie nicht auf Ihre preußischen Wurzeln herein und streben Sie nicht nach 150-prozentiger Korrektheit. Entspannen Sie sich, sonst fangen Sie an zu glauben, das Leben sei vorbei. Man kann gerne seinen Ledergürtel weitertragen", denn dadurch ihn nicht zu tragen, würde man das Tier ja nachträglich nochmals entehren, „aber sei dir bewusst, dass du ihn nicht nochmal als Ledervariante kaufen musst. Konsumiere einfach immer weniger tierische Produkte, iss weniger Fleisch, reduziere Schritt für Schritt und in zwei Jahren bist du vegan, ohne es zu wissen. Deine Gesundheit verbessert sich insgesamt, die Gelenke schmerzen weniger, die alten Kleider passen wieder, die Haut wird besser und man braucht weniger Parfüm, um schlechten Geruch zu überdecken". Auch wenn Veganer oder Vegetarier gerne und ausgiebig darüber reden, aber damit wäre eigentlich alles gesagt, der Samen gepflanzt. Okay, fast, denn du kennst ja deinen Papa, es geht nicht darum, coole Labels zu vertreten oder sich darüber zu definieren, ähnlich dem formschönen

Lamborghini. Würde jeder Deutsche seinen Konsum nur um die Hälfte reduzieren, würde es laut der Landwirtschaftskammer Niedersachsen nicht nur Millionen an Tonnen Co2 einsparen, sondern es müssten auch 375 Millionen Tiere nicht getötet werden. Etwa 60 Kilo Fleisch isst jeder Deutsche im Schnitt pro Jahr und auch wenn es z.B. die American Heart Association empfiehlt, täglich Speck und Eier zu essen, um gesund zu bleiben, sollte man sich nicht dank erfolgreichem Lobby-Sponsoring auch noch zusätzlich seiner Intelligenz berauben lassen. Nicht ohne Grund werden allein in den USA jede Sekunde 300 Tiere getötet, das Burger-Patty aus der Fast-Food-Kette deines Vertrauens kann aus bis zu 5.000 unterschiedlichen Tieren bestehen, die aus wenigen Schlachtbetrieb-Konglomeraten kommen. Weltweit sind fast doppelt so viele Menschen übergewichtig wie jährlich verhungern, etwa 70% aller Ackerflächen werden direkt oder indirekt zur Fleischproduktion genutzt, was diese aufgrund des jährlichen Methanausstoßes zu einem bei weitem größeren Klimakiller macht als z.B. alle ca. 800 Millionen Kfz zusammengenommen. Je nach Tier sind bis zu 15.000 Liter Trinkwasser pro Kilo Fleisch ohnehin schon ein hoher Preis, da sollte man sich für die hoffentlich seltenen Konsumgelegenheiten seiner Gesundheit und seinem 600€-Qualitätsgrill möglichst etwas Gutes tun und wenigstens zum bäuerlichen Qualitätsfleisch tendieren. Frei von zu viel Hormonen und Antibiotika. Ich habe jedenfalls fest vor, im Gegensatz zu deinem Opa, dessen Nachholbedarf an Fleisch aufgrund seines spürbaren Defizits aus Kriegsjahren ihm alle Lebenszeit anzumerken war, auf deinem Berg des Lebens länger für dich da sein. Zumindest weit über deine ersten 18 Jahre hinaus und auch auf die Gefahr hin, dich regelmäßig in deinen unterschiedlichen Altersstufen - für mich vereinfachend, aber vielleicht auch nervtötend - immer auf dieses dein Buch zu

◉ MIT OSCAR-GEWINNER FOREST WHITAKER IN LOS ANGELES BEIM VEGANEN LUNCH.

verweisen. Daher habe ich nach doch beträchtlich langer Anlaufzeit 2016 entschieden, auf Fleisch komplett zu verzichten. Spätestens nach einem veganen Lunch, gemeinsam mit dem bodenständig bewussten Oscar-Gewinner Forest Whitaker im „Vegan Glory" Restaurant in Los Angeles wurde mir final die Konsequenz bewusst, dass meine eigenen Entscheidungen einen Einfluss auf das Leben von Tieren, Menschen und den ganzen Planeten insgesamt haben. Ich nicht mehr einfach so weitermachen konnte, mein Sein sehnte sich nach einem aufgelösten Widerspruch, um die Energie fließen zu lassen und es mit dem, was ich weiß, denke und fühle, in Einklang zu bringen. „V(v)eg" vom Tier zu sein, macht dich von jemanden, der Leben nimmt, hin zu jemanden, der Leben bewahrt. Es gibt wohl kaum eine größere persönliche Revolution des Mitgefühls. Nach Möglichkeit, vegan zu sein, ist eine Rebellion gegen Unmenschlichkeit und sich schlichtweg an einem ungesunden Kreislauf nicht mehr zu beteiligen, sondern „echter" zu werden. Der Schritt dazu vegan oder auch nur vegetarisch zu werden, bildet die Persönlichkeit ungemein. Ob man tierische Produkte wie z.B. Milch konsumiert, die von einer fremden Spezies ausschließlich zur Aufzucht des Kleintiers verwendet wird, muss jeder selbst entscheiden, als Erwachsener ohne jegliche Laktose-Intoleranz bevorzuge ich persönlich lieber gesündere Alternativen. Forest beeindruckte u.a. als Hauptdarsteller der grandiosen Rolle in „Der Butler", als Kämpfer gegen Rassismus und Segregation. Der Spruch „die Milch macht´s!" ist, weil farblich weiß in ihrer Konsistenz, heutzutage ähnlich rassistisch wie auch Mathe, trotzdem ist es nochmals ein drastischer Unterschied, ob ich - wie in der Geschichte zu oft meine Feinde mit Worten zu Schweinen, Kakerlaken oder anderen Tieren degradiere, die man empathielos vernichten kann. Immanuel Kant mit ebenso preußischen Wurzeln erkannte, dass „wer grausam zu Tieren ist, auch im Umgang mit Menschen hart wird". Entweder man ist mitfühlend oder nicht und was ich dir schreibe, hat nichts damit zu tun, jemandem eine Art des Verhaltens oder Lebens aufzuzwingen. Spätestens dann, wenn man mit der Leberkäs-Semmel in der Hand den Tiernotruf ruft, sollte man einen gewissen Widerspruch erkennen können. Als trennenden Denkfehler von geschulter Verrohung seit Kindheit an und kulturell weltweit hinterfragbar, gibt es nun mal einerseits frei von jeder Empathie eben das „Nutztier", was man quälen und töten kann, um „es" zu essen und andererseits heilige, süße, schützenswerte Tiere, denen man - gerne auch aus Puppy-Factories - die „Liebe und Empathie" entgegenbringen kann. Dass in einer solchen Trennung die Wurzel von Gewalt, Kriegen und Verbrechen liegen könnte, liegt rein rechnerisch vielleicht nicht allzu fern, gerade wenn man sieht, wie wenige Menschen bei uns bisher gegen Gewalt und Krieg auf die Straße gegangen sind. Als der WDR in der Fußgängerzone eine Gans schlachtete, um zu erklären, weshalb man trotz großer Tierliebe doch Fleisch isst und Tiere dafür leiden lässt, war das Entsetzen groß. Müssten Fleischesser selbst schlachten, würden die meisten damit sofort aufhören. Aber es macht ja der Schlachter, da kann man als braver Mitläufer dankbar und ohne schlechtes Gewissen erleichtert auf Adam Smiths Prinzip der Arbeitsteilung verweisen. Jeder muss für sich selbst entscheiden, wie viel Qual er für sich und sein eigenes Karma toleriert. In der Natur gelten aber eben das Recht des Stärkeren und das Prinzip der natürlichen Auslese. Es ist normal, mich selbst stärker zu sehen als das selektierte Tier, was ich esse. Oder die Fliege, die nervt und man kaputt hauen kann. Es ist ohnehin kein großer Verlust, sondern ein Segen. Vielleicht denken ultrareiche Mächtige genauso über die Völker dieser Erde und beanspruchen einfach nur ihr Naturrecht. Gemäß dem Melierdialog aus dem Peloponnesischen Krieg schilderte Thukydides die Verhandlung zwischen dem übermächtigen Athen und der kleinen Insel Melos, wonach die „Stärke" ihnen das Recht gäbe, „das zu tun, was sie wollen, und dass die Schwachen zu ertragen haben, was sie müssen." Es macht keinen Sinn, selbst darwinistisch einem Naturrechtssystem zu folgen, ohne die Ebenen deutlich gesünderer, alleinzigartiger Kooperationsansätze zu berücksichtigen und mit Respekt leben und leben zu lassen. Karma kann hartnäckig sein, es schadet daher nicht, mit etwas mehr Achtsamkeit (v)weg zu kommen von jedem noch so blindem konsumieren.

WIRtschaften und KonSUMMieren - Maßlos positive Gier

„Wer seinen Wohlstand vermehren möchte, sollte sich an den Bienen ein Beispiel nehmen. Sie sammeln den Honig, ohne die Blumen zu zerstören." **- Buddha**

Einer wahrhaft haarsträubenden Räuberpistole nach haben einige korrupte Gauner und Betrüger des Wilden Westens, die damals etwas weitergedacht und sich vom profanen Bankraub oder Trickbetrug gelöst haben, verstanden, dass es möglich ist, sich relativ stressfrei eine ganze Cowboy-Stadt einzuverleiben und ihr gewitztes Unterfangen dabei als ehrenhaft darzustellen. Um ihr kriminelles Tun zu legitimieren und

◉ SUPERMARKT IM MENDOCINO COUNTY, CA.

ihre Interessen durchsetzen zu können, haben sie den Sheriff gekauft oder „ersetzt", die überschaubare Stadtverwaltung und Zeitung unterwandert und so benutzt, dass sie eben jederzeit bei allen Bürgern in einem guten Licht dastanden. Sie haben sich bereichert und eine Struktur geschaffen, die ihre Macht ausbaute und über Generationen festigte. Die Städte wurden größer, genau wie auch ihr Einfluss, ihr profitables Modell expandierte von einer Cowboy-Stadt zur anderen bis hin zum kompletten Cowboy-Staat. Die nicht so schlauen Gesetzlosen, die zumeist den soliden Bankraub und das herkömmliche Verbrechen bevorzugten, zogen sich als „Outlaws" entweder nach Mexiko oder in den Norden Kaliforniens zurück. Das Mendocino County als idyllischer Rückzugsort zur damaligen

Wildwest-Zeit gleicht ein wenig dem Elfenland, es ist die Anderswelt in den USA, wo die Uhren spürbar anders laufen und die Menschen entsprechend anders ticken. Michael Holm brachte mit seiner Cover-Version in den Siebzigern „Mendocino" erfolgreich dem deutschen ZDF-Hitparaden-Publikum näher. Die einstige Hippie-Hochburg ist eigentlich keine homogene Stadt, wie im ganzen County ist alles eher weitläufig verstreut. In der Lodge, nahe dem Leuchtturm von Mendocino, haben die Betreiber das Lieblingsgericht von Monkey in die Speisekarte mit aufgenommen und nach ihm benannt. Alles Bio vom Bauern um die Ecke, kein GMO, dafür vergleichsweise hochpreisig, was aber die wenigsten interessiert, denn man kann anschreiben lassen. Man kennt sich zumeist und es ist nicht verwunderlich, dass man eher kleine Lokalbanken und kaum übliche bekannte Großbanken findet. Während anderswo Tramper am Straßenrand aus Vorsicht lieber mal stehen gelassen werden, gilt es dort fast als unhöflich, einfach vorbeizufahren und keinen „Ride" anzubieten. Als wir in den einzigen Supermarkt weit und breit vor Ort gingen, unterhielten wir uns bereits im Eingangsbereich mit Einheimischen, Freunden und der Kassiererin. Ein Hotspot, ähnlich dem Autoscooter eines Rummels und genauso vergnügt nahm ich die vielfältige, frische Warenauslage wahr, die mir von lokalen und regionalen Anbietern entgegenlachte. Es gab vereinzelt internationale, nachhaltige Produkte, wie man es mittlerweile auch aus unseren Biomärkten kennt. Als ich durch die Regalreihen lief, vorbei an einer kleinen Supplement-Abteilung mit Nahrungsergänzungsmitteln, blieb ich etwas irritiert vor einem Kühlschrank der Getränkeabteilung stehen, in dem ich überrascht Wasserflaschen einer Edelmarke mit heiliger Ähnlichkeit zum Spitznamen unseres italienischen Wanderers entdeckte. Wohlwissend, dass diese Marke zu einem bestimmten Schweizer Konzern gehörte, ging ich zu meiner Bekannten und wies sie vorsichtig darauf hin. Sie bat mich, den Shop-Betreiber direkt darauf anzusprechen, was ich so diplomatisch wie nur möglich tat. Zu meinem Erstaunen dankte er mir für den Hinweis, ging umgehend zu dem Kühlregal, entfernte alle Flaschen dieser Marke und verbrachte sie ins Lager. Mit einem Daumen nach oben blickte er bei seiner Rückkehr zu mir und meinte, er habe das nicht gewusst und versicherte mir, dass sie sehr darauf achten, gesunde und faire Produkte anzubieten. Es war eine überraschende und sehr ermutigende Erfahrung. Amerika, wie es gerne öfters sein dürfte. Man muss sich ein solches „Versehen aus Unwissenheit" nur mal bei uns vorstellen, ohne bei dem Gedanken lauthals in Gelächter auszubrechen. Eine surreale Oase ähnlich dem irrealen gallischen Dorf von Asterix und Obelix.

Das Vorgehen erscheint drastisch, ähnlich wie auch auf unseren Reisen der letzten 20 Jahre in Hotels immer mit höflichen, aber bestimmten Hinweisen darum zu bitten, doch zukünftig bewusstere, nachhaltigere und gesündere Produkte anzubieten, weil man den Konsum ihrer verwendeten Produkte strikt ablehnt. Es mag etwas Anarchisches an sich haben, ganz ohne etwas dabei anzuzünden oder zu beschädigen, vom Aktienkurs mal abgesehen. Wer Aktien unbewusster Unternehmen hält, darauf hofft derart wissentlich oder unwissentlich mitzuverdienen und sich gleichzeitig aber eine bessere Welt wünscht, ist wohlbemerkt Teil des Problems und nicht der Lösung. Wenn ein Unternehmen die bedauerliche Meinung äußert, dass Wasser nicht unbedingt ein Menschenrecht ist und im Gegensatz zu jeglicher Wertschätzung gegenüber Menschen aber erwartet, dass man ihre Produkte entgeltlich wertschätzt, kann man sich wissentlich durchaus bessere Alternativ-Produkte suchen. Die Beimessung eines Wertes für lebenswichtiges Wasser, um dessen Verschwendung zu vermeiden, klingt natürlich dank eigener Presseabteilung richtig und schön, ein globaler Milliardenkonzern schläft schließlich nie. Wie auch für manche die Natur wertschätzenden Präsidenten im südamerikanischen Raum schon immer, ist Wasser selbstverständlich ein Menschenrecht. Über all die Jahre konnte man aber auch informiert sehen, wie die Ressourcen mancher Länder mit vergleichsweise dünner finanzieller Wertschätzung in Beschlag genommen wurden, um sie mit wesentlich würdigerer Eigenwertschätzung höchstrentabel an Kunden weiterzugegeben. Dazu muss man nicht erst nach Afrika gehen, wo die lokale Bevölkerung fortan ihr Wasser sauberer und teuer bezahlt, es reicht bereits ein Blick auf die Jahre bisheriger Wasserförderung am Michigan-See der USA. Es sind immer wieder ethisch fragwürdige Praktiken, die auffallen, seien es Tierversuche,

Bedrohung von Flora und Fauna, der Umgang auf Kakao-Plantagen oder mit Babynahrung. Meine Studienschwerpunkte waren damals Internationale Unternehmensführung, Außenwirtschaft und Internationales Marketing, daher ist es mir klar, dass Riesenkonzerne nicht alles richtig machen können. In manchen Punkten mag sich auch etwas verbessert haben, nicht zuletzt durch den Mut vieler Menschen, eben immer höflich darauf hinzuweisen. Es geht nicht darum, auf einzelne Konzerne mit dem Finger zu zeigen, denn es ist definitiv nicht nur die Wasserbranche trüb bis schmutzig. Auch auf den Weihnachtstruck mit bunten Lichtern und schönen Marketingschöpfungen wie dem wässrigen Mix aus Bio und Leben kann man aus gesunden Gründen besonders nach Jahrzehnten ohnehin fragwürdiger Zuckerersatz, Mais-Sirup und versüßten Zulassungspraktiken getrost verzichten. Wenn man wiederum weiß, wie viel Wasserverschwendung und Umweltschäden durch andere Marktteilnehmer in der chilenischen Atacama-Wüste verursacht werden, um Lithium zu gewinnen, würde man mit Bewusstsein auf noch viel mehr verzichten. Ob toxische Chemikalien durch den Hauptprofiteur des irakischen Wiederaufbaus beim Fracking oder durch deutsch-amerikanischen Nahrungsanbau ins Grundwasser kommen, man würde sich in jedem Fall bei seinem Konsum mancher Produkte mit bestimmten Rohstoffen vielleicht maßvoller zügeln.

„Es gibt zwei Möglichkeiten, genug zu bekommen. Die eine ist, immer mehr anzuhäufen. Die andere ist, weniger zu wollen."
- G.K. Chesterton

Man sieht den Schmutz am Boden, kehrt ihn in einem ungesunden Kreislauf oberflächlich aus dem Weg und tritt eben bei nächster Gelegenheit wieder hinein. Auch wir selbst als deine Eltern. Zurück bleiben immer schmutzige Fußabdrücke, die es gilt, loszuwerden und sinnhafterweise zukünftig besser zu vermeiden. Wir verursachen den Schmutz selbst oder lassen Fehler in unserem Namen zu, seien es Kriege, das Auseinanderklaffen der sozialen Schere, verhungernde Kinder, verzweifelte Taten verzweifelter Menschen, uferlosen Konsum. Alles, während wir pflichtbewusst ohne Innehalten weiter außen rum putzen. In den „Konsum" werden wir bequem alle unbewusst hineingeboren, von klein auf lernen wir, dass es wichtig ist, Geld zu verdienen, denn „dann kannst du dir etwas leisten"! Es ist normal, dass man Kunden früh abholt, dein Sparkassen-Produkt wartet bereits, genauso wie deine Altersvorsorge, je früher, desto besser für dich, mit mehr Zinsen oder günstigerem monatlichen Tarif. Verantwortungsvoll und vorsorgend unsere Kinder abzusichern ist natürlich löblich und umsichtig. Fraglich ist nur meist, ob denn das elterliche Verhalten vorsorgend dazu beiträgt, dass man als Kind einen friedlichen, nachhaltigen, gesunden Planeten hinterlassen bekommt, auf dem man das Vorgesorgte überhaupt noch sinnvoll nutzen kann. Würden wir nur kurz darüber nachdenken und innehalten, welche kettenartige Konsequenz z.B. der Kauf eines elektronischen Gerätes hat, würden wir uns vielleicht zumindest beim praktischen und unschlagbar günstigen Zweit- bis Fünftgerät zügeln. Allein schon, um nicht ein ähnliches Muster an den Tag zu legen wie jemand, der sich die fünfte Insel kauft. Wir würden verstehen, dass es Bauteile benötigt, die teilweise unter begünstigender Aufrechterhaltung eines Bürgerkrieges im Kongo gewonnen werden und zumeist Kinderarbeit erfordern, Unmengen an anderen Ressourcen, wie das angesprochene Wasser und Grundwasser benötigt, das den Menschen dort zum Leben fehlt. Der günstige Transport aus Übersee, bei dem der Preis eines Containers mit 28 Tonnen Ware und 600 Dollar dann pro Gerät im Cent-Bereich liegt, verbraucht in einem Tag bei Volllast-Fahrt umweltbelastende 200 Tonnen Schweröl. Nichts, wenn man bedenkt, dass wir weltweit höchst süchtig täglich etwa 14 Milliarden Liter „Stoff" brauchen, ca. 4 Milliarden Tonnen Öl pro Jahr. Fünf Cent sind es für günstige Jeans aus Asien, wo sich - je nach auserkorener Saisonfarbe - die Flüsse vorab bunt zeigen und die beißenden Chemikalien die Atemwege der dort arbeitenden oder spielenden Kinder verätzt. Genauso das hundertste Plastikteil, ggf. handveredelt auf 12qm durch 10 Kinder, die dort auch gleichzeitig schlafen. Sollte nach Lieferung und Erwerb kurze Zeit später am Gerät aufgrund von Ungeschick oder Obsoleszenz etwas kaputt gehen, ärgert man sich zunächst, dass die Reparatur teurer sein soll als der erfreulich günstige Kaufpreis.

Sofern man keinen Zusatzschutz hat und außerhalb der Garantie ist, ergibt die eigene Kosten-Nutzenrechnung, dass bei geringer Zuzahlung auf den genannten Reparaturpreis schon das neuere Folgegerät winkt. Weg damit und so wird der etwas mehr als zwei Jahre alte Müll vorbildlich ausgeschlachtet und der Rest teilweise wieder per Containerschiff auf die Restmüllkippe nach Afrika verbracht. Nachdem dort Umweltschutz nicht vorrangig groß, sondern klein geschrieben wird, nicht zuletzt, weil dafür der Kontostand kleiner profitierender Kreise umso größer geschrieben werden, verseucht der Schrott dort Flüsse, die ursprünglich als Lebensgrundlage für Fischer und deren Familien dienen. Die können sich mit dem Kleinbauern zusammenschließen, der mit seinen ein bis drei Kühen aufgrund von unschlagbar günstigen Milchüberschüssen aus der EU genauso vor dem Aus steht. Und dass, obwohl Konfuzius sagte, eine Angel als Werkzeug wäre hilfreicher als der Fisch, um jemanden ein Leben lang zu ernähren. Kinder kennen aber nun mal eher TikTok als Konfuzius, was besagter Hirnentwicklung vor dem nun mittlerweile gefühlt sechsten Gerät zwar fragwürdig förderlich ist, aber wenigstens unterhaltsam. Während ggf. beide Elternteile im Hamsterrad versuchen, Geld für die Familie und eigenen Konsum in Mujicas Geiste zu erwirtschaften, wird konzentrationsraubend das „Wischen" am Gerät perfektioniert. Die beste Voraussetzung, um mal in unsere Fußstapfen zu treten und um später genauso mal unter der Couch sinnlos im Kreis wischen zu können. Um bei gründlichen Putzen weniger Dreck zu machen, muss man das Muster, in dem wir gefangen sind, durchbrechen. Alles, was wir konsumieren, hat in Ketten besagte weltweite Konsequenzen. Es verursacht Opfer, die man vermeiden könnte, wie auch in jedem anderen bedauerlichen Krieg. Sofern sie nicht verhungern, könnte man meinen, dass sich arme Menschen aufgrund des zwangsläufigen Verzichts auf z.B. Zucker sogar gesünder ernähren und daher eine gewisse Genügsamkeit zeigen. Trifft diese jedoch auf die reiche Scheinwelt, verursacht sie Verlangen und Neid auf das, was man nicht hat, und der neu geschaffene Mangel verursacht Traumata aufgrund der bisherigen Nichterfüllung. Ohne Bewusstsein erfordert es zwanghaft einen Aufholbedarf des Defizits. Gegebenenfalls sogar noch skrupelloser zu sein, noch stärker die Ellbogen einsetzend, um das zu bekommen, was man eben noch nie hatte. Es sich leisten können. Man kann eben auf zwei Arten „von etwas genug haben", die eine ist, weiter mehr und mehr anzuhäufen oder es satthaben und weniger zu wollen. Der Mensch machts, nicht die Milch. Wir müssen überall bei uns selbst anfangen und „abrüsten", um uns vor Konsumauswüchsen in einem Wirtschaftskrieg zu schützen. Gieriges, unbewusstes Anhäufen ist beschriebener Ausdruck einer Leere. Wie früher einfach shoppen, ein Produkt auswählen und sich darauf zu verlassen, dass es - wie durch Werbung suggeriert - nahrhaft, gesund und gut für dich ist, ist geradezu fahrlässig. Etwas mehr Durchblick und eigene Meinung sind besser als blind zu vertrauen. Es ist einfach nicht mehr maßvoll, sondern das Maß unseres Konsums ist voll. Ginge es nach dem Film „Sinn des Lebens", sind wir bereits am Servieren des Minze-Plättchens angelangt, nach dessen Verzehr der Magen platzt und Panik ausbricht. In einer Welt mit immer mehr Menschen, Wachstum und dem Wunsch einer 24/7-Verfügbarkeit befinden wir uns mit unserer herkömmlichen Unbewusstheit „End of Life", als ein ungesundes Auslaufmodell. Man kann das Abstellgleis natürlich versuchen einzuzäunen, mit Mauern oder einer Grenz- bzw. Küstenwache und sein geschaffenes Luxus-Getto mit dem altgeschichtlichen Recht der Stärke kontrollieren und verteidigen, aber es wird das Chaos langfristig in dystopischer Vorstellung irgendwann mal nicht mehr verhindern können. Das können nur gerechterer Ausgleich und maßvollerer Umgang. Egal in welchem Krieg, auch in einem Wirtschaftskrieg oder dem Krieg mit sich selbst, es ist immer der Klügere bzw. der Stärkere, der nachgeben muss. Es kann nur der Satte verzichten, nicht der, der gerade am Verhungern ist. Besonders, wenn im Norden die fleischgedeckten Tische und der idealisierte Kaufrausch als die Erfüllung schlechthin angepriesen und als höchstes Glück dargestellt wird. „Was kostet die Welt?" ist die wirtschaftswunderliche Frage, die sich stellt, wenn man sich ohne jedes Bewusstsein und Maß alles herausnimmt, wie ein Raubritter - je nach Level - einem Kaufrausch-Delirium verfällt. Egal ob bei der nächsten Insel oder dem nächsten technischen Gerät, es kostet und betrifft in der Folge leider alle Mitspieler. Im richtigen Sein muss sich bei jedem, der es sich leisten kann, bei denen, die keinen Mangel haben, etwas in der Denke verändern. In Dankbarkeit und den Folgen bewusst, sich maßvoll ein Beispiel an den Bienen nehmen, statt Leere füllend und entfernt von echtem Glücklichsein, maßlos mit immer mehr Kälte und Ellbogen diese Welt an den Abgrund zu bringen. Sich dabei zu fotografieren, wie man einem Bettler einen 5-Euro-Schein großherzig in den Korb legt, reicht nicht und hilft - mit falschem Spirit - nicht mal dem eigenen Philanthropen-Image. Gönne dir gerne, wenn du dafür wieder woanders Ausgleich schaffst und nicht verschwenderisch auf jeder Hochzeit mittanzt. Nutze, was du schon hast, überlege, ob du trotz subventioniertem Vertragsangebot wirklich das Allerneueste haben musst, verwende entgegen dem Geist einer Wegwerfgesellschaft Dinge so lange wie möglich, lasse reparieren oder repariere selbst. Werde kreativ und erschaffe wenn möglich selbst statt zu kaufen. Verleihe, teile, tausche oder kaufe mehr Gebrauchtes. Auch wenn Papas langjähriger Klassenkamerad mittlerweile die weltweit drittgrößte Privatsammlung eines bayrischen KFZ-Bauers in einem imposanten, für die Region bereichernden Museum sein Eigen nennen kann und völlig egal, wie gut die Autos qualitativ sind, für mich käme definitiv eher anderes in die Einkaufstüte. Ihm sei es vergönnt, aber das geschichtliche Schweigen der Eigentümer, fehlende Eingeständnisse und das dunkeldeutsche Geschäftsgebaren würden mir einfach die Freude am Fahren nehmen. Noch mehr würde es mich aber dieser Freude bei einer amerikanischen Marke berauben, deren Gründer ein de facto antisemitisches Buch verfasste, was sich tatsächlich eine halbe Million Mal verkauft hat und dieser Umstand eher ein „Weltproblem" darstellt. Ohne erkennbare Bereitschaft zu ehrlichem Ausgleich werden im Bewusstsein gewisse Dinge mit erkennbaren Widersprüchen einfach zum absoluten No-Go, besonders sofern man nicht selbst Teil des Problems sein will. Unsere mächtigste Waffe ist unser Bewusstsein und der tägliche Einkaufszettel, die tägliche Qual der Wahl, wenn man im Supermarkt steht und überlegt, ob man lieber den „Innere Ruhe"-Tee oder „Seelenharmonie" wählen soll und bei all dem Wahnsinn doch zur Flasche Wein oder Hochprozentigerem greift, es ist entscheidender als brav alle vier oder fünf Jahre wählen zu gehen. Auch wenn man medial und repräsentativ gefordert, immer wieder zur alles entscheidenden „Schicksalswahl" an der Urne antreten soll, um in der Hoffnung auf Besserung zwischen lila bunt blassblau auszuwählen, macht sich am Ende doch jedes Mal eher Enttäuschung breit. Man kann jederzeit aber stattdessen selbst Farbe bekennen und sein Schicksal eigenverantwortlich in die Hand nehmen, indem man bewusst entscheidet, wohin das eigene Geld gehen soll. Mit etwas Ausdauer und einem beherzt informierten Blick hinter Fassaden kann man mehr verändern, der richtige Griff im Supermarkt-Regal ist wesentlich effektiver, weil man Firmen, die weder einem selbst noch dem Gemeinwohl guttun, einfach in Direktwahl abwählen kann. Deine Wahl beim Einkauf ist ein kollektives Parteiprogramm für alle Interessenten an einer besseren Zukunft, als dein eigener Volksvertreter entscheidest du unmittelbar und nimmst jeden Tag direkten Einfluss. Der, dem du nach den 4 Amtsjahren des Waltens Rechenschaft ablegen musst, bist einzig du. Dein eigenes gesundheitliches Spiegelbild und das unserer Gesellschaft als Exekutive bestimmt, ob du wiedergewählt wirst bzw. weise und gut gewählt hast.

Als Konsument ohnehin, aber auch als investierender Konsument von Finanzprodukten, sollte man z.B. als Aktionär bedacht wählen und positiv Einfluss nehmen, sofern man eben nicht Teil des Problems sein will. Ist die Investition meines Geldes als monetäre Form meiner Gesundheit und meine Macht als Verbraucher es wert, in ein bestimmtes Produkt anzulegen und den Hersteller zu belohnen, damit er größer und mächtiger werden kann? Wenn man in Gutes investiert, wächst das Gute. Wenn wir in nicht so Gutes investieren, wächst das nicht so Gute. Geht das Unternehmen über Leichen, um seinen Konzernerfolg zu sichern, ist es nachhaltig oder gibt es dies nur aus Opportunität vor, enthalten Produkte kritische Stoffe, attestiert das eigene ggf. kreierte Institut die Unbedenklichkeit oder Nachhaltigkeit, unter welchen Bedingungen wurden sie hergestellt, wie werden Mitarbeiter behandelt, wie kommt die Firma ihrer sozial-gesellschaftlichen Verantwortung gegenüber den Stakeholdern und dem Gemeinwohl nach? Unser Konsum und unser kollektives Verhalten sind viel entscheidender, als es sich aktuell zu wenige Menschen bisher vorstellen. Wenn ich darüber bisher nichts wusste, kein Vorwurf, außer dass man unbewusst ein Informationsdefizit akzeptiert hat. Hört man etwas und recherchiert nicht selbst um sein Defizit aufzulösen, ist es fahrlässig. Wenn man es aber weiß und trotzdem in Kauf nimmt, wird man entweder Teil des Problems oder lebt einen ungesunden Widerspruch, bei dem die eigene Energie nicht fließen kann. Ein Wissen im Sein, das Gewisses nicht mehr mit dem Gewissen vertreten kann. Im Kosmos des Lebens gilt Gleiches für jeden Mitarbeiter und das Unternehmen selbst, wenn es auf dem Markt als Konsument auftritt. Nicht zuletzt als Gründungsmitglied eines deutschen Hochschulbörsenvereins bin ich der Meinung, dass es nur besser wird, wenn wir die Gier einzelner und des besagten Kosmos in den Griff bekommen, egal ob Konzern, Familienbetrieb oder Unternehmer. Nicht alle eigenen Werte über Bord zu werfen, um schicksalhaft Größendegressionseffekte zu erzielen, die unsere zukünftige und die Welt unserer Kinder negativ beeinflussen. Es ist für jeden Einzelnen natürliche Selektion, es muss zur Revolution des eigenen Seins passen. Wie bei der Partnerwahl, Aussehen ist die Eintrittskarte, Charakter ist das Programm. Final komme ich mit dem gesund zusammen, der mir gefällt und mit Freude und Spaß charakterlich meiner Seele guttut. Während des langen diesbezüglichen „Konsums" sucht man letztendlich nur das. Bei allem anderen, inklusive dem Spaß, fragt man sich, brauche ich das wirklich? Qualität statt Quantität, besser weniger Fleisch, aber dafür gutes Fleisch, ob es eine Marke ist oder nicht, Hauptsache es ist im Einklang mit deinen Idealen und ein Produkt, das mit Herzblut und Liebe hergestellt ist. Man will sich möglichst nicht einschränken und frei sein, schließlich lebt man nur einmal. Um im Einklang mit sich selbst und seinem Credo zu sein, muss man deswegen nicht ständig die nachhaltigen Ökotreter tragen. Man kann sich optisch bevorzugte Modelle suchen, ob einen Fairtrade- oder Designerschuh aus weltverschlechterungsneutraler Herstellung mit Liebe und ggf. aus familiärer Produktion. Gut fühlen, und ob man einen museumsgleichen Schuhschrank will, bleibt jedem individuellen Credo selbst überlassen, solange man weiß, dass man bzgl. seines Fußabdruckes Ausgleich dafür schafft. Freiwillig und gesund, nicht zwanghaft unfreiwillig. In Rücksicht auf meine Mitmenschen und für uns als

Menschenfamilie macht es als Konsument Sinn, geringstmöglich von Global Playern und deutlich mehr von regionalen, kleinen und mittelständischen Unternehmen in seine Einkaufstüte zu packen. Das gilt auch für heimische Global Player, sie sind nicht die Nationalmannschaft, die man trotzdem anfeuert, wenn sie schlecht spielt. Regionale, intensive und bewusste „Jugendarbeit" kann aber zu Verbesserungen beitragen. Nachdem es am Abend zur Primetime finanziell nicht lukrativ erscheint, sieht man nicht nur sendungsthematisch unabhängig vom Programmkern, sondern auch in den Werbeblöcken relativ wenig verantwortungsvolles Bewusstsein, Gesundheit oder Nachhaltigkeit. Schaut man sich an, wer an fast allen dieser präsentierten, unterschiedlichen Werbetreibenden institutionell stets mehrheitlich beteiligt ist, dann erkennt man, dass clusterartig immer die gleichen wenigen Hände im Spiel sind. Zurecht nutzen sie die Möglichkeit zur Gewinnmaximierung und Risikostreuung, ggf. drohende Verluste gleichen sich aus, performt die eine Marke schlechter, läuft dafür die des anderen konkurrierenden Konzerns besser. Unsichtbar wie die unsichtbare Hand des Marktes sieht der Konsument nur unternehmerische Diversität, letztendlich egal, denn es geht ja nach Geschmack, Vorlieben, nach technischen und Design-Vorstellungen, dem passenden Preis. Dass man mit seiner individuellen Wahl so individuell wie viele andere ist, ist sekundär für den preisbewussten Schnäppchenfuchs genauso wie für den Markenfetischisten im Produkt-Fanklub, glücklich über den Konsumerfolg, die gebotene Identifikation und das Zugehörigkeitsgefühl.

Konkurrenz belebt das Geschäft, die jeweilige USP mit entsprechendem Nutzenversprechen ermöglicht es auch mit Produkten und Marken zu teilen und zu herrschen. Jemand, den du sehr magst, hat einmal zu aller Belustigung öffentlich im TV geäußert, dass in der Demokratie der König herrsche. Auch wenn alle Macht vom Volke ausgehen und ja eigentlich der Kunde König sein sollte, tatsächlich ausgeübt wird sie weltweit eher von königlichen Interessen globalagierender Unternehmen, die unser ganzes Leben bestimmen. Es könnte aber auch sein, dass er schlicht nicht richtig gehört hat und stattdessen situativ passend „Timokratie" verstanden hat, eine Staatsform griechischen Ursprungs, in der die Rechte der Bürger nach ihrem Vermögen bemessen wurden. In dieser Epoche wollten verständlicherweise die äußerst Wohlhabenden ebenso wenig etwas von Demokratie hören bzw. verstehen, aus Angst davor, dass die vielen Ärmeren ihnen etwas wegnehmen. Entweder man reduziert die Ungleichheit zwischen Reich und Arm oder man reduziert eben die Demokratie. Wie vielen natürlichen Personen fehlt es ebenso mancher juristischen Person an Bewusstsein. Etwas Anarchie hinsichtlich des Konsumverhaltens ist auch hilfreich gegen illegale Machtzentren, die sich undemokratisch und unkontrolliert innerhalb Demokratien breitgemacht haben und deren Einfluss nicht unbedingt im Sinne einer gesünderen, nachhaltigeren Neuausrichtung zum Wohl aller Menschen ist. Es erinnert sie vielleicht an ihren eigenen Fußabdruck, den wir alle mittragen. Rasant zeigt wohlgemeinte Globalisierung nachteilige Veränderung. Veränderung an sich ist ja gut, nur müssen wir aufpassen, durch die Geschwindigkeit der Veränderung nicht zu verglühen. Geschwindigkeit als Bewegung erzeugt Reibung und Reibung erzeugt Spannung, auch gesellschaftliche Spannungen. Wir haben nur zu selbstverständlich unser Glück, unsere Gesundheit, unser Wohlbefinden den Mechanismen des Marktes anvertraut. Märkte neigen aber immer zum Exzess, durch gewollte, geschaffene, tolerierte und unvermeidbare Fehler im System wird irgendwann wie besagt das System selbst zum Fehler. Nur allzu menschlich, denn es fällt uns ja selbst individuell oft schwer, uns zu zügeln. Schaut man in die Geschichte von „Corporations" als Unternehmungen, so stand in ihrer frühen Entwicklung einmal das öffentliche Gemeinwohl, quasi der „Stakeholder Value" im Mittelpunkt, um z.B. den Brückenbau in Nachbarschaftsprojekten zu realisieren. Lange bevor der anteilnehmende Shareholder dazu kam, machten natürliche Personen auch unnatürliche Personen hoffähig, in dem man Firmenzusammenschlüssen einräumte, als „juristische Person" genauso frei mit allen Rechten auftreten zu können wie echte Personen. Als genderneutrale juristische Person und gleichberechtigter Teil unserer Gesellschaft ist ihre Bedeutung und ihr Einfluss heutzutage mittlerweile unnatürlich und über jeden Kopf natürlicher Personen hinausgewachsen. Wir befinden uns vielfältig in schlechter Gesellschaft und wenn die Wirkung von Firmen in unserer Welt so maßgeblich ist, dann müssen wir bei der schlechten Gesellschaft ansetzen. Faktisch korrekt und wohlklingend antirassistisch hat es dennoch etwas ungesund Räuberisches an sich, wenn asiatische Vertreter höchsten Ranges im weltweit weiterhin gierigen Einklang die Katze aus dem Sack lassen und betonen, dass es egal ist, „ob die Katze schwarz oder weiß ist, Hauptsache sie fängt Mäuse". Wir bezeichnen gerne unsere klein- und mittelständischen Unternehmen (KMUs) als das Rückgrat unserer Wirtschaft, sehen aber in den letzten Jahrzehnten, dass in einer globalen Wirtschaft die massive Konzentration und Marktmacht uns iterativ das Rückgrat bricht. Mit einem sehr ungesunden Spirit wurde bis dato eine erfolgreiche Ära des schier endlosen Wachstums beschritten. Grenzenloses Wachstum ist in einer begrenzten Umwelt aber nicht möglich, egal wie sehr man versucht, den zu verteilenden Kuchen größer werden zu lassen. Viele, die das verstanden haben und bereit sind, sich Bienen als Vorbild zu nehmen, etwas mit Risiko zu unternehmen, um Profit zu erzielen, verstehen, dass sie als Teil der Gesellschaft einen positiven Beitrag leisten sollen, sich - wie ja auch im asiatischen Raum - familiär und fair um ihre Mitarbeiter kümmern, ihnen Chancen, Möglichkeiten oder einen Fensterplatz bieten, die Natur in echter Fürsorge schätzen und entgegen allen Wachstumsrufen einfach nicht zu gierig werden. Das, was wir nicht nur bei unserem digital revolutionären Ritt in Richtung virtuelle Zukunft, sondern ebenso in Bezug auf den gemeinsamen Umgang und gemeinsames Wirtschaften vergessen haben, ist besonders eine mentale Revolution. JFK bezog es zwar auf sein eigenes Land, als er sagte, dass es sich „nicht erlauben könne, materialistisch, reich und spirituell arm zu sein", aber es drückt die Notwendigkeit treffend interdisziplinär für unseren kompletten Kreislauf und alle Länder aus und beschreibt im Kern das Anforderungsprofil an Business Leader, wie es sich wohl auch Dr. Martin Luther King im Herzen gewünscht hätte. Zu Papas Studienzeit war Ethik im Business eher Beiwerk, was auch behandelt werden musste, als Ästchen im unternehmerischen Lebensbaum. Mittlerweile ist dieser Ast so groß geworden, dass es für Unternehmen nicht mehr anders gehen darf, als um diesen erwachsenen Baum der Ethik herum ein Business aufzubauen. Es erfordert Mut und gepriesene Gewinnmaximierung hinten anzustellen mag sich anfühlen, als würde man alles verlieren. Aber die Bäume verlieren im Herbst auch ihre Blätter und blühen wieder wunderschön auf. In den Augen eines erfolgreichen Tupac Shakur waren diejenigen glücklich „die ihren Traum verfolgen und bereit sind, einen hohen Preis dafür zu zahlen, um ihn wahrwerden zu lassen". Der Preis als Unternehmer ist die Bereitschaft, 100 Stunden pro Woche für sich zu arbeiten, statt 40 Stunden für jemand anderen. Es hat sich allerdings verändert, wie man seine Vision umsetzt, um sich Bling-Bling, Porsche und die Villa hinstellen zu können.

„Enorme Gewinnmaximierung und ethisches Handeln in Kombination sind eine verdammte Fata Morgana." - **Florian Homm, ehemaliger Hedge Fund Manager**

Als womöglich Teil der schlaueren Wildwest-Riege, mit dem passenden Namen „Der Plattmacher", hat der ehemalige Fondmanager des Jahres wenig vorbildhaft Anleger um ihr Geld gebracht, aber sich in seiner eigenen Krise über Moral in Selbstreflexion lehrreiche Gedanken gemacht. Nachdem sein Leben „zerbröselte" gewann er die Einsicht, dass weder ein Dessous-Model noch unheimlicher Luxus die Leere im Herzen füllen kann und man auch mit etwas weniger Arbeit und mehr Bescheidenheit im monetären Streben, Positives und auch Karitatives bewegen kann. Besonders jungen Menschen rät er „die Magie des Erfolges, des Ruhms und des Geldes zu verstehen", nachdem wir in Zeiten der medialen Verrohung die Kardashians besser kennen als unsere Nachbarn und bei fortschreitender Entwicklung unsere Riten, Traditionen und Familienwerte verlieren werden. „Wir müssen wissen, wer wir sind, woher wir kommen und was unser Wertesystem ist." Er findet es nicht unberechtigt verstörend, dass es der Kindheitstraum vieler ist, einfach im Sinne besagter Mäuse fangender Katze stinkreich und ggf. berühmt zu sein. Rein monetäres Denken allein ist fatal ungesund, als Grund für jedes Unternehmertum. Als Orientierung hilft es sich auf die Wurzeln des Gemeinwohls und gesellschaftliche Verantwortung zurückzubesinnen und die angestrebten Unternehmensziele in Einklang mit einem positiven gesamtwirtschaftlichen Beitrag zu bringen. Der Seifenfabrikant Emanuel Heilbronner (Dr. Bronner) fasst es in seinem Mission-Statement bzw. kosmischen Prinzipien simple zusammen: „Arbeite hart und wachse! Gehe sorgsam mit deinen Kunden um. Sieh deine Mitarbeiter als Familie an. Sei fair zu deinen Lieferanten. Behandle die Erde wie dein Zuhause. Setze dich für Richtiges und Wichtiges ein." Diese alleinzigartigen kosmischen Prinzipien des US-Unternehmens mit deutschen Wurzeln drücken das Gleichgewicht des unternehmerischen Seins, Tuns und Habens aus, in dem universell die richtige Energie auf der richtigen Frequenz und in stimmiger Vibration eine gesunde Win-Win-Win-Situation für den Unternehmenskosmos, die Konsumentenwelt und unsere gesellschaftliche Umwelt schafft. Bewusstsein, Karma und Liebe können sich mit angesprochenem Mut als wirtschaftliche Erfolgsfaktoren erweisen, eine unternehmerische Tätigkeit, die nicht zum Aufbau des Geschäfts Menschen benutzt, sondern Menschen aufbaut, indem man das Geschäft dafür benutzt. Führung bedeutet dabei nicht, der Beste sein zu müssen, sondern alle und alles ein bisschen besser zu machen. Getreu unserer Einstellung damals auf Hawaii, etwas in gesundem Ausgleich besser zu hinterlassen, als man etwas vorgefunden hat, wenn man schon etwas als Geschenk erhält. Ein Spirit, der dabei nachhaltig im Einklang mit innovativer Technik ist, ohne dabei allumfassend verschmolzen zu sein und in einer Art Humankapitalismus eine Zukunft schafft, die für alle und jeden lebenswert ist. Eine Unternehmensmission, die das „Wir" im wirtschaftlichen Mittelpunkt respektiert, in Verantwortung und stimmiger Begeisterung die Mitarbeiter mitnimmt und deren Familien ernährt und in fairer Konkurrenz dem Kunden das beste und gesündeste Produkt bereitstellt. Fragt man ausländische Mitarbeiter nach ihren Eindruck bzgl. deutscher Kollegen, antworten sie stereotypisch unisono, der pünktliche, gewissenhafte Deutsche lebe, um zu arbeiten und nicht umgekehrt. Angestellt bei einem großen Wasser-Konzern ohne jeden Vibe, denkt man nicht an schlechtes Geschäftsgebaren, auch nicht, wenn man am Fließband gerade eine Hightech-Waffe zusammenmontiert. Pflichtbewusst ist es einem entweder egal und schaut auf die Uhr, um zu sehen, wie lange es noch bis zur Mittagspause ist, oder aber man ist sich trotz Widerspruch im Klaren, dass man am Monatsende eben den Gehaltsscheck braucht. Ein Unternehmen, was seine Mitarbeiter durch ihr wirtschaftliches Handeln in Gewissenskonflikte bringt, beutet nicht nur zerstörerisch aus Profitgründen die Welt aus, sie vergehen sich auch moralisch an ihren Mitarbeitern und der ganzen Gesellschaft. Wenn Firmen mit Steuergeld gerettet werden, ist es auch zulasten derer, die nicht den Mut haben, auf Untragbares hinzuweisen. Ein Statement durch Kündigung zu setzen, fällt schwer, weil es immer einen gibt, der gewissenlos genug ist. Wir alle unterliegen oft alternativlos Zwängen, ob angestellt oder freiberuflich, wenn man als z.B. Finanzberater ein ungesundes Unternehmen, das Ressourcen, Menschen oder unseren Frieden beraubt, empfehlen muss, weil es mir das Geld bringt, um die Miete zu bezahlen. Egal an welcher Stelle man sich als Teil des Wirtschaftskreislaufes befindet, ein auf diese Art erwirtschaftetes Plus bringt mein Ausgleichskonto ins Minus und man sollte ohne Ausreden versuchen, dem eigenen Karma zuliebe an anderer Stelle nachhaltig wieder für Balance zu sorgen. Nicht nur natürliche, sondern auch juristische Personen können dies tun, sofern sie sich schrittweise wirklich wandeln und den erweckenden Gong zur rechten Zeit hören. Es zählt die Gesamtbilanz und wenn man mit dem Finger auf andere zeigt, zeigen eben immer drei auf einen selbst zurück. Neben der Möglichkeit, auf Missstände aufmerksam zu machen, ist die andere selbst vor der eigenen Haustüre zu kehren, als Unternehmer moralisch vertretbar und ehrlich so viel Geld wie möglich zu verdienen, um damit Gutes zu tun und Missstände zu beseitigen. Angst und Liebe sind auch im Geschäftsleben wichtige Motivatoren, doch im echten Sein des Lebens verliert Angst ihre Bedeutung und erschreckt nicht mehr. Hermann Hesse sagte „man hat nur Angst, wenn man mit sich selbst nicht einig ist". Nicht aus Angst, sondern über Liebe wird eine Marke zur Marke, ein Produkt zum Markterfolg. Einerseits von der Liebe seitens des wertschätzenden Konsumenten und andererseits sofern man als Unternehmer seine „Hausaufgaben" macht und mit einer sinnvollen, kreativen und ggf. Widerspruch aufhebenden Nutzenerfüllung in entsprechend nachhaltiger Qualität und somit Langlebigkeit diese Liebe vom ersten Schritt an wie einen roten Faden durch das gesamte Wirtschaften und alle Prozesse spüren kann. Nicht nur blumig schöngefärbte Worte der Marktkommunikation, die den Kunden „liebevoll nachhaltig" abholen, sondern das Strahlen der eigenen Unternehmensmission und Philosophie. Unsere Welt wandelt sich und mit ihr die Menschen und ihre Verhaltensweisen; Produkte sollten das Ziel haben, unsere Welt immer besser zu machen. Ist dies auch hinsichtlich der Liebe nicht möglich, sollte man in mutiger Form eines sozialverantwortlichen Marketings dazu stehen. Selbst auf Risiken hinweisen, erklären, weshalb gewisse Stoffe enthalten sind oder sein müssen, und den Kunden erkennen lassen, dass man an Alternativen arbeitet, daran forscht und ggf. regelmäßig ein verbraucherfreundliches Update liefert, inwieweit man prozentual ausgedrückt an Umweltfreundlichkeit und Nachhaltigkeit dran ist. Am Ende zählt die Gesamtbilanz und dies kann Ausdruck in Form einer akzeptierten Ampel finden. Ein einfaches Schema auf Produkten ähnlich einer Ernährungsampel mit 5 Kriterien einheitlich kennzeichnen und zertifizieren könnte hilfreich sein, erkennbar für den Verbraucher, der für seine eigene Gesamtbilanz, seine persönliche Ampel, leichter entscheiden kann, wann und wie oft er gierig zum ggf. weniger Guten greift. Grün, gelb und rot prozentual spiegelnd die Nachhaltigkeit (z.B. wie viel Wiederverwertbares wird bei der Produktion verwendet, wie viel CO_2 eingespart?), die Lebensdauer (je nach Produktart Langlebigkeit), die Ethik (z.B. sind tierische Substanzen enthalten, faire Tierhaltung, ist Kinderarbeit enthalten, fair im Familienverbund?) die Gesundheit (z.B. toxische bzw. bedenkliche Stoffe?), die Fairness (z.B. Ressourcenverbrauch, Entlohnung der Mitarbeiter über die Prozesskette?). Mit Transparenz kann die unsichtbare Hand den Markt vielleicht zukünftig etwas gesünder regeln. Dauerhaft grünes Licht zu bekommen mag für jedes Unternehmen auf Kosten von Umsatz zwar erst mal eine Investition sein, aber ein faires Steuersystem, in dem Rot-Stellung entsprechend behandelt wird, könnte es langfristig rentabel werden lassen. Diejenigen, die mit dem richtigen Vibe tatsächlich versuchen, mit ihren Produkten, Dienstleistungen und Services unsere Welt besser zu machen, das Zusammenleben einfacher, gesünder und nachhaltiger zu gestalten, werden jedenfalls sichtbar von der unsichtbaren Hand belohnt. Jede unternehmerische Idee verdient Respekt und allen, die eine Unternehmung wagen, könnte man als grundsätzliche Orientierungshilfe einen allgemeingültigen „Kodex Humanus Oeconomicus" an die Hand geben. Einen wirtschaftlichen Verhaltenskodex, der einheitlich regelt, dass alles wirtschaftliche Wirken im Respekt und Einklang allen Lebens als höchstes Gut stattfinden muss, keinen Menschen in Gefahr bringen oder zukünftiges Leben gefährden darf. Ein gemeinsames unternehmerisches Wirtschaften nach einem Ampelsystem, das unterschiedliche Belastungsstufen unseres globalen Kosmos berücksichtigt und reglementiert, sobald Konzerne oder kleinere KMUs z.B. ein tolerierbares Maximum an Rot-Stellungen bzgl. ihrer Produkte überschreiten. Man könnte Unternehmungen, die im Konglomerat aller ihrer weltweiten Einzelunternehmen die zweite Rot-Stellung erreicht haben, dazu verpflichten, die dadurch überschüssig erzielten Gewinne denjenigen Ländern und Bürgern sozial zugutekommen lassen, welches nach einem Schlüssel - ähnlich dem Talent-Draft-System im US-Sport - das vom BIP her kleinste Land ihrer Aktivität ist. In einem solchen Rahmen würde das Recht auf verdienten Besitzstand durch faires Wirtschaften und der Verantwortung bei Fehlverhalten auch in gesundem Maß nachhaltig die Kluft zwischen arm und reich verringern.

Bezogen auf Fußball darf man gerne gespalten sein, besonders wenn weltweit Oligarchen und Fondsgesellschaften komplette Vereine übernehmen, den Worten des Gründers eines deutschen Software-Riesen kann man allerdings nur beipflichten: „Wenn man so reich geworden ist, hat man einfach die Verpflichtung der Gesellschaft etwas zurückzugeben. Es ist an so vielen Stellen bitternötig, Menschen zu unterstützen." Sie scheinen jedenfalls glaubhafter als manch gesellschaftliche Verantwortung, die aus erwähnten, unsichtbareren Händen in

Form von Stiftungen und NGOs wahrgenommen wird. Oft unbelegt, da nicht zum Ausweis verpflichtet, gehen auf diesem Wege altruistisch Milliardenbeträge dem „guten Zweck" zu. Allerdings eben auch ein bisschen den Medien, der Politik, Aktivisten, Bewegungen und ggf. auch einer Miliz im Namen der Freiheit, einem Forschungszentrum, es werden richtungsweisende Events aller Art finanziert, globale und transatlantische Organisationen, Komitees und Foren. Man möchte niemandem das „Gute" absprechen, aber bisher wurde weder die bereits in den Siebzigern vom „Club of Rome" angemahnte Klimakrise gelöst, der Welthunger beseitigt, der Krebs besiegt, noch nachhaltig Weltfrieden geschaffen, um Miss-Wahlteilnehmern final ihren sehnlichsten Wunsch zu erfüllen.

„Gerecht, fair, genug - einzig um meinetwegen Ausgleich schaffen!"
- M.Tomaschautzki

HILFE ZUR GEGENSEITIGEN HILFE: 49CARE51SHARE, JUST. FAIR. ENOUGH.

Wirklich „gierig nach Gutem" zu werden klingt für eine monetär gierige Welt aufgrund der Neigung zu Exzessen freilich utopisch, so sehr auch eine freiwillig beschränkende Einsicht, wie die eines kriminellen Fondsmanagers hinsichtlich unkontrollierbarer Auswüchse und Machtvakua wünschenswert wäre. Sich auf andere zu verlassen, „die das für einen regeln" ist ohnehin keine Option, nachdem wir alle besagten Ausgleich eigenverantwortlich selbst schaffen sollten. Wie dies im Einzelnen aussieht, ist letztlich egal, solange er in Bewusstsein für den eigenen Flow von Energie, Frequenz und Vibe dienlich ist. 49care51share ist dabei nur eine Option von vielen, die Bereitschaft zur Spende ist in Deutschland in der Tat vorbildlich, ein Wissen um die Notwendigkeit und Empathie ist löblich vorhanden. Ob man es sich mit der reinen Abgabe eines Obolus, den es gleichwohl im Islam als eine der fünf Säulen („Zakat") gibt, zu einfach macht, ist fraglich, denn wie viel der Spende tatsächlich dem Zweck oder den bedürftigen Menschen zugutekommt, weiß man meistens nicht. Oft unübersichtlich in der Verteilung und ein hoher Verwaltungsaufwand mit entsprechenden Fixkosten machen auch wohlgemeinte „Charity" zu einem konkurrierenden Geschäftsmodell. Die Idee hinter 49care51share ist es, allen für das eigene Karma eine Ausgleichsmöglichkeit anzubieten, ohne dass dabei entsprechender Verwaltungsaufwand entsteht, mit etwas Eigeninitiative der Erlös direkt dem selbst angedachten Zweck zugeführt werden kann und es sich für den engagierten „Spender" sogar ggf. rechnet. Nachdem keiner von uns absolut einwandfrei wirtschaften kann, sei es als Konzern bzw. Unternehmen, Selbstständiger oder Privatperson ermöglicht es so getreu dem Motto „global" zu denken, aber erst mal „lokal" zu handeln, im Rhythmus des eigenen Seins genau dort, wo man selbst dringenden Bedarf sieht, sozialen Ausgleich zu schaffen. Alle können dabei ein Projekt, ein bestimmtes Produkt oder eine Dienstleistung, ein Kunstwerk, ein Konzert, einen bestimmten Tag oder Zeitraum zu einem 49care51share-Event erklären, eine eigene Aktion starten, mit der man helfen will. 49care51share stellt dabei nur unterstützend das Logo zur deutlichen Kenntlichmachung für gewillte Unterstützer zur Verfügung und versucht zu prüfen, dass Durchführung und Wohltätigkeit ihr Ziel nicht verfehlen. Egal ob man dabei regional oder weltweit ein Benefizprojekt, eine Naturschutz- oder Tier-Organisation, ein Altenheim, eine Jugendeinrichtung, den Nachbarn oder in Not geratenen Freund bedenken möchte, soll unsere Gesellschaft zum „Hauptanteilseigner am Guten" gemacht werden, ganz ähnlich den Mehrheitsverhältnissen in Kapitalgesellschaften. Diejenigen, die ein 49care51share-Projekt starten, geben 51 Prozent der in diesem Rahmen erzielten Netto-Einnahmen für den guten Zweck als „Share-Anteil" ab und das eigenbestimmte Projekt wird somit zu unser aller Projekt, von dem einzelne Teile oder eben die Gesellschaft insgesamt mehrheitlich profitieren. Euere

Hilfsbereitschaft macht aber nicht nur uns als Hauptaktionär „positiv gierig" auf euer Herzensprojekt, es lässt dank der übrigen 49 Prozent, die man für sich selbst als „Care-Anteil" behält, auch „positiv gierig" werden, denn je erfolgreicher euer Projekt ist, desto besser für alle. Wohltätigkeit muss man sich schließlich leisten können, die 49 Prozent Eigenanteil drücken die eigene Wertschätzung aus und man kann bekanntlich aus einem leeren Glas niemand anderem etwas einschenken. Ähnlich, wie man nun mal erst selbst glücklich sein muss, um Glück auszustrahlen und andere anstecken zu können. Das Leben ist ein Echo, in dem man zurückbekommt, was man zuvor aussendet. Nur wer gibt, bekommt auch selbst zurück und in der Vielzahl der eigenen, freiwilligen Aktionen kann man entgegen ungesunden Auswüchsen mit „positiver Gier" unseren Kapitalismus etwas humaner gestalten. Gemeinsam sind wir stark und wenn man als kleiner Ladenbesitzer aufgrund der Konkurrenzsituation an einem Tag normalerweise z.B. nur 100 € Gewinn hat, so kann man vielleicht aufgrund eines gelegentlichen 49care51share-Tages mit deutlich sichtbarem Einsatz für etwas Gutes wie z.B. dem Jugendhaus ums Eck, auch deutlich mehr Kunden ansprechen. „Darf´s ein bisschen mehr sein" könnte mit diesem lobenswerten Fokus selbst die eigenen 49 Prozent „mehr" werden lassen als die sonst üblichen 100 € Gewinn. Zu zeigen, dass man den Unterschied macht und sich bei gleichzeitigem „Kontoausgleich" daran beteiligt, die Welt zu einem besseren Ort zu machen, erfüllt nicht nur das ganze Dasein, es lässt auch den verdient erwirtschafteten Champagner besser schmecken. Ob als Dauerprojekt oder eben immer wieder mal sporadisch, Anregungen findet man präsent online unter www.49care51share.org, dessen Präsenz - wieder einen Kreis schließend - exzellent von der Agentur meiner Studienkollegin veredelt wurde, die nicht nur bei meiner Herzblatt-Geschichte 1997 in den USA mit im Auto saß, sondern auch selbst erfolgreich stabil durch die wahre Höhle der Löwen des Lebens gegangen ist. Die Welt ändert man mit Taten, nicht mit Worten und in Zeiten von teilweise exorbitanten Mieten kann man auch als Vermieter im eigenen Interesse zur Entlastung und Vorteil einer Hausgemeinschaft aus z.B. dem Dezember einen 49care51share-Monat machen und 51 Prozent der Nettomieten an Langzeitmieter zurückgeben. Wertschätzung egal wo, ob in der Arbeit oder auch im Mietverhältnis, zahlt sich aus, im Umgang mit der Mietsache genauso wie auch für den Geist einer Hausgemeinschaft, wenn zur Erleichterung gespartes Geld optional in eigeninitiativ investierte Hoffeste, Blumen und den Gemüsegarten oder generell aufwertende Gestaltung des Lebensraumes angeregt werden kann. Auch die Idee von 49care51share konkurriert und bedürfte neben einer Revolution des Bewusstseins im Konsum-Kosmos einen massiven Kommunikationseinsatz, eine jeden immer erinnernde Kampagne „Sorry, und was tust eigentlich du?"! Sofern der Bedarf dafür nicht gesehen wird, bereinigt es der Markt und kommt ggf. hoffentlich in evtl. konzeptionell verbesserter Form zurück. Etwas zwanghaft in den Markt zu drücken, erzielt oft das gleiche Ergebnis wie besagtes Drücken am Klo. Die bisherigen Teilnehmer und wir engagieren uns jedenfalls in diesem Rahmen weiter und tun wenigstens etwas fürs Karma.

Roots - Blühende Landschaften, Verantwortung und Räson

"Geschichte wiederholt sich nicht, aber sie reimt sich." - **Mark Twain**

Wie auch das Mission-Statement von 49care51share betont, verändert sich in endzeitlicher Geschwindigkeit mittlerweile noch deutlich sichtbarer unsere Welt, in der unser soziales Gefüge vor riesigen Herausforderungen steht, die als Garant fungierende Mittelschicht schwindet, genau wie ebenfalls die Kaufkraft dank exorbitanter Konzentration des Kapitals und Otto Normalbürger muss verstärkt um Existenz und Sicherheit fürchten. Das stark ansteigende Gefälle zwischen arm und reich zieht tiefe Gräben und gefährdet den Zusammenhalt einer jeden funktionierenden, gesunden und friedlichen Gesellschaft. Die Beweggründe für eine Konzeption wie 49care51share kann man - der Mission nach - nachvollziehen, in bewusster Hoffnung, dass es viele unterschiedliche Wege geben möge, dieser negativen Entwicklung dämpfend Einhalt zu bieten. Aber es sind nicht nur unvorhersehbare Ereignisse und plötzliche Krisen, die dazu geführt haben, dass Politik allein nicht mehr in der Lage ist, Spaltung und Unzufriedenheit zu befrieden. Es sind eben gerade erschreckend langfristige Verfehlungen dieser weltweiten Politik. Nicht unbegründet fragt man sich in vielerlei Hinsicht, warum die meisten Regierungssitze eigentlich eine Kuppel haben, und kommt zu der Vermutung, dass dies wahrscheinlich aus demselben Grund so ist, weshalb es auch keine Zirkuszelte mit Flachdach gibt. Clowns treten im Zirkus auf, Kasper machen Kasperletheater, gute Schauspieler spielen in Filmen mit. Als weniger lustiger Zeitgenosse mit durchschnittlicher Schauspielbegabung, aber gegebener Wortgewandtheit strebt mancher die lukrative Berufspolitik für sich an. Dabei möchte man niemanden, der generell in die Politik geht, überhaupt nicht den Idealismus absprechen, wirklich etwas vor Ort für Menschen sinnvoll bewegen zu wollen. Differenziert betrachtet, liegen Welten zwischen der „großen" Politik und Regional- oder Lokalpolitik; auf kommunaler Ebene gibt es in deutlich größerer

Zahl wunderbare Menschen, die mit lobenswertem Engagement versuchen, nachhaltige Verbesserungen für das gemeinsame Zusammenleben zu schaffen und verdienen allerhöchsten Respekt. Sofern man ausgezeichnet Gutes in kleinem Umfeld schafft, ist der Wunsch, dies auch im Größeren hinzubekommen, mit den richtigen Seilschaften, der Aussicht auf Posten und Prestige legitim, aber es kommt die Frage mit dazu auf, wie lange man tatsächlich in vorgegebenen realpolitischen Zwängen idealistisch bleiben kann. Oft frustriert stellt man fest, dass das Vorankommen nur gelingt, sofern man sich bedingungslos anpasst, in Richtung Spitzenpolitik ist es dabei unerheblich, von welcher Gesinnungsseite jemand kommen mag. Es ist wie beim Berg, je mehr man sich der Spitze nähert, egal ob von links oder rechts, über die grünen Wiesen hinweg, der gelben oder abendroten Sonne entgegen, „oben" an der Spitze scheinen alle gleich zu werden. Es gibt am Gipfelkreuz nur wenig Spielraum, jeder ausscherende Versuch seinen Idealen treu zu bleiben, kann zum Absturz führen und es ist daher sicherer, einer vorgegebenen Linie ähnlich der unsichtbaren Hand des Marktes zu folgen. Eine Art „Einheitsbrei" als Ergebnis beschert dem vertretenen Wähler nach dem „Wahlfang-Tag" weiterhin die seit Jahren bereits gepredigte, ungesunde Richtung und erhält im Ergebnis den groben Status quo. Verpackt und orchestriert unter wechselnden Farben, immer untermalt von markig postulierten „Unterschieden" und Wahlversprechen, die dann leider meistens für ein „höheres Ziel" geopfert werden. Man richtet sich weniger idealistisch, aber so ideal wie möglich in bestehende Gegebenheiten ein und macht eben das Beste für sich daraus. Während Spitzenpolitiker weltweit tatsächlich etwas einzig im absolut reinsten Interesse ihres Volkes tun, erlegt irgendwo ein einzelnes Eichhörnchen eine ganze Herde Elefanten. Die Schäfchen im Trockenen und mit Aussicht auf einen späteren Vorstandsposten freut man sich über die wenigen „Trickle down"-Effekte, erzielt für eine Bevölkerung, von der man glaubt, dass aus einer „Null Bock"-Generation ein ganzes „Null Bock"-Land geworden ist. Jahrzehntelang wurde immer mindestens der ausgeglichene Haushalt angestrebt, was nichts anderes heißt, als keine Neuverschuldung zu machen, nicht aber den unfassbar großen Schuldenberg für zukünftige Generationen nachhaltig zu verringern. In besagter Art einer „Knöpfchendemokratie" wird schnell wie z.B. bei der Geldschöpfung nach Aufschrei reagiert, ähnlich einem Managementkontrollsystem, je nachdem ob Grün oder Rot überwiegt. Die ganze Welt ist hochgradig verschuldet und bei jedem alternativlosen Druck aufs Knöpfchen freut sich nicht nur der Weihnachtsmann über Zinseinnahmen, solange man Sicherheiten und gute Beziehungen zu Rating-Agenturen hat, auch die Bank. Wie gedruckt ist Geld immer da, die Frage ist nur, ob man eher für Waffen gegen Bedrohungen, sich verzockende Banken, Diätenerhöhungen oder steuerprivilegierte Konzerne aufs Knöpfchen drückt oder für das systemrelevantere Wohl der Menschen. Argumentativ natürlich interdependent, bleiben dabei Mitmenschlichkeit, soziale Werte, bessere Alternativen, grünere Wiesen, Kinder und Familien, gesunde Menschen, endlich geheilten Krebs, nachhaltige Energielösungen, beseitigter Welthunger und eine freie und friedlichere Welt auf der Strecke. Politik weltweit scheint dabei manchmal so außerirdisch, dass man meinen könnte, es wären Außerirdische, die dafür verantwortlich sind, ein politischer Skandal jagt den anderen, Verschwendung, Korruption, Vetternwirtschaft sind Usus. Bisher jedenfalls halten sie insgesamt weltweit den „Laden" eher schlecht als recht in Wildwest-Manier beisammen, die Doomsday Clock ist schließlich keine Rolex. Ich bin mir nicht sicher, ob man erwarten kann, dass jemand als für 4 Jahre gewählte Person auf dieser Ebene, die ein durchaus rentables Dasein in Markradikalität fristet, die Bedeutung der Doomsday Clock versteht oder verstehen will.

„Die aktive Mitbestimmung im politischen Leben erfordert maximale Dezentralisierung von Wirtschaft und Politik." **- Erich Fromm**

Während meiner neunmonatigen Tätigkeit für ein bodenständiges, vorbildliches Unternehmen in Brüssel sammelten wir entscheidungsrelevante Informationen für die Unternehmensführung und versuchten als Fach-Experten positiven Einfluss im Sinne von Klienten und Bürgern zu nehmen. Nach zehn Stunden im Büro standen an mehreren Abenden der Woche netzwerkverpflichtende Veranstaltungen an, bei denen ich viele damalige Spitzenfunktionäre kennenlernen konnte, sei es über die Belgisch-Bayerische Gesellschaft oder die unterschiedlichen Vertretungen der Länder. Auch wenn zumeist nach einem langen Arbeitstag der Fokus aller auf der sehnlichst erwarteten Eröffnung eines reichhaltigen Buffets lag, konnte man im informellen Austausch seiner Visitenkarten hilfreiche Kontakte knüpfen. Wir selbst beteiligten uns entweder über Sponsoring oder eigene Veranstaltungen ebenso an diesem gängigen Muster. In unserer täglichen Arbeit war es routinemäßig erforderlich, Sitzungsprotokolle abzuholen oder auch gerade in der Vorbereitungsphase von Veranstaltungen entsprechende Unterlagen von oder zu europäischen Institutionen zu bringen. Schon vor über 25 Jahren benötigte man selbst für kurze Distanzen Stunden im Berufsverkehr und nachdem Zeit und Taxis Geld kosten, habe ich mir schon damals meinen Bekannten als Pionier der Nürnberger Fahrradkuriere vor Ort gewünscht. Im Wissen um den Wert von Bewegung und entgegen jeder unnötigen Ressourcenverschwendung habe ich stattdessen Inlineskates angezogen und bin im Business-Anzug zügig durch den Brüsseler Stadtverkehr hin zu den verschiedenen Einrichtungen der Europäischen Kommission geskatet. Bei einer dieser Gelegenheiten an der „Direction Générale - DG 13" fuhr ich dabei fast dem damaligen Wettbewerbskommissar und späteren Staatspräsident Italiens über die Füße. Freundlich belächelt ob meines ungewöhnlichen Auftritts, gab ich meine Unterlagen zur „Harmonisierung europäischer Umsatzsteuersätze" für ihn ab. Zu dieser Zeit habe ich es naiv als abenteuerlich-romantisch empfunden, vor der Einführung einer gemeinschaftlichen Währung, die den Bürgern zugutekommen sollte, idealistisch für ein friedlich vereintes, wunderbares Europa am Puls der Zeit zu sein. Im Gegensatz zum kleinen Lobbyismus der sinnvollen Art an wichtiger Stelle gibt es zweischneidig auch den großen Lobbyismus an alles entscheidender Stelle. Laut dem Magazin Bloomberg als „vierte Gewalt" neben der Legislative, Judikative und Exekutive von Regierungen bezeichnet, sitzen sie als Hauptprofiteure vom Erhalt des Status quo und des gesamten weltweiten Konsums nicht in Black Rock City auf Burning Man aber am jeweiligen politischen Gipfelkreuz bei und führen mit ihrem Einfluss sowie unverzichtbaren Rat entscheidend die Hand. Begründet in Alternativlosigkeit ist der echte, eigenständige Entscheidungsspielraum nicht exklusiv in der EU, sondern auch weltweit begrenzt. Subsidiarisch spiegelt sich Eigenständigkeit im eigenen Land oft nur in der Art und Weise wider, wie Beschlossenes letztlich umgesetzt wird. In Konzernhierarchie sarkastisch ausgedrückt ist ein Staatschef eines Landes mittlerweile fast vergleichbar mit einem Abteilungsleiter. Es ist jedoch wohlbemerkt die Hand, die zwar auf wirtschaftliche Interessen eingehen muss, aber ja eigentlich das Volk zu vertreten hat. Als vom Volk über Steuergelder bezahlt, dürfen gewählte Politiker nichts anderes als Angestellte des Volkes sein, ohne jegliche Querverführung durch juristische Personen. Natürlich zahlen auch diese ihren Anteil, teils optimiert reduziert, teils offshore ausgelagert, aber der sich selbst Unbedenklichkeit bescheinigte süße Stoff querverführerischer Wechselspielchen zwischen Unternehmen und Politik inkl. wichtiger Institutionen bedarf dringend strengster Kontrolle, konsequente Regulierung und ggf. auch einen dauerhaften Lockdown. Ähnlich wie zum Exzess neigende Märkte darf man nicht erwarten, dass sich Bürokratiemonster oder Megamaschinen freiwillig selbst bremsen. Beim Lächeln des Kommissars aus Goldman-Sachs-Schule waren mir zur damaligen Zeit die Worte eines Erich Fromms fern, der maximale Dezentralisierung von Wirtschaft und Politik anmahnte. Seine jüdische Herkunft und Geschichte veranlassten ihn vielleicht berechtigt zur Sorge, dass „sobald die Gesellschaft zu einer riesigen, zentral gesteuerten Maschine geworden ist, auf lange Sicht der Faschismus nicht vermeidbar wäre". Wenn man nicht gemeinsam aufpasst, kann man sich schnell wieder in alten geschichtlichen Fehlern wiederfinden, oder wie es Mark Twain ausdrückte: „Die Geschichte wiederholt sich nicht, aber sie reimt sich". Im Schlafwagen der Geschichte scheint für unsere Konsumgesellschaft und ganz besonders für Politik und Medien die Existenz des Weihnachtsmannes eindeutig bewiesen, man sieht ihn ja schließlich auch jedes Jahr zu Weihnachten, wohingegen es keinen Ton angebenden „tiefen Staat im Staat" gibt. An Macht jedem Demokratieverständnis überlegen, unabhängig, mit wohlklingenden Namen und Zweck, gefärbt, aber nicht in einheitlicher Farbe sind

Querdenkfabriken sichtbar willkommener als jedes nachdenkliche Hinterfragen. Ein klebriger Klüngel, der nicht nur im schönen Köln aus einer ungesunden Nähe, Seilschaften und Vetternwirtschaft entsteht, mal mehr oder weniger homogen, in einigen Ländern aktiver als in anderen, der auch global seine Netze durch alle Bereiche unseres Lebens inklusive Wirtschaft und Politik spannt. Diese derartig abstruse Behauptung der Existenz eines solchen „Deep States" vertritt zumindest ein Professor mit ebenso jüdischen Wurzeln, aus dem Land der Wiege des Wilden Westens am Beginn der Route 66, teilweise schwer bis unverständlich für die einzige Wahrheit darstellenden Qualitätsmedien weltweit. In gefährlich totalitärer Weise wird im offiziellen Narrativ auf Sonderschulniveau ausgeschlossen, dass es illegitime Machtstrukturen innerhalb eines Staates oder global geben würde und diskreditieren somit die Meinung eines der größten Linguisten unserer Zeit und Ikone des renommierten MITs (Massachusetts Institute of Technology) mit über 30 Ehrendoktortiteln, Noam Chomsky. Unsere ehemalige langjährige Kanzlerin oder auch ihr Vorgänger haben ca. gerade mal halb so viele Würden erhalten. Im Gegensatz zu Karrieristen und funktionselitären Opportunisten ist sich verpflichtender Adel vielleicht bewusster, dass das Fläschchen eines Säuglings nicht unabhängig von der Hand ist, die sie ihm gibt. Der in die Wiege gelegten strengen Etikette verpflichtet wird die Bürde auch zur Last, die Verantwortung umgarnt von Leichtigkeit durch unermesslichen Wohlstand, kann über die anerzogene Wahrung des eigenen Standes hinaus sehr wohl den überspannten Bogen erkennen lassen. Ebenso den hohen Preis für Errungenschaften, der mit viel Leid verbunden ist und das Wissen, dass es wohl noch keinen anderen bewohnbaren Planeten außer der Erde gibt. Es existiert auf jeder Ebene das Gute, Vernunft und Menschen gleich welchen Rangs, die sich verpflichtet fühlen und im ureigensten Interesse eine gesündere Richtung bevorzugen. Vielleicht hat unsere Kultur im Kreislauf des Erblühens, Aufblühens und Verblühens aktuell ein offenes, strategisches Fenster, eine Chance hindurchzugehen in eine etwas nachhaltig friedlichere Zukunft. Erstaunlicherweise waren ja bisher nicht die Bürger unzufrieden mit ihren Regierenden, sondern eher umgekehrt, dass eben ein Teil gewisser Kreise mit dem

Volk nicht übermäßig zufrieden war. Es ist ein bisschen wie mit dem Hund und seinem Herrchen, egal wie daneben, der Hund wird immer lieben. Sperr´ ihn in einen Kofferraum und er freut sich wie Wolle, dass er wieder raus zu ihm darf, sofern er nicht dabei erstickt ist. Jeder von uns ist bis zu einem gewissen Grad zum Selbstschutz Realitätsverweigerer, wie es auch deine Oma mit den Kuhaugen machte, aber es kommt darauf an, wie viel Realität man im Bewusstsein ausblendet. Am Ende des Tages muss sich jeder selbst verantworten und es mit seinem Gewissen vereinbaren, ob man Bereitschaft zeigt, eigene, leicht korrigierbare Widersprüche für den eigenen, friedlichen Flow des Seins schrittweise aufzulösen oder ob man am Ende des Tages wieder von allem nichts gewusst haben will. Nicht vergessen, „Karma is a bitch".

„Ihr seid nicht schuld an dem, was war, aber verantwortlich dafür, dass es nicht mehr geschieht." - **Max Mannheimer, Holocaust-Überlebender**

Gegen totalitäre Auswüchse und für holistische Veränderungen auf nationaler und internationaler Ebene sollte man die entscheidenden, unsichtbaren Hände von jeder Basis des zivilisatorischen Lebenskreislaufes aus mit Bewusstsein friedlich in die Liebe „zwingen". Wie der tapfere Max Mannheimer korrekt sagte, der 1946 nur für ebenso seine Tochter zum Lesen die eigene Lebensgeschichte aufschrieb, es liegt sehr wohl in deutscher Verantwortung, dass diese schrecklichen „Reime" keine Chance mehr haben. Die Betonung, dass von deutschem Boden nie wieder Krieg ausgehen sollte, war ein in Stein gemeißeltes Gebot, 50 Jahre lang wurde dies durchweg respektiert, auch von einem wegen des Klüngels zwar umstrittenen, aber diesbezüglich konsequenten Helmut Kohls. Obwohl Deutschland im letzten Jahrhundert für den schlimmsten Krieg aller Zeiten verantwortlich war, mit Millionen von Toten und Millionen von Menschen, die unter dem Wahn der Ideologie eines Reiches Zerstörung, Angst, Schrecken und Leid erfahren haben, hat Deutschland über die Jahre das Geschenk der Opfer erhalten, dass Ihnen als Tätervolk von der Weltgemeinschaft verziehen wurde, ihnen die Hand zur Aussöhnung gereicht und sogar im Laufe der Jahre die Chance gegeben wurde, eines der wohlstandsreichsten Länder des Planeten zu werden. Unser Land hätte das Potenzial wirklich elementar Gutes in die Welt zu tragen, mit Bewusstsein in Liebe und Einheit aufzustehen, nicht militärisch, aber moralisch. Eine Verpflichtung aufgrund der erlebten Geschichte, so etwas - ganz egal wo - nie mehr geschehen zu lassen, immer und überall für Frieden einzustehen. Der Welt statt Krieg als besondere Art der Wiedergutmachung den Frieden zu schenken, den sie dringend braucht. Ohne sich dabei fehlleiten oder limitieren zu lassen, ohne auf alte Muster hereinzufallen oder bündnisverpflichtend mitzulaufen, sondern als felsenfester und unumstößlicher Fixpunkt für Frieden, an dem sich in Schweizer Gelassenheit andere Nationen orientieren können. Immer im „Jetzt" wäre der beste Zeitpunkt, an dem unser Land entscheiden könnte, welchen Weg es gehen will, entweder als freier, unabhängiger und unbeeinflussbarer Mittler zwischen den Welten, der eine gesunde, globale Weltenseele mit erschafft oder weiterhin in evtl. zukünftig noch mehr als der bisher 14 Ländern mit Waffengewalt bei „Friedensmissionen" aktiv zu sein. Wenn man wirklich glaubt, mit Waffen Frieden schaffen zu können, müsste man dieser Logik folgend der Bevölkerung dringend erlauben, sich zu bewaffnen, um gesellschaftlichen Frieden zu schaffen. Man sagt, dass sich nur dumme Menschen mit Waffen wehren, kluge Menschen bewaffnen sich mit Worten, weise Menschen entwaffnen mit Liebe. In erwähnt negativer Zweischneidigkeit eines Schwertes gibt es viele Arten zu töten. Man kann einen direkt mit Waffen töten, einem das Brot entziehen, einen von einer Krankheit nicht heilen, einen in eine schlechte Wohnung stecken, einen durch Arbeit zu Tode schinden, einen psychisch zum Suizid treiben, einen in tödliche Kriege führen oder sanktionieren. Nein, es ist nicht deine Schuld, wenn über 10 Millionen Menschen jedes Jahr verhungern, massenhaft erfrieren oder eine Bombe auf Kinder fällt, aber es ist im kleinsten Puzzleteilchen ein bisschen in unser aller Verantwortung. Speziell das „Testfeld" Griechenland, als man damals die Mär des Sirtaki-tanzenden Durchschnittsgriechen in die Welt setzte, der jahrelang auf unsere Kosten in Saus und Braus gelebt haben soll und zur spaltenden Unterscheidung zwischen faulen Griechen und fleißig Beitrag leistenden, strebsamen Deutschen führte, ist ein mahnendes Beispiel. Die Wiege europäischer Kultur wurde nicht von kriegerischen Streitwägen in Form der Quadriga heimgesucht, sondern von der Troika, dem Dreirad aus IWF, EZB und der Europäischen Kommission. Die damaligen Konvergenzkriterien des Maastricht-Vertrages auf wundersam geschönte Weise dank Anstrengungen von Agenturen und Beratungsgesellschaften erfüllt, ließ man das griechische Volk alleine. In der Folge eines auferlegten Sparkurses starben Kinder, weil nicht mal die grundlegendste medizinische Versorgung gewährleistet war, Rentner mussten mit ihrem spärlich Gesparten ihre komplette Familie durchbringen und dazu durften sie sich zusätzlich noch in Mitmenschlichkeit um die massenhaft auf ihren Inseln ankommenden Flüchtlinge kümmern. Ungerechtigkeit erkennend, haben sich damals viele europäische Bürger solidarisch gezeigt, wie auch deine Eltern und gezielt gespendet, während sich westliche Oligarchen die Taschen füllten und Banken Milliarden kassierten. Wenigstens müssen sich die Griechen nicht mehr um ihre zwangsprivatisierten und günstig abgegebenen, lukrativsten Insel-Flughäfen kümmern. In deutscher Gründlich- und Pünktlichkeit betrieben, schaffen sie sogar Arbeitsplätze für dankbare und jetzt fleißige Griechen. Wer stetig Wachstum predigt, nimmt wissentlich hin, dass anderswo auf dieser Welt auch dafür irgendetwas ausgebeutet werden muss. Sei es die Billigarbeitskraft, ein Leben oder die Natur. Die Distanz, genauso wie bei fallenden Bomben, lässt vergessen und das verursachte Leid fern erscheinen, wenn wir unseren Konsumanspruch und unsere Nation über das Leben anderer erheben. Wir sollten dringend unser Tun auf jeder Ebene überdenken, denn diese Art eines selbstverständlichen „Nationalismus" ist deutlich gefährlicher und ungesünder als darauf zu achten, dass weniger Fahnen geschwenkt und die Hymne bloß nicht zu oft gespielt werden. Multikultur in ihren buntesten Ausprägungen und ein beflaggtes Bekenntnis in Bewusstsein zu dem Land, in dem man sein Zuhause hat, schließt sich keinesfalls aus. Im Umgang mit der geschichtlichen Verantwortung hat Nürnberg als „der Menschen rechter Fleck" und mit der Straße der

Menschenrechte gegen jedes Vergessen zu keiner Zeit die Lehren aus den eigenen Wurzeln gezogen. Frieden, Gleichbehandlung, Respekt und Gerechtigkeit sind in unserer Menschenfamilie noch immer keine Selbstverständlichkeit. Gerade wenn man aus deiner damals vom Krieg stark gebeutelten Geburtsstadt kommt, hat man zwangsläufig aufgrund der Geschichte eine ganz spezielle Verantwortung, da man besagte leidvolle Vergangenheit und menschenrechtliche Bedeutung für die Zukunft auf der ganzen Welt repräsentiert und dafür Flagge zeigt. Die Straße der Menschenrechte ist keine zu verwaltende Sehenswürdigkeit ähnlich der Kaiserburg, die Nürnberger Versicherung bietet Schutz im Zeichen dieser Burg und für die Bürger aller Nationen sollte das schöne Nürnberg noch viel lebendiger im Fokus verpflichtend für den Schutz von Menschenrechten stehen. Es war in Nürnberg mit den damaligen, in aller Welt bekannten „Prozessen" in den Räumlichkeiten, in denen dein Papa vor mittlerweile 30 Jahren sein Schulpraktikum gemacht hat und auf deren Basis der Grundstein der heute gültigen UN-Charta gelegt wurde. Dort, wo Papas Taufpatin und Omaersatz während der Prozesse Schriftführerin war. Sie wurde als Tante deswegen unser Omaersatz, weil unsere leibliche Oma früh an Krebs verstarb, nachdem sie beim Wiederaufbau als Trümmerfrau auch regelmäßig beim Einsammeln des Kohlekoks zum Heizen tief in der Schlacke stand. In den Prozessen wurde absolut richtig konstatiert, dass ein völkerrechtswidriger Angriffskrieg und dessen Androhung das schlimmste Verbrechen überhaupt ist, da dieser Akt alle nur möglichen Gräueltaten in sich vereint. Schon damals hätten viel mehr ihrer gerechten Strafe vor dem Kadi zugeführt werden müssen, dann wären vielleicht die Zeiten eines Rudi Dutschke und besonders die Folgejahre auch in Papas Kindheit noch ruhiger verlaufen. Statt Dichtern und Denkern wie Brecht, Goethe, Schiller, Mann und Co werden wir gefühlt mithilfe des besagten Trichters bestimmt und gelenkt von Märchenerzählern. Jeder Vollpfosten kann sich irgendwann etwas Eingetrichtertes, stetig Wiederholtes merken und es für seine Wahrheit annehmen. Egal ob verdreht, weggelassen, betont und herausgehoben, verschleiert, untermalt und gestützt dank unbekannter Quellen verifiziert über fragwürdig unabhängige Überprüfungsstellen, sei es auch nur ein syrischer

Teppichhändler in England, der Experte für Menschenrechte ist. Die Wahrheit der Autoritäten ist nun mal oft lauter als die Autorität zur Wahrheit. Aber klar, vom Weihnachtsmann bekommt man traditionell Geschenke und der Osterhase hoppelt auch jedes Jahr mit Eiern in der Pfote, nicht in der Hose rum. Wenn man einen durchschnittlich realitätsverweigernden Mitbürger fragt, ob er es gutheißen würde, wenn bei uns aus dem Nichts eine Bombe herunterfallen würde und dabei Kinder sterben würden, käme als Antwort ein empörtes „Gehts noch? Natürlich nicht!" Auf der anderen Seite lassen wir es realitätsverweigernd zu, dass wir unter den Top 5 der Rüstungsindustrien sind, bestätigt durch eigene Wahl, die genau so etwas letztendlich unterstützt. Gut, dem Kind und der Familie in einem fremden Land ist es ziemlich egal, von welcher nationalen Wertarbeit sie zielsicher in die Luft gesprengt wurden. Leider unvermeidliche, alternativlose Realpolitik eben. Realitätsfremd, inhuman und ein Widerspruch, bei dem man ganz schön schizophren sein muss, um dies beruhigt mit seinem Spiegelbild vereinbaren zu können. Einerlei wie sehr ausgeblendet, im Sinne eines Che fühlt man sich im Sein jeder Nation nahe, verbunden im alleinzigartigen Menschsein und empfindet die mittelalterliche Ungerechtigkeit, die einem Volk im Grauen des Krieges widerfährt. Dabei ist es unerheblich, ob Menschen in guten, alternativlosen bzw. humanitären Friedensmissionen oder von bösen Despoten, Machthabern und Schlächtern brutal inhuman getötet werden. Waffen und jede Art des Krieges sollte man zu keinem Zeitpunkt gutheißen, ganz egal wer den Fokus setzt und mit Rechtfertigungen für Aufschrei sorgt, während ohne Aufschrei eine halbe Million irakische Kinder aufgrund von Sanktionen starben und es offiziell „diesen Preis wert ist". Wir alle spenden großzügig, geben für Bedürftige ab, um die Welt ein bisschen besser zu machen oder um uns evtl. ein bisschen freizukaufen. Politik interessiert nicht, weil man ja nichts tun kann und auch nichts damit zu tun haben will, es reicht als Berührungspunkt, sein schwarzes Kreuz auf dem Wahlzettel zu machen, was bedauerlich doppeldeutig makaber ist, wenn wir dann wieder Waffen in die ganze Welt schicken. Das, was uns deutsche Geschichte lehren sollte, ist immer den Frieden mit unseren Nachbarn und besonders mit den großen

Blöcken unserer Zeit zu finden. Nordamerika, unserem großen Bruder, der als „einzige Weltmacht" seit unserer „Befreiung" immer seltener Frieden gebracht hat. Indien, die uns nicht ohne Grund als „die Panzer" ansehen. China, denen wir als Hochkultur schon unter Kaiser Wilhelm II. unsere grausame Ehrerbietung entgegengebracht haben. Russland als Lebensraum- und Rohstoffverweigerer, denen wir im Krieg ca. 27 Millionen Menschenleben geraubt haben. Menschenrechtsverletzungen immer zu monieren, anprangern und den Finger zu erheben, ist absolut korrekt, aber man sollte es mit sauberen Händen tun. Vor der eigenen Haustüre sollte es eben sauber sein, bevor man sich anmaßt, berechtigt z.B. über Uiguren oder Tibet zu sprechen, das mit Sonderprivilegien länger zu China als Franken zu Bayern gehört oder Werte besonders hochhaltend betont, Flüchtlinge und politisch Verfolgte schützen zu wollen und dann aber wertfrei tatenlos zuzusehen, wenn politische Häftlinge des Westens in Europa an den Rand des Todes gebracht werden. All unsere Kraft sollte darauf gerichtet sein, eigene gravierende Widersprüche aufzuheben, und es wäre andernorts wünschenswert, sich dies bei jeder Gelegenheit des freundlichen Zusammensitzens in bewusster Dankbarkeit um lokale Verdienste an der Basis des politischen Wirkens inkl. eines möglichst individuell sauberen Karma bei einer Tasse Hopfentee immer ins Gedächtnis zu rufen. Wir lernen sonntäglich Respekt vor allem Leben zu haben und canceln diesen Wert ebenso alltäglich. Wo genau fängt eigentlich unsere Menschlichkeit an und wo hört unser Mitgefühl auf? Was ist der Grund, weshalb wir beim Leid ums Eck so mitfühlen und bei entferntem Leid einfach die Augen verschließen können? Humanismus und Menschlichkeit hat eindeutig Grenzen. Stirbt vor uns auf der Straße bei einem Autounfall ein Kind, ist der Schock groß. Selbst wenn man das Schicksal nicht mit eigenen Augen sieht und nicht hautnah dabei ist, macht einen das Leid aus der benachbarten Querstraße betroffen. Wie weit aber fühlen wir eigentlich mit? Wenn es in unserem engeren Umfeld geschieht? Oder auch wenn etwas aus einem entfernteren Kreis mit Regionalbezug, wie z.B. bei einem Mitbürger derselben Stadt passiert? Oder eines anderen Landes?! Muss dieses Land dann aber einem sympathisch sein oder ist ein Bezug in Form eines dort verbrachten Urlaubs notwendig? Spielt die Hautfarbe oder Religion eine Rolle? Tangiert es uns weniger, wenn es ein Kind aus einem anderen Kulturkreis ist, das betroffen ist? Weil es so fern ist, oder messen wir dem einen geringeren Wert bei als einem Kind aus dem eigenen Kulturkreis? Quasi aus den Augen, aus dem Sinn? Ist Mitgefühl etwas individuell präferenzabhängiges, je nachdem wie weit es von uns weg ist oder wie sehr die Scheinwerfer der Medien darauf leuchten? Beantworte dir diese Frage im Bewusstsein selbst und du wirst keinen Aufschrei gegen gleichwelches Leid mehr verpassen, sei es, wenn ein Kind oder Tier in Europa gequält wird, jemand erfriert oder verhungert, anderswo wie z.B. damals im Irak Hunderttausende Kinder durch Sanktionen oder Krieg sterben müssen.

„Hass zerstört erst deinen Feind und dann dich selbst. Hasse nicht."
- Eddie Jaku, Holocaust-Überlebender

Zu fern für uns ist auch die Vorstellung, dass Kinder unwiederbringlich traumatisiert, alltäglich mit Waffen in Afrika oder sonst wo rumhantieren, töten oder, wie bei meinem erstmaligen Besuch in Israel vor über 30 Jahren, Teenager mit jeweils einem Maschinengewehr, das surreal überproportional um den Hals hing, die Tankstelle bewachten. Ich habe die Einschläge in Tel Aviv gesehen, beschossen von einem einst willkommenen Despoten, dem wir während des langen, schrecklichen Iran-Irak-Krieges gerne Waffen in Form von Senfgas für seine späteren Gräueltaten gegen die eigene Bevölkerung geliefert haben. Zurzeit meines Besuches der bedeutsamen heiligen Stätten keimte Hoffnung für nachhaltigen Frieden auf, bis ein späteres Attentat auf den Staatschef leider wieder alles erstickte. Ein Volk, für das gerade wir eine besondere Verantwortung tragen, das über Generationen in seiner ganzen Geschichte verfolgt, von den Nachbarn verhasst und bekriegt wurde, stets ringend um schützende Sicherheit. Schon früher nur an wenigen Orten gerne gesehen, galten Juden europaweit als wenig „trendy", besonders auch nicht im vormaligen britischen Imperium. Falsche Doppelmoral wurde mit einem der allerersten bekannten Terroranschläge im beeindruckenden King-David-Hotel bedacht, wo die Herren der Besatzung und berühmtberüchtigten Grenzziehungen chic und geschickt einsaßen, das Land findet seitdem keinen echten Frieden mehr. In einer solchen besonderen Verantwortung müsste man ehrlicher mit dem Thema umgehen können, dann bräuchte dieses herzliche Volk, das trotz aller Lebensqualität einschränkender Unfreiheit doch so wissenschaftlich fortschrittlich ist und weiß, wie man Gemeinschaft lebt, nicht weltweit massenhaft sogenannte Medienexperten zur Bekämpfung des Hasses in Foren, Lexika oder Zeitungen mit extra verankertem Mission-Statement engagieren, wo das Wort des „Antisemitismus" leider überstrapaziert erschlagenden Missbrauch erfährt. Die Frage ist, ob man als echter Freund des jüdischen Volkes, das wir in dunklen Zeiten zum Opfer gemacht haben, wirklich freundschaftliche „Liebe" schenkt, oder ob man als schuldiger Sünder einfach auf unabdingbare „Staatsräson" pocht, koste es, was es wolle und gleichwohl auf wessen Kosten. Es gibt einen Unterschied zwischen Schuld und Verantwortung, für Schuld „muss" man büßen, Verantwortung „sollte" man übernehmen. Fake wird es, wenn man zwar Verantwortung übernimmt, aber nicht klar eigene Schuld eingesteht, egal was es kostet. Manchmal die dunkelzeitige Marke der mitunter eigenen Staatskarossen vergessend, sichert man Verteidigung zu und nimmt Israel mit ins Boot, während man wie beschrieben, die dann gemeinsamen eigenen Interessen über die aller anderer Mitschwimmer stellt. Selbstverständlich gilt es unabdingbaren Beistand zu schenken, aber wenn es eine echte Freundschaft ist, sagt man sich die Wahrheit ins Gesicht, gerade wenn man - wie in einer partnerschaftlichen Beziehung - sieht, dass sich die Partner in eine falsche Richtung verrennen. Würde man nicht die Wahrheit sagen, beginge man gegenüber diesem Volk, gegen das wir so viele Verbrechen begangen haben, abermals ein Verbrechen. Wenn man selbst keine Liebe erhält, obwohl man diese dringend bräuchte, wird man hart im Herzen und begeht selbst Ungerechtigkeiten. Egal ob man kämpft, unterdrückt, einsperrt, aushungert oder Menschen verdrängt, ganz egal gegen welche andere Volksgruppe, auf dem „beschlossenen" Gebiet des Landes sind es nun mal Palästinenser, die überwiegend leiden und in ebengleicher Unfreiheit leben müssen. Die Gefahr sich aufgrund verständlicher Traumata vom Opfer zum Täter zu wandeln, muss man mahnend ansprechen, wie auch wir uns in Deutschland dringend und noch viel deutlicher Wahrheit gefallen lassen müssen. Die besagte Uhr tickt und man wird die Spirale der gegenseitigen Gewalt und des Hasses nur mit Liebe und dem gemeinsamen Nenner der Menschlichkeit lösen. Die „zivilisierte" Welt hat diesen jahrzehntealten Konflikt angenervt so dermaßen satt und wünscht sich endlich gegenseitige, ehrliche Aussöhnung in Nahost. Anerkannt von allen beteiligten Seiten wurzelt der jeweilige Glaube in den abrahamitischen Religionen, in arabischer Sprache wie auch auf Hebräisch begrüßt und wünscht man sich „Frieden". Der Friede sei immer mit dir, warum wir erst am Ende unseres Lebens in Frieden ruhen sollen und nicht schon vorher in Frieden leben, ist unbegreiflich. Es wird Zeit, dass im „Haus des Friedens" (Jerusalem) für alle Seiten und Zeiten endlich Frieden einkehrt. Wie erwähnt, kann beim ersten Schritt immer nur der Starke dem Schwächeren die Hand reichen. Nach gezeigter Stärke und Wissen um den Melierdialog am Verhandlungstisch, zu dem ohnehin immer alle am Ende zurückkehren, in Klugheit zeigen, wie man behandelt werden will, wie man gemeinsam miteinander auskommen kann, friedlich und gleichberechtigt. In bewusstem Sein, ohne opportunistisch zu übervorteilen oder doch spätere Konflikte dabei zu schaffen. Jeden korrupten oder opportunistischen Schein vom Tisch fernhaltend, „höhere Ziele" dieses eine Mal wirklich ernst nehmend. Mit der Erfahrung zweier Weltkriege und eines zerstörten Landes wurden wir an der Hand unseres großen Bruders und der aufstrebenden neuen Weltmacht USA groß. Mit notwendigen, alternativlosen Kriegen wird das „Böse" mit annähernd ca. 1.000 Stützpunkten bisher weltweit in Zaum gehalten. Stillschweigend akzeptiert lässt man zu, dass bei kriegerischen Beschuss auch Uranmunition zum Einsatz kommen kann, weil sie nicht nur schwerer als Blei und panzerbrechend ist, sondern auch gleichzeitig das Problem der Entsorgung löst. Man fragt sich hinsichtlich Trinität, wo der Geist und christliche Werte bleiben, wenn diese nicht nur tödlich für den Moment, den jeweiligen Einsatzort für Generationen verstrahlt und wie bei den Kindern von Basra im Irak zu grausamen Missbildungen und Behinderungen führen kann. Wenn das eigene

Neugeborene verstümmelt mit drei Beinen zur Welt kommt und die Eltern - sofern sie überlebt haben - damit klarkommen müssen, kann der Gedanke, die Bergpredigt wörtlich zu nehmen und Auge um Auge, Zahn um Zahn vergelten zu wollen, aufkeimen. Statt friedlichen inneren Dschihad nach außen getragen, ist dieser „Blow back" verwerflich, kommt aber eben nicht aus heiterem Himmel. Gleiches gilt für den „chirurgischen" Drohnenangriff, der sich nicht zuletzt aufgrund der technischen Entwicklung seit der Zeit unter Führung eines amerikanischen Friedensnobelpreisträgers besonderer Beliebtheit erfreute. „Gilgamesch" gibt dabei vor, ein Sendemast zu sein und bei Anruf gibt es Standort und Standmord ohne jeden Gerichtsprozess. Dass dabei zum sicherlich nicht unberechtigten Ableben einer Zielperson auch durchschnittlich mehrere Dutzend kollaterale Opfer hinzukommen, trägt höchstwahrscheinlich nicht zum Weltfrieden und zu mehr Sicherheit bei. Der zweifache Oscargewinner Sir Peter Ustinov hat es korrekt ausgedrückt, dass „Terrorismus der Krieg der Armen und Krieg, der Terrorismus der Reichen" ist, die gleichermaßen unmoralisch sind. Noam Chomsky formulierte, dass jede Bombe im Schmerz um den Verlust der eigenen Familie immer mehr Terroristen schafft. Der verstorbene Kanzler Helmut Schmidt sagte im Interview mit einer deutschen Wochenzeitung, dass Terror - ganz gleich von welcher Seite - sich in seiner Menschenverachtung wenig nähme und nur von bestimmten Formen „des Staatsterrorismus" übertroffen werden würde. Ein ungesunder Kreislauf, dessen mentales Dilemma der kürzlich verstorbene, wundervolle Leipziger „Happiest Man on Earth" Eddie Jaku korrekt erfasste. Kurz vor seinem Tod zog er als Holocaust-Überlebender und Autor ein Fazit seiner beschwerlichen Bergreise und betonte ausdrücklich, dass man jemand nicht mögen muss, aber niemals hassen sollte, da Hass zuerst deinen Feind zerstört und dann dich selbst. Weitergehen, seinen Frieden finden, ohne es mit einer ungesunden Energie zu nähren. Ein russischer Verhinderer eines atomaren Holocausts, der 1983 bei einem scheinbaren Angriff im Kalten Krieg nicht den Knopf der Vergeltung betätigte, verweist in besonnener Klugheit darauf, dass „der beste Weg, einen Feind zu zerstören, der ist, ihn zu seinem Freund zu machen". Ohne ein Arschloch zu sein und im Bewusstsein und Mitgefühl der Nähe für einen Freund muss man auch niemanden zerstören. Wer nur Freunde hat, hat keine Feinde und wie im Glauben müssen wir alle Freunde und Brüder gegen alles noch „Böse" werden. Völker, die sich schlagen, sind mit sich selbst beschäftigt. Völker, die sich beraten, kommen zu Erkenntnissen. Solange wir Linke und Rechte, Juden, Muslime und Christen, Arme und Reiche, Junge und Ältere, egal wer gegen wen und auf welcher Ebene uns gegenseitig bekämpfen und einander aufreiben, solange hält es an, das kranke Lachen der Nutznießer über unser aller Köpfe hinweg. Egal was für eindringlich werbewirksame Slogans man auf tödliche Bomben schreiben mag, jeder Soldat wird zu einem gewissen Grad missbraucht, in Konflikte und Kriege gehen schließlich immer die Jungen, nicht die Alten. Wenn wir das nicht verinnerlichen und in Gräueltaten nicht die daraus geborene Verantwortung für Frieden sehen, ist man nicht nur im doppelten Sinne Realitätsverweigerer, sondern schlichtweg im Schein verblendet. Je mehr Menschen den Frieden in sich selbst entdecken und danach leben, sich von alten Mustern befreien, desto mehr wird unsere Welt von wahrhaftigen Frieden durchdrungen. Angekommen bei sich im Herzen, wissend, was in kurzer Lebenszeit und dem Glücklichsein im Jetzt wirklich wichtig ist, wo Gaukler gerne ihre Show abziehen können, aber man sich nichts vorgaukeln lässt. Es macht Mut zu sehen, wie viele wundervolle Menschen mehr und mehr erkennen und durchschauen, mit guter Kinderstube, die nächstenliebende und humane Werte mitbekommen haben und für die Ehre und Ehrlichkeit zählt. Prophetisch werden immer noch „andere kommen, die noch mehr tun werden als ich". Nur mit einem solchen Sein werden wir einen Weg zurück zu den gesunden Wurzeln großer Dichter und Denker finden, als Basis für guten friedlichen Fortschritt.

„Seid eins, nicht zwei und nicht täglich nachträglich!"
- M.Tomaschautzki

Passe daher immer auf welcher ideologischen Bewegung, ob in Parteiform oder als Organisation du dich zugeneigt zuwendest, bereit bist, dein eigenständiges Denken ohne zu hinterfragen aufgeben möchtest, weil es dich überzeugt. Es ist

◉ Früher herausragend beim Militär, heute noch herausragender als Mensch.

vielleicht konstruiert von Chef-Ideologen oder Propagandisten für einen anderen, erst mal nicht erkennbaren Zweck; dies genau zu hinterfragen, wer hauptsächlich im Sinne von „cui bono" profitiert ist zur Orientierung und eigenen Beurteilung stets ratsam. Alles, inklusive deines Tuns, jedes Folgen von Trends oder Hypes hat eine entsprechende Auswirkung wie der kleine Flügelschlag des erwähnten Schmetterlings. Reflektiere, lasse dich nicht abhängig machen und achte immer darauf, zur Vernunft zurückkehren zu können, indem du dich auf dich selbst verlässt. Du bist der Einzige, vor dem du dich rechtfertigen musst. Der Glaube, Kirche und echte Werte spielen auch für unsere in Herzlichkeit tief gewonnenen Freunde, die du mit uns in den USA in einer Silvesternacht kennengelernt hast. Ihr gemeinsames Glück fanden sie damals in Rammstein, wo er als ehemals herausragender USAF-Pilot in oberster Linie führend verantwortlich für das Radar und den gesamten Luftraum während des ersten Irakkrieges 1991 war. Dem Krieg, der vertreterbarer erschien als der nachfolgende zweite Irakkrieg 2003. Dem, der nach „herrschender Meinung" und fußend auf Nürnberger Fundament gemäß der UN-Charta hingegen als illegaler Angriffskrieg bewertet wird und somit ein völkerrechtswidriges Verbrechen darstellt. Während seiner Zeit auf dem größten Militär-Stützpunkt der USA außerhalb des eigenen Landes in der schönen Rheinland-Pfalz, von dem die nicht „herrschende Meinung" vermutete, dass es für beschriebenes, gottgleiches Drohnenprogramm zur Signalweitergabe dienen würde, lernten sie sich kennen, lieben und fanden ihr gemeinsames Glück. In ihrer Passion und Liebe bis heute spürt man den Respekt vor allen Menschen und dem Leben. Mein leider vor Kurzem verstorbener, lieber Professor, ausgebildet in Harvard und geführt im „Marquis-Who´s Who", hat mir auf meine damalige International Management-Arbeit geschrieben, „sei bitte immer ein Vermittler zwischen Europa und den USA" und ich werde das im Einklang und im Flow des Seins mein Leben lang auch sein.

Wie unsere vielen amerikanischen Freunde auch in gelebtem Frieden und Liebe einerseits versuchen, Vorbild zu sein und immer ehrlich auf Missstände hinzuweisen, ohne sich andererseits je spalten zu lassen. Gerade im Wissen um diese „cringe" Menschheitsfamilie, die wir sind, der dazugehörigen Weltenseele und verbundener Alleinzigartigkeit. „Factum infectum fieri non potest", Geschehenes kann nicht ungeschehen gemacht werden, aber wie Maya Angelou sagte, kann man versuchen, es ab dem Moment, wo man etwas besser weiß, zukünftig besser machen. Annähernd jeder Krieg startete mit einer Lüge und nicht umsonst stirbt in jedem Krieg als Allererstes die Wahrheit. Auch Jim Morrison musste diese Erfahrung meistern, nachdem er mit seinem involvierten Vater als Flottenkommandeur die damalige „Kriegslüge von Tonkin" miterlebte. Will man nicht Lügen ewig weiterleben, sollte man beweisen, dass man gelernt hat mit Anstand aufzustehen und es besser zu machen. Am Ende, kurz vor einem möglichen Aufprall an der Wand, zeigt sich, ob sich das Land der Dichter und - hoffentlich - Denker für mehr Wahrheit und Mitgefühl entschieden hat oder ob berauscht von scheinbaren Gewinnen bisherige Gepflogenheit einfach zu lukrativ waren.

Welt in Ohnmacht - Krieg ist kein Frieden

„Ein Notruf an die ganze Welt." - **M.Tomaschautzki**

Als ich im Jahr 2004 das erste Mal Marwan wieder sah, erwischte er einen denkbar schlechten Zeitpunkt. Mama lernte ihn in der Woche vor ihrem Einzug bzw. dem Reality-Auftrieb auf „Die Alm" kurz kennen, in einer Phase, als es bei uns massiv kriselte und wir uns für lange Zeit trennten. Normalerweise war er es gewohnt, in mindestens Fußballmannschaftsstärke bekocht und umsorgt zu werden, daher kam ich mir mit meiner ihm angebotenen Behausung demütig bescheiden vor, was ich allerdings mit guten Nürnberger Rindsbratwürsten ein klein wenig erfolgreich auszugleichen wusste. Als gute Alternative zu Falafel wie damals in Westwood, lernte ich in unseren Gesprächen viel über den friedlichen Islam und habe - fasziniert vom Kompass, der die richtige Ausrichtung gen seiner Heimatstadt anzeigte, seine Gebete beobachtet. Seine Familie als Blutlinie der Religionsgründer aus Mekka bzw. Jeddah stellte hochrangige Beamte und Minister, sein Onkel war ehemals Außenminister. Während er mir wertvolle, mitfühlende Ablenkung und Trost schenkte, sah er sich mit mir auf Pro7 jeden Abend deine Mama an, ohne etwas zu verstehen, dafür verstand ich mehr und mehr über die unterschiedlichen Strömungen im Islam. Über Sunis, Alewiten und Schiiten, den Wahhabismus, seine Heimat, die dortige Gesellschaft und dass er die USA nach seinem Abschluss an der University of Southern California kurz vor den Anschlägen im Jahr 2001 verlassen hatte. Nachdem ich ihn zum Abschied wieder zum Nürnberger Flughafen gebracht hatte, musste ich - in Gedanken verloren an Mama - ein letztes Mal ein Auto unfallbedingt ersetzen. Als er im Jahr darauf schon wieder nach Deutschland kam und bei mir in meiner neuen Innenstadtwohnung übernachtete, mutete es fast schon belustigend an, als könne er ein „Schläfer" sein. Zu der Zeit dem Narrativ folgend jedenfalls höchst verdächtig und wer weiß, was die Leute denken. Da sich zu dieser Zeit auch Monkey in Deutschland aufhielt und uns kurz besuchte, sie sich beide aber nur oberflächlich aus L.A. kannten, kam es in der schönsten Altstadt der Welt dem

Straßennamen nach zu interessanten Bindergass-Gesprächen der „Neffen-Connection". Erst zu diesem Zeitpunkt erfuhr ich über Lohai, einem der zahlreichen Neffen des Attentäters des 11. Septembers und dass er bei vielen unserer abendlichen Ausflüge in Kalifornien dabei war. Er blieb mir als partyfreudiger Mensch in Erinnerung und ich erfuhr, dass er - wie auch in Michael Moores Dokumentation „Fahrenheit 911" dargelegt, ebenso nach den Anschlägen ausgeflogen wurde. Bei dieser spannenden Konstellation warf es für mich die Frage auf, was denn die beiden über die Ereignisse des 9/11 dachten. In den USA ist dies normalerweise die Telefonnummer der Notrufstelle und nachdem deine Mama und ich sechs Tage vor diesem „Notruf an die gesamte Welt" als Liebespaar zusammenkamen, war dies meinem Gefühl nach wichtig in Erfahrung zu bringen. Deine Eltern erlebten den damaligen Schock intensiv und prägend mit, denn es ist komisch, einerseits Schmetterlinge im Bauch zu genießen und dieses schreckliche Ereignis dabei komplett auszublenden und zu ignorieren. Da dein Papa zu seiner Zeit in New York lebend eben auch einen persönlichen Bezug hatte und an einigen Mittwochen auf den obersten Ebenen des World Trade Centers im Nordturm abends zum Clubbing-Besuch neigte, befasst man sich mit den Hintergründen der Geschehnisse ohnehin evtl. interessierter. Medial wurden uns diese Ereignisse ausgiebig nähergebracht, ein Mitfühlen mit den Opfern, die faszinierende, ehrliche Anteilnahme weltweit und das gemeinsame sich helfen aller Handelnden vor Ort, zeigte Menschlichkeit und Einigkeit, dieses Desaster gemeinsam irgendwie zu bewältigen. Man litt mit, jeder wird sich auch heute noch an genau diesen Tag erinnern können, man war quasi „live" dabei. Nur kurz irritierte das vorzeitige Vermelden des Einsturzes eines weiteren dritten Turms, während man im Bildhintergrund beim Vortragen der Meldung diesen noch eindeutig stehen sah. Der damals verantwortliche US-Präsident blieb in den ersten Momenten nach erlangter Kenntnis über diesen unfassbaren Angriff wie angewurzelt und gefühlt endlos gequält lächelnd in einem Klassenzimmer wie erstarrt sitzen, während Verbrecher Flugzeuge verwendeten, um die ganze Welt in Schockstarre zu versetzen. Sie flogen mit zwei Flugzeugen in die als

Wahrzeichen und Sinnbild westlicher Werte geltenden Twin-Towers, dazu ins Pentagon und bei Shanksville wurde eine weitere entführte Maschine zum Absturz gebracht. Einprägsame und traumatisierende Bildbeweise und dazugehörige Flugzeugreste gab es hauptsächlich aus NYC zu sehen, schnell kursierte besagter Name als Täter. In unserer damaligen Runde, in der - natürlich sehr entfernt - zum einen jemand aus der Familie des eigentlich federführenden Vize-Präsidenten und jemand mit Bezug zur angezählten Quelle der „schuldigen" Religionsgemeinschaft saß dazu die im Raum stehende „Bekanntschaft" zur Familie des vermeidlichen Attentäters, wäre es seltsam gewesen, sich nicht darüber auszutauschen. Themen generell nicht anzusprechen, weil sie außerhalb eines vorgegebenen Rahmens als tabu gelten, ist in etwa vergleichbar mit Leuten, die versuchen, sich beim Selbstbefriedigen einen Orgasmus zwanghaft selbst vorzutäuschen. Zwischenmenschlicher Austausch in Respekt bereitet ohnehin mehr Freude, als alleine auf einer einzigen Wahrheit zu bestehen. Die Pluralität der Meinungen macht unser Leben und unsere Demokratie erst interaktiv, wer unwissend oder böswillig Meinung verhindern will, zerstört Vielfalt und aktiv unsere Gesellschaft. Demokratie kann irgendwann mal auch bedeuten, dass das Volk sich nicht mehr beherrschen will. Gerade Wahrheiten, die nicht hinterfragt werden dürfen, stellen sich oft als Lügen heraus. Unsere gemeinsame damalige retrospektive Beurteilung fiel eindeutig ernüchternd aus, gerade im Hinblick auf so viele bedauerliche Opfer bis dahin. Neben vielen Kindern saßen an diesem schlimmen Tag jedenfalls auch unfassbar viele Ungereimtheiten mit in jenem „erstarrten" Klassenzimmer. Die Expertenräte waren sich jedoch einig und man will sich weder mit Gedanken noch schmutzigen Fingern die friedliche Seele berühren lassen, gerade wenn Fakten bei vielen Menschen den Umweg über das Hirn scheuen. Tausende Architekten ohne abhängige Querverbindungen hegen bis heute starke Zweifel, besonders am Einsturz des Salomon Brothers Buildings, aber ähnlich eindeutig aufgeklärt wie die Milzbrand-Anschläge durch versendete „Anthrax-Briefe" wenige Tage später kam bereits schon wenige Jahre nach den Ereignissen prompt der ebenso eindeutige Bericht. Zuerst noch, ohne genauer auf dieses wichtige dritte Gebäude überhaupt einzugehen, aber ein paar weitere

Jahre später konnten alle verschwörerischen Bedenken wohl ausgeschlossen werden. Die Ermittlungskosten des Untersuchungsausschusses, des schlimmsten Anschlages der jüngeren Geschichte beliefen sich insgesamt in ihrer Höhe etwa vergleichbar mit denen des Amtsenthebungsverfahrens der „Lewinsky-Oral-Office" - Affäre. Besser als selbstbefriedigt sagen heute noch viele, dass trotz großen Tam-Tam jeder Verkehrsunfall besser aufgeklärt wäre. Ob nun die offizielle „Verschwörungstheorie" der Regierung mit Tätern aus einer Höhle oder alternative Ansätze und „Verschwörungstheorien" wahrscheinlicher scheinen, Fakt ist, wir waren alle nicht dabei. Auch wenn es mittlerweile weit verbreitet ist, dass sich Experten querverbunden zu anderen Themen, mit denen sie überhaupt nichts zu tun haben, interdisziplinär trotzdem äußern, ist es dennoch erstaunlich, dass der Kolumnist der New York Times und Träger des Nobel-Gedächtnispreises für Wirtschaftswissenschaften, Paul Krugman behauptete, dass „viele der Leute, die mit Begriffen wie ´durchgeknallte Verschwörungstheorien` um sich werfen, faule Rüpel sind", die sich nicht informieren wollen oder Argumenten im eben pluralistischen Austausch Illegitimität verleihen. Dabei ist Verschwörung letztlich nichts anderes als ein Synonym für Verbundenheit, nachdem wir uns alle am Anfang unseres Levels dazu konspirativ verschworen haben, gemeinsam zu atmen und dies gemäß Tom Shadyac durch minimale Argon-Atome über alle Zeiten in Verbundenheit auch zu tun. In einem anderen Zusammenhang erzählte mir Marwan mal etwas von „Dschinns", naturgeistlichen Wesen, erschaffen aus rauchlosem Feuer, die in Geschichten des arabisch-orientalischen Kulturraums vorkommen. Als Kind liebte ich die Kinderzeichentrickserie „Sindbad" und auch Märchen aus 1001 Nacht mit den Erzählungen von „Ali Baba" und den 40 Räubern, die in ihrer „Sesam öffne dich" - Höhle hausten und womöglich schon damals Fledermäuse beherbergten, die Krankheiten übertragen können. Atmen ist nicht ungefährlich. Nichts zu hinterfragen ist wie märtyrerhaft Selbstmord zu begehen, um nicht getötet werden zu können. Viele machen da lieber eine Lüge zu ihrer Wahrheit, um besser überleben zu können. Einer Wahrheit, die vorgibt, für Frieden zu stehen, doch in Wahrheit so unfriedlich ist. Wir glauben, was wir glauben wollen, aber dass die Welt aktuell ist, wie sie ist, mag nicht für jeden überraschend sein. Im Kreislauf der abrahamitischen Religionen scheinen aktuell christliche Wertvorstellungen auf dem Prüfstand zu stehen; damals im „Krieg gegen den Terror" stand eine andere Religionsgruppe im Fokus. Der bis heute noch gültige NATO-Bündnisfall wurde ausgerufen, die Höhlen ausfindig gemacht und unsere eigene Freiheit - eindringlich angemahnt - am Hindukusch verteidigt. Laut öffentlich-rechtlichen Reportagen lieferte nicht zuletzt ein bei Nürnberg in Zirndorf ansässiger irakischer Asylbewohner den entscheidenden „Curveball" als Beweis für die wahrhafte Richtigkeit, nach einer öffentlich-unrechtlichen Märchenstunde im Weltsicherheitsrat in den Krieg gegen den Irak ziehen zu müssen. Zumindest zwei weltweit tragende Figuren aus der „Koalition der Willigen" entschuldigten sich, was aber für die Hinterbliebenen von Hunderttausenden Toten wohl nur wenig Trost bot. Statt dass Kriegsverbrecher für derart schlimme Verbrechen lebenslang ohne jede Möglichkeit auf Entlassung eingesperrt werden, werden sie entgegen jeder Cancel Culture von allen Seiten hofiert, umgarnt und bezirzt als ehrenwerte „Experten" in einem leuchtenden Harem des Scheins. Bevor ich deine Mama kennenlernte, war ich einmal gemeinsam mit David Copperfield auf seiner Bühne während einer Show in der Nürnberger Frankenhalle, nachdem ich seinen Tour- und Account-Manager kannte. Zu dieser Zeit hatte es den Anschein, dass er mit Claudia Schiffer zusammen war, und ich fragte ihn später im Hotel im Stadtteil Langwasser ziemlich dümmlich naiv, ob es Zauberei oder Täuschung wäre, und er meinte „It´s all Illusion", alles ist Illusion.

Real konnte man seit diesem Notruf 2001 geschärften Auges erkennen, dass die Schere der Wahrheiten auseinandergeht und unsere Welt immer unsicherer und rechtloser wird bzw. eben einseitig gerecht oder einseitig richtend, moralisch der Westen ganz weit vorne. Der traumatisierende Schock im TV, nicht so sehr das Argon oder der Verstand hat uns verbunden, während wir unbemerkt besagter Wand weiter nahe rückten. Schocks lösen Psychosen aus, transportiert durch Wiederholung und Bilder. Es wäre gut, wenn wir anfangen würden, tief Luft zu holen, einzuatmen und sich beim Versteckspiel nicht mehr selbst die Augen zuzuhalten, im Glauben nicht gesehen zu werden. Kein Kindergarten mehr für die Zukunft unserer Kinder. Das klingt zunächst wenig woke und wäre man woker, könnte man viele Themen ehrlicher ins Licht des öffentlichen Diskurs ziehen, ohne es als etwas Heikles, wie eitrigen Juckreiz zu behandeln. Lass mal lieber, man soll ja nicht und

◉ Unser Schloss an der Seine in Paris...

das ist schon korrekt so sagt mein Fernseher. Anhand von monumentalen Filmen, den großen Schlachten, wird dem Publikum vorgeführt, wie grausam und unzivilisiert man damals war und wie viel „humaner" es doch jetzt ist. Aber nur weil der Tod moderner und technisierter ist, der Joystick als Waffe harmlos erscheint, wird es deswegen ja nicht besser. Im Gegensatz zu den vonseiten der Landesverteidigung für immer mehr notwendige „friedenssichernde Einsatzorte" auf Gamer-Messen gesuchten Berg- oder Strandtypen war Monkey nach einer abermaligen Lebenskrise eher der Wandertyp. Als er sich im Jahr 2015 entschloss, von Paris aus den Jakobsweg zu beschreiten, bin ich spontan zu ihm geflogen, um ihn nach Mexiko wiederzusehen und von Paris aus auf einen guten Weg zu bringen. Als Übung für seinen großen Marsch bis nach Spanien liefen wir täglich um die 20 Kilometer durch die Stadt, auch an der schönen Seine entlang, wo ich zur Erinnerung ein Schloss für dich, Mama, deine Schwester und mich an eine Brücke hängte, wir besuchten den Louvre und trafen Freunde. Wir aßen an unterschiedlichen Locations, die vegane Alternativen anpriesen und besuchten Cafés. Am Eiffelturm lernten wir nachts

◉ Zelte am Place de la République vor den Anschlägen in Paris 2015

einen deutschen „Clochard" kennen, der, nachdem seine Frau in Frankreich starb, fortan obdachlos die Brücken der Stadt als zu Hause bevorzugte. Da wir in der Nähe wohnten, liefen wir regelmäßig über den Place de la République, der zu dieser Zeit mit Hilfszelten für syrische Flüchtlinge besetzt war. Monkey fühlte sich im schönen Paris schon fast zu wohl, und da sich mein Aufenthalt gen Ende neigte, flog ich wieder nach Hause. Er versprach mir, zeitnah endlich loszulaufen, was er dann am Morgen der Anschläge vom 13. November auch tat. Etwa 15 Kilometer außerhalb der Stadt rief er mich am Abend während der grausamen Geschehnisse per Videoanruf an und berichtete, dass er gerade mit unserer Freundin gesprochen habe. Yael war vollkommen aufgelöst, als sie mit ihm telefonierte, sie sah live vom Fenster ihrer Wohnung aus zu, wie bewaffnete Männer in genau die Bar schossen, in der auch wir wenige Tage vorher gemeinsam saßen. Monkey versuchte sie zu beruhigen und riet ihr, vom Fenster wegzubleiben. Als er unmittelbar danach mit mir sprach, merkte man ihm den Schock an, ich sagte deiner Mama Bescheid, die ungläubig vernahm, dass Monkey und ich kurze Zeit zuvor an und in zwei Tatorten während meines Aufenthaltes in Paris waren und umarmte mich. Du warst damals noch zu klein, um ihre Erleichterung verstehen zu können, mittlerweile weißt du, dass Frieden zwar nicht alles ist, aber ohne Frieden schnell alles nichts sein kann. Im Laufe der folgenden Tage erzählte mir Monkey bei unseren Telefonaten, dass am Abend vor den Anschlägen und bevor er sich auf den Weg zu seiner ersten Unterkunft machte, die Zelte der Flüchtlinge am Place de la République, warum auch immer abgebaut waren. Wir jedenfalls hatten großes Glück und konnten dankbar sein, nicht zum falschen Zeitpunkt am gleichen Ort gewesen zu sein. Es gibt nichts Schlimmeres als Krieg und Terror, skrupellose Abgründe, die egal an welchem Ort etwas geschieht, Leid und Ohnmacht verursachen. Der Terror der Reichen und der Terror der Armen wechseln sich als Teufelsspirale die Welt zerstörend ab, Gewalt erzeugt Gegengewalt, die im Wahnsinn des Unbewusstseins jede Intervention rechtfertigt. Im Schauspiel unserer Zeit passen die Worte eines ehemaligen Schauspielers und US-Präsidenten, der bei seiner Amtseinführung 1981 sagte, „vor allem müssen wir erkennen, dass keine Waffe in den Arsenalen der Welt so gewaltig ist wie der Wille und die Zivilcourage freier Männer und Frauen". Im gemeinsamen Willen zum Frieden benötigt man kein weiteres Auffüllen militärischer Arsenale, es bedarf dringend einer massiven mentalen Aufrüstung. Nicht wir „sollten" oder „könnten" auch, sondern wir „müssen" starke Vermittler und Friedensstifter hervorbringen, die versuchen, unsere Welt zu vereinen, wie es damals JFK hinsichtlich seiner angesprochenen spirituellen Armut womöglich meinte. Nur eine Bewusstwerdung der Menschen aller Länder um den Schmerz des Verlustes von Menschenleben, ein gemeinsames Veto gegen Unmenschlichkeit jeder Art und ein zivilisiertes Aufstehen für den gemeinsamen Nenner des Friedens wird diese Welt heilen. In Versöhnung aus der Position einer Stärke und des angesprochenen Willens. Die unberechenbare Wirkung falschen Willens kann man im Film „Dumm und dümmer" mit Jim Carrey beobachten, als eine anfänglich lustige Schneeballschlacht zu einer handfesten Schlägerei ausartet. Tom Shadyacs Liebling und Protagonist des Films, sagte als bewusst gewordener Verrückter, dass „das eigene Wirken auf andere die wertvollste Währung ist, die man hat und dass das Einzige, was von dir übrig bleiben wird, das ist was in deinem Herzen war". Wir sollten nicht, wie häufig in unserer Geschichte den Fehler begehen, in blindem Gleichmarsch mit rechter oder linker erhobener Hand durch die Welt zu gehen, sondern in einem Gleichschritt der Herzen. Nach endlosen Leben, in denen unerbittliche Kriege gekämpft wurden, ist die Zeit für unsere tapferen Krieger gekommen, ihre Waffen niederzulegen und den Kampf zwischen Herz und Ego voranzutreiben. Der edle Kampf für Frieden und Freiheit kann nur durch die Hingabe an die Macht der Liebe gewonnen werden. Die Liebe ist die Waffe, die alles Böse vernichtet.

Feindbilder im Herzen zu tragen und Schuldige für den eigenen Seelenfrieden zu finden, weil man etwas „gehört" hat, einem etwas „gesagt" wurde oder man sich schon etwas „denken" könne, stellt nicht nur den eigenen Frieden auf wackelige Beine. Ob sozial die „Faulen" schuld sind oder auch der Islam, der Jude, der Russe, der Weiße, nur wir selbst in gemeinschaftlicher Identifikation sind nicht schuldig, denn wir sind eindeutig immer die „Guten". Die andere Seite aber sieht es perspektivisch anders und identifiziert sich ebenso als die „Guten". Basiert das Feindbild auf persönlicher Erfahrung und Verlust, wird es nicht helfen, ohne seinen Schmerz geheilt zu haben, in Verletzung, Wut und Hass zu reagieren, denn getrübten Blickes ist jede Rache und Vorverurteilung die Nahrung dieses ungüten Teufelskreislaufes. So sehr man sich wünscht, dass Schuldige in aller Härte ihre gerechte Strafe erfahren, es ist die Stimme des Friedens, die das letzte Abwehrteilchen im Immunsystem dieses Chaos ist. Zu schnell läuft man Gefahr, einem amerikanischen Sprichwort nach „den falschen Baum anzubellen" und dem erwähnten chinesischen Sprichwort nach sollte man sich auf die dritte Seite fokussieren, die jeder jeweils nicht sieht, um vor lauter Bäumen den Wald wirklich zu erkennen. Nicht sofort, aber im Laufe der Zeit verroht man ansonsten blind in brutaler Normalität, beginnend bei der unbedachten Wahl der Mittel, mit denen man seine stets „guten, höheren Ziele" anstrebt, die wortlose Art, sich zu bewaffnen, um Stärke zu demonstrieren, lässt dann manchmal selbst den Unzivilisiertesten nur noch mit dem Kopf schütteln. „Die, die diese Welt kälter machen, nehmen keinen Tag frei. Also warum sollten wir freinehmen?" stellte einst Bob Marley fragend in den Raum, es braucht jeden Tag Menschen, die in mentaler Stärke echtes Licht in so viel Dunkelheit bringen. Aufstehen gegen jede Tyrannei, wie wenn eine ältere Dame oder ein Kind auf der Straße belästigt wird. Ein Paradoxon unser Zeit ist es, dass diejenigen, die stillschweigend nichts machen oder daheim sitzen, die geachteten Friedlichen sind und diejenigen, die friedlich für Frieden einstehen, als gefährlich erachtet werden. Wenn wir dies weiter zulassen, stimmen wir jeder Tyrannei stillschweigend zu und unser Immunsystem ist endgültig zerstört. Egal wer uns ganz offensichtlich Wegweiser gab, ob Marley, Hendrix oder Gandhi, der sagte, „es gibt keinen Weg zum Frieden, der Friede ist der Weg", werden wir Frieden in unserer Welt nur dann erreichen, wenn wir den Frieden in den Herzen aller Menschen erreichen, jeder selbst endlich den eigenen Frieden in seinem Herzen findet.

„Wer mit sich selbst in Frieden lebt, kommt nicht in Versuchung anderen den Krieg zu erklären." - **Ernst Ferstl**

Albert Schweitzer soll sich auf Reisen angeblich mit einem Ureinwohner unterhalten haben und hat ihm dabei erzählt, dass sich in Europa bald jeder töten wird, in einem großen Krieg. Darauf sagte der Ureinwohner „aber Massa, so viel kann man doch gar nicht essen?" Wir wirken selbst auf Kannibalen unzivilisiert, wohlbemerkt Barbaren, von denen wir glauben, ihnen zivilisatorisch überlegen zu sein. Kriege haben immer eine gute Begründung, das heimatliche Feindbild muss schließlich stimmig sein mit den jeweils „veränderten Bedrohungslagen", sei es wie besagt im Namen der Humanität, der Terrorbekämpfung oder die Verteidigung des Friedens in fremden Ländern - das Gipfelkreuz vom Hindukusch lässt grüßen. Es ist unerheblich, wie hausgemacht manche Probleme sind, egal aus welchen ehemaligen Angriffskriegen Überbleibsel und Gruppierungen radikalisiert und evtl. auch instrumentalisiert werden, wie religiöse Strömungen oder Glaubensbilder sein mögen, welche geopolitischen Einflussbereiche betroffen sind, ob man um energiepolitisch seltene Erden-, Öl- oder Gasfelder weiß, denn am Ende des Tages spielt das alles keine Rolle. Moralisch einwandfrei, denn es geht schließlich um Menschenrechte und Humanität, ganz unerheblich, ob der unzivilisierte Menschenfresser das anders und uns weiter als „Assi" ansieht. Je nach Land ist dabei ein „Militär-Job" immer der schnellste, lukrativste und zukunftssicherste Weg aus der Armut, gerade in strukturschwachen Gebieten. Selten ziehen die Familienmitglieder der Kriege befürwortenden, betuchteren Stände selbst in den Krieg. Unbestritten hat Militär seine Daseinsberechtigung, gerade im Heimat- und Katastrophenschutz, bei Hochwasser und zur eigenen Verteidigung. Militärisch abschrecken, wie man auch versucht, sein „Haus" zu schützen, vor Vandalen, Dieben und ggf. an die Tür klopfende Zeugen, die einem ein Abo verkaufen möchten. Leider fing es irgendwann an, dass die „Hausgemeinschaft der Werte", egal aus welchem Grund auch immer, gemeinsam pöbelnd aus dem Haus rannte, erschreckte statt abschreckte und der Meinung war, man könne umliegende „Spielplätze" für sich allein vereinnahmen. Frieden und Stabilität im Zeichen eines US-geführten Verteidigungsbündnisses mit zumeist europäischem Pressesprecher als „Aushängeschild" mag im

Gleichgewicht der Mächte zu Zeiten des Kalten Krieges gut funktioniert haben, seit dem Fall der Mauer und dem Wegfall eines Gegengewichts aber eindeutig nicht mehr. Es scheint eher, als würde man mit dickem Colt und wahnwitzig großen, jährlichen Militärbudget in einem Glashaus sitzen, während man auf andere deutend selbst in Wildwestmanier zündelt und den größten Unfrieden fabriziert. Es wirkt skurril, als Moralinstanz Fleischverzicht zu predigen und selbst dreimal am Tag Schweinebraten zu essen. Zu sättigend wohl das kalorienreiche Modell, das profitabel zerstört, ausbeutet, aufbaut und kontrolliert. Monkeys entfernt verwandter Onkel saß lange als Aufsichtsratsvorsitzender und CEO in einer Firma, die stark vom Wiederaufbau nach Kriegen profitierte, neue Märkte und Bodenschätze schaffen Wohlstand auch noch Jahre später bei dann fälligen Abfindungszahlungen. Nach den Anschlägen in Paris war es u.a. der „redegewandte Mann" als älteste Zeitung Frankreichs mit Satire-Ursprung, der im Besitz eines französischen Rüstungskonzerns in Realsatire nach einem moralisch notwendigen Bombardement für Frieden in Syrien, weit weg vom Boden des Völkerrechts, lautstark rief. Medial gehypt findet sich überall ein „Abteilungsleiter", der aus nachvollziehbaren „humanitären Gründen" die Notwendigkeit von chirurgischen Interventionen verkauft. Im Klima der Angst verzichtet man als Leser und Wähler gerne auf ein bisschen Freiheit zu unser aller Sicherheit. Der verstorbene einflussreiche nationale Sicherheitsberater der USA, Zbigniew Brzeziński, behandelte in einem Buch die Frage der Vormachtstellung und behauptete, dass die USA die erste und einzige wirklich globale und wahrscheinlich auch letzte Weltmacht sein werde. In geschichtlich kurzer Zeit wurde diese Position durch ein kollektives Sicherheitssystem mit integrierten Kommando- und Streitkräftestrukturen erreicht. Neben NATO und weltweiten Stützpunkten nannte das höchst dubiose Mastermind auch Wirtschaftskooperationen wie Weltbank, IWF und WTO, um „tributpflichtige Staaten des eurasischen Kontinents fest an Washington zu binden und die einem eine gewichtige Stimme in Europa verleihen würden". Sofern diese einzige Weltmacht in den letzten Jahrzehnten für eine echte Befriedung zum Wohle aller Menschen unserer Welt gesorgt und sie in Fairness vereint hätte, wären alle in tiefem Vertrauen wohl glücklich und zufrieden. Leider sieht man besagte Wand nun deutlich aus nächster Nähe und dass unsere Welt immer stärker in Aggression, Chaos und Krieg unterschiedlichster Art versinkt. Zu sehr wurde Macht zum eigenen Vorteil missbraucht und Europa hat angefangen, nicht mehr auf den Willen seiner Bürger zu hören, sondern sie abzuhören und zur Sicherheit zu überwachen, statt wachsam darauf zu achten, dass Europa mit Deutschland ein führend friedlicher Ruhepol im Gefüge der geostrategischen Mächte wird. Wenn wir als kriegserprobtes Land es tatsächlich als notwendiges, aber unvermeidliches Übel akzeptieren und als weiterhin gegeben hinnehmen, andere Länder aggressiv, nicht defensiv mit der Grausamkeit des Krieges zu konfrontieren, müssen wir im Umkehrschluss selbst hinnehmen, dass auch wir wieder Ziel von Zerstörung werden, unsere Kinder sterben, verhungern und wir alles verlieren können. Hätte man dabei damals während der Nürnberger Kriegsverbrecherprozesse den angeklagten Verbrechern eingeräumt, ein Veto gegen ihre Verurteilung einlegen zu können, hätte man mit dem Kopf geschüttelt. Im UN-Sicherheitsrat ist dies als zeitlich überholtes Manko für ständige Mitglieder tatsächlich noch möglich, ganz egal was man getan hat. Will man ein echtes friedenssicherndes Organ zur Kontrolle, so sollte man im Sinne des weltgesetzlichen Grundsatzes der Stärke folgend, niemandem anderen je etwas antun, was man nicht will, dass es einem selbst angetan wird und dringend reformierende Anpassungen vornehmen. Statt exklusivem Veto eine Gewichtung nach Aspekten wie Bevölkerungsgröße und Wirtschaftsleistung, nach echter und absoluter Anzahl von Stimmen, damit jedes Land dieser Welt angemessen und permanent eine gewichtige Stimme für eben nicht selbstverständlichen Frieden bekommt. Wie es der Gründer der trilateralen Kommission, Wahlkampfmanager und Sicherheitsberater Brzeziński andeutete, entwickelt sich unsere Welt weg von einer einzigen Macht hin zu einem deutlich stärker multipolaren Ansatz, der bereits heute schon von über der Hälfte der repräsentierten Weltbevölkerung begrüßt wird. Auch in einer multipolaren Welt bleiben wir kontinental verbunden mit unseren Nachbarn und es gilt mit ihnen zivilisiert klarzukommen. Für zukünftigen Frieden und Sicherheit kann man nicht in feindseligen, sich abgrenzenden Blöcken existieren, wie man es aus geschichtlicher Kälte kennt, sondern nur im respektvollen gemeinschaftlichen Einklang. Der Preis ist höher für die, die Mauern bauen statt Windmühlen. In erlernter Räson müssen wir als globale Familie zeigen, immer und jederzeit für das friedliche Miteinander zu stehen. Jeder zunächst für sich, kollektiv im Bewusstsein, ohne den größeren Ellbogen auszupacken und elefantös unseren Planeten weiter zu zerstören. Sicherlich ist die Welt komplex, aber genau deswegen ist der Respekt im Umgang so entscheidend. Echtes Leid darf uns nicht fern sein und echte naheliegende Ängste genauso wenig. Immer den Frieden hochhaltend, egal wer gerade sein Süppchen kocht, welches Extrem versucht, uns eine Agenda aufzuoktroyieren. Sei es eine übertriebene Durchmischung, die intern nie wieder einen Nationalstaat möchte, extern ausdünnend per Übervölkerung eine wenig erstrebenswerte Art des Kulturaustauschs anstrebt oder eine die reine Kultur vertretend, die notfalls dafür auch wieder auf Menschenjagd geht. Nicht jeder, der in Istanbul, Baku oder Mombasa ungern mehrheitlich „Made in Germany" sehen möchte, ist deswegen gleich anti-deutsch oder umgekehrt ein Nazi und nicht jeder zugezogene Muslime ist unser Feind. Love is the answer, gegen alles, sogar gegen Übervölkerung und Methusalem-Problem. Jedes Land muss sich reflektierend ohne Betriebsblindheit selbst anschauen, wie auch jeder Einzelne auf sich selbst schauen und bei sich selbst anfangen muss, seine Hausaufgaben zu erledigen. Ich kann nicht im Fitnessstudio aus einem Glashaus heraus mit untrainiertem Körper auf andere deuten, alles besser wissen und vorschreiben, wie andere es besser machen sollten. Man kann ehrlich erkennen, anfangen zu trainieren, damit die eigene „moralische Basis" so wird, dass man es sich eher erlauben könnte. Dazu da sein für jemanden, der Hilfe braucht und gerade unter der Last der Gewichte zusammenbricht. Man hilft sich gegenseitig, pusht sich in Fairness zu Höchstleistungen, aber deswegen muss man die Gewichte trotzdem erst mal selbst stemmen, zur eigenen Verbesserung und für ein multipolares Miteinander. Bringe den Unfriedlichen mit Liebe zum Frieden, gebe den Mutlosen eine kraftvolle Stimme und bringe den Lügner mit Wahrheit zum Schweigen. Gerade in einer Zeit in der diese ohnehin so verdreht ist, scheint das Bewusstsein vieles sichtbar werden und ehrlicher erkennen zu lassen. Frames und mediale Leitplanken scheinen in Bedeutungslosigkeit jede Straße zu verlassen, von Ampeln gar keine Rede. Wenn man die Notwendigkeit sieht, dass einiges neu werden sollte, kann man zwangsläufig nicht auf Linie und mit dem allgemein aktiven medialen Narrativ einverstanden sein. Gefüttert von wer weiß wie sauberen Händen an allen Ecken und Enden unseres Kreislaufes, ist dies keineswegs verwerflich, sofern man differenziert und nicht in gleiche ungesunde Frames verfällt. Man kann hinterfragen und versuchen zu spüren, ob der Job als Wächter in beschriebener Demokratie gut gemacht wird und tatsächlich den Vibe der Menschen ausdrückt. Frank Zappa war der Meinung, dass „die Politik die Unterhaltungsabteilung der Rüstungskonzerne ist", Noam Chomsky als ebenso redegewandter Mann meinte, „die Zeitungsverleger verkaufen ihre Leser an die „Anzeigenkunden". Womöglich machen ja alle einen guten Job, es kommt eben nur darauf an, auf welcher Seite man sich befindet. „Es ist schwer, es zugleich der Wahrheit und den Leuten recht zu machen", sagte dagegen Thomas Mann. Keine Lüge lebt naturgemäß von ihrem Wahrheitsgehalt, sie lebt nur von der Anzahl ihrer Wiederholungen. Auch ich wiederhole mich hier absichtlich wiederkehrend mit meiner eigenen Wahrheit, ob diese nun „richtiger" sein mag, wage ich reflektierend und wissend um all das, was ich eben nicht weiß, nicht zu beurteilen. Das soll jeder definitiv für sich selbst tun, auch du. Arthur Schopenhauer schreibt man zu, er habe gesagt, dass jede Wahrheit drei Stufen durchläuft, in der sie zuerst „lächerlich" gemacht oder verzerrt wird, dann „bekämpft" und schließlich als „selbstverständlich angenommen wird". Aber wie es Eckhart Tolle treffend erklärt, „solange einer der Wahrheit nicht gewachsen ist, solange wird er die Wahrheit auch nicht verstehen" und genau so lange bleibt eben die Ahnungslosigkeit weiterhin die Objektivität des schlichten Gemüts.

„Wer auch immer die Medien kontrolliert, kontrolliert die Gedanken." - Jim Morrison

Der beeindruckende deutsch-französische Journalist Peter Scholl Latour, der komischerweise manchmal als „komisch" aufgrund seiner freigeistigen Ansichten mit „les émotions fortes" empfunden wurde, stellte kurz vor seinem Ableben fest: "Wir leben in einem Zeitalter der Massenverblödung, besonders der medialen Massenverblödung. Wenn Sie sich einmal anschauen, wie einseitig die hiesigen Medien über die Ereignisse in der Ukraine berichten, dann kann man wirklich von einer Desinformation im großen Stil berichten, flankiert von den technischen Möglichkeiten des digitalen Zeitalters, dann kann man nur feststellen, die Globalisierung hat in der Medienwelt zu einer betrüblichen Provinzialisierung geführt." Als dein Papa vor vielen Jahren mit einem engen russisch-sprachigen Freund, dessen karnivorer Nachname jeden Vegetarier diskriminiert, längere Zeit in Kiew, Odessa und auf der schönen Krim war, konnte man dort einen anderen Vibe im Vergleich zum ukrainischen Festland feststellen. Bei weit überwiegend russischer Bevölkerung „parkulierten" wir oft durch das provinziale Jalta und erfreuten uns dort wenig deutsch, einzig nur einem Journalisten aus Rom mit Freude regelmäßig zu begegnen. Die wohlgesonnene russische Familie des Hotelbesitzers vertraute uns ebenso regelmäßig zum Strandbesuch ihre Kinder an und nachdem sie noch nicht schwimmen konnten, brachte ich es ihnen genauso herzlich bei wie eigenen Kindern. Auf die Halbinsel bezogen, ist es als Reaktion auf eine Aktion ein Unterschied, „ob man zu jemandem nach Hause kommt und mit einer Waffe verlangt, dass das Kind mitgehen soll, ohne dass es das Kind will oder ob man mit der Waffe den Vater in Schach hält, damit das Kind unter den herrschenden Umständen zur eigenen Sicherheit mitgehen kann". Natürlich bleibt der Vater der Vater, aber wenn man nicht erschlagend unipolar berichtet hätte, sondern alternativ klare Fakten statt Linieninteressen berücksichtigt hätte, dann hätte das Jugendamt schon mal vorher eingreifen und auf den Vater einwirken können. Reine Geldzahlungen in Milliardenhöhe an rechter Stelle, um jemanden auf seine Seite zu ziehen, kann im Sinne roter Linien zu Irrationalität führen. Gewalt und Krieg zu provozieren ist oft nicht weniger verwerflich wie der tatsächliche verbrecherische Vollzug. Aber gut, „der Russe lauert ohnehin überall mit seiner mongoloiden Fratze übergroß hinter jedem Horizont", nicht die unschöne eigene geostrategische Ressourcen-Gier. Machtpolitik hin oder her, es muss sich beim Vater etwas verändern, bevor man über Familienzusammenführung spricht oder auch nur von Besuchsrecht. Die missmutige Beurteilung ausgetragen auf dem Rücken des leidenden ukrainischen Brudervolkes, gefühlt geschrieben aus frustriertem Unglücklichsein und verfasst in einer mental dunklen, voll Abscheu triefenden Gesinnungshöhle des Grauens, dient als allseits kopierte Meinung für den ganzen Mainstream, während Gollum den einzigen Schatz hochhaltend, jede Meinungsvielfalt zerquetscht. Meinungsbesetzend bis ins Mark dringt jede Agenturmeldung hindurch zum kleinsten sendenden Empfänger. Welche „Dreibuchstabenagentur" im Wettbewerb der nach gerichteten Nachrichten erfolgreich und dank ihrer Breite Verbreitung findet, bestimmt die vorherrschende einzige Wahrheit. Nur wer bestimmt diese und gibt den Takt vor? Die erschaffene NGO oder friedsame „Beobachtungsstelle", die „unbekannte Quelle", die „engvertrauten Verantwortlichen" oder „aus gewissen Kreisen Nahestehende" sind in jedem Fall immer schwer überprüfbar, verfestigen aber im Gleichtakt jede gewünschte Behauptung. Ich glaube, dass „Informationszeitalter" eigentlich bedeutet, dass es Zeit wird, sich mit dem Alter endlich in aller Breite richtig zu informieren. In welchem Land auch immer der eigene Journalismus-Abschluss gefeiert wird, sollte man sich andererseits entgegen allen Zwängen nicht zum schreibenden Mittäter machen lassen, es tut gut, sich als Absolvent jederzeit Voltaire ins Bewusstsein zu rufen: „Ich mag verdammen, was du sagst, aber ich werde mein Leben dafür einsetzen, dass du es sagen darfst." Und dann eben auch gehört wird. Man muss im Sinne eines Eddie Jakus nicht alles mögen, aber ich werde mich genauso immer weigern, jemanden zu hassen, nur weil es jemand sagt oder schreibt. Ganz egal ob dies ein Land betrifft, die Menschen einer Volksgruppe oder einzelne Auserkorene, die eben einsilbig opportun ins geschaffene Feindbild-Narrativ passen. In der Regel bekommt man zur Primetime in drei Minuten thematisch die einzig richtige Wahrheit präsentiert, ob staatlich großzügig fremdverordnet oder unterhaltsam nahegelegt von Medien-Moguln, die 60 TV-Sender weltweit ihr

Eigen nennen. Etablierte Medien etablieren nun mal etablierte Meinung. Alternative Quellen, Sichtweisen und Medien bringen hingegen etwas „bunt" ins vorgefasste Einheitsgrau und man sollte mutig weitere drei Minuten im Quervergleich zur besseren Einschätzung investieren. Wenn schon nicht bewusst, zumindest woke die Vielfalt nutzen, jede Couleur einer noch so marginalen Meinungsausprägung der vielen unsichtbaren Seiten einer Medaille prüfen. Es obliegt jedem selbst seine Information verantwortungsvoll zu suchen, zu verarbeiten und daraus seine Schlüsse zu ziehen. Es ist schließlich immer der desinformierte Spinner, dem man besser nicht zuhört. Brandmarkung sollte nicht abhalten, wie auch damals nicht, als das Label „Made in Germany" eigentlich vom Kauf abraten sollte, sich aber zum qualitativen Markenzeichen entwickelte. Wenn einem am Ende des Tages kaum Zeit mehr bleibt, nimmt man bereitwillig vieles an, ohne auf evtl. Schädlichkeit oder mentale Hygiene zu achten. Schnell treibt man die angeprangerte „Tagessau" nicht nur durchs eigene Hirn, sondern im schlimmsten Fall auch selbst mit durchs Dorf. Egal ob man informiert ist oder uninformiert, unfriedlich verwerflich ist es, wenn man einseitig desinformiert ist. Wie bei schweren Krankheitsbildern üblich, wäre auch bei schweren Themen mindestens eine alternative Zweitmeinung hilfreich, bevor man sich freiwillig einer kompletten Hirnamputation unterzieht. Diese mag einem die Zellen überfordernd durchaus als Lösung in Betracht kommen, gerade wenn man nach dem Öffnen der Büchse der Pandora und näherem Befassen mit unterschiedlichen Perspektiven starke Kopfschmerzen bekommt. Es könnte aber auch der Bauch sein, der Probleme bereitet, und es erweist sich als sinnvoll, offenen Auges, Herzens und Verstandes die jeweiligen Färbungen, Kontextverschiebungen, Schärfungen und Entschärfungen als Breitseite und in klar erkennbar Interessen aufzeigender Schönschrift zu verbinden und richtig einzuordnen. Verlässt man dabei nicht verändernd seine bisherigen Gewohnheiten, bleibt man trotz offiziell cross-gecheckter Quellen mit klaren „Verifizierungsdefzit" trotzdem fehlgeleitet in seiner subjektiv gewonnenen Objektivität. Medien vermischen gerne Information, stetige Wiederholung und Unterhaltung. Infotainment ist dabei ein ehrlicher Ansatz, Anstöße zu geben, wie man innerhalb eines Rahmens denken soll und bleibt dadurch letztlich einseitig oder ganz uninformiert. In einer Flut von Empörungstalks mit annähernd immer den gleichen Visagen als Quotengarantie bleiben viele Sichtweisen missionsadäquat und dem Wort der Unterhaltung nach angemessen „unten gehalten". Auch ansonsten wird einem dank Konzepten zum Mitmachen mit echtem Können bis hin zum Blamieren belustigt der Verstand eingeschränkt. Fernab jeder Böswilligkeit sind Medienschaffende vielleicht zu sehr gefangen im eigenen und vorgegebenen kunstvollen Tun, als die Guten immer dem Guten verpflichtet, erkennt man schwer, dass einem selbst jede gesellschaftliche Klimaneutralität fehlt. Persönlich bleibe ich mittlerweile lieber allen Medien aktiv und passiv so fern wie möglich, für mich ist es energetisch wichtiger, als gesundes, unterhaltsames und lebendiges Beispiel zu dienen, dem eigenen Wachstum kritisch verpflichtet, einzig dort, wo es zählt: auf der Bühne und im Fokus des echten Lebens. Man braucht aber nur auf die Anfänge deiner Mama zu schauen, um zu wissen, dass es selbstverständlich mediale Lichtblicke gibt, bei denen man sich wirklich gerne „unter halten" lässt, je nach Gusto in der Leichtigkeit des Seins alle Viere gerade ausstreckt und sich wahrer Kunst ergibt. Die Zuschauer entscheiden nicht nur, was weiter im TV angeboten wird, sondern gleichwohl, ob man im selbstbestimmten Rahmen wie besagt eben gesund gebraucht oder sich in Trägheit missbrauchen lässt. Gleiches gilt ebenso für aktive Protagonisten, wenn auch deutlich limitiert. Inwieweit man selbst „gebrauchen" kann, um vielleicht über den Schein hinaus etwas Gutes im Sein zu bewegen, hat man ohnmächtig nicht selbst in der Hand.

MediaEval - Massenhaft psychotisch

„Der Tag an dem Trash starb. Lieber echt als Reality."

◉ Deine fesche Mama im Einsatz für Gutes bei „Promi-Shopping-Queen".

Als der Anruf kam, dass deine Mama gewonnen hatte und damit auch das Preisgeld in Höhe von 3.000,- Euro für einen karitativen Zweck ihrer Wahl, kullerten auch bei mir dicke Tränen der Freude die Wangen herunter. Dank ihres Sieges bei der TV-Sendung „Promi-Shopping Queen" konnte Diana die dringend notwendige OP für einen befreundeten buddhistischen Mönch finanzieren, die ihm sein Augenlicht rettete. Oberflächliche Unterhaltung muss man mögen, aber wenn man damit Gutes bewirken kann, ist es einfach rundum klasse. Auch wenn der Teufel die Tür zuhält, gibt es immer irgendwo ein göttliches Fenster. Als damals im Februar 2020 die Sommerhaus-Anfrage bezüglich einer Teilnahme an deine Mama herangetragen wurde, hielt sich meine Begeisterung allerdings spürbar in Grenzen. Solange sie als die herzliche Entertainerin, die sie in ihrer Vielseitigkeit ist, allein im medialen Fokus steht, wunderbar. Wir saßen bereits öfters mit dem Sender und z.B. den Produzenten des „Dschungelcamps" zusammen oder auch den Machern des für deine Mama aufgrund ihrer tanzenden Auftritte zu ihren Anfängen in der Bullyparade sinnigen Formats „Let´s Dance". Wir besuchten die Show, das wirklich nette Team und auch wenn es letztlich knapp mit einer Zusammenarbeit nicht sein sollte, blieb sie wohl im Gedächtnis der auch für das sommerliche Paar-Format Verantwortlichen. Aus dargelegt nachvollziehbaren Gründen wird man vielleicht verstehen, dass es nicht meins war und Überwindung verlangte, überhaupt gemeinsam in ein Trash-Format zu gehen. Ich wusste um die Existenz der Show, weil ich mich gelegentlich aus Höflichkeit zu Mama setzte, um - wie bei anderen Talent-, Gesangs- oder Trash-Formaten - nach kurzer Zeit festzustellen, stattdessen doch Sinnvolleres tun zu wollen. Ich habe mir die kurzen Zusammenfassungen der vorangegangenen Staffel auf dem Media-Kanal von „Mr.Trash" angesehen, die mich - eloquent präsentiert - zur Überzeugung gelangen ließen, nach dem Ansehen erst mal dringend Therapie zu benötigen. Sylvia, die wie deine Mama auf ihre Art viel über die Seele und das Sein versteht, redete mir gut zu, es sich zumindest mal anzuhören. Positive und freundlich sympathische Gespräche, aber eine in der Höhe von uns geforderten, eher Ablehnung ausdrückenden Aufwandsentschädigung waren das vorläufige Resultat. Als wir dennoch die Zusage zu unseren Konditionen überraschend erhielten, wussten wir nicht recht, wie wir es einordnen sollten. Mit dem Auftritt des weltweiten Virus kurz danach später wussten wir, dass schwierige Zeiten mit großen Veränderungen auf uns alle zukommen werden. Im Laufe unserer Überlegungen kamen wir mehr und mehr zu dem Schluss, dass aufgrund der weltweit verordneten Zwangspause nicht viel gedreht werden kann und die Aufmerksamkeit vieler TV-Zuschauer sich wohl auf dieses Format richten könnte. Diese Aufmerksamkeit wollten wir nutzen, um nicht nur die mental Kraft gebende Coaching-Musik deiner Mama zu veröffentlichen, sondern auch mit der möglichen Gewinnsumme etwas Gutes zu bewegen, passenderweise nach dem in diesem Buch beschriebenen Konzept. Als sich also unsere anfänglich eher ablehnende Haltung mit „We have a dream" - Zielen wandelte und wir dachten mitmenschlich bewusste Werte in Alltagstauglichkeit zeigen zu können, freuten wir uns über die Zusage. Wissend um die Risiken des Geschäfts beauftragten wir in der Folge Beistand zum Schutz unserer Interessen und vor medialen Auswüchsen. Wie manches im Format selbst zeigte sich auch diese Entscheidung als unglücklich. Sich in einem Haifischbecken nachträglich zu Mitbewerbern ums Überleben in ein und dasselbe Boot zu setzen, obwohl andere zur Auswahl standen, war dümmlich naiv. Aber man hatte ein gutes Gefühl, nachdem man buntes, hippes Peace & Love sah, ohne jedoch dabei zu bedenken, dass manche Vögel ihr Buntes auch vom Schmücken mit fremden Federn haben können. Wir drehten mit viel freudigem Enthusiasmus, geforderte, aber nie gezeigte lustige Quarantänevideos, organisierten deine Versorgung während unserer langen Abwesenheit durch deine dafür ausgebildete Schwester und zogen nicht nur einmal, sondern als erstes Paar der Show aus Überzeugung sogar zweimal ein. In dem Jahr, in dem nach 75 Jahren das Kriegsende gefeiert wurde und der Weltkrieg gegen das Virus begann. Screen Time für Denunziation, Bodyshaming, Gaslighting, Mobbing, alkoholgetränkte Homophobie, Koks, verfassungswidrig gebärdete Gruß-Symbolik, Märchen, egomane Respektlosigkeiten und verblendete Selbstherrlichkeit. Weltweit ein beschämend trauriges Bild unserer Gesellschaften unter dem damaligen Zeitgeist mit der passenden Gemütsverfassung. Zum Dreh des Formats jedenfalls ging es diesmal nach „Good Old Germany", nicht in die sonnigen, herzerwärmenden Gefilde Portugals mit Meeresrauschen. Es gab Wettkampf, Sport, Freundschaft, Humor und den Versuch, friedlich miteinander auszukommen, das Gute ist aber schnell erzählt und will eigentlich auch keiner hören bzw. sehen, denn Trash ist schadenfroh. Egal wie fragwürdig man auch selbst sein mag und nichts auf die Reihe bekommt, bei Trash-TV kann jeder sagen, „schaut euch diese Idioten an". Besagtes nach unten Treten tut gut, lenkt ab und das unterhaltende unten halten, hält den Zuschauer eben erhebend oben. Allen Verfehlungen bis dahin wurde irgendwann in gefeierter Lächerlichkeit „reiner Wein" eingeschenkt, inklusive dem Sender, der seitdem zu familienfreundlicherer Vielfalt tendieren will. Unglücklicherweise und ohne jegliches Trash-Ego waren wir sehr naiv, uns als unbekannte Sonderlinge und angekündigte Vertreter für Frieden sogleich in Kontaktschuld mit dem zuerst eingezogenen Paar zu begeben, die ersichtlich nicht unwesentliche Probleme mit sich selbst hatten. Wir wissen, dass keiner, der in diesem Format mitgewirkt hat, ein schlechter Mensch ist, unter den vorgegebenen Leitplanken des Medienspektakels haben nur einige - wie es eine echte Trash-Queen bei ihrer Geburt vor knapp 20 Jahren als deine Mama Vize-Almkönigin wurde, hoffähig ausgedrückt hat - die „Contenance" verloren. Ohne

Schuldzuweisung muss jeder eben die Verantwortung tragen für Eskalation und das eigene Verhalten, auch wir. Es ist sicherlich nicht an uns darüber zu urteilen, welche Verletzungen oder Defizite es bei dem einen oder anderen evtl. aufgezeigt hat, an denen man sinnvoll arbeiten könnte. Jeder ist dort freiwillig rein, um Geld, Ruhm oder wie wir, um Mamas musikalischen Neuanfang und Gutes zu pushen. Zu einer solchen Veranstaltung werden die Teilnehmer engagiert, um gewünschtes Quotenversprechen zu erfüllen und in diesem Sinne selbstverständlich auch dazu benutzt. Logisch, umsonst bezahlt man nicht überdurchschnittlich, de facto deutlich über dem Stundenlohn eines Normalverdieners, jedoch meilenweit weg von ebenso unterhaltenden Primetime-Gehältern aus z.B. dem Sport. Ebenso logisch, denn es bedarf wenig Talent oder Training, dennoch darf man auch bei Trash die nicht quantifizierbaren Kosten unterschätzen, die im Vorfeld und Nachgang eines solchen „Happenings" erbracht werden und alles schnell zu einem Draufzahlgeschäft werden lassen können. Es ist ein bisschen vergleichbar mit dem „Gambling" in Las Vegas, entweder „it makes you" oder „it breaks you". Die Storyline entscheidet und ergibt sich gemäß des Dargebotenen der Protagonisten. Da jeder eine andere Geschichte und andere Vorzüge hat, die man mit einbringt, bieten sich je nach gebotener Eskalationsstufe am Ende entsprechend mehrere Szenarien zur Auswahl an. Wie düster oder fröhlich man diesen finalen Mix verdichtet, ist die künstlerische, preisgekrönte Freiheit der Macher. Inwieweit man sich vor Ort selbst triggern lässt, auf Hinweise reagiert und sich allgemein darstellt, liegt an jedem selbst genauso auch, ob man sich zu sehr unterbewusst führen oder verführen lässt und sich dabei ggf. verliert. Die Geschehnisse wirken sich zweifach aus, zunächst im kleinen Kreis vor Ort und dann noch mal zur Ausstrahlung nach „draußen" im Großen. Die für uns gewünschte Laufzielrichtung war bestimmt durch im Garten veranstaltete Trommelkreise, die - einzig redaktionell eingebracht - so noch nie stattgefunden haben, wir selbst wurden mit unserem spirituellen Bewusstsein dank herausgehobener Addons wie Heilsteinen und Sanskrit-Mantra dramatisch verdichtet, als manchmal nicht ganz dicht.

Überzeichnet mit religiöser Klatsche hat es nicht nur manchen Zuschauer genervt, sondern auch uns selbst. Eigentlich dachte ich ja, der Einzige gewesen zu sein, der die Sendung nie davor gesehen hat, alle wussten zumindest um die Art der Spiele, die sie erwartet, aber dennoch schien es ab einem gewissen Punkt so, als hätten einige die 24/7-Kameras vergessen. Eine gewisse mediale Unerfahrenheit mag dem Format durchaus entgegenkommen, egal wie sehr sich das Zielpublikum auch „echte" Stars bzw. Medienprofis wünschen mag. Ist die eigene Selbsteinschätzung zu sehr verklärt, das scheinende Ego heller als alles andere oder das eigene Leben zu instabil, fällt es schwer zu erkennen, wie sehr man vielleicht neben der Spur liegt. Nicht in der Nähe des eigenen Seins zu sein, lässt einen dann auch weiter in eine falsche Richtung laufen. Ein reflektives sich Herausnehmen aus der Situation und Betrachten aus einer Meta-Ebene, die nicht zwangsläufig spirituell sein muss, hätte womöglich andere Richtungen überhaupt erst aufgezeigt und evtl. in eine bessere gedeutet. Wahrscheinlich haben die unerwarteten Ereignisse gruppendynamisch als Trauma gewirkt und dazu beigetragen, sich noch mehr zu verlieren. Gesetze der Massenpsychologie haben gegriffen und Gustave Le Bon hätte wohl seine wahre Freude daran gehabt. Schocks können Massenpsychosen auslösen, die vollkommen deplatzierte Spuckattacke am Ende einer langen, alkoholfeuchten Eskalationskette, genau wie den späteren bedauerlichen Niederschlag könnte man als solche in unserem abgeschlossenen TV-Kosmos bezeichnen. Einigkeit, statt Spaltung in schweren Zeiten zu schaffen, wie wir es uns eigentlich vorgestellt hatten, haben wir trotz unserer anfänglichen Versuche nicht hinbekommen. Es hat an Bereitschaft gefehlt, Konflikte erwachsen auszutragen, mit eben dem Ziel, das Problem zu klären und mit verschiedenen Ansichten, wie sie auch in unserer Gesellschaft und Welt ganz natürlich vorkommen, friedlich und respektvoll zu lösen. Medial uninteressant kein gutes Beispiel für die Zuschauer, bei denen einige wenige leider auch das Maß eines respektvollen Umgangs verloren haben. Ersichtlich oder nicht, Mechanismen greifen und ob man sich in „einem Weltkrieg" befindet, wie es eine Schlagzeile nach einem meiner Gesprächsversuche ausdrückte, kann man heutzutage schwer sagen. Oft reicht aber ja bereits der eigene Krieg mit sich selbst und seiner Umwelt, um Unfrieden zu verbreiten. Unfassbar unglücklich war definitiv „die Prügelattacke des Prügelduos", natürlich zu keinem Zeitpunkt beabsichtigt, die Verdichtung hat das orientierende „Jetzt" zum Absprung von der Parcours-Drehscheibe dorthin gesetzt, wo es wirksam für einen dramatischen Aufschrei sorgte. Nicht nur dein Papa „fuchtelte" wie wild mit dem Knüppel unter der nicht gerade weichherzigen Piñata, nicht nur mir fiel der Knüppel beim ersten Versuch aus der Hand. Das bedauerliche Opfer ist hoffentlich auch dauerhaft gesund, egal was alles war, so etwas tut einem aus tiefstem Herzen leid, die erste natürliche und versöhnliche Reaktion auf dieses Unglück ehrt das Opfer. Alle Beteiligten sind sicherlich froh, dass wenigstens die Dornen am mittelalterlichen Morgenstern weggelassen wurden, um Schlimmeres zu verhindern. Requisite sollte normal leicht sein, aber wenn schon eine schwer verdauliche Sendung, dann muss eben alles passen. Es schien wie verhext und erboste so sehr, dass man nicht nur lautstark die Show verlassen wollte, sondern sogar in Mama Ninjago-gleich das Ultraböse sah und in mir ein geisteskrankes Arschloch. Dass deine Mama die erste war und auf der Stelle für Sonnenschutz und Hilfe sorgte, während ich ebenso niedergeschlagen die Situation nicht fassen konnte, beim Umziehen jeder der anwesenden Mitstreiter sehen konnte, wie es mich mitnahm, auf dem Heimweg mir von mitbetroffener Seite attestiert wurde, keine Schuld an dem Unglück zu haben, geriet schnell in Vergessenheit. Das Showgirl blitzte einfach durch und eine ungeschickte und unglückliche Formulierung mit dem Beginn „Wir mussten gewinnen..." ist einfach nur dumm von mir. Leider war der letzte leise Teil „...und waren in einem Tunnel, in dem wir nichts wahrnahmen", nicht mehr zu hören und wurde auch nicht in den Mittelpunkt gerückt. Allein rein logisch nachgedacht, gewinnt man nicht dadurch, alle niederzuknüppeln, auch wenn uns unsere Gesellschaft dieses Verhalten im Schein oft lehrt und nicht jeder eingefleischte Trash-Liebhaber verstehen mag. Natürlich waren wir motiviert und wussten, dass wir gehen würden, wenn wir nicht gewinnen, dazu unser „We have a dream" für das 49care51share-Konzept gewinnen zu wollen, aber sicherlich nicht auf diese Art beim lustigsten Spiel, in dem so was mit Sicherheit auf keinen Fall hätte passieren dürfen. Es dauerte, bis wir unter nicht angenehmen, teilweise gehässigen Kommentaren wieder zurück ins Haus fanden. Es ist keine Frage, dass es auch uns ab einem gewissen Punkt schwerfiel, immer friedliches Feingefühl an den Tag zu legen. Aber die Abwertung und Ausgrenzung ab diesem Moment war erschreckend. Deine Mama traute sich nicht allein im Garten zu sitzen, wohlbemerkt in einem TV-Format, was mich sehr schockierte. Ich wollte mir Wasser holen und sie bat mich verängstigt bei ihr zu bleiben. Es war nett, dass sich einige entgegen mancher Unbeherrschtheit erkundigten und uns anhörten, auch wenn weitere Missverständnisse Positiveres vermieden haben. Ab diesem Punkt wollten wir nur noch weg. Selbst unseren Mitstreitern außerhalb der nicht existenten, aber keineswegs ungewöhnlichen „Gruppierung" legten wir nahe, im eigenen Interesse nicht mehr auf uns zu zählen. Beim „Gedicht aufsagen", egal wie spannend geschnitten, war unsere Anstrengung deutlich gedrosselt. Jede Wahrnehmung einseitig unter dem Schnitt „gelitten" zu haben, ist unfassbar realitätsfern, nachdem der Schnitt definitiv alle betroffen hat. Diejenigen, die nach dem Schock der Geschehnisse unzweifelhaft zu deinen Eltern standen, waren Eva und Chris. Wir kannten sie davor nicht, aber unsere erste Begegnung war von gegenseitiger Sympathie und Herz geprägt. Uns war klar, dass sie nicht „ungescripted" und ohne Grund in das Format nachrückten. Die gesetzte Dramaturgie wollte es so, im Gegensatz zu uns wussten sie wenigstens was drohen könnte und es half uns selbst genauso wie ihnen, etwas Halt zu finden, während wir bereits am Rand standen und sie nicht gerade mit offenen Armen empfangen wurden. Egal wie sehr wir versuchten zu vermitteln, den angekündigten Frieden bringen zu wollen, es war nicht möglich. Als wir gingen, versprachen wir Eva und Chris an unserem Buddha ein Bild aufzustellen und ihnen „good vibes" zu schicken. Jeder bringt seine nicht geheilten Herausforderungen mit ein, wir z.B. unsere Alm-Erfahrung, andere wie Eva und Chris hatten ebenso ihre Themen, die zunächst im Hype der Sendung Schatten fanden. Die kurze, aber intensive gemeinsame Zeit verbindet uns für immer und die aus einer Notsituation gefundene Freundschaft sitzt tief, auch wenn wir nicht händchenhaltend durchs Leben gehen. Ihr allererstes Kindergeschenk kam von uns, nachdem wir damals quasi tatsächlich Zeugungszeugen vor Ort waren, ohne natürlich hautnah dabei gewesen zu sein, und ihr gemeinsamer kleiner Engel hat Frieden und Liebe verdient, ganz egal wie. Unter anderem lange Gespräche in folgender thailändischer Quarantäne zeigten Defizite eines jeden auf und mitmenschlich, nicht trash-oberflächlich wünschen wir uns gerade mit unserer eigenen, herausfordernden Geschichte als Level-Experts für Eva genau wie auch für Chris, dass sie das Beste für sich und George Angelos hinbekommen, beide richtig und echt aus tiefstem Herzen glücklich werden. Nach unserem TV-Auszug schmerzte es sie dort allein zurückzulassen, wissend, wie schwer es für sie werden könnte. Bevor wir dann wieder einzogen, waren sie es, die die Show verlassen wollten, deine Mama spürte erstaunlicherweise jedoch, dass dies zunächst ein anderes Paar tun würde. Kaum daheim angekommen, klingelte mein Handy und mit einem Appell ans Ego und die Eitelkeit bestätigte sich Dianas Gefühl, denn wir sollten zurück ins Haus und ein Paar ersetzen. Für mich war es sofort klar, es weckte mein Kämpferherz, aber deiner Mama ging es nach unserem Auszug schlecht, sie spuckte sogar Blut und wir führten zunächst ein stundenlanges Gespräch. Es war wegen der ohnehin wohl gesegnetsten Entschädigung zu keinem Zeitpunkt eine Frage des Geldes, sondern der Moral, noch mal Kraft zu finden, Eva und Chris beizustehen und vielleicht doch noch unseren Traum „We have a dream" wahr zu machen. Erst in den folgenden Off-Tagen schaute ich mir alte Staffeln und Spiele an, ich bin wahrlich alles andere als ein Medienprofi. Von da ab an bissen wir die Zähne zusammen, fokussierten uns auf die Spiele, darauf Leichtigkeit und Spaß zu haben, ohne sich weiter anders zu bemühen. Freundlich, aber distanziert und kritisch beäugend. Man tauschte sogar T-Shirt gegen Schmuck und lieferte sich das wohl knappste Steine-Boccia-Spiel aller Zeiten. Doch die wenigen positiveren gemeinschaftlichen Momente und anfängliche Sympathie waren an diesem Punkt gewichen, nach einfach charakterlich unschönen Vorfällen nimmt man es nicht mehr ernst und kapselt sich ab. Vieles haben wir bereits vor Ort gespürt und ähnlich der drei Sichtweisen der Chinesen bekamen wir zur Ausstrahlung dann eine weitere zu unserer eigenen dazu. Nach dem damaligen Verlassen der Show dachte wohl jeder, leicht traumatisiert, sich korrekt verhalten zu haben. Bei überschneidenden Terminen direkt nach dem Finale und Ende dieses irren Abenteuers spürte man in distanzierter Freundlichkeit, dass manche traum(a)haft glaubten, sogar ganz besonders alles richtig gemacht zu haben. Wenn man dann zur TV-Ausstrahlung versuchen muss, aufgrund des eigenen Verhaltens und durchgängig auffallenden Wahrnehmungsunterschieden seinen Arsch zu retten, hat man Verständnis. Aber statt in Reflexion sich eigene Fehler einzugestehen oder sich insgesamt für das Verhalten glaubhaft zu entschuldigen, auch noch in Clownsmanier medienwirksam beim Kasperle persönlich nachzutreten und das besonders auf Kosten deiner Mama, da kann man das schöne Berlin nicht mehr am Rhein stehen lassen. Ganz egal ob sich jemand anmaßt, zu behaupten, deine Mama wäre eine schlechte Mutter oder Schmutz nach ihr wirft und sie öffentlich als süchtig im Dreck rumwühlend darstellt. Bei unserem Einzug haben wir generell auf sämtliche „Labels" jeglicher Art verzichtet, das einzig wichtige für uns war ein Kissen mit dem Bild von dir und deiner Schwester darauf. Szenen, die für den Zuschauer nicht nachvollziehbar waren, bestimmten plötzlich die Medien. Die wohl erfahrenste Frau im gesamten Feld bescheinigte, dass allein drei Tage dort vor Ort wohl ihre bis dato heftigste Trash-Erfahrung war und auch, dass die Gruppierung „Glück" hatte, weil Schlimmeres nicht gezeigt wurde. Wohlwissend, wer für Querelen und Engpässe mitverantwortlich war, haben wir aus der Notlage heraus für uns belustigend kreativ in Erfahrung gebracht, was sich alles eben nicht als Zigarettenpapier eignet. Irgendwann aber bekommt der Spaß unfriedlich ein Loch und es ist nur selbstverständlich, deine Mama zu verteidigen und sich schützend vor sie zu stellen. Auf meinem überschaubaren und hakenlosen Social-Media Account suggestiv dann ebenso nicht gezeigte Szenen als Antwort auf eine Fragerunde sarkastisch zu interpretieren, ist sicherlich auch von mir nicht die feinste Art. Ob der Marihuana-Geruch nun vom Bauern nebenan kam, einem Crew-Member bei der Vorbereitung des Nominierungsabends oder wem auch immer, keine Ahnung. Ich wurde jedenfalls höflich gefragt, ob man mein Gel benutzen könne, alle anderen verbliebenen

Teilnehmer standen bereits vor dem Haus, um zur Nominierung zu gehen und bei der Rückkehr roch es im Außenbereich sehr danach. Mehrere Paare hatten die gleiche Wahrnehmung, ob man mal an der Tür stand oder bereits dargestellte Farmerfahrung hatte, auch Körpersprache spricht. Gestik, Mimik und besonders Oculesic, also der Art des Augenkontakts, lässt oft einiges erkennen. Zu diesem Zeitpunkt schmunzelnd und bis heute unumstößlich, bleibt meine persönliche Meinung aufgrund des Fakts positiv, dass diese Heilpflanze bei manchen Krankheitsbildern schmerzlindernd wirken kann. Und diese Ausgabe des Formats bereitete wirklich jedem Schmerzen. Ohne Frage sollte man sich von allem, was einen körperlich oder seelisch abhängig macht, unabhängig machen. Nur so groß kann bei deiner Mama die Nikotinsucht nicht gewesen sein, denn hätte man das Gel benutzt, wäre man in weniger Oberflächlichkeit vielleicht darin auf bis zuletzt nicht verwendete Nikotinkaugummis gestoßen. Beim Einchecken in das sommerliche Idyll wurden anscheinend bei sehr vielen Paaren Dinge übersehen. Bis zum heutigen Tag noch werden deine Eltern unter vorgehaltener Hand und mit verdrehter Geschichte – schützend um des eigenen Kopfes Willen – mit Schmutz beworfen. Wenn man nach deinem Papa im Zusammenhang mit dem Format auf Suchmaschinen sucht, findet man erschlagende Schlagwörter wie Schlägerdrama oder Drogenvorwürfe, aber dazu auch noch beschämend Rassismus und Aggressivität gegenüber deiner Mama. Es mag mittlerweile egal sein, schlimm genug, dass der Vater im Tutu rumgelaufen ist, aber wenn du, deine Schwester und vor allem die Enkelkinder irgendwann mal transhuman virtuell Suchergebnisse abrufen und so was lesen, wirken die Schlagzeilen schwerwiegend unschön und befremdlich. Als ich gegen Ende nach einem gut für uns gelaufenen Spiels mit leichter Euphorie und einem Neunzigerjahre-Hip-Hop-Song im Ohr rappend ins vermeintlich leere Sommerhaus eintrat, um ins Bad zu gehen, wurde ich wenige Schritte später im Wohnzimmer überraschend von leise in ihrer Nische stehenden Kontrahenten belehrend auf das N-Wort angesprochen. Nachdem wir ab einem gewissen Punkt kaum mehr miteinander gesprochen hatten, war dies ebenso überraschend wie unangenehm. Zu wem auch immer ich etwas gesagt haben soll, definitiv nicht zu ihnen und um gar nicht weiterreden zu müssen, sagte ich „ich darf das...". Ich hätte ihnen auch erzählt, dass Donald Duck Jesus ist, nur damit sie mich nicht mit ihrer Zwietracht verbreitenden Energie weiter zuspammen. Vermutlich hätten sie es geglaubt, Jesus ist zwar tot, aber er lebt in jedem von uns weiter, wenn man es zulässt. Zu keinem einzigen Zeitpunkt hat sich dein Vater in irgendeiner Form rassistisch verhalten, was sicherlich nicht nur daran lag, dass ich seit Jahren deutlich sichtbar und auch in der Sendung ein „Africa-One Love" - Armband getragen habe. Nicht zur „kulturellen Aneignung", sondern weil es ein Geschenk eines langjährig bekannten Strandverkäufers war, dem ich immer gesagt habe, dass ich dieses Buch schreibe und sich etwas auf unserer Welt ändern muss. Wie dargestellt, wenn man Mitgefühl und Respekt vor allem Leben hat, kann man meiner Meinung nach nur anti-rassistisch sein. Aber die Rassismus-Keule zu schwingen in einer Zeit, in der jeder wusste, wie woke und sensibel das Thema ist, ist eine beinharte Waffe. Man erlebte ab dem Jahr sehr viel Charakterlosigkeiten, aber man weiß, dass Karma ohnehin immer alles regelt. Nicht scheinbar, sondern strahlend wirkte das Fehlen von Beobachtungs- und Beurteilungsvermögen, als ich deine Mama „aggressiv" mit einem Stein, Feuerzeug, Strohballen oder womöglich dem Gülle-Anhänger direkt gegen den Kopf beworfen haben soll. Die Verzögerung beim Upload der Folge des Streamingdiensts förderte viel unrechtes Geschwurbel zutage, ob es diese Situation oder eine der vielen, vielen anderen als Grund dafür betraf, weiß ich nicht, förderlich war es jedenfalls nicht. Durchaus leicht erzürnt und wohlwissend um angesprochene Mitverantwortlichkeit für Querelen, die sich kurz vorher in asozialsten, tiefbösen und dringend Heilung bedürfenden Beleidigungen äußerte, warf ich auf dem Weg zum Interview Mamas Lippenstift, den sie mir kurz zum Halten gegeben hatte, gegen den Zaun und fragte sie nicht ganz unberechtigt, wo sie mich denn bitte schön da eigentlich mit hingenommen hatte?! Wir umarmten uns zunächst, und wenn man nahe einer Weide einen geworfenen Lippenstift sucht, sieht es für den einen oder anderen Ochsen von der Ferne so aus, als würde man ängstlich weinend weiden. Echte Angst hatte Mama allerdings nur aufgrund der tierisch blinden Erzählungen direkt nach der Rückkehr vom

„Prügel-K.O."-Spiel, kurz bevor ein anderes Paar „aus Gründen" freiwillig ging. Gaslighting hin oder her, man bekommt alles Gute und alles Schlechte zurück im Leben, bewusst oder eben unbewusst. Man wünscht einem jeden Reflexion und Besserung, das Verarbeiten dauert lange an, vieles hätte man nicht auf die Spitze treiben müssen und das schließt auch meinen spitzen Sarkasmus mit ein. Es war eine Extremsituation, traumatisierend massenpsychotisch für alle, jemanden nur danach zu beurteilen, wäre das Dümmste überhaupt und es sollte keinem Menschen ein Leben lang angehängt werden. Jeder muss zu seinen Fehlern stehen, Menschen lernen und verändern sich im Laufe der Zeit. Wir können verzeihen, weil wir wissen, dass keiner nur böse ist, alle in irgendeiner Form naturgemäß benutzt werden und wir können besonders verzeihen, um es für uns abhaken zu können und selbst zu heilen. Einordnen und weiter lernen, wissend, dass wir nur uns ändern können und nicht andere. Wir sind wahrlich keine Engel, sondern durchaus irdisch, manchmal für den einen oder anderen auch ein wenig unterirdisch. Aber wir arbeiten an uns mit Respekt und weiter gehts mit dem aufregenden und wundervollen Geschenk des Lebens, eine friedliche Koexistenz auf diesem Planeten an unterschiedlichen Orten und ohne sich Böses zu wünschen, ist immer möglich. Wir haben wenig überraschend gelernt, dass Reality-TV-Tauglichkeit wenig mit „real" zu tun hat. Real-Life-Tauglichkeit kann dagegen auch bedeuten, mal lieber scheinbar als Persona non grata mit geradem Rücken durchs Leben zu gehen. Nachhaltige persönliche Stabilität drückt sich dabei im Sein und nicht im Schein aus. Vor dem letzten Finalspiel hatten wir jedenfalls eine kurze, ruhige und harmonische Zeit im Haus. Diese Verbundenheit zeigt man dann im Handlungsstrang durch gemeinsames Zwitschern mit Vögeln, passend zu denen, die ohnehin einen Vogel haben. Das heldenhaft mitfühlsame Retten einer Fliege im Haus, weil sie am Klebestreifen wie verrückt laut summend gekämpft hat und es verdiente, befreit zu werden, hätte da menschlich nicht gepasst, weil zu animalisch. Zu wenig „woke" für die Darstellung schien auch der Grund des „We have a dream"-Engagements für die gute Sache und den sozialen Zweck, vegetarische und nachhaltig auf saubere Umwelt achtende Lebensweise oder Spaß haben auf z.B. dem selbstgebauten Minigolfkurs. Peinlich, aber wenigstens per Running-Gag-Einblendung berücksichtigt wurde dagegen Papas Po-Ritze, die subtil etwas mehr Sex in die Show brachte. Nachtigall, ick hör dir trapsen. Meine eigene beschriebene Interpretation ist logischerweise nur eine von vielen aus einem bunten Blumenstrauß. Wie im Level eines Computerspiels sind alle unterschiedlichen Möglichkeiten vorprogrammiert abgedeckt und es kommt darauf an, wie man sich situativ als Spieler entscheidet. Es gibt mehrere Blickwinkel auf diese besondere Staffel unter besonderen Auflagen in besonderen Zeiten, je nach Erfahrungen und Erlebnissen, an welcher Haltestelle des Lebens man steht, welche Erziehung, Freundeskreis oder kulturellen Hintergründe einen bestimmen und so durchläuft die Wahrnehmung unterschiedliche Assimilationsfilter. Man kann sich als gelangweilt souverän empfinden, als rattengleich verraten, als zu gut in Allem, als Opfer, oder man fällt aufgrund des respektlosen Umgangs vom Glauben ab, zwangsläufig ist jeder sein eigener Regisseur des Erlebten. Zu erwarten, dass der Regisseur einer Show allen Befindlichkeiten, Vorstellungen und einem erforderlichen Quotenversprechen gleichzeitig gerecht werden kann, ist utopisch. Glücklicherweise nicht im echten Leben, aber leider während des Finalspiels habe ich mich etwas zu spät selbst gefunden, auf den Abbildungen der zuvor abzuwerfenden Würfel. Als uns die Verantwortlichen regelkonform nach dem wohl bis dahin spannendsten und knappsten Finale herzten, spürte der kluge und erfahrene Kopf des Formats hingegen, dass es etwas gab, was uns vom Siegen abgehalten hat. Irgendetwas, dass mich im Finalspiel unterbewusst nur einen statt auch zwei möglicher Würfel tragen ließ. Sekunden, die alle Zuseher der Produktion vor Ort zwar gebannt fesselten, aber letztlich eventuell den Sieg kosteten. Vielleicht hat es sich einen göttlichen Moment lang gezeigt, dass es einfach nicht richtig wäre, zu gewinnen. Für die Format erschaffende Seele womöglich ein versöhnliches Highlight, aber für uns selbst das Trash-Promipaar zu werden, wäre vergleichbar gewesen, als Veganer bei einem Hotdog-Wettessen zu gewinnen. Es ist natürlich schade wegen der Gewinnsumme und den verpassten 51 % fürs Gute, aber die, die gewonnen haben, haben verdient gewonnen. Sie waren es, die in jeder denkbaren Hinsicht mit Abstand die meisten „Spiele" gespielt haben und es ist gut, dass bei einer Trash-Sendung typische Trash-Stars als Sieger hervorgegangen sind. Mit euch, die ihr dieses Buch lest, tragt ihr ein bisschen bei, dass der entgangene Gewinn für unsere 49care51share-Projekte vielleicht irgendwie anders kommt und sich richtiger anfühlt. Trotz alledem waren auch wir ein bisschen Sieger, ganz egal wie sehr man uns seitdem komplett medial ausblendet, bei unserer einmaligen bzw. letztmaligen Trash-Teilnahme schloss sich der Kreis heilend für deine Eltern. Echtes Verständnis und ein den Horizont erweiterndes Mitfühlen im Nachhinein haben die damalige Alm endgültig zu einer friedlichen Weide gemacht. Jeder der Teilnehmer muss mit den Ereignissen von damals seinen Frieden schließen, lernen konnten daraus alle. In den vielen, vielen herzlichen Nachrichten und Kommentaren, die wir erhielten, danke dafür, besagte einer, dass wir „mehr Mut bewiesen hätten als ein ganzer Sender" und „auch wenn ich euch am Anfang der Staffel komisch fand, von Folge zu Folge wurde mir klar, dass ihr ehrenvolle und starke Menschen seid, die ihren Prinzipien auch dann treu bleiben, wenn es zu eurem eigenen Nachteil ist". Wir sind eben etwas komisch und so „aufmerksam" es auch kurze Zeit später von den produzierenden Inhaltsschaffenden gemeint gewesen sein mag, deiner Mama anzubieten, bei ihrem prominenten Trennungspendant teilzunehmen, leben wir nun halt mal auch definitiv in einer fragwürdig komischen Welt. Man muss das Showbiz mögen, verrückt, schräg und wenn einem der Ruf egal ist, jede Schlagzeile lieb ist, man gerne im Gespräch bleibt und easy in Gleichgültigkeit drübersteht, wunderbar. Jeder muss schließlich selbst wissen, welches Spiel man spielt und wie lange. Genauso wie sich auch jeder Entscheidungsträger fragen muss, womit und mit welchen Werten man sich schmücken möchte, für was man steht. Manch einer sieht in Trash-TV inklusive der Protagonisten die Krönung der Dekadenz, eine Orgie als spätrömischer Ausdruck unserer Wegwerfgesellschaft, die tragische Helden außerhalb von Arenen der Schauspiele und des Sports sucht und über die sich das Volk mit Daumen nach oben oder unten belustigen kann, während ein ungesunder gesellschaftlicher Status quo zeitgeistlich aufrechterhalten bleiben kann. Es mag manche Auftritte geben, die man sich Jahre später noch mal gerne anschaut, die Ausgabe mit uns als „Vize-Promipaar" gehört ganz sicher nicht dazu. Dankbarkeit für diese Erfahrung empfinden wir trotzdem, aber mich persönlich bekräftigt es weiterhin, so wenig wie auch nur möglich und nötig mit Medien zu tun haben zu wollen. Unsere Bocholter Sommerreise war psychisch bei Weitem beschwerlicher als gezeigt und von uns selbst je gedacht, aber wäre es nicht im Kleinen besagtes Spiegelbild unserer großen Gesellschaft gewesen, hätte es hier im Buch keine Erwähnung gefunden. Wie es dort im TV werden würde, konnten wir nicht ahnen, zu keinem Zeitpunkt haben wir mit so was gerechnet, aber wir wussten sehr wohl, wie es weltweit werden könnte.

„Wasser ist weich und doch kann es Berge und Erde durchdringen. Es zeigt einem, wie das Prinzip der Weichheit die Härte überwindet."

- Lao Tzu

Eine Lehre, die man ziehen kann, ist, dass wir uns Individuen als Teil einer Gesellschaft viel zu leicht und oft dem Gesetz der Masse opfern. Wir schwimmen bequem mit in unserer begrenzten Zeit, die wir haben, anstatt den Mut zu haben, dagegen anzuschwimmen. Gegen offensichtliche, objektive Ungerechtigkeit, gegen den Strom der Masse, die vieles still und schweigend hinnimmt. Wir sind aber keine toten Fische oder wie es Le Bon ausdrückt, „Sandkörner in einem Haufen Sand, die der Wind nach Belieben emporwirbeln" kann. Sobald dein Bewusstsein so ausgebildet ist, dass du Dinge verstehst, gibt es keine Entschuldigung mehr. Man darf dumm sein und man braucht Zeit zum Lernen, nur verpasse nicht den Moment gegen Beleidigungen des Seins und der Intelligenz rechtzeitig aufzustehen. Es ist an uns allen, aus einer gewissen Art der Massenpsychose zu erwachen, die gleichgültig, trennend und zerstörerisch lange genug existent war. Zu Beginn der weltweiten Krise und auch in unserer für die TV-Sendung notwendigen Quarantäne regierte bei uns die Angst. Damals Regierende betonten im Krieg gegen das Virus wortstark die Wichtigkeit eines jeden Einzelnen, nachdem in einer „Gemeinschaft jeder zählt und wir keinen verlieren wollen". Entgegen allen Plattitüden müssen wir selbst auf unser aller Bühne wahrhaften Willen beweisen, gegen Verurteilung und Spaltung aufstehen und in einer getriebenen Gesellschaft mit Respekt und echten Werten für Zusammenhalt und diese Gemeinschaft einstehen. Nicht derart selbst zu denunzieren, zu diskreditieren oder hämisch mit neuen Kampfbegriffen um sich zu werfen oder durch das stille Hinnehmen weiterer unmenschlicher Kriege gegen Teile unserer globalen Gemeinschaft mit Millionen Opfern, sondern mit einer echten „Schutzverantwortung" gegenüber allen Vätern, Müttern und Kindern in allen Ländern. Man spürt die Schieflage in unserer Welt und in Zeiten der Verunsicherung braucht man starke Seelen, die auf den Brettern, die wirklich die Welt bedeuten, Mut beweisen. Mit gesunder und verträglicher Toleranz vorangehen, jedem individuell seinen Frieden finden lassen, damit sich dies kollektiv im Kreislauf unserer Existenz gesünder als bisher überall und bis in die noch so kleinsten Viertel und Winkel unserer jeweiligen Heimat auswirkt und verbreitet. Wenn wir wirklich keinen einzigen verlieren wollen, müssen wir weggehen vom Gefühl der Angst hin zu dem der Liebe und uns mit einem Geist der Alleinzigartigkeit zukünftig bei unseren alltäglichen Entscheidungen beweisen. Dir schien bewusst, weshalb deine Eltern dort einmalig zweimal rein gegangen sind und du hast damals lange auf uns verzichten müssen. Der Apfel fällt nicht weit vom Stamm, mittlerweile hast du durch Perkussion das Schlagen auf Effektinstrumente gelernt und auch wenn wir zwar nicht im Garten trommeln, fokussieren wir uns zukünftig mit viel Freude mehr auf Sonnenuntergänge begleitende Trommelkreise am Meer, während im Hintergrund Buckelwale ihre Pirouetten drehen. Ein beseelter und großer Entertainer der Achtzigerjahre, Ron Williams, sagte mal zu deinen Eltern im gemeinsamen Gespräch mit seiner bezaubernden Frau, dass er in seinem Leben viel getan habe, um punktuell zur Verbesserung beizutragen, aber dass man ab einem gewissen Alter nicht mehr viel Zeit hat und sich auf das Schöne besinnen will. Er hat vollkommen recht. Daher arbeite an dir, tanke Kraft und Energie, während der Fluss des Lebens natürlich bergab fließt und du dich an der

Schönheit der Natur labst aber habe den Mut, wenn es im bewussten Zeitfenster notwendig ist, gegen den Strom anzuschwimmen. Frei von Hass und jedem Groll, immer mit Frieden und dem Wissen um deine Einmaligkeit im Herzen ohne dabei zu vergessen, deine Pirouetten zu machen. Auch wenn man sich nicht immer großer Beliebtheit erfreuen mag, wenn man aus der Reihe tanzt, kann man trotzdem versuchen, dabei eine gute Figur zu machen. Dein Papa durfte noch einen der bekanntesten Flamenco-Tänzer der Welt in seinem Sterbejahr kennenlernen, und er schickte mir kurz vor seinem Tod aus den USA sein Buch mit einer herzlichen Widmung zu. Jose Greco tanzte mit Leichtigkeit und Eleganz durchs Leben und spielte auch in dem Filmklassiker „In 80 Tagen um die Welt" mit. Solltest du das Pech haben, nicht Mamas, sondern mein Tanz-Talent geerbt zu haben, dann bewege zumindest immer dein Herz und wie es Mama besingt - den Frieden in deinem Leben. Es ist ganz egal, wie lange deine eigene Reise zu dir selbst dauern mag, solange du beharrlich auf dem Weg bist, genieße sie immer in tänzerischer Leichtigkeit und mit Eleganz.

An dich - Krönend zum Abschluss

„Dies ist mein Leben, meine Geschichte, mein Buch. Ich werde nicht mehr zulassen, dass jemand anderes es schreibt, und ich werde mich nicht für Veränderungen, die ich vornehme, entschuldigen."

- Steve Maraboli

Viele kleine Füße können in dieser tänzerischen Leichtigkeit auch viele kleine Schritte gehen, gemeinsam mit Liebe, Kooperation und mehr Empathie genau die entscheidenden Schritte hin zum Frieden. Anders als in bisher existenten Realitäten einfach überall ein wertvolles „Neu" erschaffen, inklusive sich selbst um Herausforderungen verantwortungsvoll und ehrlich mit einem gemeinsamen Nenner für nachkommende Generationen auf einen guten Weg bringen. Wir sind die, die als kleiner Teil unsere von allen bestimmte Zukunft und Wertesysteme mitgestalten. Wie im Film Matrix müssen wir die Pille schlucken, erkennen, Negatives über Bord werfen und das bestehende Positive ergänzen. Dinge dabei ganz anders anzugehen, mag surreal wirken wie unsere aktuelle Weltlage an sich, aber es ist nur an uns, nachdem es kein anderer machen wird und komische Wege können trotz allem an ein gutes Ziel führen, ähnlich dem kleinen Flüsschen in einer Sufi-Geschichte. Als dieses in die Wüste floss, hatte es zunächst Angst, zu versickern. Mit Mut hat sich das Flüsschen letztlich verdunsten lassen, wurde mit dem Wind zum großen Meer gebracht und dort abgeregnet. Es kann alles nur größer und besser werden, einfach machen, nicht reden oder warten. Im schlimmsten Fall wird es eine Erfahrung. Der Fluss fließt so oder so und nicht nur allein für dich, er fließt einfach, wie auch der in Schönheit geschaffene Trevi-Brunnen in Rom. Es kommt auf dich an, was du daraus machst, es fängt bei dir an, nur jeder Einzelne kann seinen Berg bewältigen, schafft und ist selbst ein Stückchen Wandel. Wie religiös bildhaft gezeichnet, einer allein kann die ganze Last nicht mehr tragen, nimm daher helfend dein eigenes Kreuz auf die Schulter und beschreite entgegen allen manchmal notwendigen Widerständen deinen Weg zum Licht. Im Kreislauf hin zu deinem allerersten, ausgesprochenen Wort. Rund und Yin Yang-gleich ist jedes Ende, wie auch das des Buches, gleichzeitig wieder ein Anfang: „Deine Zeit ist gekommen". Wenn ich dir das sage, hat es eine andere Bedeutung, als wenn du mir das sagst. Sagst du es zu mir, bedeutet es, dass dein alter Herr im Kreislauf des Lebens das Feld räumt, sage ich es zu dir, bedeutet es erfreulicherweise, dass du richtig losrennen darfst. So lange, bis du es eben selbst gesagt bekommst. Die Momente, die dazwischen liegen zu genießen, liegt einzig an uns, also tue es am besten so wertvoll und verrückt bewusst, wie es nur geht! Wie im Frühling der frische Morgentau noch anfängliche Kühle zeigt, aber die Sonnenstrahlen mehr und mehr Wärme schenken, sie mit ihrem Licht alles um sich herum infizieren, und Stück für Stück mit Helligkeit einnehmen, die winterliche Dunkelheit erlischt. Noch hat es nicht die Stärke und Kraft eines warmen Sommertags, aber alles ist auf einem guten Weg. Wenn dich einmal deine Eltern eines Tages verlassen sollten, weil dies eben die Natur ist, dann wisse, dass wir dich jedes Mal im Schlaf umarmen werden und dich spüren lassen, wie sehr wir dich lieben. Der Herbst gehört im Kreislauf dazu, die Sonne schlägt sich mit ihrer schwächer werdenden Strahlkraft durch die bald abfallenden Blätter der Bäume. Ein Loslassen von alten Mustern, von allem Negativen genauso wie von allem Glanz, der in der vorangegangenen Zeit das Dasein erstrahlt hat. Er schafft Platz für Neues, für zukünftiges Wachstum und neue Herausforderungen, für Dinge, die man besser machen will. Die Alten bereiten sich darauf vor, Platz zu machen für eine neue Generation im Kreislauf des Lebens. Lasse dich von niemandem gegen andere Mitmenschen aufhetzen, hilf, wenn du helfen kannst. Bist du stark, gehe zu den Schwachen. Versuche Freunde, nicht Feinde zu sehen und nur wenn du spürst, dass dir etwas nicht guttut, gehe weiter und dorthin, wo du merkst, dass deine Energie geschätzt wertvoll werden kann. Hebe deine eigenen Widersprüche auf, wähle jeden Tag, konsumiere nicht einfach aus der Lust heraus, sondern bewusst. Wenn du dich bewusst dazu entscheidest, mal aus Lust konsumieren zu wollen, genieße es und wisse, dass es im Maß etwas Besonderes ist. Versuche, nicht über deine Verhältnisse zu leben, wenn du dir etwas nicht leisten kannst, arbeite und spare, aber passe auf, bei wem du dich im Leben in Verschuldung bringst.

Verbringe so viel Zeit wie möglich in der Natur und mit Menschen, die dir guttun, finde deinen Tribe mit deinem Vibe. Lasse dich nicht fangen, auch nicht medial, benutze Dinge und technische Möglichkeiten, lasse dich gerne auch mal ablenken, aber dich nicht selbst benutzen und verliere dich nicht. Wenn du dich informieren willst, tue dies breit und vielschichtig, prüfe und nimm nicht nur eine einzige mögliche Wahrheit an. Ernähre dich gesund, dein Körper ist dein Haus, wenn es dir nicht gut geht, blicke zunächst in die Natur und hole dir Rat, ohne dich blenden zu lassen. Je nach Krankheit und Schwere suche offenen Gespürs den Arzt deines Vertrauens und vertraue dann auch. Bewege dich, entgifte deinen Körper regelmäßig, achte auf deinen Vitaminhaushalt, deine Darmgesundheit, gönn dir von Herzen das Beste, aber eben mit Maß. Trinke viel Wasser, fokussiere deine Gedanken auf das, was du willst, nicht auf das, was du nicht willst. Übernehme Verantwortung und mache nichts und niemanden anderes verantwortlich, du bist derjenige, der jeden Tag verändern kann. Akzeptiere Dinge, die man nicht ändern kann und habe immer Respekt gegenüber allem Leben, ohne jede Angst. Achte dein Geschenk und wertschätze alles Gute in deinem Leben. Vergiss nicht, dass es immer einen Grund gibt für jeden, der in dieses Leben tritt. Einige kommen, um dich zu testen, andere um dich zu lehren oder zu benutzen und einige, um das Beste aus dir heraus zu bringen. Hinterlasse Orte und nach Möglichkeit auch Situationen, Gespräche oder Beziehungen, besser als du sie vorgefunden hast. Versuche so zu sein oder zu werden, dass du dir selbst gerne begegnen würdest und Freude mit deiner Gesellschaft hättest. Prüfe, ob dein ganzheitliches Sein, Tun und Haben im Einklang mit deiner Frequenz, deinem Vibe und deiner Energie ist und dem rigorosen Gradmesser des Glücklichseins gerecht wird, denn dies ist das Ziel: ein glückliches, erfülltes Leben. Bis heute habe ich selten Fotobücher unserer vielen Reisen erstellt, dafür hältst du jetzt eine andere Art „Reisebuch" in deinen Händen. Tief in deiner Seele weißt du schon immer, was ich darin mit annähernd 100.000 Worten und teils satzterroristischen Anflügen ausdrücke, nicht umsonst beendest du bereits heute schon meine Sätze und hast in der langen Entstehungszeit schon so viel naturgegebene Veränderung durchlaufen. Verliebe dich wie wir immer wieder neu in dein Anderssein und Anderswerden, in dein Wachstum. Wenn du dieses Buch in unterschiedlichen Phasen deiner Reise liest, wird es jedes Mal etwas Neues für dich sein. Es wird dich bestärken und dir zeigen, dass man nicht immer alles richtig machen kann, aber auch motivieren, an dir zu arbeiten und dich selbst zu finden. Schneller als Papa in einem beiläufigen Spiel, nämlich dort, wo es wirklich zählt: in deinem Leben. Fokussiere dich wie beim Fotografieren darauf, was dir wichtig ist, halte gute Momente fest, entwickle dich weiter trotz negativer Erfahrungen und wenn es nicht funktioniert, wie du es dir wünschst, mache es noch mal neu und besser. Du entscheidest selbst, ob du das Schöne in jedem und die schönen Dinge sehen willst oder kannst. Viele Meinungen habe ich vielleicht exklusiv und nicht alles ist nur schwarz oder weiß. Der Planet strahlt, die Sonne lacht, unser Leben ist bunt, wir wachsen und gedeihen, fiebern, bangen mit, haben Leidenschaft, Mitgefühl und feiern die Liebe und das Leben mit vielen wunderbaren Menschen, nicht zuletzt deswegen, weil wir alle eben aus diesem Leben nicht lebend rauskommen. Deine größte superheldengleiche Revolution ist es, in einer oftmals scheinbar unechten Welt einfach dir selbst gegenüber echt zu werden. Es gibt viele Heiler und Superhelden da draußen, aber wir brauchen noch viel, viel mehr davon, sei versichert, dass du nicht der Einzige sein wirst. Glaube an dich und wenn du dich entscheidest, dann tue es immer hundertprozentig und verfolge mutig deine Ziele. Jede Veränderung erfordert nicht nur breite Akzeptanz wie bei besagter Ampel, sie braucht Willen. Es ist egal, ob noch einige weiter auf der Couch mit dem Schmutz darunter zufrieden sitzen und es sich mit gewissen Standpunkten und Positionen bequem gemacht haben, man kann jederzeit unauffällig oder theatralisch ablenkend kehren und offensichtlich für bessere Stabilität sorgen. Für Hempels mag die neu gewonnene Sauberkeit erst mal gewöhnungsbedürftig sein, vielleicht sogar ein Schock, weil lieb gewonnen, aber langfristig ist es vorstellbar, dass Erneuerung jeden erfreut. So wie sich Mama eben auch jedes Mal über dein sauberes, aufgeräumtes Zimmer freut. Was in der Zukunft sein wird, ich weiß es nicht, aber der einfachste Weg, die Zukunft vorherzusagen, ist es, sie zu erschaffen. Gehe hinaus und verändere die Welt, hinterlasse sie besser, als du sie vorgefunden hast, ohne Grenzen, denn du bist sicher und wirst von Herzen geliebt. Ich wünsche mir, dass du irgendwann die Seele in dieser Komposition an dich spüren kannst und danke dir aus tiefstem Herzen Samuel Nicolas Tayo, von Gott gesandt mit selbst ausgesuchtem Namen. Mache dich glücklich, denn das ist deine Bestimmung. Egal wie groß oder wie alt man ist, die Größe und das Alter der wahren Seele sind von allem unbenommen. Dank dir und deiner Mama durfte ich die wahre Bedeutung von Liebe und Verantwortung erfahren. Ich danke dir und Mama dafür, dass ihr mir gemeinsam den Rücken dafür freigehalten habt und ich mich verwirklichen konnte. Aus dem sympathisch strahlenden „Eyecatcher" einer TV-Show ist eine unfassbar große Seele geworden, die sie schon immer war. Was auch immer in unserem Leben an Herausforderungen kommen mag, ich werde deine Mama immer bedingungslos lieben. Diese Worte an dich, an Vanessa und unsere Familien mit deinem Onkel, Opa und Omas sind ganz besonders deiner wunderbaren All-around-Power-Mama gewidmet. In nicht auszudrückender Liebe gegenüber unseres viel zu früh verstorbenen Vaters und deines dir unbekannten Opas ist dein Buch auch eine Hommage an deine unfassbar starke, wundervolle Oma, meine über alles geliebte Mami. Inwieweit dieses Buch oder die Musik deiner Mama für etwas mehr Liebe, Bewusstsein und Menschlichkeit einen Anklang findet, ist letztlich egal. Beides ist draußen im Fluss, entweder findet es auf natürlichem Wege seinen Weg – so wie auch du selbst und jeder – oder aber du bist und bleibst der Einzige, der es liest. Nur das allein ist wichtig und wie könnten daher meine letzten Worte an dich anders lauten als

„Ich liebe dich."

♥

Travel-Literature - Bücherliste:

Breitenbach, Peter: *Der kleine Optimist* (Schirner-Verlag)

Brzeziński, Zbigniew: *Die einzige Weltmacht* (Perseus Books Group)

Carroll, Lee: *Die Reise nach Hause* (Koha-Verlag)

Fusaro, G., Blüthner, J.: *Pellegrino – Vom Playboy zum Pilger: Mein langer Weg nach Hause* (Adeo-Verlag)

Greenhill, Kelly M.: *Massenmigration als Waffe* (Cornell University Press)

LeBon, Gustave: *Psychologie der Massen* (Nikol-Verlag)

Leifheit, Sylvia: *Das 1x1 des Seins: Gebrauchsanleitung für ein bewusstes Leben* (Trinity-Verlag)

Mohr, Bärbel: *Bestellungen beim Universum* (Omega-Verlag)

Moll, G., Darwirs, R., Niescken, S.: *Hallo hier spricht mein Gehirn* (Beltz-Verlag)

Mujica, J., Cervigni, L.: *Worte des ärmsten Präsidenten der Welt - José Pepe Mujica* (Nomen-Verlag)

Jaku, Eddie: *The happiest Man on Earth* (MacMillan-Pl-Verlag)

McMillen, Kim: *When I Loved Myself Enough* (Pan-Macmillan-Verlag)

Schyboll, Christa: *Licht, das durchs Dunkel bricht: Aphorismen & Sprüche* (alojado publishing)

Strelecky, John: *Das Café am Rande der Welt* (dtv-Verlag)

Tolle, Eckhart: *Jetzt! Die Kraft der Gegenwart* (Kamphausen-Verlag)

Walsch, Neal Donald: *Ich bin das Licht! Die kleine Seele spricht mit Gott* (Hans-Nietsch-Verlag), *Die kleine Seele und die Erde* (Hans-Nietsch-Verlag), *Gespräche mit Gott* (Arkana-Verlag)

Danke an alle Co-Traveller unserer Reise!

Let´s stay connected!

Für Anfragen kontaktiere alles.wird.neu@web.de

Finde uns auf Instagram, z.b. Diana unter **@DianaHerold_official** oder besuche **www.dianaherold.de** und bleibe mit uns in Kontakt, erfahre Tour-Daten von Konzerten bzw. Buch-Tour mit Lesung , Spirit & Beatz!

Dianas Musik & Videos findest Du unter **www.youtube.com/c/DianaHeroldTV** sowie auf den bekannten Streaming-Portalen.

Sei Du der Wandel, den Du Dir wünschst, unser Projekt zur Unterstützung findest du unter **www.49care51share.org**. Just fair enough.

Herzlichen Dank, glaube immer an Dich und an das Gute!

Peace!